hR
精英进阶之道

人力资源管理者的自我修炼

杨长清——— 著

中国铁道出版社有限公司
CHINA RAILWAY PUBLISHING HOUSE CO., LTD.

内 容 简 介

知识是有益的，而经验是无价的，本书传播的不只是知识，更多的是经验。本书呈现的那些一个个让你或许受启发，或许受教益的实战经验，有自己亲历的，也有好友们说来的。

作为一本实操类的书，本书适合于不同层级的人力资源从业者阅读，也适用于高职院校人力资源管理或工商管理专业的本科生、研究生教材，对于从事人力资源工作的职场新人来说，本书亦提供了诸多快速成长的方法与途径。

图书在版编目（CIP）数据

HR精英进阶之道:人力资源管理者的自我修炼/杨长清
著.—北京：中国铁道出版社，2019.5
ISBN 978-7-113-25483-4

Ⅰ.①H… Ⅱ.①杨… Ⅲ.①企业管理－人力资源管理
Ⅳ.①F272.92

中国版本图书馆CIP数据核字（2019）第020965号

书　　名：HR精英进阶之道——人力资源管理者的自我修炼
作　　者：杨长清　著

责任编辑：王　佩	**读者热线电话：010-63560056**
责任印制：赵星辰	**封面设计：MXK** DESIGN STUDIO

出版发行： 中国铁道出版社有限公司（100054，北京市西城区右安门西街8号）
印　　刷： 北京铭成印刷有限公司
版　　次： 2019年5月第1版　2019年5月第1次印刷
开　　本： 700mm×1000mm　1/16　**印张：** 20　**字数：** 404千
书　　号： ISBN 978-7-113-25483-4
定　　价： 59.80元

PREFACE

序

自 20 世纪 80 年代，我国开始研究人力资源相关管理理论，到 1993 年中国人民大学正式设立第一个人力资源专业。直到今天，国内的人力资源管理已经走过了数十年的历史，我国的人力资源管理也从单纯的"拿来主义"发展到颇具特色的实践。人力资源从业者及研究学者做出了很多的努力，涌现出了大量的优秀实践，也有了很多本土的创新理念，支持了中国企业这数十年的强劲发展。人才是第一生产力，而人力资源管理的本质就是研究如何很大程度、高效地利用好这一生产力，这解释了为何现代企业越来越重视人力资源，人力资源管理者在企业中的地位也越来越重要的缘由。

在经济至上观念的影响下，我国虽然有大批的人力资源著作面市，但鲜有具备深刻而独立思考的专著出现。对于形成文字乃至出书成册、成为教育的工具，著作者应当有足够的敬畏，即使不能有思想上的大突破，但起码应当有自己的独立思考，有基于自己真实的实践心得，有对于自己写作逻辑的严格审核。

中国 HRD 俱乐部致力于联合企业人力资源的实践者与中国优秀的学者，致力于推动企业实践与高校理论的结合，推动中国人力资源管理水平的实质性提高。俱乐部成立已有八年，欣喜地看到，除高校学者会越来越多地把俱乐部成员服务的企业的案例纳入自己的理论研究之外，俱乐部也涌现了越来越多的优秀的实践者开始尝试把自己的实践心得介绍给更多的从业者，分享自己的心得与实战经验，《HR 精英进阶之道——人力资源管理者的自我修炼》就是其中一个尝试，这是作为俱乐部发起人的欣慰。乐见其成，希望有更多的俱乐部成员能坚持独立思考，坚持对于文字、对于教育的敬畏，推出越来越多的优秀作品。

蔡元启

2018 年 4 月 12 日于北京

对任何一家企业来说，人都是最重要的。

那么管人的人呢，重要性当是不言而喻。

对管人的人来说，无论怎么要求、怎么提升、怎么修炼，我认为都不算过分。

职场中，HR 就是这么一群管人的人，他们需要不断地修炼、持续地提升。

人力资源三支柱甚嚣的今天，人力资源六大模块的提法是否仍合时宜，笔者难免忐忑，但作为一名从业二十多年的人力资源行者，仍然谨慎地认为，对于企业 HR 们来说，从人力资源六大模块的角度来学习与掌握具体的人力资源实务，点滴积累、逐步提升，并最终成长为企业的业务助手、管理专家、变革向导，六大模块的划分仍是相对科学、相对系统、相对务实的。不公开的数据表明，推行 HR 三支柱的企业中，大部分企业的 SSC（共享中心）尚且运用得勉勉强强、磕磕拌拌；COE（专家中心）难说也不是形同虚设、勉强为之。人力资源三支柱在企业中真正运用得成功、有效的企业，以全国来说恐怕是屈指可数、凤毛麟角。

一个 HR，六大模块的修炼史其实就是他的成长史、奋斗史。

作为一本定位实操与提升的书，既要有助于读者的成长与启迪，更要接地气、放实招。

从结构上看，全书共分为三个部分。

第一部分是本书的主体，分别从人力资源各个模块着手，通过再现工作中常见的实例场景、各个模块的实操重点、去梯言、操作实例、以及各个模块的关键点等五个维度深度挖掘、解析。

尴尬了。"尴尬了"通常是一组同事间的日常对白，场景尴尬，问题尖锐。工作的尴尬，其实就是工作中的问题，HR 们无法回避，无法推脱，在会心一笑的同时，也会想想应如何避免，如何改善，让类似的尴尬不再发生。

思维导图。每个模块均采用了思维导图的图形模式，将复杂的模块内容用简易的文档图结构化地呈现，每个导图均有核心流程、关键要项、应用表格等重点内容，简明易懂，清晰明了。

为了呈现各个模块的实操精髓，针对六大模块的不同特点，采用了不同的描述与呈现方式，如招聘与配置部分是招聘的九大招术与技巧；绩效管理部分是华为绩效 PBC（个人绩效承诺卡）的十二大要点枚举与罗列；培训与发展是培训的七大策略与攻略；薪酬与福利则是薪酬管理的七个雷区与风险提示；员工管理则是关于员工管理的八大核心提醒与警示。六个模块细细道来，逐一解析，有详有略，既有思想，也给方法。

去梯言。去梯言出自《南史·蔡兴宗传》："兴宗说沈庆之曰：'仆荷眷深重，故吐去梯之言'"。后人用"去梯言"表示话语重要、私密，是轻易不与人说的要点与核心，俗称的划重点。每个模块的去梯言，就是工作中高效运行的成功关键。用麦肯锡的方法论来说，去梯言就是 KSF，关键成功要素。

拿实例，给工具。将一些典型企业在用的、靠谱的实用工具，如制度、方案等拿出来作为 HR 同仁们学习的参考、借鉴，当然一些涉密部分进行了适当的处理。

第二部分，是写给同行朋友的。与同行的朋友分享笔者在人力资源成长之路上三点感悟。

看一个企业的效率高与不高，其实只要看一个部门就好，即企业的人力资源部门，**企业如果没有效率，经营就不会有效果，更是谈不上出效益**；HR，尤其HRD(人力资源负责人)，要想诸事顺利，就要成为老板的朋友，成长的经验告诉我，企业中，HR 或 HRD 的重要性与老板的亲密程度成正比；HR 工作中如果不把业务当龙头，那就是不务正业，HR 们如果不给业务以帮助，不与业务小伙伴们做朋友，反过来还弄一堆的表格、数据，把业务部门搞晕、流程搞复杂，就会让业务部门避而远之。

第三部分，则是 2017 年 8 月 18 日，笔者应三茅人力资源网之邀为 2017 年度人力资源日写的一篇专稿，因在三茅人力资源网平台上发布之后点击者甚多，特保留下来。这篇专稿采用情景再现对话式的笔触再现了笔者的成长，致敬人力资源的前二十年，这部分一半是写给 HR 同仁的，一半则是写给自己本人的。与其说是分享，不如说是共勉。

中人网是广大 HR 从业者用于专业交流、职业成长，且颇具亲和力的公共平台，也是笔者写作的引路人，感谢董事长兼 CEO 何国玉女士的力荐，让我暖心之至、信心满满。

中国 HRD 俱乐部是一个情怀独具的 HRD 自发组织，八年来唯公益、守情怀，影响深远，受益者众。感谢发起人海尔集团全球人才平台总监蔡元启先生的倾力作序。

读彼得·圣吉的《第五项修炼》全书可以浓缩为五个字：学习型组织。

读者读完本书之后，将会有一个共同的体会：人力资源经营被反复提及，不断出现。

对，全书其实就浓缩为六个字：人力资源经营！

如果，广大的 HR 从业者借助人力资源经营的思维，快速地提升自己的 HRBP 能力；提高 HR 工作对企业业务的粘性；打造人力资源部门为企业的核心部门；企业的经营者借助人力资源经营的思维，提出人力资源工作的更高标准与要求。

那么，本书没有让您失望！

长沙·湘江寓所

CONTENTS

目录

第 7 章　紧贴市场、直达业务的人力规划

致同行：HRD 的三个角色

致自己：我的 HRD 之路，与同行共勉

后记

第 1 章
人力资源经营：HR 从业者的自我赋能

没有哪一家企业的管理水平高过了该企业的经营水平。

对于任何一家企业来说，业务都会是龙头。从来都是业务牵引着管理的改善与提高，企业管理整体上必定要服从于企业的经营，人力资源也是如此。

一家企业的人力资源管理水平也不可能超过这家企业的经营管理水平；超过了企业经营水平的人力资源管理，对于企业来说，要么是负担，要么是灾难。

好的人力资源，就得以经营为中心，全面服从于、服务于企业的经营发展，不超前、不滞后。

人力资源经营的核心就是，**以企业的经营为核心，服务于经营的发展，为组织全面赋能。**

🔍 1.1 HR 要不断自我赋能

"赋能"应该是近段时间来出镜率最高的商业词汇之一。

2017 年 4 月 1 日，全球知名财经商业媒体《财富》选用了长篇特写的标题《马云：阿里巴巴创始人如何赋能全球企业》，描述了马云和阿里巴巴如何赋能全球企业。无独有偶，京东到家也发布了"零售赋能"新战略；联想集团 CEO 杨元庆表示：AI 驱动着第四次工业革命，联想要做推动者和赋能者！就连近期大火的《奇葩说》上，张泉灵也提到了赋能中心，这些大型企业与知名人士都在不厌其烦地强调着赋能的重要性。

◆ 什么是赋能？

赋能，简单地说，就是为某个主体赋予某种能力和能量；从更深层次的意义来看，赋能则是为实现组织目标所创造的充分必要条件。它最早是积极心理学中的一个名词，旨在通过言行、态度、环境的改变给予他人正能量。后来被广泛应用于商业和管理学，其理论内涵是企业由上而下地释放权力，尤其是员工们自主工作的权力，通过去中心化的方式驱动企业组织扁平化，最大限度发挥个人才智和潜能。

> HR 赋能的意义来自于有实效的 HR 工作的成就感，以及 HR 行业自身的危机感。

对于 HR 来说，赋能的意义何在？

一方面可以将 HR 的工作类比为家庭的养育，其成就感和价值感在于看着孩子日益进步、茁壮成长。在家庭中，即使孩子的一点改变和些许成绩就会让身为家长的我们激动不已，工作的疲惫和委屈在孩子们灿烂的笑脸面前都会消失得烟消云散，HR 工作的终极价值也在于此。HR，如果能将帮助组织和他人成长看成自己工作的意义，将会收获更加强大的工作内驱力，虽然微薄的薪水偶尔会拨弄着你的心弦，但绝对不会让你失去工作的热情和动力。

另一方面，HR 是一个知识折旧速度过快的职业，尤其是当前所面对不稳定、易改变的 VUCA 时代，将很大程度上影响 HR 工作内容的开展。HR 如果不对外部世界保持足够的好奇心和探索热情，将很快看不懂这个世界，落伍、后退。作为管人的人，HR 一定要有拥抱未来的想法和持续学习的能力。这种学习不仅在于掌握知识，更重要的是提升对环境的洞察力，开阔自己的视野和格局，自我赋能的意义便在此。HR，要不断突破自我极限，让自我具备"赋能"的基础，并能适应未来"赋能"的世界。

> 作为企业里的管人者，HR 是企业中最需要赋能的群体。不是因为他们能力不够，而是因为能力越够将对业务越有利、越使企业经营受益。
> HR 的能力，多多益善，为了企业的长远发展，HR 需要不断地对自我赋能。

变幻莫测的商业环境中，HR 紧抓机遇，改变自身，用敏锐的洞察力、卓越的领导力和持续的学习力，建立信任感，推动变革，为组织赋能、为自身赋能。

人力资源管理观念下，HR 的赋能就可能会过度。

人力资源管理观念的指导下，管理至上，管理优先；一味地强调了管理的规范化、先进性；而忽略了组织的经营需要与实际现状相结合。最终，管理是上去了，企业也规范了、清晰了，但经营的表现与结果却难让人满意。

🔍 1.2　人力资源经营正解

一个公司的管理能力大于经营能力的话，那常常意味着亏损。这就是为什么有的公司制度很健全、文化理念很先进、人才很优秀，但就是经营不景气的原因。

> 管理始终为经营服务。
> 管理做什么，必须由经营决定；管理水平不能超越经营水平。

没有哪一家企业的人力资源管理水平高过了企业的经营管理水平。

对于任何一家企业来说，业务都是龙头，从来都是经营牵引着管理的改善与进步，企业的管理要服从于企业的经营与业务，人力资源也是如此。

人力资源要做好，就得以经营为中心，全面服从于企业的经营发展，不超前、不滞后。

人力资源应以企业的经营为核心，服从于经营的发展需要，为组织全面赋能。

尽管日常管理上常说经营与管理不分彼此，但仍有先后。对于一家企业来说，应当是经营在先，管理在后。用企业界宗师前联想集团董事局主席柳传志的话来说就是，企业管理一定要先有了业务，再来慢慢地整理内务。那些先把企业的管理整理规范了，然后才开始梳理经营的企业，都纷纷死掉了。管理者呢，开口闭经理、经理，先经、后理；
先有经营，后有管理。

口就大谈特谈管理，对经营不理不睬，其职场的生命力好像也不长。

从人力资源的角度来说，人力资源经营与人力资源管理也根本就不是一回事。

企业的人力资源管理我们听得太多，也见得太多，很普遍、很常见。当然，我们也听到了人力资源管理在企业中的两难与尴尬，这种尴尬一如下文每一个章节的尴尬式开头，有过之而无不及。更有甚者，叫嚣着要把企业的人力资源部给拆了。从实用上说，企业的人力资源部门如果真的只是做做人力资源的日常管理性、事务性工作，其实也真的可以拆掉或者外包。

◆ 到底什么是人力资源经营？

所谓人力资源经营，就是企业的人力资源实践中，始终以经营的视角，推动和促进企业的经营发展，始终以企业的经营发展为核心，全面地服务于企业经营。用华为的企业术语来说，就是企业人力资源存在的价值就是服务于企业的主航道。

结合人力资源的六大模块，以人力资源经营为导向的体系中，企业的招聘人员，对待招聘工作，会像做业务一样，主动去寻找候选人，主动了解业务的现状，根据业务的进展进行人员储备或者招聘。而不是以往简单的、被动的招聘。候选人虐他千百遍，仍待候选人如初恋。招聘的初心，一如既往。

站在经营的角度，招聘人员是焦虑的，主要来自于经营上的焦虑。

但，假如站在管理的角度，招聘人员则是按部就班的。

以人力资源经营的要求而言，从事或参与企业培训管理的人员、讲师会深入业务一线，研究企业实际的业务形态，实地制作业务培训的沙盘模型，贴近业务，将业务的工作场景化、案例化，通常还会结合项目的现场或实际情形讲课。让学习的企业员工学之即用，用之可战，实行战训结合。和华为大学的培训观念一样，人力资源经营下的员工培训，从不讲理论。理论的学习靠企业学员自行解决，在训战结合的培训场景中，只讲对业务、对应用有实战意义的内容。

企业的薪酬分配更是简单、粗暴，与业务结果、业绩利润直接正向关联，员工收入与创造的价值成正比。华为更是实行了员工股权计划，员工合伙计划，几乎全员持股，共担业务上的经营责任、经营成果。

绩效管理过程中，通过基于个人承诺的业绩系统，将企业的组织绩效目标通过业绩承诺完整、准确地传递到个人，落实到个人，只有功劳，没有苦劳，完全的责任结果导向、单纯的价值优先。华为则推行业绩承诺系统，强调责任结果、强调价值导向。

人力资源经营下的员工管理。以华为为例，华为长期坚持以奋斗者为本，以客户为中心，要求员工长期坚持艰苦奋斗，企业文化中不让雷锋吃亏，谁的业务能力强，企业就对谁好；所有人员都要冲到一线，有一线经验成为提拔员工的重要参考依据。一线员工从前线回来之后，仍作为业务的顾问，作为专家，服务于业务。

人力规划模块，仍以华为为例，在人力资源经营思想的指导下，首当其冲就是以 BLM 业务领先模型为向导，将人才管理直接纳入企业的战略管理，人力资源直接参与企业战略实施与执行，告别了以往人力规划中人力资源可有可无的困境。BLM 业务领先模型下，人才成为企业战略与执行的八个核心模块之一。

企业中的职业经理人，通常有两种类型，一种以业务见长，全面关注企业的业务与成长，务实、敬业，与企业共进退，这种人常常称之为子弟兵；另一种以管理见长，全面关注管理的规范化与合理化，客观、理性，善于发现企业的不足与短板，善提意见，这种人通常称之为空降兵。

从进入企业的第一天起，如果员工觉得自己是企业的子弟兵，那就是子弟兵！如果员工心里觉得自己是空降兵，所有人也会知道他是空降兵，他觉得自己条件比别人好，说出来的话好像很在行的样子，感觉是来带领大家走出苦海的。那对公司来说，对他自己来说，就惨了。

> 人力资源管理的思维下，专业至上；人力资源经营思维下，业务第一。

员工到底是什么角色？是由员工自己决定的，任何公司都是。

空降兵通常视自己为专家，视自己为外人，总认为别人不如自己做得好；子弟兵视大家为自己人，总想着业务与业绩，总想着公司的业务发展，总会想着能否做得更好。

空降兵最喜欢说的是：你应当这样，不应当那样；子弟兵通常说得少，做得多，用业绩说话。

讲一个关于阿里巴巴的故事。

阿里巴巴创业初期，马云曾迷信过"精英"论，要求"凡是做主管以上的位置，必须在海外，如美国、英国受过 3 至 5 年的教育，或有 5 至 10 年的工作经验"。2001 年，他建立的团队，几乎清一色的是由"海归"组成的，于是阿里巴巴内部充斥着各种不同的文化，每个听起来都很有道理，谁也不服谁。最要紧的是，后来，马云发现这些海外精英其实并无用武之地，说好听点，就是"把飞机的引擎装在了拖拉机上"，而且"这些精英们基本的礼节、专业精神、敬业精神都很糟糕"。痛定思痛，马云把 95% 的"精英"开除了。精英论破灭以后，但还是有一个人留了下来，这个人就是蔡崇信。蔡崇信原来是瑞典 AB 公司的副总裁、耶鲁大学经济与法学博士。为了确认蔡崇信加入阿里巴巴团队之后能否稳定，马云提出给两个星期的时间彼此观察一下，期间，马云不断地提醒蔡崇信"你要看清楚了，我们就这样的条件"。然后二人一起到美国出差，在那段朝夕相处的日子里，两人天天对话，最后蔡崇信还是决定加入，于是蔡崇信便成了阿里巴巴第 19 号员工（阿里巴巴的创业元老是 18 人）。他勤奋务实，敬业认真，在很短的时间内，就帮阿里巴巴带来了第一笔投资，解决了阿里巴巴在资金上的燃眉之急。

蔡崇信是以子弟兵的心态投身其中，而不是一个空降兵。他用事实向马云证明了他的价值所在，并不是所有的高学历都不适合在小公司里发挥，最主要是自己要调整好心态与方法。

直到今天，十多年过去了，他还是阿里巴巴的 CFO（财务总监）。马云常说"这样的人，与你一起同甘共苦，点点滴滴从细节做，他不是告诉你，要做什么，而是告诉你，你要做什么，我可以帮你做得更完善。这样的人，不论他的背景多好，也是能一起创业的人。"

蔡崇信与其他 MBA 不同的也正是一个关注业务，一个关注管理；一个全力把心思扑在公司的业务发展上，另一个把心思放在如何规范管理上。不同的出发点，不同的效果，证明了：以管理为中心，只会落空；以经营为中心，才能斩获。

从另一个层面来说，之所以在这里重点谈及子弟兵与空降兵的比较，这二者之间思维角度的关系，也恰如人力资源经营与人力资源管理思维下的不同关系。

> 企业的经营者们，当然是要人力资源经营，不要人力资源管理。

谈人力资源管理者，更多谈的是自己如何的专业，多少管理技巧，自己可以为企业提供什么样的管理服务；谈人力资源经营者，更多谈的是我的价值如何在企业的经营中体现，企业的经营如何，人力资源如何为经营服务。

第2章

招之即来、来之可用的招聘招术

招聘，已然成了招聘人员的一件苦差事。

被候选人放鸽子，招聘人员对此早已习以为常，甚至都懒得去埋怨。

招不来人，除了老板想三千大洋招到总经理这样奇葩的理由之外，就连上万大洋招一个前台文员，应聘者也嫌离家太远最终不来，你奈她何？

传统的招人，早已变成了四处找人、到处求人。麦肯锡曾预言，人才的争夺与保留将是一场没有硝烟的战争，杰出人才将是明日企业竞争优势的主要来源。

这是一个人不缺工作，而工作缺人的时代！

所谓："将"来，才有将来！

为赢得人才的战争，企业只能使出浑身解数，全力出击。本章提供了九个实用的、实战的招术让人才招之即来。

🔍 2.1 【情景再现】尴尬了：简历投进了自家公司

作为招聘背景出身的人资，各种奇葩简历倒是见过不少。

有基本信息不完整的，有匿名的，用小名、艺名、QQ 别名的，有工作地点不全的，有手机号还少写了一个数字的……

自我介绍没有逻辑性，个人能力、特长不突出，自我介绍中含有"本人、本姑娘"等这种让人感觉很自我的字眼。

教育背景随意写，有的把 MBA 研修班写成了硕士。

工作职责写得虚无缥缈，上下逻辑不清。比如已经是高管了，硬是把工作职责写成专员干的活，一看简历就大打折扣。或者把工作职责写的很虚，不接地气。

工作业绩都是形容词，比如"提高很多、名列前茅、成绩斐然"等，没有用具体的数据来说明自己为公司创造价值多少，或为公司节省多少费用等。这种简历给人感觉太虚、不实。

没有离职原因，或离职原因清一色的是"个人原因或更好的发展"等太虚的理由，没有很实在的离职理由，有的是被离职的，也写上"个人原因"等。

简历太长，整整十页，字数 10000+。

排版不规整，字体大小不一，杂乱无章、重点不突出，像"小学生"写作文一样。

……

这些奇葩简历倒是没有雷倒我，早已习以为常，但下面的一份简历，却是真真亮瞎我的肽眼。

"姓名：陈 ***，男，26 岁，中南大学 *** 专业，华 *** 公司招聘主管 ......"

让我顿感惊讶的不是简历的内容，而是这个简历的当事人是我所分管人力资源部的一名在职招聘主管，此时，本尊就坐在座位上喝茶，我是叫他呢，还是不叫呢？

这位仁兄是公司的陈姓招聘主管，刚毕业三年，最初在公司做了一年见习生，后来转到人力资源的招聘岗位，人称小 C。

"小 C，下班后来下！"我想了想，还是给小 C 发了一则简讯。

"收到。"小 C 秒回。

下班后，小 C 如约到了我办公室。

"这几天应该会很忙吧。"

"哪天不忙呢，领导。每天不是面试，就是找简历，好不容易闲下来一点，您又安排我出差深圳。"

"这几天应当特别地忙。"我把特别二字故意说得很重，脸色也变得认真起来。

"何以见得。"小 C 讪笑。

"你忙得连简历都懒得看，懒得确认，就群发上了，群发还不打紧，你倒是仔细看看都发给了谁呀。"

小 C 一脸茫然。

"最近工作不开心了？"我转移话题。

"没有呀，挺好的。"

"编。接着编。"我深吸一口气。

"老大，真的。挺好的。"小 C 继续辩解道。

"小 C，你再不诚实，你就叫你们苏小梅经理过来。"我重重强调了一下。

"老大，真没啥，我们苏经理也挺照顾我的，您叫她干啥。"小 C 有点急了。

"算了，年轻人，一份工作不容易，给他个机会吧。"我暗想。

"你过来。"我指指电脑屏幕。

小 C 走近电脑，顿时脸有点红了。

"哎呀，一不小心给全选了，这智商。"小 C 连自己都尴尬到了。

"小 C，如果工作不开心，与苏小梅沟通沟通就好了，也没有过不去的坎。还有，投简历就一定不能海投、全选、群发，否则你指定没戏，你一个招聘的专业人士，这一点，我看怕是有点业余。"我拍了拍小 C 的肩膀，下班走了。

🔍 2.2　招聘者，成就你的是候选人

我们在管理当中总是试图改变一个人，把一个人的短板补上，为了让他做事更用心，更有成效，我们做了大量培训，然而在经历培训之后，往往没有根本性变化。不细心的人始终难以把细心做到极致，没有抗压能力的人在短期内很难提升抗压能力。

对管理者来说，最直接有效的方式是选人、找人、猎人，而不是改变人。

中考是特殊的选拔考试，是建立在义务教育基础上的选拔考试，中考的重要

本质还是选拔，为高中选拔人才。每年的长沙中考前后，都是长沙各大名校招生放大招的日子，这场生源争夺的胜败直接决定三年之后各大名校一类本科曝光率的多与寡。

你真的相信光凭老师的能力可以牛到一个班 30 多人同时考上北大、清华名校？长沙四大名校之一的长郡中学某教师感叹，哪是我们成就了这些牛娃，而是这些牛娃成就了我们。

实际上，名校的招生暗中要比其他学校使出的招数、路数更多、更广、更灵活，自然效果也就更好。

负责招聘的 HR 也是如此。看上去好像是招聘的 HR 给了候选人机会，从另一个侧面来看，却是候选人给了负责招聘的 HR 机会。

一 HR 不慎落水，同事聚而欲救之。一人说，落水者是搞薪酬的，同事散去一半。另一人说，是搞绩效的，又散去一半。又有人说，看上去像是培训的，同事皆散去。猛然有人说，是员工关系的，同事蜂拥而回，以石投之，让他活着上来那不是坑人吗。突然有人惊呼，是搞招聘的，众人皆纷纷跳下将其捞起，此人正欲感谢，众人答：你悲惨地活着吧，这样我们才不会是最底层！

看来做招聘的，的确很苦。

谁说不是优秀的候选人成就了 HR 呢。

我想说，如果 CEO 都是你招聘的，你的运气指定不会差！

面对日益稀缺的候选人资源，负责招聘的 HR 找不到候选人，或者找到无几，其实也不足为奇，业务部门怪罪起来也是理所当然，负责招聘的 HR 不免成了高危职业；反之，招聘的 HR 若能找到合适的候选人，甚至因候选人的加入使企业的经营状态逆转，那么候选人的职场之路会平坦，甚至成为通途。

10 多年前，本人如前面的陈姓招聘小 C 一样（小 C 特指入行三年以内的招聘新手、小白，盖因笔者之前几任招聘主管均姓陈，小陈，小 C 平时叫习惯了，下同），东家公司是一家汽车核心零配件制造企业，在变速箱领域享有盛名。彼时，本人刚从小 C 华丽转身为人力行政部负责人，上任之初，自当勤勉努力，加班不断，好的简历自然积累不少。有一个生产副总的职位有很长的一段时间空缺，无法找到行业内有影响力的人员到岗。当时的互联网应用不算很发达，智联招聘使用热度很高，也基本以其为主导。在智联招聘众多的简历挑选中，有一份来自六安市的一家变速箱的厂长的简历慢慢吸引了我，杨 **，主要原因倒不是因为简历有多出彩，反而是不出彩。而其吸引我的是，他有着近二十年的厂长经历且之前还有过长达六年的质检部长经历，目前有了跳槽的想法。

这是一个很重要的消息。因为我结合当时的企业的现状判断，当时企业的矛盾与问题点主要在产品的批量化生产与核心零配件的可靠性测试，企业经营的核心是生产产能问题，以及生产的产品质量问题。

于是我将我的想法与当时的董事长沟通。董事长马上召集相关人员商议，不久我

们便邀请杨 ** 来到公司考察，经过几轮沟通，遗憾的是由于薪酬要求与当时的高管薪酬体系冲突，公司的高管团队可能并未引起足够的重视，此候选人暂无法决定。不过犹豫与等待期间，我与他一直保持着沟通与联络，并及时地将公司的发展情况与之交流。大约半年后，公司的股东大会如期召开，出人意料的是，杨 ** 来了，不过，他这次的身份却变了，在会上宣布为公司的 CEO，是大股东派来的代表。

由于之前沟通较多，在后续的工作中，他给了我工作上极大的支持，也成就了我后续的职业晋升。

> 所以，各位即将走入招聘岗位的小 C，如果有朝一日，你的候选人名单中有你企业未来的 CEO，你的上司，你未来的工作伙伴，想想，是不是有点小激动。

🔍 2.3　思维导图：招聘与配置（图 2-1）

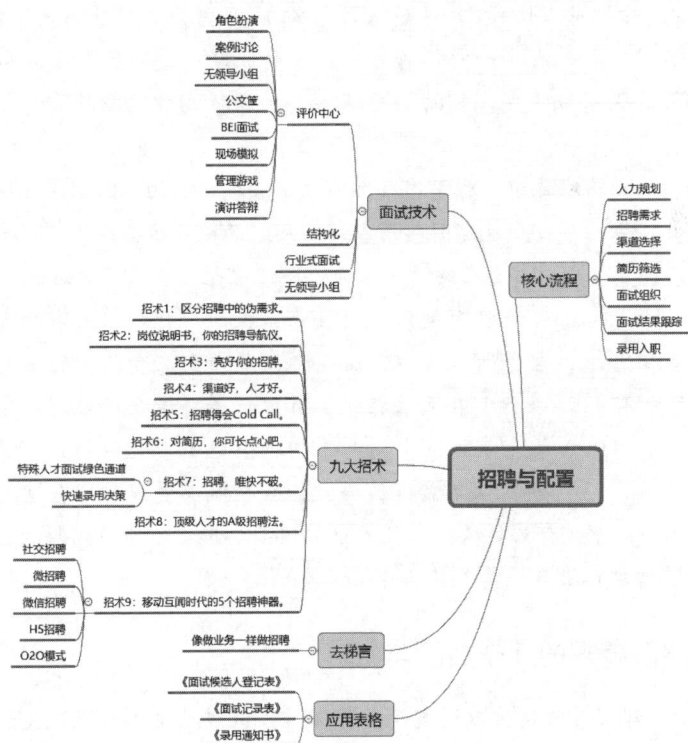

图 2-1　招聘管理思维导图

🔍 2.4 招聘的 9 大招术

招术 1：区分招聘中的伪需求

◆ 学会拒绝，让招聘游刃有余

上一个岗位还未完成，案头便又放了几个部门的需求表，小 C 们是又忙又乱，工作似乎没有尽头。

作为一名招聘小 C，忙碌的工作状态似乎是经常的；反过来，招聘的忙又在一定程度上反映了企业的兴旺与发展的迅速。作为一名忙碌的小 C，面对接二连三的工作，面对各个部门用人需求电话的轮番轰炸；面对候选人各种不一的不报到的说辞，你是否已身心俱疲，热情不再？怎么办，一直是这种状态呢，还是改变？

其实，有时候拒绝也是一种工作方法，学会拒绝也是职场人士应当掌握的技能之一，作为每天有做不完工作的小 C 来说，为了提高你的招聘质量与招聘效率更应当如此。

在招聘的组织与实施中，对于用人部门超出管理编制的用人需求拒绝是对所在企业人员编制体系的尊重，也是引起用人部门反思的极佳机会。为什么会有做不完的招聘？高流失率、部门负责人的管理是否得当似乎也应当是其中的重要理由。

> 拒绝需要做到有理有据，且语气、时机也需要有一定的分寸拿捏。

当有部门提交没有审批的《招聘需求审批表》时，你当然可以拒绝。如果你碍于情面，受伤害的一定是你；如果你实在无法拒绝，可以试着将这个艰难的任务交给你的主管去解决。同时，招聘小 C 需要记住的是，并非所有空缺岗位都需要填补。你如果能够发现其不合理性，那当然更好；发现不了，你也有必要根据岗位的重要性来安排空缺岗位招聘的轻重缓急。

有《招聘需求审批表》是否就意味着没有伪需求？

◆ 了解伪需求的几个典型特征

（1）用人部门对该岗位或同类岗位的工作，经过认真调查后，发现其实并不饱和，现象有：迟到的人多，加班的人少，或者根本没有人加班。真相是，有的部门领导只是把部门缺人挂在嘴边，或者作为业绩不佳的挡箭牌。

（2）用人部门面试不积极，或者面试进展缓慢，平时也懒得催招聘人员。

（3）当候选人到岗的意愿不是很强烈时，用人部门负责人一脸无所谓，可有可无。

总之一句话，当你忙碌不暇的时候，如遇不合理的用人需求，你要做的第一件事就是拒绝，其次才是说理；如遇合理且必须的用人需求时，你要做的第一件事是调整你的招聘计划，其次才是有条不紊地实施你的招聘计划。从现在开始，试着做一名从容的招聘小 C。

招术 2：岗位说明书，你的招聘导航仪

◆ 了解岗位说明书

如果人才真可以算作一件产品的话，那么作为招聘的小 C 来说，其工作就有点类似于人才采购工程师。试想，你去采购产品，那采购前当然就要了解所购产品的技术参数。岗位说明书就是类似于人才产品的技术参数文本。

招聘小 C 在招聘之前应当做好充分准备，详细地了解所聘岗位的岗位说明书，没有岗位说明书的招聘无疑是瞎子摸象，不得要领。

岗位说明书又称工作说明书，包括职位基本信息、工作内容、工作目标与职责、任职资格、专业技能、证书与其他能力、确认签字等部分。

编制岗位说明书是人力资源管理中最为基础的工作，也是薪酬制度、考核标准、培训内容等确立的依据，为人员的招募、甄选提供了决策依据，大幅度提高人员甄选技术的效度和信度，降低组织的用人风险，提高员工的整体素质与工作适应性。通过岗位说明书中所提供的任职资格描述，可以提高组织内部人力资源配置的效果，提高员工的适岗率，使组织内部的人力资源得以正确、有效的利用，最终提高员工甄选的效率。

岗位说明书要求准备、规范、清晰。在编写之前，需要确定岗位说明书的基本结构、规范用语和各个栏目的具体内容。当职位任职者、职位直接上级和人力资源部经理共同在岗位说明书上确认签字后，该说明书就将成为员工招聘与甄选的主要依据性文件，也是后续面试与录用一个依据性文件。在岗位说明的编制实践中，需要注意以下几个细节。

1. 岗位说明书应注意的四大要点

（1）准确定位岗位说明书各个项目的内涵和边界

撰写岗位说明书之前，应准确定位说明书中各个项目的内涵和边界。岗位名称、岗位编号、所在部门、直接上级与下级、所辖人员、岗位定员与所在的职系及岗位分析日期等内容均是一个职位最基本、最独特的信息，可以帮助人们形成对该职位的最直观、最初始的印象，并与其他职位形成区别与差异。

职位概要是从宏观层面把握职位职责的一种概括性表述，不同于职责与工作任务部分的描述。职责与工作任务则是对职位概要的具体化和明细化，是对特定职位主要的职能及对应职能下所涵盖的主要职责的详细描述。职位概要一般要求按照"职责＋范围＋目的"的范式进行。比如，人力资源部经理的职位概要是"组织管理公司人力资源的选、用、育、留工作，保证公司发展和管理工作对人力资源数量和质量的要求。"其中，"组织管理人力资源的选、用、育、留工作"是人力资源部经理的职责，职责的权限范围为"公司"，目的是"保证公司发展和管理工作对人力资源数量和质量的要求"。

（2）认真梳理、多层审批与把关、力求全面、无遗漏

无论是职责与工作任务的描述，还是任职资格的规定，都应遵循"穷举、互斥"的原则，达到"既包括所有工作内容，又避免相互重叠"的目的。

为确保职责与工作任务描述的完备性，对于部门、科室等负责人的职能，原则上可分为"制度、计划、文件管理"、"业务管理"、"部门／科室管理"、"其他"等四大类。其中，如果"业务管理"类涉及的内容较多，还可以进一步细分为具体的业务职能。一般员工的职能，可按照其工作的流程划分。比如，人力资源部经理的职能分为"制度、计划、文件管理"、"组织与职位管理"、"招聘管理"、"培训管理"、"部门管理"、"其他"等几类。"其他"类中主要涉及与平行部门的业务协作关系，以及完成上级领导布置的工作任务。

为避免任职资格规定的反复性，首先要明确各项目的内涵。比如，知识是完成本职位工作所需的关键知识；能力与技巧是职位对任职者的关键能力要求。进而圈定各项目书写的内容或格式。比如，"知识"就是载入文件、书本的文字性内容；"能力"的描述，最好按照"应具备的能力＋要完成的任务或活动"的模式进行。

（3）拿捏词语，描述准确，切合实际

描述工作职责时应特别注意用词的恰当性，最好选择比较专业的词汇。

如人力资源部经理"负责企业人力资源管理制度、计划等的制定和执行"这一职能，就可扩展为诸如"组织建立、健全人力资源管理相关各项制度，报批后组织实施"、"组织编制年度人力资源管理工作计划，报批后组织实施"、"审核人力资源管理相关文件并督导实施"、"督导人力资源管理制度、计划等文件执行"等若干明确、具体的工作职责。

另外，在描述职位所需的"核心知识"、"核心能力"、"通用技能"等项目时，应注意运用程度性词汇。比如，核心知识可分成"非常熟悉"、"熟悉"、"了解"三个层次。人力资源部经理应"熟练掌握现代人力资源引进、开发、管理知识"，"全面理解公司的发展远景，熟悉公司和专业公司的业务整体运作流程及制度，熟悉公司各部门的职能、职责、职权"。再比如，核心能力可分成"很强"、"较强"、"一般"三个层次。人力资源部经理的核心能力之一是"很强的计划管理能力，能有效制定公司的人力资源管理工作相关制度并督导实施"。

（4）主次分明，突出重点

工作职责包括职能和具体职责两个部分。

职能是根据业务流程或工作性质、内容对各项职责的概括；具体职责是对某项职能执行过程的描述。为体现条理性，二者最好都按照业务流程的顺序加以描述。若职能间缺乏必要的流程关系，也要按照相对重要性排序确定。所谓相对重要性，即岗位职责的主次顺序或占用任职者工作时间多寡来权衡。

为进一步突出重要性，一般每个职位的职能划分以及对每项职能的描述都不宜超过六项，并遵循"穷举、互斥"原则。书写具体职责时，可采用动宾短语的格式，以提升精准性。比如，人力资源部经理"制度、计划、文件管理"职能里的第一项具体职责为"组织建立、健全人力资源管理相关的各项制度，报批后组织实施"。

◆ 岗位说明书要点

（1）职责与工作任务：是指为了在某个关键成果领域取得成果而完成的一系列任务的集合，它常常用任职者的行动加上行动的目标来加以表达。例如：维护客户关系，以保持和提升公司在客户中的形象。

（2）权限：是指为了保证职责的有效履行，任职者必须具备的，对某事项进行决策的范围和程度。它常常用"具有批准……事项的权限"来进行表达。例如：具有批准预算外 5000 元以内的礼品费支出的权限。

（3）工作协作关系：分为内部协调关系、外部协调关系。

（4）任职资格：是指为了保证工作目标的实现，任职者必须具备的知识、技能与能力要求。它常常胜任职位所需要的学历、专业、工作经验、工作技能、能力（素质）等来加以表达。从教育水平、专业、培训经历、经验等几个方面加以描述。

（5）其他：由使用工具设备、工作环境、工作时间特征、所需记录文档等部分构成。

（6）备注：有部分岗位说明书的需要进行特殊标记的部分，如有些临时性的工作岗位等。

了解岗位职责描述

1. 岗位说明书和岗位职责

岗位说明书中最为重要的部分莫过于岗位的职责描述了。岗位说明书不等于岗位职责描述，岗位职责仅仅是对岗位工作范围的划定或描述。

通过对岗位分析信息的收集、分析与综合，最终要形成岗位分析的成果——岗位说明书。在岗位说明书中，主要包括两部分核心的内容，一部分是工作描述，另一部分是任职资格。

岗位职责描述，是对职位本身的内涵和外延加以规范的描述性文件。职位分析实践却告诉我们，不同的职位分析目的和不同的工作描述的使用者，对工作描述的内容具有不同的要求。比如直线管理者从下属传递组织期望的角度，认为工作描述重在对工作目的和职责的详尽描述。而人力资源专家则可能从职位评价与薪酬决策的角度来考虑问题，要求岗位职责描述中要包括职责的重要程度和复杂程度等定量信息，同时还要求有关工作负荷、工作环境的信息。

2. 岗位职责及其描述的示例

广发银行总行票据保理部保理业务审查岗职责描述及任职要求

岗位职责：

（1）组织和实施保理业务的审查工作；

（2）对企业进行经营风险和财务风险分析；

（3）审查全行保理业务项目，结合审查工作中发现的问题对分支机构进行政策指引和业务指导；

（4）研究相关法律法规，结合我行信贷政策，推动我行保理以及应收帐款质押产品更新；

（5）分析保理以及应收账款质押业务典型成败案例，定期汇编成册并下发分行。

任职资格：

（1）经济、金融、管理及相关专业，全日制本科及以上学历；

（2）具有较全面的信贷管理知识和审贷实践经验，熟悉信贷产品；

（3）具有良好的职业操守，信用记录良好；

（4）从事银行相关业务工作两年以上者优先考虑。

招术 3：亮出你的招牌——雇主品牌及个人形象

◆ 雇主品牌是招聘的第一张脸

小 C 们在招聘过程中，往往特别关注候选人的主体。如候选人的衣着、填写面试资料的字迹、走路的神态、面试过程中的举止与动作。而常常忽略了作为面试官及面试的组织者或者小 C 自身在面试过程中的行业与表现。通俗的讲就是小 C 们在招聘过程中对于候选人的要求要远远地高于对自己的要求。

曾作为小 C 的我发现，职位越低，候选人对于小 C 们的要求便越低；反之，越高。

试想，你去引导一位总监到公司面试，你的 CEO 态度及你的态度与重视程度会是怎样？

作为招聘组织者的小 C，你代表的是公司，代表的是雇主，所以你的形象便是雇主的形象；你的品牌代表的是雇主品牌，所以形象与品牌对于招聘的你来说，十分重要且关键。我们来看看什么是雇主品牌。

雇主品牌是继企业形象品牌、产品品牌之后的第三种品牌。雇主品牌（The

Employer Brand）是雇主和雇员之间被广泛传播到其他的利益相关人、更大范围的社会群体以及潜在雇员的一种情感关系，通过各种方式表明企业是最值得期望和尊重的雇主。它是以雇主为主体，以核心雇员为载体，以为雇员提供优质与特色服务为基础，旨在建立良好的雇主形象，提高雇主在人才市场的知名度与美誉度。从而汇聚优秀人才，提高企业核心竞争力的一种战略性品牌建设。雇主品牌建设也属于企业新型的品牌战略，铸造卓越的雇主品牌是通过品牌吸引你的员工，促进企业形成最优秀的人才竞争机制。雇主品牌强调的是将个人品牌意识融入企业品牌建设中，并推行至企业内部每一个员工的品牌竞争意识中。人才是品牌动力的源泉，如何培养国内企业雇主品牌战略意识，塑造雇主品牌形象，吸引并留住人才，提高雇员忠诚度，降低人才管理成本，打造人才竞争优势。雇主品牌将雇员在企业工作中的感受和经历与企业的目标、价值观整合到一起，这种共同的品牌经历使得企业在内部和外部都会受益。

建立雇主品牌是向外界推销一种关系，是企业为雇员提供良好的工作环境、薪酬体系和学习发展等利益，它的目标市场锁定于企业发展需要的人才。

雇主品牌建设是一种动力，一种竞争力，更是一种生产力。

管理思想家、管理哲学之父查尔斯·汉迪曾说过："今后，我们将不再'寻找工作'，而是要'寻找雇主'。"雇主品牌建设在今后企业发展中的作用不容小觑。

> 良好的雇主品牌，可以使招聘效果超出想象。

♦ 招聘者的个人形象价值百万

大多数人之所以失败，是因为他们首先看起来就不像个成功者，无论是在职场，还是在商场，有时候，你的形象比你的学历、资历更重要。一个人的外表决定我们对他的第一印象，外表越吸引人，我们对他的评价也就越积极，人们也会乐于把各种好品质都赋予他。

形象到底是什么？

形象，是一个人内在素质、涵养、能力、生活观念、追求喜爱等的外在表现形式，包括穿着、言行、举止、修养、生活方式、知识层次等。良好形象，不仅能反映在别人的眼中，同时，让你对自己的言行有了更高的要求，唤起了你内在沉积的优良素质。形象包括穿着、言行、举止、修养、生活方式、知识层次等等。

太多太复杂，对作为新入行的招聘小 C 来说不仅记不住，也操作不了，小 C 可以从简单的着装着手。招聘小 C 的衣着与服装不在有多奢华。但着装是否得体决定了你在招聘活动中对你的候选人是友好还是敌意，即使你是去商店里东西，得体的着装也能够让你得到更良好的服务，还何况是在一个正式、庄重的招聘现场或面试现场呢。尤其是在一个重要的、高规格的招聘场合，面对高层次的候选人，优雅而得体的衣着是对面前未来公司尊贵客人的一种尊重与礼遇。就服装而言，在商务着装中，灰色和黑色为经典保守色。

领带是男性服装中唯一带有梦幻的点缀，它能用多种语言表现出穿衣者不同的风格和地位！一个衣着领带的小 C，总会让人感觉他的精神飒爽。

另外，小 C 要精心保养好鞋子，让它总是发亮，也不能有明显、突出的印痕。一定不要忽视你的脚下，坚持每天擦皮鞋，不要穿沾满尘土的鞋。这是小 C 们自信的体现与反映。

记住，小 C 不要露出你的鼻毛。

作为小 C，打电话是最常见、常用的沟通方式。打电话先自报姓名，这是商务电话的基本礼仪，一般而言，沟通前应试着问问对方是否方便接听电话。电话中的小 C 形象亦是不可小觑。因为有人会在电话中听出你的形象，通过你在电话中的表现，人们会对你的形象、性格和素质展开无限的想象。比如，如果你在电话中笑起来，让你的笑容在电话里传达。对方通过你的笑声判断出你的心情不错，也许是一个谈工作机会的好时辰；反过来，你如果在电话中很严肃，对方便无法充分地与你沟通或有所顾忌。作为新入职场的小 C，要让你的每一个电话，都要努力展现给对方一个有高度职业经验、可以信赖的形象。

握手是小 C 与候选人第一次身体接触，短短的几秒或许意味着日后的合作是否成功。你握手的质量表现了你对别人的态度，是热情还是冷漠，积极还是消极，是尊重别人、诚恳相待，还是居高临下、屈尊地敷衍了事。

招术 4：渠道好，人才好

束手无策的招聘经理

最近，A 公司招聘小 C 很是苦恼。公司要求其招聘 2 名高级项目经理，已经持续两三个月了，现场、网络、推荐、甚至猎头，各种招聘渠道都用上了，部门各路人马也都使出浑身解数，千方百计在努力招聘，但就是没招到合适的人。这两天老板又在催促其要尽快完成，而招聘似乎已陷入困境，小 C 不知如何是好。

为什么约了人又不来面试？

为什么工作了几天又走？

为什么一直招不到合适的人？

老板和业务部门时不时来人力资源部"威胁"HR，本周一定要招到人，要不就怎样怎样。相信其他企业的小 C 们一定也会经常遇到这种问题，怎么办？

招聘陷入困境，但仍要招！只要有一线希望，我们就得努力去实现和完成它，这是 HR 的工作职责和职业使命。招聘困境，这种事情，相信所有招聘小 C 都遇到过。筛完简历，面试结束，总觉得候选人身上还是差点东西，跟招聘的岗位不是很匹配，不是很合适。合适，其实是一个很难界定的词。而且，合适是双向的。企业觉得候选人合适，候选人也觉得企业合适。招聘不成功的因素有许多。公司的薪酬福利达不到求职者的要求、还是招聘人员的能力度有限？所招聘岗位任务条件是否合理？岗位薪酬是否到位？招聘方法是否恰当？选择的渠道是否存在问题？等等因素应逐一分析后，再调查了解外部市场环境，然后有针对性进行解决与处理。这里单说说招聘的渠道因素。

为什么单说渠道因素呢？

因为许多企业的招聘小 C 其实远没有上述因素复杂，大多数小 C 面临的问题其实就是无人可聘，无人可招的问题。为何这么说，因为现有招聘困境中的核心其实就是招聘小 C 没有可选的余地，或者小 C 们选择的空间太小，说到底就是根本没有人来，或来的人太少，无法差额面试，如果是等额面试，那又如何保证招聘的品质！

招聘小 C 没有渠道，任凭你是天才，你有超强的说服力，没有人来，也只能是无米之炊。

◆ 招聘以渠道为王

招聘专员也好，招聘主管也罢，其实都是一个很痛苦的岗位。

一方面，企业的需求似乎没完；另一方面用人部门或单位是否对在岗人员永远不满意。除了面对企业 CEO 的质问，还得"对付"兄弟部门的投诉。招聘小 C 有时候是一个实实在在的夹心饼。忙碌似乎也是一种常态，闹心似乎更是一种常态。没有渠道，无源之水成为了闹心最大的一个因素。

有的招聘小 C 对部分岗位招聘还尚可，如一些文职类岗位、基础的技术类岗位、基础的管理类岗位等，但如果是跨一个领域，或跨一个工种便举步维艰。没有合适的招聘渠道，招聘小 C 便束手无策。

◆ 建立招聘渠道的两大策略

招聘的渠道受阻怎么办？可以采用两大策略：一是建立自己的人才库，二是拓展其他的招聘渠道！

策略一：建立自己的人才库

小 C 们在招聘过程中，最难就是通过常规的网络招聘平台，往往会无功而返，尤其是针对一些日常招聘中较难招聘的岗位。如果单纯依靠传统的网站招聘，势必难以成效，特别是当用人部门的需求较为急缺时。作为小 C 应在日常的招聘中，重点关注人才库的积累与建设。

1．做简历收藏家

数年累月收集起来的简历到底有多大的价值？真的过了一年就失效了、无用了吗？其实，收集的简历有两个重要的价值：一个是查询已存在的应聘者——避免在同一个候选人身上花费时间；另外一个是人才的深度挖掘——发现潜力候选人，简历再利用。与猎头打交道很多的小C都不会对第一条陌生。当你发现猎头刚刚推荐来的人似曾相识，花了半小时却没有在自己的电脑文件里找到这个人的简历，只能认同猎头的推荐。谁知道面试时却一眼认出这是年初因为薪酬没有谈拢而拒绝了 offer（录用通知单，下同）的候选人，后悔不迭。还有，一家分公司录用了一个应聘者，事后才知道这位应聘者曾经因为简历作假被另外一个分公司拒绝过。甚至还有，你发现不错的简历，花钱从招聘网站把他的简历下载下来时，却发现是自己面试过的人。更不用说各个分公司的其他同事会重复下载同一份简历的情况了。有的小C会说，不是不想做更谨慎的核对，而是没有条件，简历在各人的电脑里怎么去核对呢？

作为小C，你需要一个自己独有的人才数据库，把历年收到的简历集中在一起，并分门别类。从此之后，不管是候选人自己投递的简历，还是你上传的简历，甚至是猎头推荐的简历，你都可以瞬间就知道该份简历是不是已经在人才库里面了。

2. 人才库需要定期更新

可以考虑定期邀请人才库的人才更新他们自己的简历。通常情况下，如果他们有更换工作的意向时，愿意接受邀请去更新简历的人数比例很高。也许这不算一个常规的渠道，但确实是一个省时省力、主动出击的方式，还会让一些候选人有"感激这家公司还惦记着我"、"他们真的把我储备在人才库里面了"的感受。当然，这种邀请不能太频繁，一年邀请一次的频率比较合适。更新简历后的人才，可以重点关注，这其中可能就有适合的候选人。主动邀请人才更新简历，通常也只是针对曾经投递过公司职位的候选人。有时候招聘的职位少，投递简历的人就少，也让人才库的简历增长变得格外缓慢，故人才库的建设，对于小C来说要有耐心。

小C可以通过在企业的网上申报系统或企业网站上开通这样的"投递至人才库"渠道来实现人才库简历的自动投递，为企业未来的招聘储备人才。企业此举会让应聘者觉得这是一家开放的企业，乐于接受人才，从而对企业更为关注。

北森做的一项研究发现，每10个应聘者中，只有6人能完成简历的投递，成功申请职位。另外1人注册了企业的招聘网站却没有投递简历，还有3人填写了简历却没有投递。这里面的原因如下。

● 有的应聘者填写了简历，却没有看到合适的职位，所以没有投递；
● 有的应聘者嫌过程太过麻烦，中途放弃；
● 有的应聘者被别的企业的职业吸引，不会再登陆网站。
● 可以想象一下，如果他们都能顺利完成简历投递，你的人才库就会比现在大一倍、甚至几倍。

策略二：拓展现有招聘渠道

招聘渠道直接关系着公司能否及时地招到符合公司要求的人才。对于很多企业来说，现有的招聘渠道足以满足公司在一定时期内某一层次人才的需求，但我们必须清楚，没有哪一种渠道能够永远满足公司所有层次人才的需求，正如我们公司现有招聘渠道难以满足公司刀具研发方面的人才需求一样。因此，作为一个合格的招聘小 C 应该做到，不仅能够让企业需要的人才在很短的时间到位，更需要做到能在合适的时间引进合适企业发展的人才，要让人才很快到位和引进适合企业发展阶段的人才，对于渠道的建设就很重要了。我们日常工作中如何去建立渠道，如何去管理渠道，让自己的招聘池丰富起来呢？

1. 内部推荐最有效

所有的分析报告都告诉我们，内部推荐是最靠谱的渠道，成功率超过猎头公司。如何调动内部员工有兴趣帮你推荐应聘者，对小 C 来说，是一种挑战也是一门学问。北森在调查中发现，员工推荐应聘者的障碍有三点：一是激励太延迟；二是分享信息成本太高；三是信息不透明。

一位小 C 把招聘中的职位群发给员工，请他们推荐。第二天，她发现，一位员工把自己的 MSN 签名改成了"欢迎投递我们的职位，链接是 *****"。小 C 很好奇也很感激员工这么支持自己的工作，跑去问员工为什么要这么做。员工说，很想帮公司推荐，但是要告诉朋友自己公司在招聘，可能要先寒暄 10 分钟，介绍职位和公司情况 20 分钟，帮忙评估简历 20 分钟，搞不好还要在下班后请人家吃饭花 200 元……成本太高了。更别提问了半天根本不想换工作的人还有很多。真不如挂着签名，有兴趣的朋友会直接来咨询了。

让员工能快速方便看到公司悬赏的招聘职位，并能一键式通过邮件和社交网络私密分享给好友时，公司的招聘广告分享给别人的数量就大幅提升。大部分公司都对于员工成功推荐应聘者有现金或者实物的奖励，这是最直接的方式，最好采用月结，一次性付清的方式。如何让内部推荐公平公正呢。有的公司采取的做法是由员工亲自把自己推荐的应聘者输入到招聘系统中，同时系统也会记录下创建者的名字，如果这个应聘者已经存在也会自动提示推荐人。保证绝对的公平，会让员工更有成就感。

从综合数据来看，智联招聘、前程无忧和中华英才网，各类地区性和专业人才网站还是最主流的简历来源渠道，这几年招聘网站的简历质量总体来看不及往年优秀。调查显示内部推荐的成功率达到 83%，位列各渠道之首，快给钱少费劲，员工舒服推荐，小 C 就能轻松受益。

2. 非传统招聘渠道的开发

对于招聘官来说，渠道的开发很重要，渠道其实很多，很多时候看起来不是的渠道的，如果招聘官有心的话也会变成自己的渠道。比如，一些单位举办的论坛、一些高等院校开展的职业培训、行业开展的论坛、地区性的一些专业论坛、专业的 QQ 群等，而这些渠道，往往带来的都是一些行业有知名度的人才，问题是看你怎么吸引到这些人才了。

3．招聘小 C 拓展个人的人际关系渠道

招聘小 C 首先要试着建立自己的一些人际关系，人才市场、学校或者中介机构等相对来说比较好办，因为他们是卖方市场。但是那些专业的论坛、高等院校开展的职业培训、专业的 QQ 群等渠道就不是很好进入的了，首先你要找到这些资源，然后你要想办法进入这些资源，和他们建立初步的联系，最后你还要在里面有一些自己的见解，这样才能建立起自己的影响力，进而这些人才才会和你进行接触。

4．日常对渠道的维护

作为招聘官，在渠道建立后，对渠道的维护也是非常重要的。很多渠道可以说是"养兵千日、用兵一时"，我们必须做好日常的维护，在和大家增进交流的同时维护好这个渠道，这样当你抛出绣球的时候，关注的人才会多。

5．个性突出、针对性强的招聘渠道

有一些渠道不太常用，但在特定的场合，特定的时机的效果却特别有效，具体的细节将在后文详述。主要的有，小型的专场招聘会、高端学术会议、行业论坛等。

◆ 招聘渠道性价比

2013 被称为史上最难就业年，应届毕业签约率趋低，而在号称最难就业年的 2013，很多企业纷纷喊招人难。就业难与招人难两大矛盾越演越烈，而招人难更是成了企业一大头疼的问题，探究招人难的主要原因是人才与岗位匹配度不够，结构失衡。企业招人难的同时也引发了另外一个问题的出现——招聘成本逐年上升。

某化妆品公司的 HR 反映，近些年的招聘成本增幅已经超过了 30%，甚至有些企业的招聘成本增幅达 70%。然而，造成招聘成本增加的原因有哪些呢？企业的招聘成本之所以逐年上升，究其原因是员工流动大、适合的人才少、渠道成本提升（包含网络、传统媒体、摊位、转介费的提升）。招人难、招聘成本上升对于企业来说是两大硬伤。某高科技的 HRD 告诉我，2014 年企业的人均招聘成本已经达到了 4000 元 / 人，再加上该企业的流动率已远高于同行业的 30%，一个近 600 人的企业，一年近 180 人的招聘量，光招聘费用每年就达 70 多万元。

对企业来说降低招聘成本也是人力资源减负增效的重要环节。那么，怎样才能降低招聘成本呢？降低招聘成本，一方面要研究企业在用的主流招聘渠道，根据招聘渠道的特点来选择性价比更高的招聘渠道，其次需要根据不同招聘渠道的优劣势来巧妙搭配。

8 种招聘渠道的性价比大比拼

1. 网络招聘

此处定义的网络招聘限定于传统的人才门户网站的简历搜索或人才在线简历投递，此种方式仍是目前最主流最常用的招聘方式，各大网站均拥有千万级的简历库，且人才相对活跃。

性价比参考：这种招聘渠道的费用以年为计算单位，一般来说，人才网站一年最低的消费都是 3 000 元～5 000 元，费用较低，就性价比而言，它是所有招聘渠道当中最高的，例如某美容院在某行业人才网站花 3 800 元，一年内在此网站招聘到 30 名的美容师，那么每个美容师的招聘成本约 126 元。此种招聘渠道在招聘中低端人才，甚至高端人才也适用。

2. 现场招聘（包含校园招聘、人才交流中心、招聘洽谈会）

现场招聘会比较直观，可以见到应聘者本人，通过交流也可以了解应聘者本人一些相关的信息，现场进行选拔。由于参加招聘会的人员较多，可选择的余地也较大。现场招聘由于时间较短，不能当场对应聘者进行详细的审查和评测，还需要进行下一个面试或者笔试的环节。同时，也由于现场招聘者个人的因素（现场招聘人员往往是秘书或者助理），容易造成对应聘人员的把握不准，造成真正优秀人员的流失。现场应聘人员一般以即将毕业的学生居多，从业经验缺乏，平均素质不会太高。

性价比参考：企业参加现场招聘会一般都是以场次为计量单位，每场的收费300 元到 600 元不等。以某保健品公司为例，一年参加 20 次场现场招聘会，收集的简历达 300 份，最终应聘并被录用的人员不到 30 人，这家公司通过现场招聘一个人才的成本是 200 元～400 元。由于现场招聘渠道特点的限制，这个渠道较为适合招聘中低端人才。

3. 猎头招聘，或委托第三方公司招聘

猎头是一种由专业咨询公司利用其储备人才库、关系网络，在短期内快速、定向寻找企业所需人才的招聘方式，是招聘中高端人才较有效的方式。猎头招聘以前主要是大中型企业为了招聘高端人才专门使用的招聘渠道，近些年，猎头招聘渐渐被中小型企业采取，例如一些中小型的美容企业，由于在这个行业招聘专业的人才较难，这些企业在其他招聘渠道不奏效的情况下，开始渐渐使用猎头招聘。但是，正规的猎头公司收费比较高，通常为被猎成功人员年薪的20%～30%。

性价比参考：招聘费用高，但是效率也高，例如人力资源公司对某化妆品公司的猎头费用是，中高端职位 1.5 万～3 万不等，基层岗位 2 000 元～3 000 元 / 人。费用相对而言略高，但是据统计，通过猎头招聘的人才流动性相对小，并且效率快，可以在短时间内帮助企业快速物色到企业紧急需要的人才。尤其对于需要招聘中高端人才的企业，这个招聘渠道最有效。

4．员工内部举荐

招聘成本小，应聘人员和现有员工之间存在一定的关联相似性，基本素质较为可靠，可以快速找到和现有人员素质技能相近的员工。这种方式的选择面比较窄，往往难以招到能力出众、特别优异的人才。

性价比参考：企业为了鼓励员工推荐合适的人才，一般都会设立200元～500元的奖金，通过奖金来鼓励员工推荐人才，但是由于推荐的人数有限，而且稳定性不强，性价比不高。对于需要急招人才的企业不是很适用。

5．传统媒体（包含报纸、电视、广播、杂志）

优点：在传统媒介发布招聘广告可以减少招聘的工作量，广告刊登后，只需在企业等待应聘者上门即可。这种形式的广告覆盖面广，目标受众接受率高，可以提升企业知名度，有效宣传企业的业务，树立企业的形象。该渠道主要针对急招的人员。

缺点：在报纸、电视中刊登招聘广告费用较大，成本高；广播电台播出招聘广告的费用会少很多，但效果也比报纸、电视广告差一些。这种招聘渠道会吸引到很多不合格的应聘者，增加人力资源部门简历筛选的工作量和难度，延长招聘的周期。

性价比参考：传统媒体的招聘费用较高，以某上海某化妆品公司为例，一年内在报纸招聘上的投入费用为9 000元，最后招聘到的人员不到20人，招聘一个人才的成本约450元，另外这种招聘信息保留时间较短。总体来说此种招聘渠道的性价比较低，越来越多的企业不再用传统媒体招聘，除非有些企业非常急需招聘某方面的人才。

6．人才外包服务

优点：帮助人力资源从大量的重复性事务中解脱出来，专注于核心的战略性工作，从而提升人力资源管理的高度和核心竞争力，避免大量投资于人才所带来的不确定性风险，降低人力成本。

缺点：人力资源外包的安全性涉及商业机密、互联网和内部网运行的可靠性等问题，其突出表现在，在长期的合作中，外包机构掌握了企业大量的信息和机密，也没有完善的法律法规去规范外包行业的运作，很可能使企业受到牵制，使企业不能自由选择服务商。

性价比参考：可以帮助企业大量地招聘急需的人员，费用相对而言中等偏低，性价比较高。尤其适合大中型企业。

7．社区招聘

优势：可以找到专业匹配度较高的专业人才，较为符合公司的要求，招聘成本也较低，基本是千里马找到伯乐后，就紧紧跟随企业。

缺点：这种招聘成功的几率较小，很可能一年内都不一定能在社区招聘到合适的人才。

性价比参考：招聘成本趋于零，但是成功的几率也趋于零，对于急于招聘的企业来说，性价比相对来说非常低。适合一些对专业要求较高的企业。

8．内部招聘或岗位竞聘

优势：这是内部提升员工的有效方式，一方面不需要花任何的成本就可以招聘到人才，另一方面，从内部员工挖掘人才可以增强员工的归属感。

劣势：可考虑的人选较为有限，不利于企业增加新鲜"血液"。

性价比：招聘成本趋于零，可选用的人才较为有限，局限性较强，不过整体来说性价比还比较高。该方式适合中小型企业。

从各大招聘渠道优劣势以及性价比分析可见，网络招聘、猎头招聘、人才外包越来越受企业的青睐，并且性价比较高，更符合企业的需要。而曾经作为主要招聘渠道的传统媒介渐渐被减弱了在招聘领域的突出地位，而现场招聘较网络招聘而言，已退居二线。值得一提的是，猎头招聘和人才外包反而越来越受企业欢迎，甚至中小企业也趋于采取这两种招聘渠道，主要原因是两种招聘渠道的性价比较高。

招术 5：招聘得会 Cold Call

◆ 认识 Cold Call

我认为，如果你做些事情的话，那么就会有很好的结果，因此你们应当去做一些其他的美好事情，而不是长期盘踞在一个地方，或者是长期的从事某一件事。努力寻找下一个目标，不要守株待兔。

—— 史蒂夫·乔布斯

从未见过一个消极被动的人会成功，成功总是属于主动进攻者。主动出击未必成功，但等待一定没有改变！招聘小 C 也应当在招聘工作中主动出击，而不是等候选人上门找你。说起招聘、说起猎头、说起定向寻猎与寻聘均离不开 Cold Call。

何谓 Cold Call？ Cold Call，简称 CC，可以理解为向潜在的主顾打的、冷不防的电话，也可以理解为主动与准客户接触，它是猎头常用的工作方法，绝大多数猎头顾问每天就是在 Cold Call 中度过的。Cold Call 效率的高低直接影响着小 C 的绩效。

在绝大多数通用型职位上，不同企业之间的招聘小 C 间的竞争是异常激烈的。如果 Cold Call 的效率能够提高一倍，那么一般的、普通的招聘小 C 瞬间便成招聘高手了。

招聘小 C 之间体现在效率的差别上，如何提高 Cold Call 效率呢？

（1）消除心理障碍。

很多新入行的招聘小 C 不免对 Cold Call 有心理障碍，招聘小 C 要清楚，Cold Call 是你的工作方式，选择了招聘这个岗位，你就别无选择，只能适应它。即使你刚开始时不太适应，甚至有些反感。遗憾的是，你没有办法，因为这是你的工作！

经常见到招聘人员，尤其是新入行者，面对陌生的电话那头，会莫名的心生怯意，而当对方是一个很重要的岗位时更是如此。

要知道拒绝你，不是因为你不优秀，或许仅仅只是他当时的心情不好。抑或刚被老板骂——现状可能比你的现状好不了多少！

（2）对潜在候选人进行电话筛选。

在简历筛选的过程中，一些看起来不错的候选人会进入我们的视野，但在决定其是否合格之前，往往我们需要先通过电话面试对这些候选人进行一个直觉的判断。

电话面试对招聘者猎头顾问提出了更高的要求，即要迅速对电话另一端的候选人做出判断，否则，可能需要在数周内通 n 次电话才能得出结论。

（3）要保持电话面试是简短而有效的。

（4）建议不要向候选人透露直线电话。或者预备一个专用的号码，专门用来接听有关工作职位的问讯，或通过语音留言来应付这些电话。

为了对候选人进行更加有效的筛选，招聘小 C 要做好通话记录。在与潜在的候选人通话时，小 C 要用有组织系统的方式，记录双方的谈话内容。记录每一次通话的摘要，尤其是候选人与众不同的特质与要求等内容。通话记录应使用中性词语或者相同性质的词语来描述，以便这些记录可以用于比较不同候选人之间的差异。

（5）认真聆听。

因为在电话面试中，你无法看到你的候选人，无法观察他们的行为。所以你必须使自己成为一名"杰出的、非凡的听众"。不但要听清楚他们对问题的阐述，更要注意聆听他们说话的语气语调、专业性、遣词造句、情绪、幽默感、个性等等。

（6）如果候选人没有任何问题需要提问，可能表示他们对此机会并不感兴趣，甚至根本不在意。在电话结束之前，问一些候选人是否有其他问题。对于了解候选人的合作意向很重要。一般情况下候选人都应该会有一些问题需要弄清楚。而且往往从候选人的提问中，我们可以发现很多候选人的"内部资料"或特定信息。

（7）寻找不合格的候选人

通过电话面试，我们无法挑选出最好的候选人，但是我们至少可以判断出哪些候选人根本就是不合格的。电话筛选本身就是一个不断排除不合格的候选人的过程。

这很像是一此相亲或者初次约会，我们可以很容易在第一眼淘汰掉对方，因为你自己知道你永远不会与这种人结婚，相反，我们却很难在第一次就做出嫁给／

迎娶对方的决定。

（8）试着与那些消极的候选人联络。与那些消极的候选人联络时，不能抱着"姜太公钓鱼，愿者上钩"的想法。不难想像，也许候选人整天被猎头的电话轰炸，而他对这些计划并不感兴趣，或者他刚刚接了另一个 offer，根本就不愿意回复你，想都不想就把 Email 删了。我们的目的是鼓励他们对推荐的职位作出回应，即使他说没空，或者根本就不感兴趣。要记得千万不要放弃这些看似消极的候选人。如果你的候选人回应率仅仅 40% 或者更少，这会让你越来越沮丧！有时候，你的目标可能就在这些消极回应的候选人中。

（9）试着给候选人发一封个性化的邮件。不要发那种千篇一律的格式化文本，一定要包含下面的内容。

一段关于你自己和你公司的简短介绍；

你掌握的关于他的情况，指出在众多候选人中选择他的原因；

用 3 到 4 句话介绍一下客户公司的优势；

描述一下这个机会对于候选人的好处；

你自己的详细联络信息；

用一句话问一下候选人，如果他自己不感兴趣，希望他能把你的 Email 转发给可能对此机会感兴趣的朋友。

如果你没有收到回应，第二天要及时打电话跟进。提及昨天你发的邮件，并表示很想就此职位跟他详聊。

过几天如果还没有候选人的回应，再给他发一封 Email，最后问他对于你推荐职位的看法，不管他是否感兴趣。

不断地在你和候选人以及客户的接触中，坚持按照这个步骤行事。不管是候选人还是客户，他们的想法永远改变得比风向快。总之，只要你不表现得傲慢，坚持这样的结构化交流，很快就会见成效。

（10）做候选人清单的时候牢记五要素：全名、性别、单位、职位、联系方式。

取得手机号的方法很多。以朋友、老同学、同行的身份介入，装出一副很着急的样子，得到手机号码后，一定要重复一遍以保证准确。

（11）多打电话，多打一些有质量的电话，打 1000 个电话和打 100 个电话的结果自然不同，任何电话高手都是在打了无数电话之后才脱颖而出的。小 C 们每天打电话的数量、质量和水平直接决定找人推人的进程和水平。

（12）有时候为了突破一些难打的电话，或者候选人选不容易接触到时，招聘小 C 难免会用到一些"雕虫小技"，如果一旦被戳穿后，也没有什么，小 C 死不承认或装傻就是了。就算撒了一个善意的谎言，因为毕竟你没有做坏事。打 Cold Call 尽量不要发生这种结果，只要候选人有怀疑那么这个电话就失败了，你的工作也就前功尽弃了。

（13）打电话的时候，有些不同的职位，可以试着用行业协会之类的名义，一般超准，在短暂的数分钟内，得到全部我想得到的信息。

（14）小 C 要提前做好准备，包括打电话的脚本与台词，要能做到思路清晰，语言流畅，不能支支吾吾、结结巴巴，底气要足，理由要充分，不要让对方有丝毫怀疑，还要掌握好时间。

（15）打电话的时候，即使相同的职位，要尝试用不同的方式、以不同的身份介入，然后综合比较效果，再总结出一些共同的规律、规则。这样做的好处：①充分锻炼自己的能力；②找到最有利的身份和理由推广；③避免麻烦。

◆ Cold Call 的 7 个要点

招聘小 C 随着工作的深入开展，深知打 Cold Call 的重要性。打了无数电话之后，水平和能力自然而然就大大提升了。

从事招聘这一行的人都知道：电话挖人是一项基本功。接到用人部门的招聘需求，仔细研究了岗位说明书之后，开始做目标岗位候选人的 Cold Call。如何打进知名大公司找到特定职位的候选人，不仅是一项基本功，也是招聘小 C 岗位价值提升的重要途径。不管是你是招聘小 C 还是招聘高手，都得过这一关，不然，很难在招聘工作上取得好的业绩。每一个岗位的第一个电话都是最难的，但是打多了也就得心应手了。小 C 在 Cold Call 的过程中，要注意以下几个方面。

（1）以最合适的身份和理由介入。笔者个人比较喜欢用的身份有行业协会、俱乐部、网站、客户、供应商、同行等等。

（2）找准能透露信息的人，不管这个人是候选人本人还是第三人，只要获得他的信任，就能第一时间得到全部信息。

（3）不要冒充大的机构，例如人社局、工商局、社保中心。不要冒充对方特别熟悉的机构。譬如，在做百货行业的单子时，一开始冒用"***百货商业行业协会"，对方太熟悉了，很难成功。

（4）做好准备工作：打每个 Cold Call 前做好准备，包括对方资料的收集，想了解的问题清单以及记录用的文具；等等。

（5）采用结构化的交流方式，这样效率会高出许多。漫谈式的聊天并不适合大多数 Cold Call，结构化的交流对于提高 Cold Call 效率来讲至关重要！

（6）善于记录。在与候选人的电话沟通过程中，对于关键信息务必要有记录，不可忽略，有的候选人因性格使然，不太会提第二遍，如果小 C 在电话沟通后，忘记了，可能就会使这之前的电话沟通无效，这样还会让层次稍高的候选人产生反感。

（7）多实践多总结：任何高手与新手的区别不过是熟练掌握更多的雕虫小技

而已，俗话说熟能生巧，多打电话，多与候选人在电话中交流自然会让小 C 越做越自信，越做越有经验。比如怎么绕过前台，怎么获得另一候选人的电话等，但这些技巧往往无法言传，打过 1000 个 Cold Call 之后，便会顿悟。

招术 6：简历上说的就是真的？可长点心吧

♦ 再牛 × 的简历，一张 A4 纸也够了

多年的招聘经历告诉我，所谓简历，应当是越简越好，越简便会越有力。然而多数时候，你面对的简历可能是洋洋洒洒十多页、甚至几十页。你不可能一天只会面对一个人、一份简历，而如果是几十人，甚至是几百人呢？是不是就要崩溃了？

简历的本质是什么？简历是一个人的生涯记录，上面极力粉饰所有的成就，却刻意回避掉所有的失败。经验之谈，越复杂的简历内藏的水份或许就越多。

对招聘小 C 来说，要试着让你的候选人的简历越简越扼要越好。

对候选人的简历，我崇尚极简主义。

经验告诉我，无论你的人生经历如何丰富，如何卓越，一页 A4 纸应当可以说清楚。这就是我常常对小 C 讲的简历一纸禅。

通常我们建议简历最好控制在一页 A4 纸的大小，以避免简历出现过于拖沓繁琐的现象。

如果简历的内容过多，如何有效压缩到一张纸，可以参考以下 5 点提示候选人注意。

（1）简历页面是寸土寸金的，不要让你的姓名、性别、地址、电话等占据过大的页面。将姓名作为标题，联系方式紧跟标题给出。

（2）删除那些无足轻重的细节，将内容重复的细节合并，使你提供的细节更简洁，内容更有效。

（3）消灭简历上的废话，可以从以下几方面入手。

① 计算机技能：消灭最基本的计算机应用技能，如"熟练使用 Windows"、"会操作 Office"等。

② 教育背景：不应罗列一大堆学过的课程。除了与应聘职位密切相关的主要课程外，其他的都应该省去。

③ 消灭那些大而无当的套话、空洞的自我评价，消灭空话。

④ 避免"喊口号"，如天生我材必有用。

⑤ 避免"说大话"，如给我一个支点，我将撬起整个地球！

⑥ 避免"表忠心"，如你给我一个机会，我给你我的全部！

（4）缩减与求职意向不相关的素材。以财务为例，所有与财务没有关系的内容，都是可以被删掉的。如果所有的内容都跟财务有点关系，也可以为他们排一个优

先级，把那些不太重要的压缩，或者删除。

（5）适当减小行距、字体、段前段后的距离，这是最后的办法。但是行距太小，会让人难受。简历上的汉字如果比小五号字还小，也会让很多人不舒服。

♦ 好简历的 10 大特征

小 C 进行简历筛选时，怎样的简历才算是好简历呢？

1．个人资料真实

重要性不必多说，资料是最基本的要求。不管是证书、能力还是资历，小 C 都是务实的，没有人会选择一个没有诚信的候选人。

2．留有多种途径的联系方式

发现候选人的资料很满意，却发现电话联系不上，要么欠费停机，要么通话中，要么无法连接。对于候选人来说那是最失败的事情，小 C 们要试着寻找其他的联系方式，如 QQ、邮箱、MSN 等。多种联系方式反映了候选人对于细节的考虑周全。

3．求职意向明确

候选人试图说什么都能干，或者列出 10 多个工作岗位。记住：企业需要的是专业人员，即使是比较通用的职位，一个人也会有自己的兴趣和定位，候选人的描述让小 C 们觉得他是在找一个暂时的跳板，或者是暂时养活自己，频繁的人事变动会耗费企业大量的精力。站在候选人的角度，可能会觉得多多益善，而对于小 C 们来说，面对候选人诸多的岗位要求，小 C 最好在电话邀约前予以确认。

4．工作经历详实，关注事实与数据

审阅和筛选简历是小 C 日常工作之一，在海量般的简历里，小 C 会对几个关键要素进行把关，首先是工作经历。简历上的工作经历，一般会按年份，记录每份工作，以及在这些工作中获得的成就，一目了然，也可以很快地从这些信息中获得对候选人初步的印象。小 C 们在审阅这些工作经历内容时，要特别关注经历中提及的事实与数据是否符合常规、是否符合逻辑。

5．简历的重点越少越好

小 C 拿到简历以后，要尽可能迅速地了解候选人是不是适合这项工作。候选人一般会在简历中想要表现他所有的优点，比如可能擅长篮球、辩论赛拿过冠军、在某社团是骨干、曾任学生会某部部长，他会尝试强调他所有的优点，小 C 们需要提取其中与其申请的工作有关的内容进行重点关注。比如他申请的是销售经理，候选人就需要展现他的口才和领导能力，那么其辩论赛冠军和部长的头衔将会有用。小 C 不能把所有的特点都当作重点，这样的简历将显得没有主题，也看不出候选人是否适合这项工作。

6．不要漏掉简历中缺点

候选人写简历往往罗列自己的优点，使简历显得非常的做作，不真实。好的

简历应当在叙述完自己的优点以后加上自己的缺点，或者优点和缺点穿插起来介绍自己。能够从正反两个方面来介绍自己可以显示出候选人人格上的成熟，小 C 们在简历的审核中对于通篇全是自我欣赏、表扬的简历要留心，此类简历要么言过其实，要么欲盖弥彰，故要重点审查。

7．简历不要复杂化，要简洁，最好是一页纸

有的候选人简历就是一本书，几十页的内容拿在手里就让你感觉烦。你还要一页一页的翻找自己需要的信息。曾经看到过一份简历，里面包括了大学四年的各种荣誉证书的复印本，大大小小加起来十多页，其实完全没有必要。如果候选人觉得自己有必要强调在学校内多有优秀获得过多少奖，那么最好把这些内容放在简历的最后，用文字列出自己的荣誉，不要复印那些谁都不看的证书。小 C 们对长长的简历要有快速的关键词定位能力，如果不得要领，建议直接放弃。因为写好简历也是候选人能力的表现，就经验而言，洋洋洒洒十多页的候选人其职位与工作年限一般不低。如果有可能，小 C 可以提醒候选人提供的简历要简明、扼要。

8．事件相关的叙事方式

很多人都习惯用时间顺序来列举自己的工作经历。这种方式非常不好，显得简历非常混乱。

9．写好简历的首尾

人在心理学上有短时记忆的特点，所以，对任何一篇文章、任何一个段落的首尾是最能给人留下深刻印象的。所以好的简历一般会将最能代表候选人的能力的经历放在开始的位置，末尾也会加重态度和语气。

10．包含关键词

如果候选人的简历标题和内容包含小 C 们所关注的关键词，会使候选人的简历提升到搜索排名的前列，让小 C 们更容易查找。因为小 C 们常习惯于通过关键词在招聘网站搜索候选人。

简历关键词，一般会体现在以下几方面。

（1）职位和行业的关键词。职位和行业是最常用的搜索条件，所以相关的关键词不仅可以在简历内容里面体现，还可以写在简历标题上。

（2）证书和技能的关键词。比如，针对招聘中会要求使用某某软件、拥有会计证、英语八级证书等的指标要求，总结与其能力有关的关键词，可以这样写：2年 Java,VisualC++,perl,ticl 应用开发经验；有会计从业资格证书；等等。

（3）学校、专业的关键词。不少小 C 对学历、专业和学校有要求，会作为非常重要的审核条件，这些应在简历中明确体现。

（4）工作经历的关键词。小 C 对候选人的工作经历非常看重，如曾经在哪些公司工作过、与哪些公司有过接触、或拥有哪些行业或公司的资源等。例如日用品企业的营销职位，可能需要候选人拥有一些超市方面的资源，或是之前和相关的公司有过合作经验。如果，候选人拥有这些资源，或者和新的工作有关联，就

需要在简历中列举出候选人所接触过的公司，或候选人使用过他们的工具或产品，或是作为他们的客户的经历。

11. 挤掉简历中的水分

大量的招聘经历告诉我们，几乎所有的简历都会含有水分，即使不是水分，也会被候选者称之为善意的谎言。作为招聘小 C，不需要这样善意的谎言，要让简历去伪存真，还原本质。

简历内藏有太多的谎言，所谓简历中的谎言，顾名思义，即简历中伪造虚假的信息。鉴别简历的真假已经成为一名招聘小 C 的必备技能。那么，如何练就一双火眼金睛，一眼发现简历中的疑点，从而识别出简历中的谎言。小 C 应重点关注简历中工作经历、教育背景、工作业绩描述、资质证件等内容的真实性。最典型的有以下几点。

① 工作年龄

如企业在招聘员工时的要求是"5 年相关工作经验"、或"3 年以上同岗位工作经历"。部分求职者可能会在简历中虚报年龄或同岗位工作年龄以达到企业的要求，增加应聘机会。

② 教育背景信息

企业在招聘的过程中对学历有硬性要求，伪造证件的成本和难度太低，市面上充斥着大量的假学历，假学历也成为了招聘中一种习以为常的现象，致使很多求职者在伪造学历上存在侥幸心理，教育背景信息是简历造假的高发地带。尤其是有的企业要求特定的学校、特定的专业，这就使得候选人为了被录用而铤而走险。教育背景信息包括毕业时间、学制时间、毕业院校、所学专业、学历等内容。小 C 们在简历审查时，不应仅关注学校，还应包括专业，起止时间。还有由于国内的教育不同，是否为全日制、是否为国家统招其毕业证的含金量完全不一样，小 C 们应仔细甄别。

（1）学制时间存在异常。

有的候选人第一学历成教的学历直接就是本科，没有专科。正规的成教应当先有专科再通过专升本，而不是直接本科。

正常情况下，硕士是三年制，本科是四年制，大专是三年制，本硕连读是七年制，专升本是五年制。

（2）毕业时间异常，要么提前，要么缩短，或者干脆就是假的。

重点关注候选人的学历情况，是成人自考，中途辍学还是忘了更新？如果是后者则无法提供毕业证明。此外，在教育经历的起止时间月份上，正常起始时间月份为 6 月，终止时间为 6 月，如果求职者简历上教育起止时间有异常，则表明其可能不是正规全日制大学毕业。

（3）所学专业不符实际，或根本就没有。

求职者在专业上造假大多是为了迎合企业招聘职位的专业要求。如果求职者的专业选项中填写比较简单、模糊不清，或者不符合常理，我们有理由保留质疑的态度。通常各大院校的专业设置会有相似的地方，据此我们可以判断求职者的专业是否存在异常现象。

（4）毕业院校异常

同理，通过对目前国内有关院校情况的掌握，我们可以发现各种不符合现状的信息。关于教育经历的异常多数都可结合求职者年龄、工作时间、对教育状况的了解等判断其真假。

特别一提的是，小 C 们要重点关注山寨大学。2013 年 7 月份，国内一家教育咨询类网站相继发布了《百所中国虚假大学警示榜》第一、第二批次，共 150 所院校，之后这两份榜单在网上热传，教育主管部门的官方微博也主动转发了这两份榜单，对考生、家长提出警示。

③ 工作经历

工作经历是企业评价求职者工作能力最重要的依据，同时需要结合第三方的确认才能最终判断其真伪，故容易成为简历造假的"重灾区"。工作经历包括工作单位、每份工作（项目）起止时间、总工作时间（工作经验）、工作职责、担任职位、工作业绩、离职原因、参与项目名称等内容，通过仔细推敲，小 C 们熟能生巧，也能识别其中的疑点。

（1）工作单位（含企业背景）。

有些候选人的简历中对原工作单位描述得非常有吸引力，或有意夸大原单位的实力与影响力。一般的企业都会有自己的官方网站，如发现候选人对原工作单位的描述过于夸张，而小 C 又确实不了解这家企业，可上网查询这家企业的具体信息。小 C 平常需要注意各种信息的收集和积累，相关行业中上规模的企业都要略知一二，谨防候选人为了抬高自己工作职位的重要性及含金量而夸大原来的工作单位。

（2）总工作时间（工作经验）与每份工作（项目）起止时间。

工作时间的连贯性会是企业考察求职者稳定性的因素之一，故有些候选人可能有一段时间没有工作，但在简历中却把时间归到某段工作经历中。另外，为了满足企业招聘过程中对工作经验的要求，很多候选人会直将工作间断的时间也计算在总工作时间内，以增加面试的几率。所以，小 C 需要仔细查看候选人每份工作（项目）的起止时间，如果发现有多项工作（项目）时间重叠或教育经历重叠及时间间断等异常情况，都需重点关注。

（3）工作职责、工作业绩与担任职位。

这三项内容是候选人工作内容的最直接体现，很多时候会存在夸大、不实的情况。小 C 应根据常理判断其描述是否合理。例如：工作半年就从普通职员晋升到管理岗位合理吗？刚毕业就担任人事经理合理吗？

可以综合三方面内容看其是否符合逻辑及常理。例如：对方原来担任的只是一个大公司的普通人事专员，那么其日常工作职责应该只是负责执行有关人力资源相关工作，公司人力资源发展规划、薪酬设计等重要决策性工作是不可能由其独立担任或完成的。所以，如果对方工作职责、业绩上夸大，就会露出破绽。

（4）离职原因。

离职原因通常是候选人忌讳莫深的问题，很少会在简历中直接表现出来。但如果候选人在简历中表示因"辞工"、"合同到期"、"换个环境"等含糊不清的原因离职，未必代表其真实的离职原因，在后续沟通过程中需要进一步地去了解。

除了以上在工作经历中可以发现的疑点以外，将候选人地工作经历与其年龄、应聘职位（期望职位）、期望薪资等进行综合对比，如发现候选人工作经历上显示的能力程度、工作经验都要比应聘（期望）职位的任职要求高很多，或与其要求的薪资待遇存在不匹配的情况，则其工作经历的真实性或是求职动机就值得招聘小 C 特别关注了。

例如：为了显示自己的才能，有些年纪轻轻的候选人在自己的工作经历中列举了曾经在多家知名企业里面担任高层管理岗位的经历，但简历上填写的应聘（期望）职位却是只是普通职员，同时薪资要求也只是在一个普通职员的薪资范围，这显然是不符合常理的。

④ 资质与证照

（1）专业技能和知识。

通常专业技能和知识需要通过教育、培训、工作过程慢慢积累。如果结合这三方面情况来看，候选人的工作经历中都没有接触或运用到所描述的专业技能和知识，那技能的真实掌握情况以及熟练程度就值得斟酌。

（2）荣誉或资格证书。

荣誉或资格证书一般附在简历的末尾，有的候选人简历中声称自己在工作过程获得了很高的荣誉，但是从他／她的工作单位和职位来分析，他／她很难有这样的条件和机会，则有必要引起我们的格外注意和警惕。

例如：一名工作经验只有两年的候选人，声称自己在一家不知名的广告公司里担任助理广告设计师的时候，曾获得该行业的"十大杰出设计师"称号，是否不太符合常理？而应届毕业生最普遍的就是夸大自己的学习成绩，如将三等奖学金夸大为一等奖学金，这需要结合其学习成绩进行判断，必要时可联系校方进行了解。

招术 7：招聘，唯快不破

◆ 天下武功，唯快不破。招聘也是

有时候，快就是一种力量，你快了以后能掩盖很多问题，企业在快速发展的时候往往风险是最小的，当你速度一慢下来，所有的问题都暴露出来了，招聘工

作其实也是如此。

对于企业来说，你即使招到了天才，可是企业已经错过天才生长的最佳时期了，天才没有了土壤，或者你招到的天才，到岗时便可能"生不逢时"。

对企业，空缺岗位越早到岗，对于企业产生的价值的时间就越早。因为对于企业来说，人才到岗之日，并非是产生效益与价值之时。其间，有一个较长的时间差，早只会更主动，晚，只会被动、价值减弱或甚至无益成为一种负担！

> 慢，是招聘工作的大忌，再合适的候选人，如果效率跟不上，也会慢慢地失去耐心，最终溜走。

ZK 集团，是国内一家从事光伏发电的企业集团，在业内享有较高的知名度，市场份额一度排在行业前三，但 2012 年以来，受美国光伏反倾销事件影响，市场呈微弱的下滑之势，为了确保公司业绩的持续增长，2013 年初公司与所有的营销区域的负责人签署了目标责任书，该目标责任书中规定，为完成所对应的销售合同、利润指标、毛利额等财务指标，需要匹配相应的销售人员。由于该企业所处行业的客户对象为政企大客户，故所要求的业务人员的要求非常高，既要有项目营销经验，又要有招投标方面的成功案例。目标责任书一签署，人力资源部门便安排小 C 们忙开了，由于市场上符合岗位要求的人员实在太少，一年下来，有部分区域的人员都没有匹配完整。到了年底，未完成任务的区域以人员匹配不足为由向公司管理层提出抗辩。各个部门将矛头指向前人力资源部，刚开始 CEO 也还能理解人力资源部，可随着投诉的区域总监越来越多，CEO 对人力资源部的工作也提出了不满与批评。人力资源部部长当然不能一个人背着，于是找到小 C 们，更加严厉地批评了小 C 们，并根据公司制度处罚小 C 们。

小 C 们感觉很委屈，在申辩书中指出，如果按人数计算，他实际上全年的招聘任务完成了 90% 以上，在这个行业，这种岗位类别中算是很出类拔萃的了。

其实，按上述小 C 们的描述，以政企类大客户的营销特点，即使人员到了，也需要一个较长的适应过程，即培训和融入企业文化的过程。光试用期就得至少半年以上，在远大、华为这样的企业，对业务员的专题营销培训不会少于六个月。由于华为的新员工中想成为营销人员的人不一定是营销专业的毕业生，所以对于营销理论并不了解，营销理论与知识的培训是必须的。营销理论知识培训。这些理论包括消费者行为理论、市场心理学、定位理论、整合营销传播、品牌形象理论等。理论需要与实践相结合。在理论知识培训结束后，华为还要给新员工开展一次实战演习，主要内容是让员工在深圳的繁华路段以高价卖一些生活用品。而且规定商品的销售价格必须比公司的规定的价格高，不得降价。经过以上培训的人都有一种脱胎换骨的感觉。通过培训，为派往市场第一线做好心理和智力上的准备，才具备一个华为营销人员上岗的基本条件。

对于候选人来说。长时间的等候也无异于一种伤害。经常会发现面试候选人告诉小 C，抱歉，我已经上班了。

抱歉，我已经上班了。是一句很简单的话，对于招聘人员来说，就意味着，你前面的工作全白做了；对于之前的精心参与面试的公司面试官亦如此；如果 CEO 参与了最后的面试把关，亦如此。总之，一句话，前功尽弃！

什么原因，导致你比别人慢了半拍！别人已经先下手为强。

招聘人员不仅要做好招聘工作的本身，还得需要做好招聘管理，全面协调公司的各个环节与流程，尤其是对于一些重要岗位的、难招聘的岗位。

因为大部分时候，被别人抢先半步，并非招聘小 C 的原因。大多数与公司的录用决策有关，尤其是有关薪酬、有关岗位定位、录用审批的时效、面试人员对于企业的印象等。每一个环节的疏忽，都有可能导致候选人的流失，故而，招聘小 C 不仅要有良好的专业能力，而且还需要全面、认真地统筹与协调。

帕金森定律。1958 年，英国历史学家、政治学家西里尔•诺斯古德•帕金森（Cyril Northcote Parkinson）通过长期调查研究，出版了《帕金森定律》(Parkinson's Law) 一书。帕金森经过多年调查研究，发现一个人做一件事所耗费的时间差别如此之大：他可以在 10 分钟内看完一份报纸，也可以看半天；一个忙人 20 分钟可以寄出一叠明信片，但一个无所事事的老太太为了给远方的外甥女寄张明信片，可以足足花一整天：找明信片一个钟头，寻眼镜一个钟头，查地址半个钟头，写问候的话一个钟头零一刻钟……特别是在工作中，工作会自动地膨胀，占满一个人所有可用的时间，如果时间充裕，他就会放慢工作节奏或是增添其他项目以便用掉所有的时间。这就是管理学上有名的帕金森定律，又被称为"金字塔上升"现象。

在招聘管理中，招聘小 C 由于经验不足，为保证不出错，担心被骂等因素，致使小 C 在的招聘不同环节，帕金森定律也时常上演。如找一份简历半小时，打电话与候选人确认简历中细节与工作经历，候选人陈述工作与业绩细节花了一个小时，在网上验证学历花了半个小时，通过背景调查其职位的真实性花了一个小时，其中被别人部门主管叫过去谈工作花了一个小时。这样上午的四个小时过去了，下午的时候发现这个人的对公司的企业文化不认同，或者不愿较长时间出差等。总之，他放弃了。

◆ 提升招聘效率的十大策略

招聘小 C 提高招聘效率的有效办法首先要把好每一个关键环节的关键点。

一、严把简历筛选关

很多企业有专职的 HR 专员，负责前期的简历筛选。HR 专员的工作能力、对招聘岗位的理解、对候选人显性和隐性标准的把握，都是影响候选人能否如约而至的因素。HR 专员工作本身也是专业性质的，认真、负责地筛选简历，需要较强的职业规范和标准。对岗位的理解及公司对候选人的要求，则是考验 HR 专员的理解力和洞察力，需要加强对公司业务和公司未来发展的认识。

二、多渠道面试通知

现在技术手段和网络工具方便快捷，一个短信群发就搞定通知工作，但事实是不少人并未收到。群发通知后，还要电话确认求职者是否收到面试短信，并了解其是否能按时参加面试等。如果电话关机或停机，可发邮件到其邮箱，并做好跟踪。通过多渠道通知，确保每个求职者都能收到通知，避免选才机会流失。

三、简化招聘流程，提升招聘衔接性

除了制定适合本企业特点的招聘工作流程，使之标准化，程序化以外，还需简化流程，提升招聘的衔接性，推动用人部门参与招聘的全过程。招聘工作衔接性不强，部门之间配合程度不紧密，导致工作效率低下，优秀人员流失，这也是招聘效果不佳的主要原因。由于工作环境、领导者的管理风格及用人理念均因单位因人而异，什么样的求职者适用，只有用人部门最清楚，因此，招聘部门要不断地向用人部门灌输招聘管理理念，推动其主动参与招聘全过程——人力资源规划、招聘需求制定、面试、录用等。用人部门对招聘的配合、支持程度，决定了招聘的成败。

四、合适的面试时间

大部分求职者爽约的原因是面试时间不合适，而又不好意思直接拒绝所致。HR 都是提前一天发送面试通知，多数人都不能如期参加面试，在职求职者更是如此。HR 可以针对岗位的重要性和需求程度，灵活安排面试时间。在岗人员可以安排在晚上或者周末面试，以避免与其工作时间相冲突，这样一来就可以提高在职人员的应试率。

五、良好的招聘宣传

一个招聘广告，本身就是一次展示公司实力的机会。一个好的招聘广告的内容、描述、设计、发布渠道等都会给求职者带来一些积极、肯定的正面导向。一旦有同样面试机会，多数会首选对招聘广告有深刻记忆和良好印象的企业。特别是对于通过网络发布招聘信息的企业，除了传统的招聘信息发布外，尽可能用专有的设计页面来与其他公司区分。

六、提供有吸引力的工作描述

传统的工作描述通常会罗列公司所要求的技能、资历以及工作经历等，它发挥不了营销工具的作用，也预示不了应聘者能否在这个岗位取得成功。所以，HR 必须少用这种列表。企业要站在应聘者的角度，在工作描述中重点强调他将在这个岗位上做些什么，能学到什么，将成为什么样的人。你还要清晰地表述他可以发挥的影响力。从营销的角度看，必须消除那些非描述性的头衔。

七、让发展机会成为焦点

招聘广告方案必须清晰地指出这份工作所具有的挑战，应聘成功者能在公司发挥的影响力以及成长机会。例如，"帮助公司向市场推出新的阀门产品"就远

○ *HR 精英进阶之道——人力资源管理者的自我修炼* ○

比"（你）必须具有五年的阀门产品营销经验"有吸引力得多。当招聘官初次接触应聘者——不管对方表现得积极还是被动，你的重点必须放在促使应聘者站在职业发展的角度去评估你所提供给他的机会上，而不能让他仅仅把它当作另外一份能提高更多薪水或离家更近一点的工作。这能有助于谈判流程的顺利进行，并最大限度地降低他被竞争对手吸引走的几率。

八、允许应聘者"只是看一看"

顶级人才，特别是那些"早起的鸟儿"，往往只是看一看并比较一下自己手头的诸多选择。为了适应这些人才的需要，招聘人员绝不能太激进地推动招聘过程，招聘经理必须乐于与应聘者们进行"探索式"的交谈与会面。这一切的重点必须建立在这样一个理念上：这些早起的鸟儿首先只是到处看一看，他们乐意进行合理的"迁徙"，前提是他们在每一步都能获得合适的信息。

九、拓展伙伴关系

换工作是件大事，并且在今天这种压力重重的工作环境下，时间相当宝贵。招聘官需要积极参与到与应聘者的关系拓展中，而不是被对方一个"不"字就直接打倒，你要去了解应聘者遇到过哪些职业发展瓶颈，你能给他提供什么解决方案。由于对岗位的真实需要缺乏了解，有很多招聘官提问的问题是错误的，所以给人留下肤浅的印象。在这样一个流动性极大且竞争也极大的市场，招聘官要发挥越来越重要的作用。就像做销售一样，这要求企业给他们提供更多培训，让他们对人才市场有个全面的认识，让他们与主管招聘的领导者建立真正的伙伴关系。

十、确保应聘者持续获得信息

面试的结尾并不是确定招聘应聘者与否，而是开启新一轮的接触。对企业来说，根据诸多事实来评判应聘者合适与否很重要；同样，对应聘者来说，他也需要根据诸多事实来评估不同的工作机会，看到底哪一个最合适自己。

十一、好流程，保证高效率

招聘流程的设计在整个招聘管理中是保证招聘成功的关键性因素，特定的招聘流程是为特定的招聘管理服务的。不同的企业因为企业文化的差异、主管用人决策的领导管理风格差异而不尽相同，甚至在有的企业的招聘流程成为其独有的特色，成为职场上人士谈论的焦点与话题。一方面广泛地传播了雇主的品牌，另一方面也让候选人提前了解了该企业。

反过来说，招聘流程的设计是一个让人纠结的问题。太简单，达不到甄选与鉴别的效果；太复杂，让候选人无所适从，有的甚至不愿意配合，有时候会漏掉有个性的"天才"。总是在质量与效率之间选择，就以往的经历而言，良好的流程设计的确可以提高招聘的效率，并且在较大程度上保证了招聘候选人的质量。

一些业内的标杆企业给我们提供了良好的借鉴。

有关华为的面试给人极具神秘感。华为常见的有五次面试。一面是技术面，由候选人与面试官一对一面谈，并就简历提问。先介绍自己，然后面试官提问，候选人答疑。二面，俗称群殴。面试官出题，5 分钟书面答题，15 分钟时间小组讨论，并将小组的结论写在白板上。然后是小组辩论，面试官提问并答疑。三面是心理测试。以前是纸质，后面改为电脑上做题，题型为选择题，有单选多选，主要内容为心理健康程度、承压能力、测谎。四面为英语测试，题型不一、难易程度不一，有口语，也有专业术语，针对海外人员及技术研发类岗位题目难些。第五面为最后一关也称 boss 面或生死面。有的当天，有的会安排到第二天，面试时间约半小时，为用人部门的主管亲自面试。

其他企业的面试流程也各具特色。

1. 宝洁公司的招聘流程

宝洁公司的招聘大体需要经过以下几个关口。

（1）第一关是填一份 12 页的标准表，考核的是领导组织方面的能力。

（2）第二关是解答难题方面能力的测试，一般是一些算术图表和阅读题。题目虽然不难，但是要求答题的速度一定要快。

（3）第三关是英文能力测试，分为听力和阅读两部分，都是比较简单的。不过，不同部门的英文要求也不尽相同。

（4）第四关是非常残酷的，淘汰率很高。面试官提出的问题基本上围绕宝洁的几个经典问题，答题思路基本上就是过往的事例。但是注意，一定要诚实，他们很容易问一些很细节的东西。最好都是自己亲身经历的。

（5）最后的第五关是 MKT Director, Advisory Managers（经理和顾问）一起面试，宝洁公司将出资请应聘者来广州宝洁中国公司总部参加最后一轮的面试。

为了表示宝洁对应聘者的诚意，除免费往返机票外，面试全过程在广州最好的酒店或宝洁中国总部进行。第二轮面试大约需要 60 分钟，面试官至少是 3 人，为确保招聘到的人才真正是用人单位（部门）所需要的，宝洁对复试非常重视，复试都是由各部门高层经理来亲自考核。如果面试官是外方经理，宝洁还会提供翻译。

2. 壳牌中国石油的招聘流程

壳牌中国石油的招聘流程大体如下。

（1）首先面试官会发给求职者一个复杂的表格，除了各种比较详尽的个人信息之外，还要回答五个问题。这五个问题的范围会比较广泛，而且回答起来也会有一定的难度，但是如果你真的对这个企业有兴趣，最好能认真回答这些问题。必须以中英文做答，这也是公司的要求。另外，如果公司内部有朋友或者熟人推荐你，那么你得到第一次面试的机会将会很大。

（2）首轮面试分两个部分，分别由两个人与你交谈，每人 30 分钟。通常会问你个人的最大非学业成就，以及聊一些比较宽泛的话题，如奥运会、环境保护、交通问题、城乡差别、太空旅行等。

（3）第二轮测试，具体内容因人而异，通常包括以下三部分。

① 从几个话题中自己挑选 1 个，花 30 分钟准备一个 speech（演讲），并接受两个 HR 的提问。

② case interview（案例面试），如分发 30 页左右关于一个虚构国家壳牌公司的材料，5 分钟阐述对其长、短期发展的规划，20 分钟两个 HR 提问，各发中、英文材料一份。

③ group discussion（电子兴趣小组），如把 3 人分一组，每人的资料不同，描述某地区壳牌公司将要新建的沥青厂的选址方案，组员各自准备对发给自己的那个备选厂址进行利弊分析，然后 30 分钟讨论出小组的共同意见，两个 HR 在旁边观察。公司会通过层层考核选出他们心目中合适的人选。

3. 微软公司的招聘流程

微软公司的面试招聘被应试者称为"面试马拉松"。应聘者需要与部门工作人员、部门经理、副总裁、总裁等五六个人分别交谈，每人大概一个小时，交谈的内容各有侧重。除了民族歧视、性别歧视等敏感话题外，其他领域的问题几乎都可能涉及。企业最关注的是求职者是否具有以下几种能力。

（1）反应速度和应变能力。

（2）语言表达能力。语言是表达思维、交流思想感情、促进相互了解的基本功，据说微软总裁比尔·盖茨一遇到口齿不灵的应试者，便会表现出很不耐烦的样子。

（3）创新能力。只有经验而没有创新能力、只会墨守成规工作的人是不会受公司青睐的。

（4）技术背景。这点是最关键的，公司会要求应试者当场编程。

（5）个人修养和性格爱好。公司会通过与应试者共进午餐或闲谈了解。

微软对应聘者进行面试，通常是面对面进行，但有时也会通过长途电话，主考官和应聘者只是坐在电话线的两端。

当面试者离去之后，每一个主考官都会立即给其他主考官发出电子邮件，说明他对面试者的赞赏、批评、疑问及评估。评估均以 4 等列出：强力赞成聘用；赞成聘用；不能聘用；绝不能聘用。你在几分钟后走进下一个主考官的办公室，根本不知道他对你先前的表现已经了如指掌。

在面试过程中如果有两个主考官对应聘者说"No"，那这个应聘者就被淘汰了。一般来说，你见到的主考官越多，成功的希望也就越大。

十二、招聘手册，让招聘高效、专业！

如前所述，招聘手册的简介之后（继前面的描述）招聘中一些注意事项，招聘管理制度、流程及招聘中所需要的工作表格，也提醒了小 C 在招聘过程应当注意的一些礼仪规范，这本册子是招聘管理工具的集大成者，内容全面、详尽。作为招聘工作来说，由于既涉及到候选人、也涉及到用人部门、还涉及到面试官、甚至包括公司领导、老板，整体的沟通面广、协调难度也大，有一个较为全面的工具书时刻提醒小 C，对于新入职场的小 C 来说，则相当于有一个无声的老师时刻在场，时刻在提醒小 C 应当注意的细节。

小 C 一方面除了应参与编制或修改完善本企业的招聘手册之外，在有条件的时候应尽可能地熟悉了解招聘手册的内容。对招聘手册的了解越深入，你在招聘时就会越得心应手。小 C 不可小觑这些细节，有时候稍不注意，不仅会给自己带来烦恼，也给会候选人造成不便。曾经有多次，我不断地提醒小 C，主管领导没有面试意见，可是候选人已离开，要主管领导面试又得再来一次；心理测试没做，又要补充，候选人会觉得你这个企业不规范的；录用审批了，却发现没有做笔试题，难道又让候选人再来一次做笔试吗？小 C 经常在面试的组织过程中应该熟悉了解、掌握招聘手册的内容，它将使你的招聘工作得心应手。

招术 8：顶级人才的 A 级招聘法

◆ 企业呼唤 A 级人才

招聘小 C 进入职场时间不长，作为年轻人，有野心与冲劲，想要做到最好，做招聘亦是如此，做到最好就需要你的全力以赴，可有时候，你未必能做得到。

一小孩搬石头，父亲在旁边鼓励：孩子，只要你全力以赴，一定搬得起来！最终孩子未能搬起石头，他告诉父亲：我已经拼全力了！父亲答：你没有拼尽全力，因为我在你旁边，你都没请求我的帮助！

这个 70 亿多人的星球，缺的不是平凡的人，缺的是对企业有用的人才，需要的是决定企业未来的天才！连乔布斯也发出了对 A 级选手的呼唤。如何寻找最顶尖的 A 级人才来为企业服务？有没有一种专门针对这种 A 级人才的招聘方法？

什么是 A 级人才？A 级人才是企业合适的超级明星或天才，他的才华既可以胜任工作，同时还能融入企业文化。《聘谁》中这样定义 A 级人才：他有至少 90% 的希望实现排名在前 10% 的选手能够实现的成果。注意该定义中的两个数字。企业要雇用那些至少有 90% 机会能胜任未来工作的人，让自己一开始就占据高地。注意不是 50%，而是 90%。现在多花点时间进行考核，未来能帮助你省下大量的时间和金钱。在定义的后半句，我们设定高要求。如果成果是人人手到擒来的，那么谁还会在乎至少有 90% 的希望实现它呢？你不只是想做好，你想做得很棒。A 级人才至少有 90% 的机会实现那些只有 10% 的最佳潜在雇员能够做到的东西。

聘人决定成败！

如何得到 A 级团队呢？斯玛特公司花费 13 年的时间，作了大量实地调查，验证并提炼了一整套解决方法，被称作斯玛特 A 级招聘法或简称为 A 级招聘法。这种方法提供了甄别和聘用 A 级选手的简单流程，成功率极高。它能帮助企业聘对人才，尤其是 A 级人才。

◆ 用 A 级招聘法找顶级人才

最早在《聘谁》中提出 A 级招聘法的斯玛特公司客户黑石集团试用了这套方法。黑石集团同阿波罗投资公司（Apollo）合作，使用 A 级招聘法换掉一位业绩不佳的成员公司的 CEO。5 年来，该公司经营惨淡，许多投资者都将其戏称为"铅汽球"（无法上升）。后来，黑石集团集团使用 A 级招聘法聘来约翰·泽尔默（John Zillmer）担任联合废品工业公司（Allied Waste）的新 CEO。黑石的副董事长汤姆。希尔（Tom Hill）参与了对泽尔默的招聘。他回顾道："董事会认为我们别无他法。大家都清楚，我们需要一位跟前任不同的 CEO。他得十分自信，并乐于任用 A 级选手。约翰。泽尔默刚好是我们的理想人选。"

泽尔默到任后，在紧张忙碌的 18 个月内共聘用和提拔了 27 名 A 级选手担任管理工作，聘人成功率高达 90%！然后，他跟人力资源部高级副总裁一起，运用 A 级招聘法培训公司所有的经理人。

泽尔默希望每位经理人都能够组建和管理好一支全是 A 级选手的队伍。泽尔默告诉我们："我认为提升公司业绩的最快办法就是提升员工的才干，从最高领导人到部门负责人。这会增强企业活力，提高业绩。"这样做也会提高经济回报。在泽尔默到任的前 18 个月中，公司市值增长了 67%。

下面来全面认识 A 级招聘法。

1. 什么是 A 级招聘法

A 级招聘法简单明了，各个层级的人员——不论是 CEO 还是前台接待都能够理解并运用，然而，方法简单并不意味着你无须花真功夫就能用好，用好了，它会给你带来巨大的回报，如图 2-2 所示。

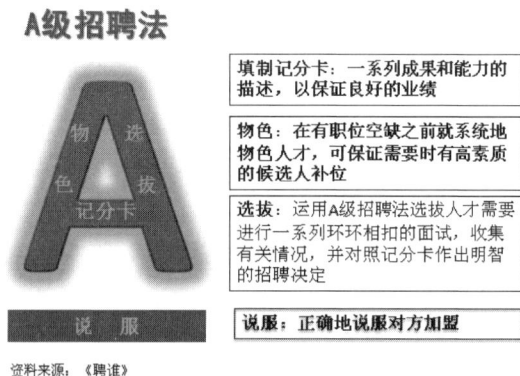

图 2-2　A 级招聘法

你可以把字母 A 的每边和下划线看做整套方法的 4 大步骤，说明如下。

（1）填制记分卡。记分卡是一份文件，描述了你到底想要什么样的人来干什么样的工作。这些并非职位描述，而是一系列成果和能力的描述，以保证良好的业绩。记分卡确认了岗位的 A 级表现，来明确招聘来的人要实现什么目标。

（2）物色。找到精英人才越来越难，但并非不可能。在有职位空缺之前就系统化地物色人才，可保证需要时有高素质的候选人补位。

（3）选拔。运用 A 级招聘法选拔人才需要进行一系列环环相扣的面试，收集有关情况，并对照记分卡作出明智的招聘决定。这些系统化的面试可帮助你纠正错误的招聘术。

（4）说服。一旦通过选拔确认了团队想要的人，就需要说服对方加盟。正确地说服可保证你不功亏一篑，防止想要招聘的人加入其他团队；它还能保护你免于"心碎"——在最后一刻失去理想人选。

2. 四个专业面试

选拔 A 级选手的最有效途径是进行 4 次环环相扣的面试。这些面试能提供选手的实情，让你知道应聘者跟记分卡上的要求有何差距。作为 A 级选手，只有成绩记录符合要求、有能力胜任岗位、适应企业文化并对工作充满激情，才是你所需要的人才。

（1）筛选面试。

目的：剔除不合格者，为后面的面试节省时间。

提问：

● 你的职业目标是什么？

● 你有何职业专长？

● 你在职业上不擅长什么，或对什么不感兴趣？

● 请说出你过去的 5 位老板。如果按 1～10 分来打分，当我们给你的老板打电话时，他们各会给你打多少分？

（2）升级面试。

聘你是去做什么的？

目的：按时间顺序了解其职业生涯，搞清其经历和行为模式。

提问：

● 你最骄傲的成就是什么？

● 做那份工作的低谷是什么？

● 你跟谁一起共事？

● 你为何终止那份工作？

（3）专项面试。

目的：深度考察岗位要求的关键能力，确认岗位非此人莫属。

提问：

● 此轮面试的目的是谈论 ＿＿＿＿＿＿＿（填上具体的成果和能力要求，如开拓新客户的经验，组建和领导团队等）。

● 职业生涯中，你在这方面的最大成就是什么？

● 在这方面，你犯下的最大错误和得到的教训是什么？

● 严格考察文化适应性。

（4）咨询证明人。

前面三个专项面试完全、充分地了解候选人是否合适未来的岗位，可不可作为企业所定义的 A 级选手。作为 A 级选手的面试中，还有一个很重要，而往往被人忽略的环节，咨询证明人。这种咨询与了解，不同于日常招聘中的背景调查。鉴于候选人未来担任岗位的重要程度，小 C 在 A 级选手的招聘中，应通过合适的渠道与方法来了解候选人的同事，领导，下属甚至是其雇主等来了解是否真如他所说那样优秀。被询问者任何中立、不耐烦和勉强的夸奖都说明证明人并不真心推荐这名候选人。相比之下，真正的夸赞应该是语气里充满热情并饱含钦佩。证明人回答时不会有任何犹豫吞吐。他激动和兴奋的语气都清晰表明：咱们谈论的人就是 A 级选手！须注意以下三点。

第一，选好证明人。浏览你的升级面试记录，看看跟哪些老板、同事或下属交流。别把候选人给你的名单拿过来就用。

第二，要候选人联系证明人进行电话预约。一些公司明文规定：禁止员工充当证明人。如果你直接打过去，会吃闭门羹，但是，如果你要求候选人替你联系安排，就可以成功对话（可在工作时间内进行，也可下班回家后通话）。

第三，咨询人数要够。如果总共有 7 人要咨询，我们建议你亲自打给 4 位，另外 3 位请同事代劳。7 人可选 3 位老板，2 位同事或客户，2 位下属。

3．A 级招聘中一些需要警惕的情况

推诿责任，满腹牢骚的人不要招，真正的赢家从不抱怨；

爱找借口，如果他说出现困难不是自己的错，而是别人的原因，说明他在推卸责任；

老强调"我就是"怎么样的人，不会积极改变以适应你公司的文化；

贬低以前的同事是非常危险的信号，此人一旦与你共事，也会同样不客气地讽刺挖苦你；

选手闭口不提过去的失败、回答时夸大其词、说不清为何要换工作、总是摆出"专家面孔"、过于关注自我；

选手对薪酬福利比工作本身更感兴趣；

选手身边最重要的人不支持他换工作。

应用量表：记分卡

在 A 级招聘法中，最核心的应用量表是记分卡，主要由使命、成果、能力三大部分组成。

（1）使命。构思 1~5 句简短陈述，描绘岗位存在的必要性。比如"客户服务代表的使命是以最礼貌的态度解决客户的问题和投诉。"用平实的语言写下工作的核心目标。聘用专才，而不是通才。所以要注意以下几点。

- 全能运动员不管用。
- 如果你想一开始就把职位定义得清晰明确，就应当缩小范围，寻找领域内的专家。
- 使命，不是帮你找来能指出问题的通才，而是帮你请到能够解决问题的专家。

（2）成果。构思 3 ～ 8 项某人做出 A 级成绩必须能实现的具体、客观的成果。比如"截至 12 月 31 日，把客户满意度从 7.1 提升到 9.0。评分范围为 1 ～ 10。"

描述一个人在岗位上必须干出什么成果不是工作活动，而是工作业绩。

- 没有人想失败，制定合理的高标准成果，能吓跑 B 级和 C 级选手，同时引来 A 级选手。
- 规定了成果，新官一上任就能大施拳脚，因为他们知道从哪些方面评估自己，知道公司最重视什么，成果不是限制人，而是给人发挥的空间。

（3）能力。确认为实现岗位成果所需的行动能力。接着，明确 5 ～ 8 项用于适应企业文化的能力，并把它们写到所有岗位的记分卡上。比如"高效、忠诚、高标准、重视客户服务"等。

"如何做"才能胜任工作

能力＝通用能力＋专业技能＋文化适应性

- 不要将能力要求设置得过于狭隘，因为人们可以殊途同归——方法相异，成果相同。
- 能力包括通用能力、专业技能，还有文化适应性。
- 不能融入企业文化的人，即使再有才干，也做不好工作。

确保工作协调一致，清晰传达记分卡内容。检测记分卡，看符不符合经营计划，并把它跟相关岗位人员的记分卡对比，确保工作安排协调一致，然后向有关各方（如同事、具体招聘人员等）清晰传达记分卡内容。

如一名销售副总裁的记分卡可以按表 2-1 这样设计。

表 2-1　记分卡（示例）

销售副总裁的使命

同企业客户签订大额订单，获取利润，用 3 年时间让公司利润翻番。组建一支业务拓展团队来开发新客户；创建一支业务维护团队来留住老客户。

成果	评级和评价
（1）截至第三年末，将收入从 2500 万美元提升到 5000 万美元（年增长 25%） ● 把企业客户数从第一年的 4 个提升到第二年的 8 个，再提升到第三年的 10 个 ● 截至第三年末，使零售顾客销售收入占销售总额 75% 的比率降低	
（2）截至第三年末，把税前利润率从 9% 提升到 15% 截至第一年末，将客户订单中占附加销售额 70% 的包装销售利润从 33% 提高到 90%	
（3）截至第一年末，打造出一支顶级销售团队 ● 截至第一年末，聘来 1 名外部销售（去外面推销，不坐办公室，自己掌握时间。）A 级主管 ● 截至第一年末，聘来 1 名内部销售（在办公室运用电话、网络等销售，有固定上下班时间。）A 级主管 ● 截至第一年末，清除所有完不成销售目标的销售代表	
（4）提交准确率为 90% 的每月预测报告	
（5）截至第二年末，针对所有一线销售人员，设计并展开培训	

资源来源：《聘谁》

招术 9：移动互联时代的 5 个招聘神器

移动互联网大潮的来袭，社交网络开始逐渐渗透进我们的生活。社交网络的兴起，也在悄然改变着企业招聘的方式，如当前微博招聘、微信招聘等社交招聘的火热以及职业社交网站的兴起，都预示着企业招聘进入了新时代。移动互联时代，面临着当前虚拟员工的网络化管理，无国界的工作场所（虚拟工厂，虚拟公司），通过网络运作的组织（虚拟员工与虚拟经理）。小 C 们，从哪里寻找人才？还是像往常一样通过以下渠道寻找？公司内部网、人才网站、BBS 寻找、聊天室？

在人才市场举着简历的场景，仿佛发生在上世纪，招聘形式被互联网发展和人们的社交习惯改变着。

◆ 大众版：社交招聘

Jobvite 全球数据显示，2013 年，LinkedIn、Facebook、Twitter 成为 2013 年全球雇主最主流的招聘渠道。94% 的企业将社交网站列为招聘渠道之一，78% 的企业表示通过社交网站成功招到员工。放眼国内，社交招聘大概始于 2008 年，当时以人人网为代表，但直至其衰落也未将其做实。之后新浪微博兴起，但官方一直没有大动作。再后来是模仿 LinkedIn 的一批职业社交网站出现，直到现在 LinkedIn 正式进入中国市场并推出汉化版，社交招聘似乎迎来了快速发展的时机。

马克西姆雇佣营销集团公布中国企业社交网络调查结果。调查中显示，在华企业普遍倾向于借助于社交媒体，来提升其雇主品牌的影响力，其中有 53% 的受访者正在使用社交媒体进行雇主品牌的推广和企业招聘，同时 31% 的受访者表示会在接下来的一年内尝试这些新的渠道。

通过社交媒介进行招聘，已成为一种新的企业招聘方式。国外有许多社交网站已进军招聘领域。有学者认为，社交媒体异军突起，成为人力资源管理的新议题，对人力资源实务产生了越来越重要的影响。在我国，很多社交媒介正在积极尝试涉足招聘，如上述的微博、微信等。尽管人们已意识到社交媒体会对招聘决策产生重要影响，但是如何有效利用社交媒体达到招聘的目的，仍让不少小 C 们感到迷茫。在以新媒体、大数据为先导的今天，如何利用新媒体、云技术来招募员工，是当下招聘小 C 面临的一个新课题。

与传统网络招聘不同，社交招聘可以让小 C 和候选人进行多角度的互动，从而更有利于双方的需求和要求达成一致。随着 SNS 平台的兴起，社交招聘也开始逐渐被企业所接受。国外职业社交网站巨头 Linkedin 入华，也意味着中国社交招聘进入了一个新时代。

> 社交招聘，顾名思义，就是在社交网络开展的具体招聘行为，即利用社交网络来开展招聘工作。

与传统招聘比较，社交招聘具有明显的如下优势。

（1）人才与岗位的匹配度较高。通常来讲，某个企业在社交网站上的粉丝，多是对这个企业或者行业较为感兴趣的人，对行业有一定了解，在社交网络上的招聘信息，更多的是在某个行业圈子内传播，因此对招聘的职位信息来讲，受众更加精准，更容易招到合适的人才。

社交招聘对于双方来说，都不仅仅只是招聘信息和简历的关系。双方均可通过社交网络来观察，从而了解对方是否是适合自己的人才（或岗位）。国外的相关调查表明，45% 的雇主和猎头会通过社交网站观察求职者，社交平台透露的求职者信息会给雇主和猎头留下深刻印象，这些印象直接对求职结果产生影响。

（2）相对于传统的简历式招聘，社交招聘成功率更高，两者的比例在 2 : 8 左右，甚至更高。2012 年 8 月发布的《2011/2012 世界工作报告》也显示，85% 的中国受雇雇主相信未来职业社交网站将成为招揽人才的重要手段，尤其在招聘会计师、商业、IT 等上网非常活跃的专业人士时将发挥巨大作用。

（3）社交招聘中，候选人与小 C 们既是信息的传播者同时也是信息的创造者传统简历式招聘，通过招聘网站来记录雇主发布的招聘信息（职位描述）以及求职者的个人信息（简历），两个信息都是以数据的形式存储在招聘网络中。候选人与小 C 们通过搜索或者检索行为，才可以匹配到一起。社交招聘，则不管是企业的招聘小 C，还是候选人，意味着这个网络中是人与人之间的互动，而不是传统的职位广告与简历之间的关系。

（4）社交招聘可以充分发挥社会化的有效、快速的传播与辐射特性，企业招聘可以全员参与，使企业凝聚力增强。对于一些创业公司和缺少名气的公司来说，在招人方面相比名企缺乏天然优势，而社交招聘可以带来更多机会。

（5）社交招聘定位更加精准，企业需要从多方面多角度介绍自己的公司以及吸引求职者。

（6）可以了解候选人职业之外的信息。关注候选人在社交网站上发布的信息，可以帮助小 C 了解候选人对哪些方面的内容比较感兴趣，对哪些方面比较擅长，价值观是否符合企业文化等。通过其人脉了解候选人的社交能力、圈子等，这些是有效提高招聘匹配性的关键。

社交招聘的注意事项有以下几点。

（1）社交招聘并非万灵药，也并非每个岗位都适用。一般来讲，社交招聘主要用于中高级管理人才，以及白领阶层的招聘。普通工人这类岗位，由于社交网络使用较少，所以难以通过社交渠道进行招聘。其次，社交网站上的内容也难以体现他们的工作技能。此外，这类岗位一般招聘数量较大，并不适合用社交网站进行招聘。

（2）注意优化搜索引擎及关键词，这样可以提高职位信息的可见性，在企业网站和求职网站上建立链接，并在社交网站上添加公司页面。招聘小 C 要变得积极主动，尽早与潜在候选人展开对话，甚至为尚未存在的职位建立起人才库。

（3）社交招聘仍需改进。从发布招聘信息、搜索人才到审查人才背景，从形象营销到培养人才库，社交招聘已经渗透到整个招聘流程。但是，目前企业采用的社交招聘方式效果并不理想，所采用的招聘方式仍有很大的改进空间。

总体而言，招聘小 C 在招聘中借鉴传统招聘网站提供招聘信息的模式，致力于结合国内用户的网络使用习惯，注重用户体验的挖掘，尽量满足用户的需求，为候选人提供更为个性化的服务。

◆ 初级版：微招聘

新浪微博于 2014 年 5 月份正式推出微招聘产品，宣布进军招聘行业。借助大数据向企业和求职者双向推送，瞄准潜在求职者市场，上线仅三个月，微招聘合作企业达 3 万家，生成微简历超 2 千万份，日访问量近百万。其 1.438 亿月活跃用户，6970 万日活跃用户，超过 70 万家企业入驻微博，平均每天在微博上发出的招聘内容高达 6 万条。庞大的用户需求和大量数据沉淀，使新浪微招聘具备了优越于传统招聘的先天优势。微博上"蓝 V"认证的企业可以直接在自己的微博页面上通过微招聘发布职位、管理简历等，用户可以直接在自己微博主页中通过微招聘投递简历。

大数据双向推送，瞄准潜在求职者市场。微招聘团队目前已有一百多人，以技术人员为主。站在微博肩上，大数据才是微招聘核心所在。微招聘依托微博，建立动态分析的大数据平台，为每个用户和每个岗位进行画像，通过标签化、背书等形式，分析用户的属性数据、行为

> 利用微博的社交属性，微招聘是第一个真正意义上的社交招聘产品。

数据、社交数据，建立关系网络和行为网络，为用户生成微简历，为企业生成人才数据库，对人才与岗位进行双向推送匹配。一个在微博上经常关注，转发，评论程序员相关信息的用户，关注微招聘后，当企业有招聘程序员需求时，系统会自动把企业招聘程序员岗位信息推送给这个微博用户，同时把该用户的简历推送给企业，双向推送来提高招聘的精准度。

候选人的微简历可以随时进行碎片化更新，其关注的领域、发表的看法、社交圈，每一次变化都可以直接带来简历的更新。除了让微博用户边刷微博边找工作，开发微博上潜在求职者市场是微招聘的一大目标。但是由于社交招聘行业在国内还不完善，在技术层面尚处初级阶段，能不能在给用户带来良好体验的同时，利用大数据进行有效、精准的职位匹配，是微招聘面对的挑战。

微招聘的模式是由熟悉的人以评论和背书的形式，验证候选人微简历的真实性。候选人填写的个人教育、从业经历，都可以由与其有共同经历的人在线进行背书认证，同时，待微简历与岗位匹配后，微招聘会请第三方独立背景调查机构认证简历信息。这种做法也不能保证候选人的信息绝对真实，但由于微博的实名制和用户粘性，求职者信息造假的成本明显提高。社交招聘需要时间来自我完善，提高求职成功率，探索盈利模式，是微招聘目前尝试解决的问题。

任何事情都是有利有弊的，新媒体招聘也是一样，作为招聘小 C 重要的是扬长避短，灵活运用各种招聘方法。这样才能既圆满地完成招聘工作，选择企业合适的人才，又能为企业减少大量不必要的开支，减少不必要的资源浪费，节省大量的成本，构建企业的成本竞争优势。

◆ 时尚版：微信招聘

随着新浪微博的使用率和月度活跃用户量的明显下滑，微信目前已成为中国社交媒体中的首选平台。作为抢占人才第一流量入口的新秀之星微信则掀起了一场招聘领域的创新变革。

随着微信时代的到来，越来越多的企业开始关注微信公众平台招聘。企业通过建立公众平台，设立企业微信招聘账号，与用户建立一对一的关系进行沟通，进而将职位通过微信平台推送，鼓励候选人通过微信投递简历。

从微博招聘转移到微信招聘，我们需要了解微信与微博有一些区别：微信最强的地方是强大的入口（内置浏览器功能，跳转到企业的招聘网站），和强悍的熟人关系链和互动功能（人才圈）。通过微信跳转过去可以展现更多的内容（基于手机端的页面）。

在第一批使用微信作为招聘工具的企业中，腾讯因为是自家产品，其中微信招聘和腾讯招聘两个微信账号有开通自定义菜单功能，方便互动。

微信招聘中 9 个注意事项如下。

（1）微信号的设定＋账号名称设定，涉及到粉丝们在搜索微信公众平台账号时用心仪公司的关键词，在搜索结果列表中更容易被找到。

（2）账号内容的日常运营角度，包括内容推送的时间，及时有效的回复。

（3）利用关键词自动回复规则，来引导和输出粉丝想要的内容。

（4）在第一条即被关注回复的内容中就申明在线回复的时间等信息会更加友好。

（5）发送图片内容时可以提前提醒粉丝们注意 WIFI 网络环境和流量问题。

（6）可以在推送的内容里设定用户点击应聘邮箱即启动新建邮件功能。

（7）URL 连接跳转到公司官网的做法比较多，如果说 PAD 的大屏设备浏览还算方便，建议有做微信招聘账号的 HR 部门要先确保 careersite 上浏览的友好性，甚至可以切换成 MOBILE 状态。

（8）粉丝数量上规模后再策划一些阶段性的活动，配合其他渠道可能会比较好。

（9）每个具体 POST 出去的 PAGE，页脚可以做细心的内容，如期待粉丝们将本条信息分享到群聊、分享到朋友圈、微博等。

微信的人才圈是如何建成的呢？

一个微信公众号加上多个微信个人号相互关联运营，把各种候选人名单导入到手机通讯录，用微信个人号的自动识别好友（和手机号或 QQ 号有双向关系的）功能，实现各个候选人之间的相互关联，这就形成了天然的人才社区。此外，微信给招聘，人才社区，雇主品牌等话题拓展很多及想象空间。例如：把候选人的微信号，借助其微信个人号连接到雇主微信公众号，就是把个人信息传递到微信公众号后台，配以在线 HR 客服，这便是实时的内部推荐了。据说目前腾讯已有成熟的方案提供，不需要个人号参与便可完成上述步骤。

微信上的招聘主要有以下三个功能。

（1）超级入口：企业招聘公众账号实现部分简单功能（自定义菜单），跳转到企业招聘的移动端页面上（需要企业自主开发），实现更丰富的功能（比如与 ATS 打通，让求职者可以查询面试进度等）；

（2）交流与互动：通过语义和语音识别，实现部分高级互动功能，比如查询职位、面试官和候选人通过微信直接交流，微信上直接分享投递简历等；

（3）信息推送：招聘职位（关键职位）的推荐，雇主品牌营销的推广。

如果我们尽情发挥想象力，畅想一下若微信和 LinkedIn 等对接，大规模的招聘项目，可选择不需要填写简历，只需扫描下二维码就可以得到所有的信息。二维码直接链接到领英网站的人物简介或者招聘网站内的人物简介。

候选人用微信上传简历，向招聘小 C 提交简历，让小 C 了解自己，这是企业了解人才的过程。小 C 通过微信与候选人沟通，从而识别选择人才。其实，微信的文字与语音功能对企业招聘人才进行面试，也是很便捷的方式之一。

但微信也并不是最理想的社交招聘工具，存在以下几个缺点。

一是由于微信偏重于文字与语音沟通，所以视频沟通的重要性就被忽略了。没有视频沟通，小 C 与候选人均无法掌握对方的气质仪表和情绪反应；

二是面试效果比现场招聘与视频招聘要差得多，不利于企业全方位了解候选人；

三是对候选人的面试工作，不能立即通过远程招募来确定候选人。

微信招聘中的注意事项如下。

（1）公司所属行业和公司需求的人才是否为微信活跃群体。

（2）打造人才交流如果采用立大群方式，这与建立公众号不同，要考虑到求职者互相是可以看到对方的，隐私如何处理，候选人是否愿意被圈进来。

（3）微信推送内容的质量和频率对于一个以交流为主的平台来说是非常重要的，要掌握好质量与火候。

现在通用磨坊、海尔、宝洁等都将微信用于内部员工竞聘、培训跟进等。微信其实相当于网络应用，比传统的应用更有效。中国银行两年前做了一个手机应用，做储户的管理和服务，推了两年只有 90 万用户，但是他们两个月前上了微信以后，现在已经有 1000 万用户了。

据南方日报报道，西南交通大学传播学大四女生田香凝创建了一个名为"田香凝的云简历"的微信公共账号，以文字、图片、声音和视频的"富媒体"形式来展现自己。2013 年 07 月 15 日上线开始到 18 日，在短短的三天之内，"田香凝的云简历"的公共账号粉丝数已突破 500，有五家公司相继向她抛出了橄榄枝。

自媒体时代，微信确实在招聘领域掀起了一场创新性的变革，不仅利于企业端，同时更是给候选人提供了非常多的便捷。

与此同时，微信也在不断的升级，这将为微信官方账号的使用带来更多可能性。对于希望充分开发微信客户端的 HR 专业人员，市场上也已有了能够无缝衔接微信账户与人力资源软件的解决方案。

◆ 升级版：H5 招聘

2014 年，一项本来还不太成熟的技术 H5 在微信的社交舞台上大放异彩，让我们见识了"移动＋社交"爆发的巨大能量。在短短不到一年时间，H5大军已经全面占领手机。从最开始的新闻专题，到火爆朋友圈的小游戏，再到刷屏的邀请函，招聘界小C当然不应该放过。

H5全名HTML5，通俗点说其实就是一种编程语言，很早以前就存在，只是由于微信迅速的崛起，H5语言编写的界面和微信浏览器能够兼容，因此H5借助微信越来越红火。微信中，不管是通过小游戏、动画，还是静态的页面，都可以用H5技术来实现。

H5常见的应用形式大致有三种：幻灯片式、交互式、功能型。

1. 幻灯片式

精美的图片设计，配上简单的翻页效果。这是H5最早期也是最典型的玩法，因为简单、实用，所以至今还很流行。其效果就是简单的图片展示加翻页交互，最终整体的表现很像幻灯片展示，看上去就像PPT文件播放。

2. 交互式动画

可口可乐是运用H5绘图功能进行交互式动画的典型案例，整个可口可乐的时间轴随着用户向上滑动页面绘制。除了可口可乐这种叙事型的H5动画，我们所看到的大多数H5游戏也都属于这一类，比如神经猫、打企鹅、2048等。

交互式动画类型的H5制作周期和成本比较高，需要提前规划。创意、文案、设计等岗位是必配的，其开发周期较长，一个优质的H5大约在两周到四周左右的开发周期，有的甚至更长。参与人员除了产品经理、设计师、前端工程师、PHP工程师等缺一不可。

3. 功能型H5

H5除了具备传播与基本的交互以外，有时还需要重复采集用户的行为，使其传播变成一个持续不断的过程，这时候就需要让H5具备某种特定的功能。比如百度就针对地铁涨价做了一个H5，它可以计算你每天坐地铁要多少钱并且实时显示大家的评论。在设计H5的时候除了考虑传播的问题以外，也要思考如何把它变成一个持续运营的产品。相对于交互式动画呈现的H5，轻交互重功能的功能型H5的制作周期较短、成本也不高，其成功的关键不在于酷炫的交互，而在于用户需求的把握以及后续的运营管理。

H5应用的经典案例如下。

（1）华夏基金：玉兔捣捣捣。

（2）联想：炫彩心机，火热开售。

（3）NB：一条很NB的广告。

（4）百度：iBreath"智呼吸"。

（5）潘婷：走进潘婷世界，绚到没朋友。

微信H5招聘，通俗地说，就是借助微信这个目前国内最大的社交平台，充分利用H5技术进行人员招募、基于手机终端的应用APP。由于微信H5招聘充分地融合了招聘的社交性、朋友圈、H5 技术平时良好的互动性，使得这种形式一应用便在微信中疯传起来。下面以中人网的"10 年相候，等你归来，一起玩"的微信H5 招聘秀为例，简单指导小 C 如何制作本企业的微信 H5。

企业微信 H5 招聘的五大步骤如下。

1. 准备手机、微信号

2. 方案或文案策划

这是微信 H5 招聘的难点与重点，文案是最重要的！文案是微信 H5 招聘中最易出彩的地方。最关键的就是小 C 要把握好微信 H5 招聘所要达到的效果与预算。如前所述，如果要做到与候选人互动，则需要较高的投入与运维。

（1）选择呈现方式。是幻灯片式、交互式还是功能型的。

（2）编写本次微信 H5 招聘所需的文案或脚本。文案可以复杂成一个册子、也可以简单到一页纸。脚本则简单明了，且更具有场景感、画面感，让制作人员更容易理解。

（3）文字精简直白，有感染力，最好能让人产生难忘的第一印象。

如果 H5 招聘采用幻灯片式，则脚本式的文案更为直观、简洁、直白。如果是交互式或功能型的 H5 招聘，由于有交互及信息的输入、输出，故需要对界面的友好、交互的人性化等诸多因素综合考虑，这时候的文案更多地像一个产品说明书或设计说明书。包括界面的呈现效果、数据关系、功能描述、文档结构等。

中人网的微信 H5 招聘就选择了直观、表现力强的幻灯片方式，其设计的脚本如下。

首页：

社交转发的点：你所有的不爽，都因为没有站在正确的位置上……

场景 1：舞台、聚光灯 。。。"你"没站在聚光灯下

你还没有找到绽放的赶脚

场景 2：街灯、孤独的人投影，别家窗户亲密情侣的剪影

一直在寻找的 *MR. right*。。。

场景 3：一起共事的融洽团队

希望有志同道合者互相欣赏

场景 4：各种的岗位纷飞

HR 专业、IT 开发、互联网产品设计、市场营销、运营管理、财务资本

挑战被设计好的人生

场景 5：追随着中人网 LOGO 奔跑的人

如果你依旧怀抱梦想，拒绝平庸

如果您也以启迪智慧传承仁爱为使命

场景 6：

中人网寻人季

发出一份求爱信

hr@chinahrd.net

结束语：10 年相候，等你归来，一起玩：-）

3．素材准备

根据文案或脚本的要求，小 C 应搜集与之相匹配的图片、图标、音效文件、企业 LOGO 等，以便实际制作时备用。这其中是最为关键的是素材要求有针对性，与画面没有明显的违和感。

（1）图片一定要大小适合。

（2）音乐与海报内容气氛相符需要。

4．选取制作工具

目前市面上主流的 H5 制作工具大致有以下几个。

（1）易企秀：http://eqxiu.com/。易企秀是一款针对移动互联网营销的手机网页 DIY 制作工具，用户可以编辑手机网页，分享到社交网络，通过报名表单收集潜在客户或其他反馈信息。

（2）秀米：http://xiumi.us/。图文空白模版较多，可全部自行添加，图片和音乐可来源网络，无需下载保存上传操作，省时。

（3）点点客：http://www.dodoca.com。主要是添加图片、音乐还有链接，使用最为简单。

工具都是大同小异，这部分制作工具大都具有傻瓜式的特点，只需按其设定的步骤逐步地填入相关内容即可。

以中人网的 H5 招聘为例用易企秀，手把手教你制作，并演示如下。

① 通过电脑进入 http://eqxiu.com/（目前易企秀暂不支持直接在手机终端制作 H5）。用邮箱注册，以注册的用户名、密码登录。

如图 2-3 所示，单击窗口右侧有"+"标志的"创建场景"按钮。提示，所有有"+"标识的按钮均表示新增，新增一个页面等。

所谓场景就是指你的应用适用于什么场合的应用模板，如广告、招聘、产品手册等。通俗地说就是模板类型，当然你也可以一个空白的模板开始创建，这个模板如果不错，可以保存为新的场景，以后需要时可再次调用。

② 如图 2-4 所示，单击左侧的"+"标识。

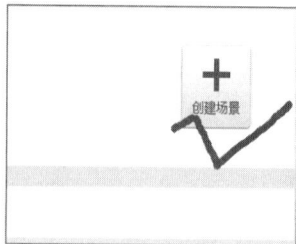

图 2-3　"创建场景"按钮

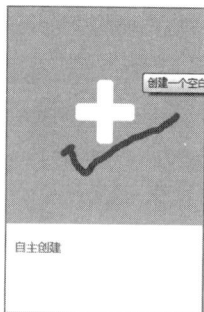

图 2-4　自主创建

③ 如图 2-5 所示，给你要编写的场景取一个名字，如中人网微信 H5 招聘。选择场景类型：企业。单击"创建"按钮。

④ 如图 2-6 所示，出现了一个新的设计页面，在整个易企秀的窗口的右上角有一排按钮，分别为"文本"、"背景"、"音乐"、"视频"、"图片"、"输入框"、"按钮"、"图集"、"电话"、"联系人"、"特效"、"保存"、"发布"。

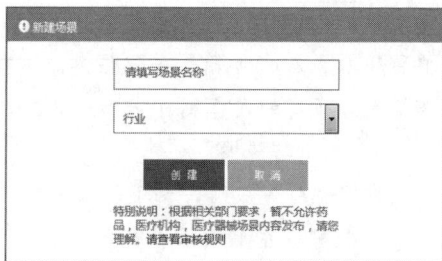

图 2-5　新建场景

除"保存"、"发布"两个按钮之外，其他按钮均可以直接拖曳至新的页面。页面内容可以根据需要放入相应的文字介绍、背景图片或加入背景音乐，甚至包括一些特效。整个 H5 设计的难点与重点也在此，如果有良好的前期文案策划，则此处只需将之前准备好的文案或素材图片，按文案设计或脚本要求放入即可。

为了保证发布之后的效果与预期效果差距小，需要在设计时不断地调整页面文字及图片。作为小 C 来说，实在不行的话，可以在用易企秀中现成的招聘场景，只要根据企业的需要修改相应的图片、岗位名称、任职要求即可。

如图 2-6 所示，将"背景"按钮拖曳至新增的页面上，在弹出的窗口中选择相应的图片，图片可以为系统提供的一些默认图片，也可以选择自己搜集的上传图片。单击"+"标识可以新增第二个页面，在右侧窗口显示对应的页码。

图 2-6 和图 2-7 为中人网的微信 H5 招聘的两个页面制作小组，中人网的微信 H5 招聘制作小组根据上述的脚本共设计了八个页面。

图 2-6　页面 1

图 2-7　页面 2

根据脚本或方案要求，依次添加好页面内容及文字按钮，在最后一页一般需要留下联系人、邮箱等关键信息。这些内容均可以在窗口右上侧的一排按钮中直接拖曳。所有的内容制作完毕，单击"保存"按钮。

5. 发布与传播

内容制作完成后，剩下的就是在网络上发布、传播了。

图 2-8　中人网微信
H5 招聘秀二维码

单击窗口左上侧的"发布"按钮。发布之后的场景就可以在网络上传阅、分享了。

易企秀提供了以下三种分享方式。

（1）微信分享。微信分享以二维码的形式，只需要扫描二维码即可在手机终端上查看，如图 2-8 所示。

（2）社交网络分享。社交网络分享主要有 QQ、微信、微博等。

（3）场景网址。输入场景所在的网址后亦可查看。

小 C 们除了会制作上述的微信 H5 招聘广告之外，还需要有好的推广渠道，推广的渠道要简单、直接、有效果。微信 H5 招聘除了利用微信这个超级的社交平台之外，小 C 们还可以通过 QQ、微博等形式推广。

至此，一个简单、唯美、适用于移动手机端的微信 H5 招聘海报便宣告完成，小 C 们快动手试试吧。

◆ 终极版：O2O 模式

小微企业招聘市场一直是一个巨大而令人垂涎的市场，据有关数据显示，中国 90% 以上的企业都属于小微企业。而在 2014 年，我国小微企业总数更是达到 1000 多万家。无数个小微企业的招聘需求构成招聘的长尾，形成海量的招聘市场。如果将这些长尾加起来，小微企业招聘市场需求要高于大中型企业招聘市场的几倍。

例如，在传统的求职方式中，餐饮的求职者想找份工作，但是不知道附近哪里招人，看到门上有贴条或是招聘启事的就进去，一家一家地问。经常是人已经招完了，条没撕下来。让求职者尴尬不已，很不方便，而且还经常遇到不客气的餐馆老板。这是目前大部分餐饮业求职者的一个主要现状。这些求职者多数仍依靠朋友介绍或沿街拜访方式找工作，小型餐饮企业大多仍采用门窗贴纸或朋友介绍等传统方式招聘，招聘及求职效率低。由于信息不对称，往往是找工作的不知道哪里有工作，招人的不知道哪里有人。这种状态在逐渐发生变化。

近日，赶集网推出了专门面向餐饮行业小微企业招聘和劳动者求职的 O2O 招聘产品——易招聘，这个产品的核心就是 LBS 地理位置技术为依托。在这个服务产品中，赶集网根据服务业劳动者找工作的习惯（喜欢沿街拜访），来解决餐饮界小微企业的招聘痛点，其盈利模式是通过为平台上的小微企业提供付费的服务产品方式来实现。

　　一直以来，工作地点远近距离因素是传统招聘网站所忽略的，而这恰恰却是候选人所非常看重的因素，原因是看重工作地点的人往往却是那些难招的人，他们事业小有成就要么有家有室，要么反正找工作容易，在工资待遇相差无几的情况下，候选人大都会选择离家近的工作而不愿异地流动。赶集网的这种基于 LBS 地理位置技术的 O2O 招聘方式，在很大程度即时地唤醒了人们的这种潜在需求。赶集网的这种人才招聘服务模式是一种创新的 O2O 招聘模式（on line to off line 线上到线下），这种创新的 O2O 模式将互联网招聘线上与线下拜访有机地结合起来，实现了优势的互补。如赶集网在移动互联网上提供餐饮商家和求职者互相搜集信息，互相选择的平台，线下则根据 LBS 技术所带来的彼此位置信息的匹配，提供了求职者和商家之间更好的接洽机会。在这里，"附近"可以成为商家和求职者互相筛选的条件，然后就可以在这个大前提下进行对各种其他条件的筛选。这非常符合餐饮业求职者通常在家门口由近向远找工作的习惯，也让餐饮企业能够有效拦截到附近的求职者。这种基于地图的就近招聘，其实就是将劳动者线下求职的场景搬到了线上，并辅助于互联网平台强大的信息匹配与互动能力，从而让商家和餐饮求职者的需求得到了精准的匹配。赶集网在提供这种 O2O 招聘服务中，通过服务产品化，也为自己开拓了一个充满想象力的市场。

　　除了赶集网外，近几年来 58 同城等专注于蓝领招聘的网站平台也迅速崛起，随着移动互联应用的渗透大幅增强，中低端的蓝领求职者逐渐摆脱了对线下招聘会的依赖，以前要参加几次线下招聘会都不一定能搞定的工作问题，如今随便在一部入门级的智能手机上就能解决问题。随着基于移动互联网的 O2O 招聘模式的加入，它将会对招聘网站的运营模式产生重大影响，未来的招聘平台与 LBS 技术紧密结合，招聘市场格局的未来必将会被新的招聘模式所颠覆。

🔍 2.5　移动互联时代的 8 个招聘策略

　　在移动互联时代，以基于社交招聘为主导的招聘方式可以真正地解放招聘小 C。社交招聘的核心就是边工作边玩边招聘。玩、交友也是在工作，试想你在社交网络一边与候选人聊着共同的话题，一边聊起你的工作内容，聊着顺便也把工作任务完成了。想想，是不是有点惬意。社交招聘与传统招聘相比，优势明显。

1. 招聘信息的有效传播

社交网络可以充分发挥企业、企业员工的人脉关系，招聘信息可以有效扩散，到达企业需要的人群，这种有质量的传递，效果要好于盲目扩散。尤其是大公司一般拥有众多的粉丝，因此招聘信息也必然会得到关注、转发和评论，目标受众非常准确，几乎可以说没有成本。

2. 信息更真实、对称、透明

通过网络媒体推荐过来的人，企业既可以通过简历获取相关信息，也可以通过其人人网状态、博客文章、微博内容、微博关系等考察应聘者的真实情况。另外，应聘者也可以通过转发过程中对该企业的评价、与企业的互动获得较充分的信息。

在社会化网络里，一个人的博客、微博等，比简历更能真实地展现一个人。通过他博客的内容、与别人进行的互动，可以了解这个人的性格、兴趣、工作风格、行为习惯、业内口碑等，他关注什么话题，他对事物的看法，他交往什么样的朋友，一目了然。招聘者可以通过浏览其内容，辅助进行面试和录用与否的决策。

3. 全员招聘成为可能

微招聘，充分发挥了社会化的有效、快速传播及辐射特性，企业的创始人、管理层、员工、关注者都可以转发、推荐，通过共同参与，使企业凝聚力增强。对于一些创业公司和缺少名气的公司来说，在招人方面相比名企缺乏天然优势，而微招聘可以带来更多机会。

对于一般职位招聘，可以采用广发招聘的方式。通过微博、微信公众号、人人网、博客、分类信息网站等，使招聘信息尽可能广泛传播。

对于企业而言，建立一个社交媒体平台是相对简单的事情。到微博上注册一个企业账号，获得企业认证，并不复杂，但是如何在最大化企业曝光率的同时，提升于目标群体中的认知度，招聘小 C 在实际应用中应注意以下几点。

（1）定义目标。如果一个公司没有着重思考为什么要使用社交媒体进行招聘，我相信它不会收到成功的效果。可能你认为社交招聘是免费的，它能节省很多费用；也可能是因为竞争对手进行了社交招聘，所以你也要跟随潮流。不管基于何种初衷，建议你都要展开一次真诚的交流，探讨你为什么要开展社交招聘——因为这将推动未来的决策。

（2）测试申请流程。当你驱动流量到另外的站点上，这不仅仅是要确保该站点是按照你期望的方式进行运转。你需要考虑它的用户体验，如果链接转化慢得像蜗牛，你可以想象一下意向候选人接下来会采取怎样的动作。

（3）找到社交网站的统计信息。企业不需要在每一个社交网站上都亮相，比方说人人网、优士网和新浪微博，他们的用户群是不一样的。企业要分辨的是自己的目标群体是什么，很多社交网站都会不定期出具自己网站的统计信息，通过这个，你可以快速找到那些拥有最多目标受众的社交站点。

（4）社交站点优先排序。为了将招聘效果最大化，社交招聘的渠道当然是多多益善，不过相信你也没有那么多精力运营好所有的站点。如果每一个招聘小 C 都拥有自己的账号，可能需要遵循一定的准则，并且在头像上融合一定的品牌元素。如果是运营公司的账号，那么头像是公司的 LOGO 么？有的企业为了增强亲合力，会给账号设置一个昵称，比方说强生集团校园招聘的官方微博就自称为"小 J"。

此外，你还要考虑一下社交网络账号的简介和标签是什么？这取决于你所处的行业和位置，有时候公司的法律顾问会要求在其中添加一些免责声明。

除了发布招聘信息外，例如，联合利华的官方微博还会发布内容丰富的职场话题，以提升和推广雇主品牌，并用"#"对微博进行分类，如 # 联合利华招贤纳士 #、# 职场守则 #、# 面试技巧 #、#U 文化 #、#U 家健康贴士 # 等。同时，为了使发布内容更具吸引力，联合利华充分利用微博平台提供的照片、视频分享功能。有时，联合利华还在其平台组织具有企业特色的各种活动和在线抽奖，以增强与粉丝的互动。

（5）找到可以关联的其他个人和组织。社交网络是"众人拾柴火焰高"，如果你是单兵作战，可以想象你提供的信息传播范围能有多大。你需要去找到一个合作伙伴，它可以是企业社交账号，也可以是同事，还可以是没有直接关联的个人和公司。互帮互助，会让你受益良多。

（6）建立一些评估的规则。和其他形式的招聘一样，到底该从哪些维度判断社交招聘是否成功呢？这需要一个衡量的标准。抛开其他的不说，你可以统计公司能跟踪哪些候选人是从社交站点访问企业招聘页面，就如同以前我们评估报纸广告的效果一样。

（7）自动化用以提升生产力。当你的社交招聘运转良好时，可以考虑将某些领域自动化，以提升生产力。这些应用程序的加入，不仅可以提升生产力，还可以检查你的 ATS 系统的性能。

（8）紧随社交招聘的潮流。社交网络的世界无时无刻不在变化着，新应用和新站点层出不穷，一旦企业开始运用社交媒体进行招聘，你可能需要时刻评估它的效果，并且问自己："这个站点进行招聘是否还有效？我是不是应该体验一下新的站点？"

🔍 2.6 面试四经：望、闻、问、切

中医问诊讲究望闻问切，相对于面试官来说，面试过程也无疑于一场企业未来人才选拔的细心、问诊之旅。

◆ 面试中的望——善于观察

在招聘面试中，"望"——也就是看、观察，通过对候选人的行为、神态、仪表、举止、言谈的观察和分析，判断是否为企业所需要的类型。

望——注意身体语言（非语言信息）。

左真右谎 —— 一些心理专家认为，眼睛朝左看说真话，眼睛往右边斜视在撒谎；

身体方向 —— 面对你或是将身体转过来对着你，通常是一种感兴趣和参与的正面信号；

姿势 —— 直立姿势要比某些人懒散地坐在椅子上更好；

视线接触 —— 看着你而不是盯着你，这是积极的表现。

◆ 面试中的闻——善于倾听

倾听在招聘中也是很重要的。有些招聘人员在面试时，长时间发问，经常打断候选人的表达，这样是不礼貌的，在招聘面试中要善于做一个好的倾听者。

例如，候选人往往都会叙述离开上一家公司的原因，此时就需要认真倾听，从中获取有用的信息来判断候选人的离职动机等。

听的技巧

● 要善于发挥目光接触、点头的作用。

● 不要俯视、斜视、直视着听候选人回答问题，这样一来将使候选人感到不平等、紧张，从而产生一种压力感。

● 目光大体在应聘人的嘴、头顶、脸颊两侧范围内活动，让对方感到你很认真友好。

● 应伴以适当的点头，因为点头是一种双方沟通的信号。在候选人紧张的时候，点头能表明你在认真地聆听对方说话，并且鼓励对方继续说下去。

◆ 面试中的问——主动发问

问诊即通过询问病人和家属，了解疾病的发生与发展过程，目前症状以及其他与疾病有关的情况。

在招聘面试中，发问是一个主动获取有用信息的技巧。

通过对候选人进行询问，问其学习、工作经历、以前负责过哪些项目、怎么做的、

成绩如何、为什么想来公司工作、未来的打算和目标、期望的薪资是多少等。

问的原则：

自然、亲近、渐进、聊天式进入；

通俗、简明、有力选择适当的提问方式；

问题安排要先易后难、循序渐进、善于恰到好处的转换、收缩、结束与扩展，必要时可以声东击西、积极亲近调和气氛；

标准式与非标准式相结合、结构式、与非结构式相结合。

连串式提问

向候选人提出一连串相关的问题，要求候选人逐个回答。这种提问方式主要是考察候选人的反应能力、思维的逻辑性和条理性。

例如："你在过去的工作中出现过什么重大失误？如果有，是什么？从这件事本身你吸取的教训是什么？如果今后再遇到此类情况，你会如何处理？"

开放式提问

所谓开放式提问，就是指提出的问题候选人不能使用简单的"是"或"不是"来回答，而必须另加解释才能回答清楚。因此，主考官提出的问题如果能启发候选人给予详细的说明，则符合"开放式提问"的要求。

假设式提问

在这种提问中，主考官为候选人假设一种情况，通过候选人的反应和回答，来考察候选人的应变能力、解决问题的能力以及思维能力。

一般来说，主考官要尽力为候选人创造一个亲切、轻松、自然的环境，以使候选人能够消除紧张、充分发挥。但有些情况下，主考官会故意制造一种紧张的气氛，给候选人一定的压力，通过观察候选人在压力情况下的反应，来测定其反应能力、自制力以及情绪稳定性等。

压迫式提问

例如："这次公务员考试，很多人都托了关系，听说你也走后门了。"

◆ 面试中的切——切中要害

切诊包括切脉和接诊，是切接病人的脉搏和触按病人的皮肤、手、腹部、四肢及其他部位以诊断疾病的方法。

在招聘面试中是指要切中要害，找准我们需要了解的关键地方，验证信息的真实性和可信度。

"望、闻、问、切"四种面试方法在招聘中面试过程中并不是独立的。有时会用到两到三种甚至全部方法，所以不能机械地单独运用某种方法来对求职者进行测试。

🔎 2.7 面试是个技术活儿

我宁可用 4 个钟头讨论最适用的人才而不愿意用几百个钟头去收拾残局。

——通用汽车总裁史龙

糟糕的面试官会影响公司形象，让企业招聘不到人或者招到不匹配的人。作为面试官，需要掌握一些基本的招聘面试规则和技巧。

面试官需要掌握一些面试的方法与技巧。主要的面试方法有以下几种。

◆ 结构化面试

结构化面试又叫标准化面试，是目前平均效度最高的面试形式之一。

结构化面试提问内容、程序、时间、评分标准、分值结构等因素预先都作出严格的规定。

面试过程中，主试人必须根据事先拟定好的面谈提纲逐项对被试人测试，不能随意变动面试提纲，但同时允许主考官在具体操作中根据实际情况灵活调整。

被面试人也必须针对问题进行回答，面试各个要素的评判也必须按分值结构合成。

在结构化面试中，面试的程序、内容以及评分方式等标准化程度都比较高，致使面试的结构严密，层次性强，评分模式固定。

结构化面试的特点如下。

- 考核要素结构化，并作为评分标准的基础。
- 面试试题结构化，不同类型题目测评要素对应。
- 评分标准结构化。
- 组建面试考官队伍结构化。
- 场地结构化。
- 具体步骤结构化。

结构化面试最大的优点是建立一个可以评估的面试体系，克服传统面试的随意性。当面试出现问题时可以找到症结所在。其最终目的是使面试科学、客观，以此提高面试的公平性与预测性。

◆ 行为式面试

行为描述面试基于的原理是用过去的行为预测将来的行为。

面试官将针对有关工作所需的知识技能，要求候选人提供一些能反映这些能力的真实事例并加以描述。它最大的好处是能透过候选人亲身经历过的特定的处境，得知他们的处理方法，这有助推测其将来的行为表现。

在面试过程中，应尽量搜集候选人先前工作行为的资料，从而估计他未来的工作表现。因此，候选人必须在回答中描述他过去的行为，而非感觉、情绪、想像、判断、猜测或意见。

一个行为描述式问题的例子如下。

"请你告诉我，你在先前工作中的最大成就是什么？请谈谈你如何计划，如何执行，在推行过程中遇到什么困难，怎样克服的那些困难？"

注意行为描述式的发问条件与方式。

问题必须是询问候选人的行为或事情的过程，而非个人的感觉、情绪、判断或意见。将问"为什么"改为问："如何"、"怎样"或"什么"。

避免问"为什么"。因为当面试官问为什么时，将引导候选人去解释，一旦开始了解释，候选人便可在答案中引入他的个人意见、感觉、判断，甚至猜测，而忽略描述他的行为。

若问题中含有最大限度形容词，那么候选人的答案亦会较为具体和肯定，因为他只要回想一个处境及事例，其他一般的情况可以不理。其次，最大限度的处境及事例，正好给予面试员一个定点，用以比较各候选人在类似处境的表现从而预测将来可期望的最高表现是什么。

行为描述面试法

行为描述面试法的 STAR 原则。

STAR，即：Task（任务）、Situation（背景）、Action（行动）、Result（结果）。

在行为描述面试法中，有效的追问是破解假行为描述的绝招。

很多面试考官抱怨：从面试中获得的信息太少！并因而怀疑面试的有效性。其实在面试过程当中，有没有追问，会不会追问是能否获取候选人信息的关键。根据具体的面试情境要把握好，追问的时机。那么追问的标准是什么呢？很简单，只要你无法根据当前所获得的信息对应聘者的能力素质进行判断时，你就有必要进行追问。

追问有以下两种目的。

第一，为了获得更多的信息。

比方说，一位申请市场经理的候选人讲到："在市场开拓方面，我有很强的创新能力。"我们就应该进一步地追问："那么，请举一个能够说明这一点的实例好吗？"如果候选人举不出什么真正的实例，而只是说"假设如何，我会如何如何"，或者举的例子根本不能说明他的创新能力很强，那么我们就无法判断他的创新能力。

第二，查明真伪。

诸多"面霸"，面试考官要充分利用追问来"识破"他们的真相。比方说，在招聘一名管理咨询顾问时，一位候选人谈到他有非常丰富的咨询经历。我在追问的开始阶段，他总是含含糊糊，说他是如何得到领导的感谢以及他的咨询建议起到了多大的效果等。当我继续追问他是如何进行咨询的时候，得到的结果是他只给了别人一些口头建议而已。

◆ 评价中心

一、评价中心技术的定义

评价中心技术一种综合性的人员测评方法，由几种选择测试方法组合而成，利用现场测试或演练，由测评人员观察候选人的具体行为，并给予评分。

评价中心技术是在情景模拟和角色扮演测评方法的基础上发展起来的，其主要特点是情景模拟性。评价中心活动的内容主要有公文筐作业、无领导小组讨论、管理游戏、角色扮演、投射测验、案例分析、演讲、事实判断、模拟面谈等。

评价中心技术有两种用途：选拔与晋升管理人员；以发展为目的，为应试者辨别其优缺点。

评价中心技术是集合了许多选拔管理者的方法和技术的一种评价技术，比较复杂，也难于掌握，在应用评价中心技术选拔人才时，必须遵循以下几项最低要求。

（1）必须应用多项评价方法；

（2）必须有不止一位评价者参加；

（3）必须根据所有参加的评价者的意见得出结论；

（4）必须对应试者的行为做出综合评价，而不仅是观察到的行为；

（5）必须实施模拟练习。

二、评价中心测评法的特点

1. 针对性

评价中心测评法模拟特定的工作条件和环境，并在特定的工作情景和压力下实施测评。根据不同层次人员的岗位要求和必备能力，设计不同的模拟情景，具有很强的针对性，避免"高分低能"的现象。

2. 全面性

评价中心突出的特点之一是多种测评技术与手段综合运用，不仅能很好地反映被试人的实际工作能力，还可以测评其他方面的各种能力和素质。

3. 可靠性

测评中心由多个主试小组成员分别对被试人给予评价，减少了因被试人水平发挥不正常或个别主试人评价偏差而导致的测评结果失真。每项测验后，请被试人说明测验时的想法以及处理问题的理由。在此基础上，主试人进一步评定被试人处理实际问题的能力和技巧，使评价结果的可靠性大大增加。

4．动态性

将被试人置于动态的模拟工作情景中，模拟实际管理工作中瞬息万变的情况，不断对被试人发出各种随机变化的信息，要求被试人在一定时间和一定情景压力下作出决策，在动态环境中充分展示自己的能力和素质。

5．预测性

评价中心具有识才于未显之时的功能，模拟的工作环境为尚未进入这一层次的人员提供了一个发挥其才能与潜力的机会，对于测评人员的素质和能力具有一定的预测作用。同时，测评中心集测评与培训功能于一体，为准确预测被试人的发展前途，并为有重点地进行培养训练提供了较为有效的手段和途径。

三、评价中心的组成

1．公文筐测验

公文筐测验是一个模拟管理者文件处理工作的活动。这是评价中心运用最多的，也是最重要的测量方法之一。在模拟活动中，文件筐中装有各种文件和手稿：电话记录、留言条、办公室的备忘录、公司正式文件、客户的投诉信、上级的指示、人事方面的信息（如求职申请或晋升推荐信等）……这样的资料一般有 10～25 条，有来自上级的，也有来自下级的，有组织内部的也有组织外部的，有日常的琐事，也有重大的紧急事件。

2．无领导小组讨论

无领导小组讨论是评价中心中比较常用的一种测量技术。具体的操作方法是给接受评价的一组应聘者一个紧急的压力性问题，要求他们在一个小时的时间之内解决。

小组讨论比较合适的情况是：6 个应聘者，6 个主考。主考不参与应聘者的讨论，他们的工作只是观察和记录应聘者的行为表现。讨论小组的成员之间是平等的，合作的，他们自己来决定和组织整个讨论的过程：自发产生一个领导者来组织整个讨论，也有人主动承担秘书的工作，记录讨论的结果和控制讨论的时间等。

无领导小组讨论的关键性问题是讨论主题的确定，不仅要求与待评价职位的工作情境有密切的联系，而且具有一定的深度，有深入展开讨论的可能性。

无领导小组讨论比较独特的地方在于它能考查出应聘者在人际互动中的能力和特性，比如人际敏感性、社会性和领导性。同时，通过观察讨论过程中每个人自发承担的角色可以对应聘者的计划组织能力、分析问题和创造性地解决问题的能力、主动性、坚持性、坚定性和决断性等意志力也能得到一定的考察。

3．搜索事实

这是一个需要口语表述的模拟活动。这个活动中需要角色扮演者与应聘者共同参与。应聘者拿到一份关于某个将来工作情境中可能遇到的问题的材料，他并不需要解决这个问题，而只是向角色扮演者创造性地、洞察性地提出一些敏感性的问题，尽力挖掘出与该问题有关的信息。应聘者不仅需要看到问题中包含了哪些信息，更需要关注问题所缺少的关键信息。在与角色扮演者充分交流之后，应聘者需要在一个较短的时间之内做出决定，提出一个解决问题的方案。

通常，角色扮演者还会对应聘者的问题解决方案提出质疑，从而与应聘者进行进一步的讨论甚至争论。整个过程中主考官完全不介入，只是在旁边观察和记录。

4. 演讲

演讲是一个需要口语表述的模拟活动。应聘者拿到一些零乱、无组织的材料，他们需要根据现有的材料来把握其中的主要问题，尽力去了解问题进展到什么程度。经过半个小时左右的准备之后，应试者向主考官陈述自己的想法。当应聘者表达了尽可能多的信息，明确提出材料中存在的问题及其解决方案之后，主考官可以针对性地提一些问题。

这种活动对应聘者的智力、社会技能和意志力都有特定的要求，比如分析问题的能力、口语表达能力及压力下的坚定性等。主考官应更为注重计划组织能力、综合能力（综合所有材料提出问题解决方案）等。

5. 模拟面试

模拟面试需要角色扮演者的参与。应聘者扮演他将要担任的职位（如销售部经理），角角色扮演者扮演应聘者的下属（如销售员）、客户或者任何与他有工作上联系的人，甚至采访他的电台记者。

例如，应聘者拟任生产部经理，在他负责下的公司生产部门最近形势很不乐观，所以他要准备和一线负责的副经理（角色扮演者）进行一次面谈。在面谈中，角色扮演者一般遵循一个相对标准化的模式，他可以向应聘者提出问题、建议、反驳的意见或者表示拒绝等。角色扮演者的主要目标是尽量多地激发应聘者在模拟工作情境中表现出各种工作行为，以利于主考官进行更全面和充分的评价。

这种活动能激发出应聘者表现出智能、社会技能和意志力。更具体来说，通过应聘者在模拟面谈中的行为表现可以评价他们的说服能力、表达能力、处理人际冲突的能力等。最终从不同维度上对应聘者进行评价，需要考虑待评价职位的具体情况。

6. 模拟会议

模拟会议是一个要求两个以上角色模拟者参与的测量方法。根据应聘者未来期望的职位上可能出现的工作情况，设计一个有着明确议题的会议，要求应聘者组织这个会议的开展，确保能在限定的时间之内讨论完所有的议题。这种测量方法利于在人际互动中考察个人的社会技能，把握变化的能力，以及主动性、坚持性、坚定性和决断性等重要的特性。但由于参与模拟会议的角色扮演者比较多，他们的行为模式很难实现标准化，人际的复杂互动有时候会影响应聘者的行为表现与主考的评分过程。而且，多个角色扮演者的参与也大大提高了评估的成本。因此，如果采用其他测量方法能达到类似的测量效果的话，一般建议运用其他测量方法。

7. 案例分析

案例分析是书面测量方法的一种。实施案例分析时，通常让应聘者阅读一些关于组织中有关问题的材料，然后要求他针对材料提出一系列建议，以便汇报给高层管理人员。一般情况下，主考官会要求应聘者设想自己已经被选拔到或提升到了目标职位上，然后从那个角度去思考问题、提出建议。

这种测量方法着重于考察应聘者的计划组织能力、分析问题的能力、决断性等，根据评价中心流程关注的职位不同，适当调整案例的内容和呈现的方式等。

8. 备忘录分析

备忘录分析是一种综合性的测量方法，其中包括"书面分析"和"口头陈述"两个部分。在实施"备忘录分析"时，应聘者一般需要首先根据主考预先为他们指定的某个主题完成某个书面任务，如为公司制定一项新的工作制度或者针对某个项目制定一个工作计划，然后，把他们完成的工作制度或者工作计划向主考官进行汇报即口头陈述。或者，主考官会要求应聘者分析另一名员工或管理人员的工作备忘录，然后指出其中需要加以改进的地方，这名员工一般是正在该应聘者即将从事的职位上工作的员工。

这种模拟活动是否能把握应聘者在未来职位上的工作潜力关键在于主考官需要在"工作分析"阶段充分了解评价中心所关心人职位的情况，然后设定一个比较合理的"工作备忘录分析行为评价表"。

这种备忘录分析法实施起来不难，它主要考察的能力维度与文件筐测验及演讲活动有很大的共同之处，它具备了二者的长处，但同时也避免不了会受主考官经验和能力的影响和制约。

◆ 无领导小组讨论

无领导小组讨论主要测试应试者论辩能力。其中既包括对法律、法规、政策的理解和运用能力，也包括对拟讨论题目的理解能力、发言提纲的写作能力、逻辑思维能力、语言说服能力、应变能力以及组织协调能力。

一、无领导小组讨论的概述

无领导小组讨论是评价中心技术中经常使用的一种测评技术，其采用情景模拟的方式对考生进行集体面试。它通过给一组考生(一般是 5～7 人)一个与工作相关的问题，让考生们进行一定时间(一般是一小时左右)的讨论，讨论过程中不指定谁是领导，也不指定受测者应坐的位置，让受测者自行安排组织，评价者观测考生的组织协调能力、口头表达能力、辩论的说明能力、情绪稳定性、处理人际关系的技巧、非言语沟通能力(如面部表情、身体姿势、语调、语速和手势等)等各个方面的能力和素质是否达到拟任岗位的团体气氛，由此来综合评价应试者之间的优缺点。

二、无领导小组讨论的特点

（1）讨论角色的平等性。顾名思义，"无领导小组讨论"就是没有领导的讨论，在讨论中每个人的地位是平等的。

（2）讨论活动中的赛马场效应。无领导小组讨论使被评人之间的竞争由间接变为直接，强化了面试的竞争性，不仅为人才脱颖而出提供了机会，而且更有利于识别最具潜能的千里马。

（3）测评方式的仿真模拟性。这种群体讨论决策的方式，在某种程度上与一个单位的决策者们商讨问题极为相似。面对多元化的竞争对手，被评人如何表述自己的观点、如何说服别人、如何争取他人的认可、如何对待不同意见、如何巧妙地控制讨论的局势，这些都能反映被评人具备的组织协调能力以及显在和潜在的领导者素质。

（4）评价的公平客观性。这种公平效应主要体现在评委对被评人的评价判断上。在传统的面试中，难免会出现光环效应、刻板效应、第一印象、近因效应等认知误差。而在无领导小组讨论中，由于评委主要从可观察的、可比较的行为表现去评判被评人，有别于一般的价值判断，因此能较好地克服认知偏差，得出公平而科学的判断。

三、实施无领导小组讨论的准备

1. 岗位分析

岗位分析的重点在于总结出那些与组织的远景、价值观、工作战略等相关活动，分析它们的特征，并由此概括出胜任该岗位所需的竞争能力。

2. 确定评价维度

无领导小组讨论评价维度主要是基于领导人才的要求和无领导小组讨论的特性确定的。在基础评价维度上，我们根据领导人才的素质结构要求，同时考虑无领导小组讨论自身特点，选取决策能力、分析能力、应变能力、人际沟通能力、组织领导能力等测评要素。

3. 编写测评试题

编写的试题应符合以下三个方面要求：首先，讨论题目必须具有争论性；其次，题目为大家所熟悉，能保证人人有感可发；再次，题目的内容不会诱发应聘者的防御心理，只有这样才能使应聘者尽情展现自己的风采，表现真实的自我。

4. 选定并培训评委

确定评委除了要考虑其素质外，还应注意以下几点：首先，如果测评的目的是为了晋升，那么应聘者的直接上司最好不要担任评委；其次，评委人数一般与参与讨论的小组成员比例为 1：2。此外，评委应对所聘领导岗位的工作较为熟悉，了解部门的工作性质和内容。

评委确定以后，要统一召集实施培训。培训可以从以下两个方面着手。

(1) 评委要熟悉整个无领导小组讨论的过程。

● 要统一测评要素的评价标准，以保证评委评分的一致性；

● 善于观察、如何观察显得非常重要。通过观察来获取参与讨论的领导人才的有关信息。

(2) 观察评价的依据标准主要有以下几方面。

● 参与讨论的领导者提出的观点是否有新意？

● 他们怎样处理意见相左时的关系？

● 是否善于赢得他人的支持？

● 是否善于倾听别人的意见？

● 是否一味只顾自己讲或者常常打断别人的讲话？

● 是谁在引导着讨论的进程？

● 是谁经常进行阶段性的总结？

其他参考性标准如下。

(1) 受测者参与有效发言次数的多少；

(2) 受测者是否有随时消除紧张气氛，说服别人，调节争议，创造一个使不常开口讲话的人也想发言的气氛的能力，并最终使众人达成一致意见；

(3) 受测者是否能提出自己的见解和方案，同时敢于发表不同意见，并支持或肯定别人的意见，在坚持自己的正确意见基础上根据别人的意见发表自己的观点。

(4) 受测者能否倾听他人意见，并互相尊重，在别人发言的时候不强行插嘴；

(5) 受测者语言表达、分析问题、概括或归纳总结不同方面意见的能力；

(6) 受测者反应的灵敏性、概括的准确性、发言的主动性等。

四、无领导小组讨论试题的形式

无领导小组讨论的题目一般都是智能性的题目，从形式上来分，可以分为以下五种：

1. 开放式问题

所谓开放式问题，是其答案的范围可以很广，很宽。主要考察应试者思考问题时是否全面，是否有针对性，思路是否清晰，是否有新的观点和见解。例如，你认为什么样的领导是好领导？关于此问题，应试者可以从很多方面如领导的人格魅力、领导的才能、领导的亲和力、领导的管理取向等方面来回答，可以列出很多的优良品质，开放式问题对于评价者来说，容易出题，但是不容易对应试者进行评价，因为此类问题不太容易引起应试者之间的争辩，所考察应试者的能力范围较为有限。

2. 两难问题

所谓两难问题，是让应试者在两种互有利弊的答案中选择其中的一种。主要考察应试者分析能力、语言表达能力以及说服力等。例如，你认为以工作取向的领导是好领导呢，还是以人为取向的领导是好领导？一方面此类问题对于应试者而言，不但通俗易懂，而且能够引起充分的辩论；另一方面对于评价者而言，不但在编制题目方面比较方便，而且在评价应试者方面也比较有效。但是，此种类型的题目需要注意的是两种备选答案一定要有同等程度的利弊，不能是其中一个答案比另一个答案有很明显的选择性优势。

3. 多项选择问题

此类问题是让应试者在多种备选答案中选择其中有效的几种或对备选答案的重要性进行排序，主要考察应试者分析问题实质，抓住问题本质方面的能力。此类问题对于评价者来说，比较难于出题目，但对于评价应试者各个方面的能力和人格特点则比较有利。

4. 操作性问题

操作性问题，是给应试者一些材料，工具或者道具，让他们利用所给的这些材料，设计出一个或一些由考官指定的物体来，主要考察应试者的主动性，合作能力以及在一些实际操作任务中所充当的角色。如给应试者一些材料，要求他们相互配合，构建一座铁塔或者一座楼房的模型。此类问题，在考察应试者的操作行为方面要比其他方面多一些，同时情境模拟的程度要大一些，但考察言语方面的能力则较少，同时考官必须很好地准备所能用到的一切材料，对考官的要求和题目的要求都比较高。

5. 资源争夺问题

此类问题适用于指定角色的无领导小组讨论，是让处于同等地位的应试者就有限的资源进行分配，从而考察应试者的语言表达能力、分析问题能力，概括或总结能力，发言的积极性和反应的灵敏性等。如让应试者担当各个分部门的经理，并就有限数量的资金进行分配，因为要想获得更多的资源，自己必须要有理有据，必须能说服他人，所以此类问题可以引起应试者的充分辩论，也有利于考官对应试者的评价，但是对讨论题的要求较高，即讨论本身必须具有角色地位的平等性和准备材料的充分性。

不走心的面试官，公司用 200 亿买单

2018 年的某天，华为创始人任正非在一次讲话中称，人事服务变革要控制成本，不能通过增加编制来增加服务，不在非战略机会点上消耗战略力量。华为下一步人力资源的改革，就是欢迎懂业务的人员上来，因为人力资源如果不懂业务，就不会识别哪些是优秀干部，也不会判断谁好谁坏，就只会通过增加流程节点来追求完美。

"我们现在录用一个员工，像选一个内衣模特一样，挑啊挑，可结果不会打仗。我们要的是战士，而不是完美的苍蝇。"任正非如是说。

一个企业，如果在面试过程中，把关不严格，损失会有多少？

答案是 200 亿。

面试把关不严的代价：200 亿！

2007 年 6 月 1 日，经过 1 年多筹备，赛维终于在纽约证券交易所挂牌上市，募集资金 4.86 亿美元，发行定价达到 27 美元，创造了所有在美国纽交所单一上市的中国企业中最大规模 IPO 的纪录，至高峰时，市值达 400 多亿人民币。然而这种高市值并未持续多长时间，就被一个名叫司徒伟成的财务人员给拦腰折断。一个普通的财务人员，有何本事可以如此左右公司？事情得从赛维一个普通的、不经意的例行招聘说起。

赛维创始人彭小峰在上海西藏中路一幢写字楼的办公室里面试了一位叫司徒伟成的拥有财务背景的香港人。身高不足 170cm 个子的司徒伟成给人的第一印象是沉默寡言。司徒伟成由一家猎头公司推荐过来，由于赛维当时正酝酿上市，急需财务人员。司徒伟成便成赛维众多面试财务人员的一名。关于这次面试，彭小峰和司徒伟成在办公室聊的时间并不太长，彭小峰问了几个常规问题后就决定让他加入赛维。面试性格异于常人的司徒伟成之所以被赛维录用，一方面是因为快速扩张中、上市筹备中的赛维，急需财务人员；还有一个更为重要的原因，司徒伟成拥有赛维上市所必需的美国注册会计师资格（AICPA）。

在纽交所上市的公司，其财务人员拥有美国注册会计师资格是必要条件之一，美国注册会计师资格（AICPA）这个证书是他的优势。赛维内部高管称，尽管他们看到司徒伟成之前频繁跳槽的履历时，也意识到他可能并不是一个合适的人选，但为了能够快速上市，仍然决定最终雇佣他。

上岗之后，赛维对司徒伟成的待遇堪称优厚，允许他每周周一上班，周四可以回香港，而且公司为其报销香港往返机票。但当司徒伟成了解到他 3 万期权股，比那些公司初创时的工程师还少时，心中顿生不满。在他第一次提出增加期权的要求时，赛维满足了他，增加了 1.8 万股期权。但司徒伟成不久又提出再次增加的要求，最终被拒绝。

入职后的司徒伟成给赛维的高管们留下的印象是很爱钻牛角尖甚至偏执，难以沟通。在基本的职业纪律上也成问题，甚至他有连续 8 天没有到公司上班。赛维根据人事管理规定，给他发去了解聘函。不幸的种子由此埋下。

离职的司徒把一封检举信寄到了美国证监会、毕马威会计师事务所等机构的邮箱里。在信里，他指责赛维虚报库存，且原料质量差，退货率高，并提供了赛维一次高管电话会议的录音。

不难想象，这样的火爆内容很快就引起了舆论的密切关切以及对中国市场知之甚少的海外投资者的恐慌。受此消息影响，赛维股价迅速跌至目前的 40 美元左右，跌幅将近 50%，市值一下子缩水 200 多亿元人民币。这对于初登海外资本市场的赛维来说，沉重的代价还不仅于此，雪上加霜的是，其内部高管称，赛维本来有计划想在股价较高时的合适时机进行新的增发融资，但现在计划被打乱了。事件发生后，赛维的股价一方面受到重创，另一方面投资者的质疑与观望，加上时遇欧盟对中国光优企业的反倾销制裁。赛维至此之后似乎一撅不整,重振乏力,直到最后疯传的破产、政府救市。一个 60000 多人,年产值 200 多亿的企业就此倒下,令人扼腕叹息。

"我现在很后悔,当时的招聘太仓促了,了解并不太深入,对他的背景也没有严格地做进一步调查。"彭小峰事后说。

🔍 2.8 去梯言:像做业务一样做招聘

就招聘而言,传统人力资源管理下的招聘管理,通常的情形是,当企业跑掉了一个骨干,企业需要 HR 找人,而这时,企业的 HR 往往会告知:还要两个月才能把人找来。这种情况下,便耽误了企业的发展机会。

人力资源经营下的招聘管理则会不同。

HR 会提前做好人才的准备,提前要把招聘的工作做好,这样一旦需求出现,甚至可以告诉领导,我们人资做好了后备,不会让企业的业务受到影响。

> 把招聘当成业务来做,是人力资源经营的典型样本。

对于业务员来说,客户虐我千百遍,我待客户如初恋。人力资源经营下,招聘人员对待候选人,亦会如此。

◆ 对客户不轻言放弃,对候选人也是

当候选人要放弃 Offer 时,招聘小 C 要像业务员一样紧追不舍。

对于一般没有经验的小 C 来说,听到候选人放弃的电话大多就放弃了。但作为一名负责任的、或资深的小 C 来说,他一定会坚持再持续跟进,直到候选人最终放弃。

对于小 C 们来说,候选人就是你的订单,候选人的放弃意味着你的订单失败,意味着你的工作前功尽弃,对于一些中高端职位,特别是一些偏、难市场并活跃的岗位,这种放弃在一定程度上就意味着此类岗位招聘任务的中止。

五年前,我在 ZK 集团时,当时的 CTO 是企业的创始人之一,也是公司磁悬浮技术的核心骨干之一。当时小型风力发电在国家的大发支持下如火如荼地进行,磁悬浮技术由于减少了轴承的摩擦系数,极大地提高风力发电系统的发电效率与稳定性,在行业内被众多的竞争对手觊觎,此君与当时的董事长在某项重大研发

项目上发生了较大的分歧，加上不怀好意的竞争对手的推波助澜，此君没有经得住诱惑离开了。

经过一段时间的寻找，也找遍了各大网站，也咨询过猎头公司。由于小型风力发电是一个小众市场，参与的企业普遍规模不大，ZK 集团在当时是行业的老大。只能从相关行业寻找，但大多数业内有名的企业的技术骨干对于这个市场有过太多担心，不愿轻易涉足这个行业。找了近半年，无果。一个偶然的机会，小 C 在浏览一份简历时，看到一份只有廖廖几行字的自我简介，上面项目经历与工作单位的信息一个也没有，包括姓名，只有英文名 David，电话，和一个 Gmail 邮箱。但是有两个至为重要的信息：清华大学博士后，电气专业；国内某电源类上市公司高管。小 C 好奇地问我，为什么这么厉害的大牛，简历的信息这么少？我当时有两个判断，一是此人目前工作意向并不太强烈，此简历的填写可能是偶而为之，一则谨慎，二则马虎；其二，此人对于未来的工作选择相当谨慎，不会轻易变动。于是我让小 C 试着发了一份邮件，随信变动网站上未提及的企业的详细资料。信末加了一句，如方便，可否将更详尽的资料发至公司我的私人邮箱。第二天，便收到了对方详尽的个人简历，信末特别提及，只与人力资源高层洽谈，不可影响现有单位。三天之后，我到他工作所在地，业内响当当的一家光伏发电的民营企业，在我们近 6 个小时的交谈中，他对行业的了解让我深深折服，果然，此人系一业内高手，不但在电气领域资历深，而且手中拥有多项与发电装置有关的发明专利。此次面谈的最大成果是此人同意前往公司总部与董事长面谈。

一个星期之后，此人来到长沙，与董事长相谈甚欢，包括薪酬、职位及分管范围、甚至包括股份，一个月左右报到。

一个月很快到了，小 C 打电话给 David 告知一些报到注意事项，并提前准备所需要办公用品。电话那边说不急，他现在有一些事情要处理，可能要晚一些时侯，问具体要晚多久？对方有点含糊不清，只是侧面问了一些工作的福利制度等。

板上钉钉的事情怎么可能出岔？我当时也认为他确实是有事情要处理，一个 100 亿企业的总工，离职哪能那么容易。但是为何没有一个具体的时间呢？这么大的企业按道理离职的程序也是应当是很规范的呀。可意外的是，第二天，小 C 接到电话，说 David 来不了，因为公司那边不放，公司还给他开出更高的待遇与股权。

不对呀，不说得好好吗？不会这么儿戏吧。找到小 C，要他再给汇报下当时电话沟通的情况。关于福利制度的细节提醒了我。但我又想了想，不至于吧，年薪 100 多万的人，怎么也不至于与一些小小的福利标准过不去吧。作为总部在长沙的 ZK 集团，福利制度与江浙一带的名企相比，虽然不敢恭维，但也算尽人意吧。至少，双方可以沟通的呀，不至于就因为这放弃呀。

于是，我直接拔通了 David 的电话，在近两个小时的电话沟通中，我了解到，其实 ZK 给出待遇与他目前的差不多，

> 后来证明，此人的确是不可多得的业内人才，在他的带领下，建立了 ZK 集团的北京研发中心，目前运作良好。

唯一不同的是，在 ZK 集团是副总裁，可以直接决定研发的方向与预算，而在原单位常常受制于原集团的副总。但是相比于现单位，ZK 集团的福利标准太低，如餐补、车补等还没有。我算一下帐，这些加起来一年不到三万，比找一个猎头公司的费用还低，为何不答应呢？以我的经验来看，从事技术的人员大都有点钻牛角尖，没想到这位还真是有点特别。不过，人才难得，想用他，就得迁就他！

◆ 做业务唯快不破，做招聘亦是如此

通常而言，漫长的招聘过程是潜在候选人放弃的主因。

雇佣新员工是一个多阶段过程。首先小 C 需要找到有前途的候选人，然后进行筛选，面试，尽职调查，谈判条款等。但是这个漫长的招聘过程会成为日后录用的绊脚石，尤其是当潜在的候选人对企业的信息了解得不够全面时。

没有候选人会接受漫长的等待。一方面是候选人对企业录用诚意的质疑，另一方面也会被别的企业夺得先机。如前文所述，没有效率，就不会有好的招聘效果。对于层次偏高的候选人而言，漫长的等待是他们所忌讳的。有一次，我问小 C，为何之前他紧盯的一名候选人没有来报到，此人早在一周前我就已签批了。小 C 告诉我，此人已经去了我们的竞争对手，不过是在深圳。我心有不甘，于是拨通了对方的电话。

"你好，请问是章总吗？"

"是的，你是哪位？"

"章总，你好，我是 ZK 集团负责人力资源的 Y***，请问现在说话方便吗？"

"哦，想起来了，Y 总你好，好久没见。没事儿，您说。"

"上次您来长沙之后，我们谈得很愉快，您也答应回深圳后尽快安排工作，一周内到岗，刚才小 C 告诉我，您不来了？"

"是呀，我也觉得有些遗憾。我是答应过你们公司，我也有这个诚意。不然我不会特地到长沙与您、董事长会面。只是……"

章总欲言又止。

"没事，您说，如果是我们做得不对，我们改进了，您的意见对于我们以后的工作将是莫大的帮助。"

"您这边决策很快，但是之后张总（其直接上级，民用事业部总经理）说希望与我再沟通下，我一直等他电话，也不知道他是否方便，不便问他。等了差不多一周了。"

"您可以给我说说，我帮您沟通呀！"

"实在有点抱歉，Y 总，感谢你的信任。我本想与您电话沟通的，恰好 ZZ 公司（他现在的东家，我们的竞争对手）的 L 总今天约了我喝茶，当场就把这事儿

定下来了。"

　　事后，我了解到"可爱的"张总，面试之后觉得不错，也签了录用意见。但对其项目经验的描述有一些存疑，又不便明说，于是想找一个方便的时候与他再沟通沟通，让他回去以后等电话。可是，几天之后，他居然把这事儿给忘了……

🔍 2.9　拿实例：华为录用通知书

录用通知书

　　____先生/女士，您好！

　　我们非常高兴地通知您，您已被华为公司录用！

　　录用正式生效条件如下：

　　1）您已与原单位解除劳动关系

　　2）您的身体健康状况符合《2007中央、国家公务员录用体检通用标准（试行）》中的体检合格标准

　　3）您能够在下述报到日期到华为公司报到

　　现通知您于____年__月__日（星期××）上午9:00～下午17:00，到华为公司深圳市龙岗区坂田华为基地百草园办理报到手续。若您无法在上述日期抵达，请您提前一周与华为公司 招聘接口人____（联系方式：_____）联系，更改您的报到日期。薪酬信息电话知会。

华为公司人力资源管理部

年　月　日

报到注意事项

请您务必提前仔细阅读以下内容，以便顺利办理报到手续。

一、报到所需证明文件和材料

1. 有效身份证明

身份证或护照等。

2. 原单位解除劳动关系的有效证明

原劳动关系在国内的，提交离职证明原件。离职证明须由具有独立法人资格的单位开具并加盖单位公章。若您的离职证明是由分公司或办事处开具的，您须于报到时同时提交与分公司或办事处签订的劳动合同（原件或复印件均可），二者的公章必须一致。若离职证明为上海市退工单的，可提供复印件。

原劳动关系在国外的，提交经原国外工作单位主管签字确认的辞职信原件或推荐函原件，或已经到期的聘书原件。

出国留学人员，若在出国前有工作经历的，可以免交离职证明，但须书面承诺与原工作单位没有任何经济与法律方面的纠纷。

退休人员提交退休证明原件和复印件。

3. 学历、学位证书

留学人员请提供由大使馆出具并加盖公章的留学回国人员证明，或国外学历验证证明。

所有证书均须原件及复印件。

4. 资格证书

外语四六级证书、计算机等级证书、专业资格认证证书等。

所有证书均须原件及复印件。

5. 照片

2 张 2 寸近期免冠照片，彩色黑白均可。

6. 护照

华为公司所有员工均有海外工作的机会。为快速响应全球业务需求，请您务必在报到前办理好护照。

二、报到时需携带的其他物品

体检合格后，您将参加公司组织的封闭式入职培训，培训期间不得请假，请您带齐日用品、换洗衣物、皮鞋和运动鞋。着装方面，男士请准备衬衫领带，深色西装；女士请准备深色衬衣或深色套装。

三、其他事项说明

1. 入职体检

体检由公司统一组织，费用由公司承担。体检标准为《2007 中央、国家公务员录用体检通用标准（试行）》，详细信息请登录 www.mop.gov.cn（中华人民共和国人事部网站）查询。

2. 住宿安排

培训期间公司安排免费住宿，培训结束后，您需要自己解决住宿。

3. 报到费用报销

当地人员只报销市内交通费（100 元以内）。

异地人员报到路费按公司规定给予报销：

（1）在途交通费：报销原单位所在地至报到地点的单程火车硬卧（座）或汽

车费；如选择搭乘飞机，超出硬卧标准部分自己承担；

（2）市内交通费：100 元以内；

（3）行李托运费：200 元以内（必须提供托运发票）。

请妥善保管以上票据，正式入职三个月内依公司相关报销规定办理报销。

4. 落户和人事档案

根据各地人事政策和公司相关规定，员工入职时暂时无法办理户口调入和人事档案接收，入职一年后符合相关条件者可申请办理。

5. 党组织关系

如果是深圳市内转入的，介绍信抬头写"中共深圳市华为投资控股有限公司委员会"，转入单位可简写为"你处"；如果是深圳市外转入的，介绍信抬头写"中共深圳市委组织部"，转入单位统一写为"深圳市华为投资控股有限公司"（可简写为"华为公司"）。

华为公司人力资源管理部

年　月

资料来源：网络。

🔍 2.10　给工具：面试登记表、面试的 96 个问题以及岗位说明书

1. 面试候选人登记表

****科技股份有限公司

应聘人员资料表

应聘职位：　　　　期望工作地点：□长沙 □其他　　　　日期：年 月 日

姓　名		出生日期		性别	□男 □女	
政治面貌	□党员 □团员 □群众	婚姻状况	□已 □离 □未	健康状况	□良 □好 □差	照片
户口所在地		身高(cm)		体重 (kg)		
身份证号				联系电话		
通讯地址				E-mail		

续上表

	起止时间	工作单位	担任职务	证明人	薪资	离职原因	联系电话
工作经历							

	毕业院校		毕业时间	专业	学历
学习经历					

工作业绩或成果	
应聘职位工作职责描述	

外语水平	□精通 □熟练 □良好 □一般 □其他		薪资要求
	□精通 □熟练 □良好 □一般 □其他		

计算机水平	其他要求		
资格证书		其他特长	

	姓名	关系	职业	任职单位	家庭住址
家庭成员情况					

备注	

填写要求：1. 资料填写必须真实有效。2. 所有内容均需填写，未填写部分请在备注栏中说明。

郑重声明：本人承诺上述资料真实，并对失实信息承担相应责任！

签名：

2. 面试官要问的 96 个问题如下。

1. 说说你的强项，你带给我们公司最大的财富是什么？

2. 你最大的缺点是什么？

3. 你最喜欢的职位是什么，你的老板对你的职业发展起到了什么作用？

4. 你最不喜欢的职位是什么？在这一点上你老板扮演了什么角色？

5. 五年后你会在哪里？

6. 什么让你在同事中脱颖而出？

7. 在你现任或者前任的职位中，你做了哪些工作来增加公司的收入？

8. 你做了哪些努力来降低部门的经营费用或者节约时间？

9. 在工作上你最有创新性的成就是什么？

10. 你现任的主管说了什么使你成为他们最重要的财富？

11. 某一职位宽泛的职责是什么？

12. 你认为自己工作的重点是什么？

13. 你认为为了完成任务一周需要工作几小时？

14. 你的职位与部门或公司的整体目标有何关系？

15. 来年你需要提高哪方面的技能？

16. 有多少员工被同时解雇？

17. 多少人未被裁员？

18. 你自行离职之前，从哪几次失业浪潮中幸存下来了？

19. 发展对你来说意味着什么？

20. 如果你没有获得这个职位，你在目前公司的表现会有何不同？

21. 你在 ABC 公司是如何步步晋升，才担任了目前这个职位的？

22. 随着时间的推移，你如何增加工作筹码？

23. 为了满足公司不断变化的需求，你必须怎样革新或者界定你的工作？你需要采取哪些积极的措施以提高你的生产率？

24. 你能区分出在上一家公司或现在的公司里你是纵向的步步晋升还是横向承担更宽泛的责任吗？

25. 你在现在公司的下一次合理晋升是什么职位？

26. 你指导和培训的风格是什么类型的？你希望员工等着你委派职责，还是希望他们主动要求承担额外的职责？

27. 每家公司都有自己的怪圈——"功能紊乱系数"，可以这样说。你上家公司功能紊乱情况有多么严重？面对公司的缺点和发展缺少持续性，你有多大的容忍度？

28. 如何描述为做到出类拔萃你需要多少规划、指令和反馈？

29. 从管理职员角度而言，你是"放权"比"监督"多还是正好相反？

30. 你是如何协调工作与私人生活的关系？

31. 如果我聘用你，描绘一下你所期待的企业文化。你倾向于权力集中在少数人手中，议程更加集权且推行家长制模式的环境，还是倾向于不断把职责和义务委推下去的环境？

32. 为什么选择你的学校或专业？

33. 你的学位如何让你（在商业界）立业？或者作为一种头衔，它如何让你出类拔萃？

34. 在学术之外你具备哪些条件能够成功转向商业？

35. 你认为分数是一项证明你有能力在商业中成功的有效指标吗？

36. 你现在正在考虑什么类型的职位和公司？

37. 如果今天你接受了我们这个职位，那么五年之后当你面对新的雇主时，你又会怎样向他解释这个职位的价值呢？目前这份工作与你以后的职业发展有什么样的联系呢？

38. 在你职业生涯或者教育生涯中，你必须要做的最艰难的道德决策是什么？结果怎样？

39. 你如何描述职场的"职业行为"？

40. 我发现这不是你第一次"跳槽"，让我们从长期工作的角度讨论一下你是如何设计简历的。

41. 通常谁是你的读者，你的语言水平如何？

42. 就销量而言，你如何在其他销售人员中处于有竞争力的地位？

43. 你所面临的两个最常见的反对意见是什么？你又是如何应对它们的？

44. 如果你愿意，就跟我一起进行角色扮演，假定你是猎头，你通过电话向我做自我介绍。你能使我信服，出售的这个"产品"值得我花时间来听你讲解吗？

45. 你的销售风格是什么？

46. 所有的销售人员需要找到销售数量与销售质量之间的平衡点。是什么样的销售哲学促成了你的销售风格？

47. 告诉我你上一次没有完成销售配额是什么时候。在过去的一年里，这种情况发生了几次？你又是采取了什么样的行动来完成正常销售配额？

48. 如果你愿意，而非过度恭维，评价一下我进行的这次面试。即根据我向你提出的问题，你认为我的销售和管理模式如何？

49. 基本薪资的组成部分对你有多么重要？如果在基本薪资的基础上，每个连续的任务可以提供给你潜在的 35% 的额外收入，你是否会选择接受？

50. 告诉我你的质量比率：在达成一项交易前你通常会见多少个潜在顾客？

51. 在你办公室里不同销量人员的销售量的差异是多少？

52. 给我举个例子，说明你是否具备给公司带来进步性变化的能力？

53. 告诉我你最后一次接管的问题部门的情况，这一部门生产率低下、士气低落。这个问题波及的范围有多大？你的直接下属受到了怎样的影响？

54. 你是否愿意创造一种企业文化来实现信息共享、通过下放权力增加下属的职责？或者你是不是把工作重点放在建立下属的权责意识，控制决策过程上？

55. 你通常如何保持信息畅通，监控员工的表现？

56. 当结果不可预测时，你通常如何面对下属？

57. 告诉我你最后一次工作评价的情况。对哪个领域你最为失望？

58. 以后，你如何改进以前工作中存在的问题？

59. 你经常在哪些方面与老板的意见相左？如果他错了你会怎么处理？

60. 在不影响正常工作进度的前提下，你如何处理计划临时变更？你的上司又是怎么看待你的处理能力的？

61. 你为什么想在这里工作？

62. 关于我们公司，你了解些什么？

63. 可以告诉我你如何看待目前申请的职位吗？

64. 如果我们雇用你，你能为我们做些什么？我们什么时候能看到具体的成效呢？

65. 你个人在什么工作环境中可以发挥最大的潜能？

66. 你是严格履行自己的职责还是会承担本职之外的职责呢？

67. 你能评价一下某个人接受建设性批评意见的能力吗？

68. 外界的干扰对求职者的工作表现有多大影响？

69. 你认为某个人是任务导向型还是项目导向型的员工？

70. 应聘者如何处理工作中的不断变动，打破常规以及临时变动的事情？

71. 就完成一个项目而言，你如何评定应聘者的投入？

72. 你会如何评价这名应聘者分析、思考和解决问题的能力？

73. 这个应聘者是需要严格监督才能出类拔萃，还是偏向于自主、独立地完成工作？

74. 这位应聘者的观点是否具有整体性和全局性？你是否认识到他由策略性、可操作的职业道路最终转变为高级管理中所必备的战略层面的职业道路呢？

75. 你怎样评价这个应聘者的倾听能力？

76. 在传递坏消息方面这个应聘者的效率怎样？事情出岔子时，这个人会承担责任吗？

77. 请评价一下这个应聘者的创新能力和行动力。这个人会不会患上"分析能力丧失症"而陷入困境之中？

78. 应聘者的管理方式是偏向于专制的带有家长式作风的，还是更加偏向……？

79. 就应聘者的精力而言，你如何评价他奔波忙碌的能力？

80. 应聘者未获首肯会怎样采取措施？

81. 这人是否天生喜欢向其他人请示以确保工作做得是否得当，还是他拥有独立的责任和权力时会工作得更出色？

82. 经过这么多年的工作，这个应聘者仍能保持对事业的热情吗？

83. 这人是如何有效地协调公司各部门之间的合作的？

84. 你认为应聘者有处理来自高层压力的能力吗？

85. 这个人是否曾延缓对员工不可避免的惩罚或解雇？

86. 当面临逆境时，这个人是倾向于尽力保持平稳和友好的关系，还是更容易表现出他的愤怒？

87. 在决策之前，应聘者是对争论双方持开放态度，还是他自己也会参与争论？

88. 再告诉我一次：为什么你觉得你现在寻求的职位满足了你的职业需求？或者说为什么在我们公司工作对你来说这么重要？

89. 从 1 到 10（10 代表你非常高愿意接受这个工作机会，1 代表你毫无兴趣），你怎样给自己打分？

90. 如果你继续在那里工作的话，你觉得需要在目前工作的基础上做哪些方面的改变？

91. 一旦你回公司递交辞呈，他们会提出返聘。如果你现在辞职，你的老板会说什么来挽留你呢？

92. 自从我们上一次谈话之后，有何改变吗？

93. 如果你必须在这三个因素中选择一个：（1）公司；（2）你申请的职位；（3）同事，你认为哪一个是在接受我们的录用邀请决策过程中起到最关键的作用？

94. 如果我们提供给你这份工作，理想状态下，你什么时候可以开始工作？你需要给你现在的雇主多长时间准备？

95. 在帮助你完成理想的职业规划方面，我还有什么可以做的吗？

96. 什么样的工资水平会让你接受或者拒绝我们所提供的工作？

资料来源：《雇人前要问的 96 个问题》 保罗·法尔科内著 高照晶等译

♦ 岗位说明书

招聘过程中会经常用到岗位说明书，有的小 C 应该在招聘资料中准备一个专用的资料夹里面专门存放拟聘人员的岗位说明书，这是一种很好的职业习惯。

以下列举几个招聘过程中常见岗位的岗位说明书，需要说明的是，每个企业对于岗位职责的要求与定义不一样，下述的示例一个是管理类岗位和一个技术类岗位，仅供参考，HR 应根据实际需要进行调整与补充。

1. 薪酬管理专员的岗位说明书（表 2-2）

表 2-2　薪酬管理专员的岗位说明书

岗位名称	薪酬管理专员	岗位编号	
所在部门	人力资源部	岗位定员	1 人
直接上级	副部长	职系	员工级别
直接下级			
所辖人员		岗位分析日期	
职位概要：负责公司薪酬规划、核算、分析、薪资档案等相关人事工作，确保薪酬核算的准确性及薪酬对内对外的相对公平性			
职责与工作任务			

	职责表述：拟订和完善公司薪酬福利制度	
职责一	工作任务	负责公司薪酬管理制度、总部定薪制度的拟订
		对事业部、分子公司权限范围内制定的薪酬实施细则进行专业指导
		相关薪酬调整方案的建议提交

	职责表述：员工薪酬的贯彻、宣传、咨询工作	
职责二	工作任务	薪酬制度与方案的贯彻执行
		薪酬制度的宣传与解释
		薪酬疑问的咨询、解答
		权限范围内的员工定薪调薪建议和核准后的反馈：填写员工异动薪资确认单，并与员工确认
		协调处理员工薪资疑问

	职责表述：薪资的核算与发放，薪酬台账的建立	
职责三	工作任务	每月薪资的数据收集，准确核算，工作发放呈批；配合财务按时发放
		建立与更新薪酬台账，保存相关薪酬档案
		新员工工资卡的办理

	职责表述：负责人力投入管理	
职责四	工作任务	在部门经理的指导下，按公司年度预算要求，组织编制公司年度人力投入预算
		结合外部环境与组织环境，进行薪酬分析
		对人力投入预算的执行情况进行统计分析、总结及过程监控
		指导、核查事业部、分子公司人力投入的使用和管理

	职责表述：其他薪酬方面的具体事务	
职责五	工作任务	建立月度薪酬报表，及时更新日常薪资报表
		每月薪酬异动及时对接到公司 OA 系统
		与各部门其他薪酬对接工作
		与行政对接劳功派遣员工信息，相关资料交与派遣公司

续上表

职责六	职责表述：办理新入职员工的入司手续	
	工作任务	收集、审核报到员工相关资料、证件，组织签订劳动合同、保密协议
		办理录用员工体检相关事宜
		进行公司制度及规定的讲解及公司基本介绍
		OA 的开通及基本资料的录入
职责七	职责表述：员工人事档案的整理、保管	
	工作任务：每月清理入离职及人员异动档案	

工作权限

使用本工作岗位内的职责权限

工作协作关系

内部协调关系	各部门、部门内部
外部协调关系	上级部门、与工作业务办理相关的政府部门等

任职资格

教育水平	大学专科以上
专业	人力资源、行政管理等相关专业
培训经历	接受过相应人力资源相关的业务与管理技能培训
经验	2 年以上同岗位的工作经验
知识	● 掌握现代薪酬管理的基础理论及方法，并能深刻理解公司薪酬策略 ● 熟悉最新的个税计算方法 ● 熟悉最新《劳动法》规定及地方性有关员工福利、薪酬方面规定 ● 能熟练运用各种模型进行统计分析
技能技巧	● 沟通能力：能引导沟通主题，能运用语言及文字等沟通方式获得对方的认同和支持 ● 分析能力：能运用各类图、表进行数据的系统分析，结果清晰，并能依据分析结果提出合理化建议 ● 执行能力：严格按计划及各类标准执行，确保执行结果的准确性 ● 熟练掌握各种办公软件（尤其是 Excel）

其他

使用工具设备	计算机、网络
工作环境	不需要独立办公室
工作时间特征	正常休息日、偶尔加班
所需记录文档	工作相关的文档
备注：	

2．设计师的岗位说明书（表 2-3）

表 2-3　设计师的岗位说明书

岗位名称	设计师	岗位编号	
所在部门	策划设计部	岗位定员	
直接上级	策划设计部长	职系	
直接下级	无		
所辖人员		岗位分析日期	
职位概要： 保值、保量、高效、高质地完成设计组主管派发的规划馆与博物馆类设计任务，确保设计方案达到投标要求			
职责与工作任务			
职责一	职责表述：拿出高水准方案，把控好方案设计方向，设计风格等		
	工作任务	跟策划师沟通交流定好设计方向，收集大量素材拓展思维	
		提取可用素材加以深化，使其能紧扣主题	
职责二	职责表述：指导效果图师按时、高质地完成出图任务，实现自己的设计意图		
	工作任务	画图之前先与效果图师沟通设计意图，画手稿或者提供参考图片并加以详细说明	
		效果图深化过程中时刻注意细节的处理及策划师要求布置的内容、文字等	
		监督效果图师按时保质完成任务	
职责三	职责表述：即时与组长、部长沟通设计意图、设计成果，提升设计质量		
	工作任务	前期定设计方向时跟组长沟通召开全组会议，大家一起讨论决定设计方向	
		做效果图之前先与组长沟通，确定初步想法可行之后再开始做效果图	
		效果图出图前先出小样，大家开会讨论力求做出精品	
		效果图的后期 PS 处理	
工作权限			
本岗位工作建议权；项目成本的把关与审核			
工作协助申请权			
工作协作关系			
内部协调关系	本工作组		
外部协调关系			
任职资格			
教育水平	设计类院校本科以上学历		
专业	设计类		

续上表

培训经历	
经验	3 年以上设计行业从业经验，有展馆行业从业经验者更佳
知识	独立操作 3DMAX、VARY、PS、CAD，其中 3DMAX、PS、CAD 必须熟练掌握，有较强的独立设计能力，思维活跃，创新意识强，有较强的审美能力
技能技巧	对材料及施工方法掌握良好，懂人机工程学，有较强的尺度把握能力，能带领效果图师独立完成设计任务。掌握较强的效果图表现能力及技巧，熟悉公司业务特点，可以放心交付工作
其他	
使用工具设备	计算机、一般办公设备（电话、传真机、打印机、Internet/Intranet 网络）
工作环境	非独立办公室
工作时间特征	正常休息日
所需记录文档	任务记录表
备注：	

第 3 章
训战结合、案例至上的培训之道

员工的能力建设是任何一家企业都不可轻视的，员工的能力决定了企业的实力。

实践表明：企业所有的烦恼与浪费均来自于企业员工的能力不足。

培训，对于企业来说，是成本，是花费，既要招聘人员还要拨付费用；对于员工来说，也要付出成本，至少是时间的成本。培训，既不太讨企业老板的欢迎，也不怎么受员工的待见。但不管是出于喜欢，还是出于不喜欢，培训都得进行。

培训很贵，可别浪费。

省不掉的培训就得直奔业务、直面需求、解决困难、落实问题。

借用业内标杆企业华为的做法就要：训战结合、案例说话、场景表达。

本章提供了八个实用的培训管理建议。

🔍 3.1 【情景再现】尴尬了：老板很激情，员工没心情

培训难做，培训的小伙伴说翻脸就翻脸！

培训专员小 B 在 QQ 上与女友露露正聊得起劲，露露是小 B 通过微信认识的，小 B 对露露的感觉特好，几次交往下来，小 B 隐隐约约感觉自己脱单的日子不远了。双方约定周六去一个农家乐玩儿，最近露露好像对小 B 近期的表现不太满意，嫌小 B 陪她时间太少，正闹呢，小 B 好不容易说服露露。突然，有一个熟悉的图标在闪，是老板周总。

"阿 B，在吗？"

"在呢，老板请说。"小 B 心情大好。

"公司想周末组织一次营销人员的培训，给他们讲讲一些商务礼仪，上次马总说有的业务人员连拜访客户的着装都不讲究，领带也系不好，有几个老客户，而且还是 VIP，投诉到我这儿，马总说营销人员的商务礼仪非讲不可了。"

"哦，好呀。那您看时间可以调到周日不，我周六有个重大的事情要解决，您也知道我一直是单身，再不脱单就老了，老板帮帮忙，把时间改到周日，或者下周周六周日都行。"

"不行呀，下周太晚了。这个周六，我才有点时间，周日我陪我儿子去欢乐世界。"老板斩钉截铁地说。

……10 分钟的沉默之后。

"有没有搞错，就不能……周六要干什么？"

"不是告诉你了么，商务礼仪培训。"

"× & & & ×× % % ？？？ $$$%"

"怎么呢？"

"刚才问什么？"

"周六组织一次营销人员的培训，给他们讲讲一些商务礼仪。"

"不是，上一句。"

"这个周六，我正好有点时间，周日没有空。"

"不是，上一句。"

"马总反映有的业务人员，连拜访客户的着装都不讲究，领带也不系。"

"不是，上一句。"

"阿 B，在吗？"

"【自动回复】用户因周六的活动取消，女朋友怪罪，心情郁闷，无心开聊，请自行绕开。"

"阿 B。"

"【自动回复】用户因周六的活动取消，女朋友怪罪，心情郁闷，无心开聊，请自行绕开。"

"在吗？"

"【自动回复】用户因周六的活动取消，女朋友怪罪，心情郁闷，无心开聊，请自行绕开。"

🔍 3.2 做培训，从来不是那么简单的

◆ 做培训，真的很简单吗？

一天，我正在办公室审批 OA，人资经理苏小梅走过来告诉我，她昨天面试了一名培训经理，感觉挺不错的。工作经历、专业背景与工作岗位相符合，尤其是家在外地，一个人在长沙，可随叫随到，加班随意，不挑剔。苏小梅越说越兴奋，只差说一句：杨总，这个人我看准了，你就同意吧。

我是一个从不对面试放权的人。别说是经理，就是专员，也得我亲自挑。听完苏小梅的汇报，我随口说了一句，明天你带他来让我见见吧。

第二天，面试候选人如期而至。

面试的前奏与寒暄不表。

……

"你负责培训时，全公司人均课时约为多少？"我想开门见山，直入主题。

"全员约 40 课时，其中研发约 55 课时，销售的少些不到 30 课时。"

"不错呀。"我心想。

"相对来说，你们企业还是挺重视研发的，研发的讲师有几个？"我继续追问。

"没有聘请专门的讲师。"

"TTT 呢。"

"*& ￥#%$$"

"你们的研发培训什么呢？"

"主要是公司制度、企业文化、研发总监定期给大家上课。"

"你们的培训分几个层级？课程体系要经过系统的公司评审吗？"

"*& ￥#%$$"

"培训讲师会到业务部门做专门的业务研究吗？"

"*& ￥#%$$"

"有专门针对业务培训的沙盘演练吗？"

"*& ￥#%$$"

"那项目复盘？"

"*& ￥#%$$"

......

"很高兴今天下午的面谈，后续，我会让小 C 与您沟通的。谢谢您。"我起身，伸出右手。

他自知面试结果有点不太好，走时的表情明显神色黯然。

> 重要的事情说三遍：
> 培训，不是那么简单的。
> 培训，不是那么简单的。
> 培训，不是那么简单的。

◆ 培训，不是那么简单的

有的人说，做培训还不简单，听到这种说法，我都想笑......

做培训，要具备以下条件：会聊天，会沟通；能讲课，能编写教材；培训要有人气，部长不能生气；会社交，会咨询，会看人；能熬夜，能早起，能受气。懂舍得，懂政治，懂娱乐，懂情调。受得了忙，守得住闲，还要会伺候人。

能在培训的岗位上呆上两三年的，估计不成精，也已经看破红尘了。

做培训从来就不是那么简单的。

通常，培训会面临五个方面的难点。

选择难。培训是需要花费时间的，员工自己本身的工作就忙，完成不了的工作，还得加班完成，占用员工不少的时间，所以员工自身缺少主动学习、主动培训的意识；培训是需要花费用的，企业用于经营的现金流本身就吃紧，还得用于短期内看不见效果的员工培训，从某种程度上说，企业方面也缺少对员工的培训与学习的主观意愿。

企业内部开展培训是一项两难的选择。一方面，企业需要生存，需要员工的成长与进步；另一方面，培训需要投入巨资、占有员工工作时间，员工的学习主动性与参与感不够，收效不大。培训的财务成本、时间成本与员工主观因素、培训效果之间的矛盾难以调和。

培训内容不实用，或用得少、用不上是落地难的主要原因。

培训项目不能满足培训的最终目的，培训的内容与员工实际所需存在着较大的距离。好比培训的最终目标是教会员工如何检修变电站，结果给出的培训内容是如何提高员工创造力等，诸如此类。

> 落地难。培训时热血沸腾、培训之后风平浪静，培训落地谈何容易。

培训学员与培训项目不匹配。培训学员与培训项目不匹配是指培训学员已有知识体系不能帮助他们更好的理解新的培训，简单来说就是太难了，学不会，结果造成了大量的资源浪费。

培训设计或者执行中不考虑员工的工作场景。我们要培训员工怎么整理货架，你觉得是在一个模型货架上演示更容易让培训落地呢还是纯粹书本图画更能让培训落地？

其次，对于外部培训来说，外请的培训讲师，只重视培训的效果，幽默、搞笑、夸张、过于虚张声势等，让现场的学员是热血沸腾、跃跃欲试，可是培训过后呢，仍是各行其是，我行我素。管理专家指出，向员工提供课程是件好事，但要使得那些课程奏效，员工们需要将所学到的东西应用到他们的日常工作当中。斯坦福大学领导力执行项目总监大卫·布拉德福德（Professor David Bradford）表示，"员工们上完课后通常都会说'课程感觉很不错'，但回到工作岗位之后，他们还是按照老一套做事。"

外部培训，大都以通用的管理理论、管理思想或者管理方法为主导，不太注重企业的实际应用，听上去似乎都对，却又难以实际操作。

企业都是以业务为主导，企业全员上下都会以业务为导向，这样导致的情形就是，业务是龙头，一切以业务优先。

> 实施难。企业内真正管事的人，不是在谈业务，就是在谈业务的路上。

企业以业务优先本身没有错，问题是培训的实施与落地需要业务部门的参与配合，或者很多的培训其实就是为业务而开展的。可是，业务部门的人，或者管事的人，不是在谈业务，就是在谈业务的路上。培训人员难以找到他们、见他们，有时候比见客户都难。实施培训困难重重。

好不容易培训方案终于完成了，上报公司，被否了，追根归底，因为费用。

好不容易培训方案通过了，培训部门与关键人员难以到场，仍然执行不了，因为没空。

好不容易将培训组织起来了，业务人员接到一个电话，旋即离开会场，而且一去不返，会场中就再也难以见到他了，因为业务。

任何一项技能的了解与掌握是一个相对较长的过程。

> 学会难。内容古板，填鸭式的教学与教学人员让难度大大增加。

出于费用、成本、人员的考虑，企业的培训时间，尤其是相对集中的培训时间相对会短，长则一周、两周，大部分也就是三、五天的事儿。

在如此短的时间内，要真正学会、了解、掌握一项实用的技能或本身就固有的观念，是一项巨大的考验与挑战。

而通常，企业的培训人员，都不是专职，大多数为兼职或者客串，缺少必要的培训与沟通技巧，而导致培训的氛围、效果大打折扣。这部分人的教学内容古板、平淡、枯燥是必然的，教学的方式当然无疑也是填鸭式的。

员工对于培训而言，一般情况下好像也是抗拒的，内心深处不想接受，或敷衍了事。

如此一来，培训要想让实际的知识或技能输入员工的脑海，并应用到工作中去的想法就会显得勉强。

就算培训管理有效地避开了上述的各种难题，一到实际应用，蓦然回首却发现培训的内容有道理，实际上却应用不了。

培训的讲师也算用心，讲的内容也都与工作有关。为何在实际工作中偏偏用不上呢。

我相信，绝大多数企业的培训人员都会遇到类似的困扰。

应用难。没有训战结合，培训内容光顾高、大、上。

应用难是培训中最大的难题。说白了，就是培训白做了，没有用处，就相当于招聘没有招到人一样。

传统人力资源管理下的培训应用难似乎是一种通病，这种通病所造成的后果就是，老板愈来愈相信培训没有用，培训人员也无力改变，这种培训无用论的蔓延与助长，使得企业进入一个难解的死循环。

培训真的没有用吗？从绝对上说，我们肯定不能说培训没有用，培训过程中，员工的思考与启迪肯定之于日后的工作有所帮助，只是这种帮助也许可见，也许不可见。培训的用处难以让人感知。

人力资源经营下的培训，就得让培训的结果可见。

任正非在一次华大建设思路汇报会上的讲话，提出要采用"训战结合"、"循环流动"方法，进行面向业务需要的作战队伍赋能，最终赢得战略性胜利。

什么是训战结合？所谓训战结合，通俗地讲就是"干中学，学中干"。

如何将干中学、学中干的训战结合应用到日常的培训中将在后续进行详细的展开描述。

是的，培训很难，但没有一个完善、符合企业应用实际的培训体系的话，培训就只会难上加难。

在下面的章节会专门讲到培训的体系建设，在讲体系建设之前，先了解一下培训管理的思维导图，从整体上了解企业的培训框架。

🔍 3.3　思维导图：培训与发展

培训管理思维导图，如图 3-1 所示。

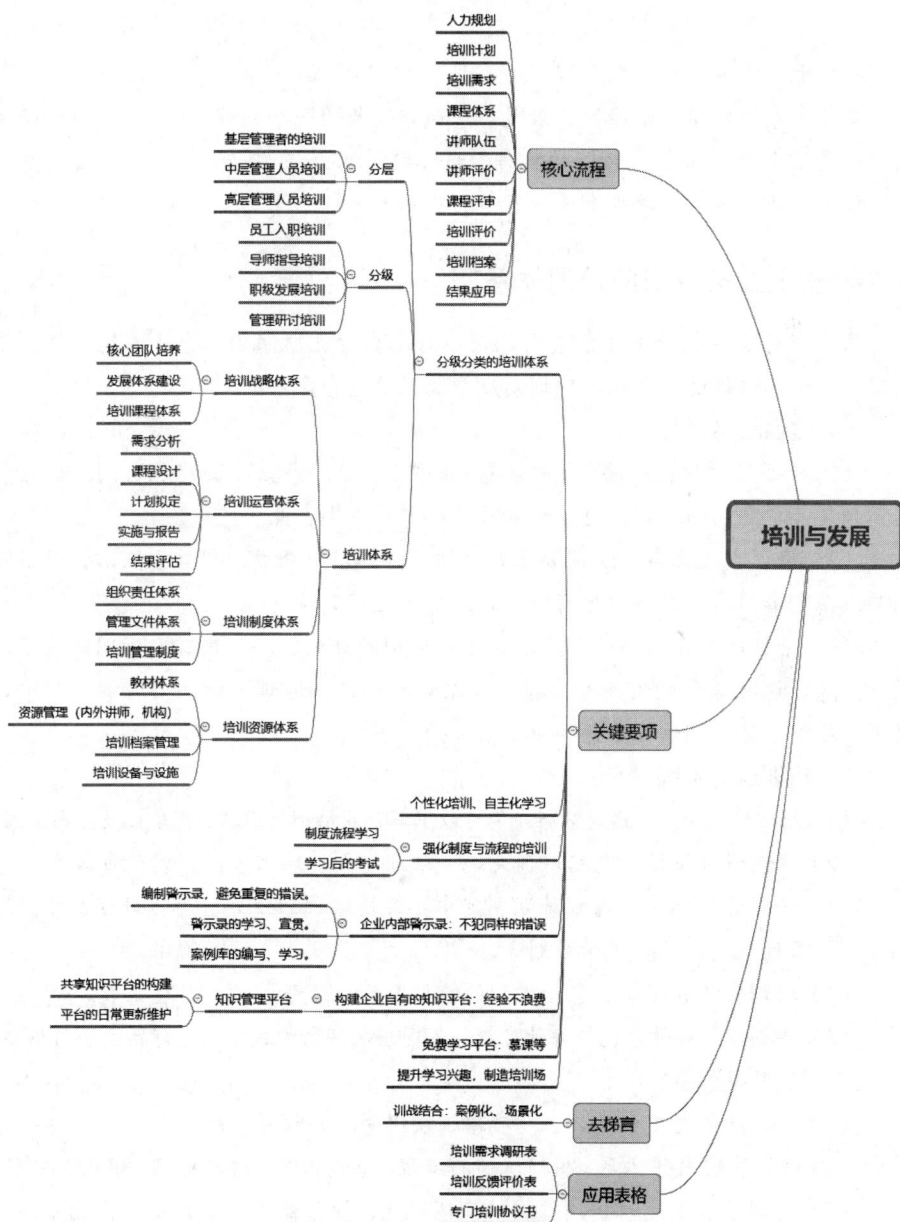

图 3-1　培训管理思维导图

🔍 3.4 培训体系当先行，分类分级再分层

所谓十年树木、百年树人。

企业人才的培养是很难的、很慢的，周期较长的一个过程，HR 不可随意而为之。人是这个世界上最为精密的物种，培养之道需严谨、循道。一个严谨、有序的培训体系是保证人才培训有效、有用的基础。

♦ 基于业务成长的培训体系

基于公司业务成长和高素质团队塑造的培训管理体系由四个子系统组成：培训战略系统、培训运营系统、培训制度系统、培训资源系统。

一、培训战略系统

（1）中高层管理团队培养。重点是做好中高层培训规划，提前规划、提前沟通、提前预算。中高层的培训，这一部分往往被许多中小企业所忽略。

（2）培训发展体系。该部分要将培训进行分层、分类、聚焦重点，针对不同的层级拟定不同培训方案，把有限的培训资源应用到位。

（3）培训课程体系。重点涉及到年度培训的计划、培训内容与时间以及培训的方式等。课程体系的实用性直接影响培训的效果，培训的效果直接影响到培训的深入程度，是培训体系中最为重要的部分之一。

二、培训运营系统

（1）培训需求分析。通过分析我们可以了解企业培训的现状、困境以及业务需求。

（2）培训课程设计。包括培训大纲、培训对象、培训方式、实施步骤等。

（3）培训计划制定。培训计划制定中要考虑培训的规划、年度计划、重点培训项目的项目计划、具体教学计划等。

（4）培训实施和报告。包括培训的前期准备、过程监控、月度报表。

（5）培训效果评估。包括评估目标、不同层次评估方式不同、评估方法与步骤。

三、培训制度系统

（1）培训组织与责任体系。明确培训层级管理与权限管理。

（2）培训管理文件体系。明确培训的流程、培训工具、培训标准、培训目标等。

（3）培训管理制度。明确培训的管理规范、规章制度及管理办法，约束培训行为。

四、培训资源系统

（1）培训教材体系。至少应包括教案、讲师手册、课件、音频、视频资料、学员手册等。

（2）培训资源管理。资源包括外部培训机构、内部及外部讲师、影音课件等。

（3）培训相关档案。要有系统化分类、标准工具，便于查阅、便于共享。

（4）培训相关设备。必要的培训场地、设备与设施等。

培训管理体系搭建还应避免以下几个误区。

（1）盲目追求课程的数量，忽略了课程的质量以及企业对课程的具体需求。

（2）忽略学员的需求，无论什么课都想让学员参加，没有明确学员真正的兴趣点。

（3）忽略培训的相关组织及硬件部分，导致在培训过程中状况频发。

（4）不去或无法准确评估培训效果，往往将学员满意度当做是最后的评估内容。

（5）培训时长规划不合理，经常发生内容多时间短或内容少时间长的状况。

（6）缺乏培训后的训练，认为培训结束后，整个流程就结束了。

◆ 培训要分层、分级、分类

培训体系中还有一项很重要的工作，那就是要将企业的培训分层分级。

分层定义：按高层、中层（包括高级主管）、一般管理人员三个等级进行粗略的划分。

高层领导：要求能洞察变化、设定目标、创造经营成果之领导人物，强化对经营成败的责任意识及经营才能的发挥。

中层管理：要求能承上启下，贯彻经营决心、成熟稳重之中坚干部。培养增进管理技巧灵活运用及决策应变技能，期望一方面发挥部门组织运作效能，另一方面加强协调合作效能，以明确掌握经营管理的需求。

基层人员：要求负责任、有决断力、关心员工成长之基础干部。建立主管之基本管理技巧、正确理念以期发挥管理角色功能，关怀培育员工、善用员工才能、并贯彻公司政策及纪律。

分类定义：按不同的职位序列和不同类别的培训项目进行分类。常见的培训分类如下。

新员工培训：对新入职员工进行公司文化和岗位基础知识的培训。培训时长不得少于20小时。公司知识包括公司企业文化、公司基本情况、公司规章制度等。岗位基础知识包括职业操作规范、精益生产、安全知识、质量知识、业务知识等。

业务技能培训：对员工进行岗位应知应会的岗位职责、安全生产知识、设备知识、工艺规范、操作规程等的培训，帮助员工掌握完成本职工作必备的技术和技能。

继续教育的培训：主要帮助优秀员工再修学位，提高学历层次。该培训可以由公司支付主要或部分学费。

职业发展的培训：主要帮助优秀员工选择更好地职业。

特殊培训：主要是对一些特殊岗位的人员进行特殊培训。

内部培训：主要采取在公司内部以讲师进行集中授课、讲座、报告、现场训练，以及部门内部传、帮、带等方式。

外部培训：主要采取外派培训方式，其中包括考察、学习、硕士研究生课程进修等。

个人自学：由员工个人参加的各类业余教育培训。

> 完善、符合企业实际应用的培训系统是确保培训有用、有效的保障和武器。

通过建立分层分类的培训发展体系与培训课程体系，通过健全培训运营系统，健全培训制度系统，逐步完善培训资源系统，一个相对完善、有力的培训系统便可应运而生。

🔍 3.5 制度流程与办法，僵化优化再固化

企业的管理者们希望在企业内部形成一股合力，形成一致的价值取向、工作方法、行为习惯，使企业形成一个整体，达到 1+1>2 的管理效果。

从人力资源的角度，如何使员工行为习惯达到一致呢？

制度化、流程化、图表化是最好的管理办法。

◆ 制度化、流程化、图表化

所谓人力资源的制度化就是建立整套完善的人力资源管理制度，使员工行为有据可依，小到工装衣着，大到绩效考核的组织实施等均有可遵循的操作依据。

企业无论大小，均会有自己的考勤制度、请假制度，所不同的是一般企业的薪酬福利只有廖廖几页而已，而摩托罗拉的薪酬福利制度居然有近 300 页之多。

麦当劳、肯德基具有标准化、程式化的操作程序和规章制度。例如要求店铺门窗每天擦洗两遍，男员工头发剪得像军人一样短，皮鞋擦得锃亮。女员工穿黑低跟鞋，头戴头网，化淡妆，所有员工穿公司制服。食品制作完全标准化，规定面包厚度 7.6 厘米，汉堡包里洋葱不多于 7 克，法式煎饼用 7 分钟，汉堡包烤 10

分钟，咖啡煮 30 分钟，所有超过时限的食品一律扔掉。

《快餐快谈》的作者 Robin Leander 用"绝对标准化、制度化、程式化的典范"来形容麦当劳的制度文化。

"远大制度化文件涉及了每个远大人的工作、生活和行为规范。到目前为止，公司共有文件 496 份，计 2873 条、9000 多款，共计 60 多万字，涉及应用表格 669 个，每份表格均附有填表方法、传递方式、批准程序、执行要求等，覆盖每一位员工的每一项活动。"

——节选自《商界》

流程化要求企业将日常事务的处理以文字形式明确，以便于上下环节的沟通与衔接。流程化是企业员工工作高效率的基础。人力资源实践表明：员工低效率主要原因是员工"走了冤枉路"或"不知如何走路"，而能力低相对于低效率仅仅只是次要原因。

图表化可以让员工间的沟通简单明了。

一样的制度、统一的流程、统一的图表，可使每一个员工的行为保持高度的一致，是企业员工行动确保一致的行为标杆。

企业管理的制度化、流程化、图表化让企业的员工执行有了统一的标准与工具，职业化的管理者历来重视企业制度化与流程化的建设。

从本质上讲，制度与流程是不同的。

制度是静态的，强调的是控制与限制，能做什么，不能做什么。更多关注人及人的行为要素，主要内容是组织分工、权责分配、操作要点、注意事项、标准规则、惩罚措施，是对管理对象和管理要素的描述，主要表现形式是条文，是公司的法律，一般在相当长的时间内不会更改。

流程是动态的，强调的是协同与先后次序，谁先做，谁后做，重点关注下一道工序与上一道工序的关系，更多关注事，主要内容是谁来做、做什么、怎么做、做到什么程度、需要什么资源，是对业务过程的描述，根据客户需求做对应的优化调整。

制度与流程之间有着本质的差异。一个企业的制度相当于这个企业大厦承重的柱子、承重墙，流程相当于装修。制度不能随便改，流程可以根据需要而改动。流程是"河道"，侧重于做事的顺序，规定企业的运行规范；制度是"堤坝"，倾向于规定奖惩等规则以及超出标准流程之外的惩罚界定。

有了制度不执行比没有制度的破坏力，要超过上百倍。

一般的企业制度通常会涉及到日常管理、人力资源管理、财务管理、市场、生产研发等，稍加梳理下来，你便会发现其实公司并不缺制度与流程，缺的是对制度与流程的遵守和执行。

> 流程是制度的灵魂，制度是流程得以执行的保证。任何组织，有了制度与流程之后就一定要执行。

员工是制度的天然抵抗者。

正如员工不太愿意被培训一样，没有人愿意被管理。

王石在总结自己这么多年在万科的管理经验时，曾说过下面一段话。

你无法保证你的部下全部是天使，或者，他们曾经是天使就能永远是天使吗？

从制度上假定恶就是当恶还没产生或欲望还没产生的时候，就将其抑制住。你无法要求你的部下全是天使，他会有魔鬼的一面。而我们制度的约束，就是减少他魔鬼这一面的释放。

万科制度有以下两大特色。

其一是规范化。万科有一套完整的制度体系，上面清晰地写着遇见各种状况应如何操作。所以在大部分情况下，员工遇到问题时，无需层层请示和汇报，这样就降低了企业内部的沟通成本。

其二是流程优先。在制定每一项新制度之前，首先要考虑流程的规范。要在总部与分部、公司各部门之间的对接过程中选择最直接有效的渠道。

要想企业制度与流程得到有效的执行，作为企业的人力资源，则要把企业的制度与流程学习摆在首位。

先让员工系统地学习现有制度，光学习还不够，还得组织员工讨论，就工作中存在的问题研讨、改进，在工作的实践中适当地调整，经过一段时间的检验，再将制度与流程固化下来。

这就是通常所说的，先僵化再优化，最后再固化。

高明的管理者明白，制度管理就好比拧螺丝，虽然拧紧需要花费很大的力气，但只要咬紧牙关坚持住，拧紧它，从一开始就严格执法，之后，团队就会形成按照制度自动运作的机制；如果拧得不够紧，慢慢地就会跑风漏气，制度之墙就会成为残垣断壁，团队失去规则约束，风气便会越来越糟。

员工不遵守制度与流程，最常用的借口便是，制度或流程不适合当前的现状，要想让他们遵守、学习，应对当前的制度与流程进行修改、完善。然而，即使企业将制度与流程修订、完善了之后，员工仍不会遵守，他们的理由与前一个理由如出一辙，周而复始。

针对这一情形，华为公司的管理者可没有这么惯着他们。华为采取的方式就是纯粹、不拐弯的削足适履。

♦ 看看标杆华为的削足适履

华为 1996 年开始引进美国的管理，当时整个变革的难度非常大。变革的领头人任正非先生就定下一条铁律："削足适履，穿上一双美国鞋。"华为起初原汁原味地引进了美国的产品开发，供应链管理，财经体系，人力资源管理，华为的员工甚至包括管理也不适应，大家都自由惯了，一下子凭空搞出这么多流程来，还要成立这么多的组织，做一个产品还要经过那么多评审的环节，还要有测试，还要把售后服务、资料开发等环节在产品早期就介入进来，这多麻烦，反弹的声浪很大，抱怨之声彼起，为方便考虑，都建议把美国的流程优化一下再用。

以上情形，是大家企业在面临变革之前的最为常见的，与大多数企业处理方式不同的是，华为为了防止制度与流程的走样，开始并不优化，也不改变，一不做、二不休，直截了当削足适履，先固化，优化之事暂且不表，以后再说，把美国管理模式完全、完整地带到华为。

任正非也直截了当地说："要学会明白 IBM 是怎样做的，学习人家先进经验，要多听取顾问的意见。首先高中级干部要接受培训搞明白，在不懂之前不要误导顾问，否则就会作茧自缚。而我们现在只明白 IT 这个名词概念，还不明白 IT 的真正内涵，在没有理解 IT 内涵前，千万不要有改进别人的思想"。

这种削足适履肯定是个痛苦的过程。但削会比不削要好，早削比晚削好。任正非谈到："我们引入的薪酬和绩效管理，是因为我们已经看到，继续沿用过去的办法尽管眼前还能活着，但不能保证我们今后继续活下去。现在我们需要脱下'草鞋'，换上一双'美国鞋'"。

《华为公司基本法》第三条提出，公司要"广泛吸收世界电子信息领域的最新研究成果，虚心向国内外优秀企业学习，在独立自主的基础上，开放合作地发展领先的核心技术体系，用我们卓越的产品自立于世界通信列强之林"。技术是如此，管理上亦是如此。

僵化是有阶段性的。僵化是指一种学习方式，僵化不是妄自菲薄，更不是僵死。优化就是改进，优化就是创新。持续的管理进步需要持续的改进创新。优化之后应是固化。

创新应该是有阶段性的和受约束的，如果没有规范的体系进行约束，创新就会是杂乱无章、无序的创新。要象夯土一样，一层层夯上去，一步步固化我们的创新和改进成果。表面上看来，公司的运作特点是重变，重创新，但实质上应该是在重固化和规范。

削足适履是确保制度与流程先僵化再优化，最后再固化的最为直接、有效的方法。

🔍 3.6　新人培训跟不上，制度规章挂墙上

招聘是企业的一种常态，新员工也是企业常常需要面对的。

新员工是企业的新生力量，是企业的新鲜血液，通常会给企业带来活力、效率，甚至业绩。

企业，一般都对新员工寄以厚望，充满期待。我之前服务的远大科技集团，忙碌的张跃总裁，再忙都会安排新员工的专门座谈会，听听他们的感受与想法。新员工作为企业的新成员，稍微处理不好，便生离意。员工的离职有个 136 定律，这个定律有很大一部分与新员工有关。

◆ 员工离职 136 定律

员工离职 136 定律如下。

入职 1 个月：离职与 HR 关系较大；

入职 3 个月：离职与直接上级关系较大；

入职 6 个月：离职与企业文化关系较大；

入职 1 年：离职与职业晋升关系较大；

入职 3 年：离职与发展平台关系较大；

入职 6 年：离职的可能性很小。

重点说一下入职 6 个月的员工离职，主要原因是不适应或不符合企业的文化。无论是不适应，还是不符合深层次的原因更多的是培训不够、教育不够。尤其是新员工，培训更是关键中的关键。

为了让新员工了解公司概况，规章制度，组织结构，使其更快适应工作环境。让新员工熟悉岗位职责，工作流程，与工作相关的业务知识以及服务行业应具备的基本素质。企业宜用 2 ～ 3 天的集中脱岗培训。主要培训公司简介、企业文化、公司管理制度、部门管理制度、职位说明书、产品与服务案例等。

那么，如何培训新员工呢？

◆ 新员工培训的要点

介绍公司。帮助其了解经营、管理、运作；快速熟悉新环境新员工面临的环境之宏观上主要体现在企业文化、组织结构、规章制度上。描述清楚公司的愿景、使命，增加对企业的信心，激发新员工与企业共进退的决心。如果能够达到共享

其核心价值观，不仅能够让新员工在新的环境中理解企业，相信组织，更容易达到融入团队，将组织的"习惯"内化为自己的"习惯"。

介绍组织架构。帮助员工了解谁是他的平级，谁是他的上级，谁是另一部门的负责人，有事找谁沟通解决。签署劳动合同时，指导员工信息表等的填写；企业发展、企业文化、组织架构的介绍，发放员工手册；带员工认识各部门主要负责人等具体事宜。

介绍新员工与部门经理见面。新员工与部门经理见面时，最好能进行半小时左右的面谈。同时，企业建议最好能设置入职指导人，入职指导人为新员工答疑解惑，详细介绍和工作相关的各种事项，例如工作时间、考勤要求、发薪日、工资卡、门禁卡、考勤卡、交通状况、就餐要点等。

介绍员工的工作职责。明晰新员工的岗位定位，帮助新员工梳理所在部门的职责、本岗职责与相关流程，通俗来讲就是告诉新员工他所在的职位是干什么的，希望他能做到什么，需要掌握哪些专业技能；明确绩效目标，明确其价值领域，并提供一份富有挑战性的、通过努力可达到的工作成效。一定程度的挑战性能调动新员工的工作积极性，提高其工作的成就感。

介绍新员工的职业规划。职业生涯规划对调动员工积极性、提高忠诚度的作用，已经是众所周知的了。但是，当我们提起职业生涯规划时，大家想到的便是企业的资深员工，对新员工进行职业生涯规划也许并不被很多人所认可。职业生涯规划对于新员工来说同样重要，与新员工进行深入的沟通，了解其职业发展愿景，为其提供更广阔的发展平台和公平的职业发展路径，不仅能够调动新员工的积极性，实现员工的自我成长，更能提高新员工对企业的忠诚度，为企业创造更高、更持久的价值。

莫让制度挂墙上。规章制度，顾名思义就是要求大家共同遵守的办事规程和行动准则，是企业员工应共同约束和共同遵守的条文。如常用的《考勤管理制度》、《员工手册》等。规章制度一经制定成文，就对某一岗位上的或从事某一项工作的人员有约束作用，是工作人员依法办事的行动准则和依据。"没有规矩不成方圆"。然而，在我们实际的工作中，又有多少部门、多少员工能够严格按照制度的要求？

部门、员工不按制度办事，主要原因与相应的规章制度未能深入人心有莫大的关系。规章制度普遍存在"挂在墙上、停留在文件上"。文件下发了事，相应部门很少或基本没有对所下发的规章制度组织学习，导致我们的一些从事工作人员对所从事的岗位工作职责、制度不清楚、不明白。

培训是确保制度不挂在墙壁上的重要武器。

制度一旦颁布，就面临着马上执行。而实际情况是，许多制度颁布后，员工并非第一时间知道，而是通过自己的违反，或警示才知道有该制度的存在。

实际上，制度在企业并不广为人知。我是指员工并不能对关键性的、与自己岗位相关制度很熟悉，或者了解，有的员工甚至违反时并不知情。培训不足是主因。

海底捞的培训体系，涵盖初级员工、中级员工、领班到大堂经理，每个级别都有培训。其中，新员工是由片区人事部负责统一招聘、集中培训，在系统内挑选一名最优秀的培训人员做培训工作；对于中层，如大堂经理进行培训，主要通过考核制度学习更高一层的沟通技巧；对于管理者，如店长进行培训，则要求他们将门店 45 个岗位必须全部都通晓。

"在进入海底捞新员工培训中心后，培训中心的培训讲师就说到了每一个通过海底捞面试的新员工都必须进行一次三天的培训。只有通过培训的员工才可以真正进入门店，成为海底捞真正的员工。"

> 没有通过培训的新员工不予上岗，应当成为培训管理的一个基本要求。

企业应有专门制度与流程的学习与培训。一方面有助于员工对于制度的理解与遵守，另一方面制度与企业文化的重要部分，制度的学习，有助于企业文化的传播与推广。

也有的员工即使参加了培训，也不可避免地违反制度，甚至有的时候，员工有意、无意声称自己没有过培训。

避免员工对于制度培训及制度学习的无视，应做到以下几点：

其一，书面考核。针对所学制度中所涉及到与业务有关的、与本岗位有关的重点内容，一一考试，并记录在案。将考试成绩作为不同场景的应用工具，使考试的结果与工作相关。

其二，最为重要，也是最易忽略的。将所学制度列成一个学习内容的清单，或者制成一个学习卡片，让学习的员工在上面签字。员工对企业的规章制度有知情权，所以应签字确认，以避免日后员工违反规章制度之后，以不知情作为辩解或抗辩。

🔍 3.7 培训不搞一锅煮，个性培训自作主

培训很难的另一个原因是，企业中，每个人的状况不尽相同，需要学习的内容不一，员工的忙闲也不均。集中、统一的培训，从效率上讲往往是最高的，但实现起来却是最难的。对于一些业务型的企业来说，集中的培训无疑是眼睁睁的经济损失，让业务主管很是不爽。

从实际的效果来看，集中、统一的培训在企业中将会日渐减少，除了老板觉得费钱、影响业务致业务主管不配合的关键原因之外，作为培训主体的员工不配合、

不重视也是主因之一。

员工们厌烦了常规的大培训，他们希望的是有针对性、个性化的培训。

◆ 培训 O2O：员工培训个性飞扬

在由传统向互联网转型过程中，新员工培训或许能给培训管理者带来一些借鉴。基于移动互联的 O2O 培训，就有如下明显的特征。

学习步调自主化：企业招聘过来的应届毕业生，虽然是站在同一起点上，但学习接受度是完全不同的，个人素质也是参差不齐。如何做到既满足企业用人需求，又能满足员工个性化的学习需求呢？利用移动学习辅助学习，能够将学习路径图前置，从而自定义学习步调。

学习内容微课化：对应届毕业生来说，岗位学习内容是千差万别的，有管理类、技能类、知识类等，很分散。如果将这些知识全部在集中培训里分享，势必会浪费不必要的时间。利用移动学习平台之后，我们能够将这些内容做成微课，在平台上共享，让新员工自主碎片化学习。对于通用类的知识，则重点安排集中培训。

交互反馈社区化：在传统培训模式下，学员的成长步调无法及时有效监控。我们需要一种社群交流的方式，鼓励员工自由讨论，及时反馈问题，相互学习交流。

过程管理显性化：传统的培训方式，割裂了培训管理与业务管理的关系，而采用移动学习平台之后，这一信息壁垒将会被打破，多层级人员能及时参与到过程管理中来。通过这种层层递进的管控体系，培训体系得以有效建立。

Google EDU：个性化学习体验。

作为迎战 Facebook、苹果、亚马逊的重要战略组成部分，谷歌两年前启动了一个为员工提供学习机会和培养领导力的项目 GoogleEDU。

什么是 Google 的 EDU。

GoogleEDU 是一种专业化的全新培训项目。它依靠数据分析和其他手段保证员工所学能够有助于公司利润的提升。谷歌认为自己已经找到"将所学转化为所用"的解决之道，并因此更加热衷向员工提供培训课程。谷歌目前采用员工对管理人员的评估回馈制度，然后再依此进行课程筛选，这种方式类似大学生在一个学期末对导师的课程进行评估。作为一家痴迷于数据的公司，谷歌还会在员工不同的职业阶段，例如迁往另一个城市和加入新团队，使用统计方法来收集以往和现阶段的员工相关数据去向管理人员推荐一些新课程。

一位曾在谷歌工作的员工表示，早在 GoogleEDU 项目于 2010 年成立之前，谷歌就曾向具有潜力的年轻产品经理指派职业和管理导师，教他们在讨论薪水时如何议价，提高自身表达能力等。这样的培训计划使员工的忠诚度大大提升。

2016 年，谷歌提供的课程数和参加培训的员工人数均创下新高，在其全球 3.31 万员工当中，有大约三分之一参加过内部培训。该公司对课程进行了更新，淘汰了那些没用的课程。"重要的是，它与我们的整体业务战略相一致。"谷歌领导改进 GoogleEDU 的领导力与人才副总裁卡伦·梅（Karen May）表示。

然而，谷歌觉得它已经找到了一种使得培训奏效的方式。它在确定培训时间和培训对象上变得更加严谨。它会利用员工对经理的评价——类似于大学生在学期末对教师的评价——向经理推荐课程。谷歌还非常重视数据，利用从现在和以前的员工收集而来的数据，在经理职业生涯的各个不同阶段（如更换工作地点或者加盟新团队之后）向其推荐特定的课程。

如今，对谷歌培训计划的改进变得尤其重要。该公司去年招聘了 8000 名员工，创成立以来的新高。作为改进 GoogleEDU 的一部分，该公司的人力资源团队还开始思考如何在整合新来的员工、组织经理团队以及一般员工上做得更好。

卡伦·梅说道，其他公司的资深经理来到谷歌之后，会发现很难去融入这种文化，因为在这里要让下属服从命令，经理必须要有说服力。员工的升职和加薪通常需要得到同事和上级的一致同意。员工不见得会仅仅因为上级的经理身份而对他唯命是从。这与大多数采用自上而下的等级管理体系的传统企业截然不同。

"谷歌员工真的很聪明，因此要让他们服从，经理更多的需要给出有说服力的理由，"前谷歌用户体验设计师斯科特·雷德勒（Scott Lederer）说，"他们不会仅仅因为你的职位而服从于你，你必须得说服他们。"

卡伦·梅称，谷歌会向新经理和高管提供一项特别的课程，教导他们如何以更加巧妙的方式施展影响力。

谷歌还根据员工的工作领域（如工程、销售）和职业生涯发展阶段（如初级开发者、高级经理）提供特定课程。"课程越精准越好，"领导力培训与发展公司 Baldoni Consulting LLC 总裁约翰·巴尔多尼（John Baldoni）表示，"传统的领导力发展培训的不足在于，通常都没有明确方向，不能在特定时期提供所需的东西。"

卡伦·梅说道，"更加个性化、定制化的课程推荐是我们打造个性化学习体验努力的一部分。"

谷歌并没透露其培训课程的退学率，以及 GoogleEDU 的改进对于保留员工和提振员工士气的影响。卡伦·梅指出，"从我们的整体满意度评分来看，我们对员工的投资确实收到了成效。"

一直以来，员工都很清楚该公司对于培训的重视，部分员工称，谷歌向他们提供的课程比他们供职过的其他公司都要多。2010 年离开谷歌的杰森·莫罗（Jason Morrow）指出，继续教育已经"深入该公司的文化"。

2007 年离开谷歌的一名员工回忆称，即便是在 2010 年 GoogleEDU 形成之前，谷歌就指派职业与管理指导员，让他们在如何进行加薪谈判、提高演示技巧、是否应该离职创业等问题上向颇具潜力的年轻产品经理提供指导。他指出，这种培训项目大大地提升了员工的忠诚度。

"我们很努力地去获得合适的员工，"卡伦•梅说，"我们希望他们能够充分发挥自己的潜力。"

◆ 碎片化：自己作主、随时学习

生活中从一个活动转为另一个活动，中间会留下一段空白地带，如饭前饭后、排队、等人、等车时间等，像这样的时间我们称之为碎片化时间。

基于移动互联的网络时代，网络的便捷使得我们视碎片化的时间闲置为浪费。手机不离身，不离手，不离眼，随时随地，看新闻，看微信，看视频……

区别于传统课程内容点面结合的特色，碎片化时间的学习更强调对知识点的理解与应用，以便捷的方式来实现教学交互。例如制造业公司使用 E-learning 或 M-learning，提前录制操作流程教学视频进行上传，新员工就可以利用工作间隙随时随地进行学习且可重复观看，明显降低了集中培训的人工成本。

一般我们所说的碎片化学习，往往学习内容零散，知识点不成体系，甚至课程内容是断章取义的。这样的学习反而会对培训产生负面的影响。目前网络上充斥着大量这种碎片化的学习。

于是，一个职场白领非典型性的一天便是，早餐时间打开"喜马拉雅"软件，听关注的主播朗读《三国》；上午用 20 分钟休息时间，用手机上的"扇贝单词"打卡背单词；下午抽空读来自知乎和微信公众号的推送；晚上，饭碗刚丢下，报名参加的视频剪辑学习微信群又要开课了，赶紧打开电脑一边录屏，一遍遍"罗辑思维"新的知识点。

碎片化时间的利用的确可以最大化的有效管理我们的时间，提高时间的利用效率，养成随时思考的习惯。

不是所有碎片化时间的使用都是有效利用，有的人利用不好就真的会被碎片化时间碎片化。

如何不被碎片化时间碎片化？

碎片化学习的本质需求，是尽可能充分利用有限的时间，充分吸收知识与能量，达到时间利用的最大化，这一点是无需置疑的。

设定碎片化学习的边界。减少一切不必要的碎片时间，化零为整。要警惕手机上那个提示未读红点的"诱惑"，不要在手机的拿起与放下之间，人为地又制造出更多的碎片时间。

区分碎片时间，有针对性地进行安排。也不是所有碎片时间，都要用来学习，如有时就需要放空和休息。做好时间管理，定义碎片时间，这是典型的分类做法。切勿把高能的时间精力人为碎片化。

系统化学习和碎片化学习，一个是正餐，另一个是零食，互为补充。碎片化学习，获得的多是杂而不深的信息。系统化学习，构建的是相互链接的知识网络。真正的学习是，因为新信息的获得，你的知识网络随之生长扩展。碎片化学习的有效性构建在系统化学习的稳健性之上。

🔍 3.8 反面教材不用好，路费学费白交了

每一个企业都经历过深刻的、惨痛的甚至是血的教训。

不同的是，聪明的企业将这些教训编成一个册子，反复学习、不断反思，绝不让同样的错误再次发生；愚蠢的企业则不当一回事，一笑了之。最后，错误积重难返，企业轰然倒下，再也没有了犯错的机会。

每一个伟大的企业都是在无数的教训和挫折中成长起来的，其中有很多公司因为一些看似不起眼的小错误而一蹶不振，甚至销声匿迹。二者之间的差异，不仅在于对待差错的态度，还在于从失误中学习和成长的能力。在企业发展过程中，我们因为各种原因而造成了很多工作失误，我相信管理者每当想起这些事故都会感到十分心痛。很多事故的起因都是一些很小的问题，也许只要一个电话，一次询问或者确认，就可以解决，甚至只要员工责任心再强一点，工作时再仔细一点，了解得再详细一点，事故就可以避免。一切因皆成果，一切果皆有因。在面对这些工作失误给企业带来的深切伤害和沉痛教训的同时，企业要懂得深刻的反思和警醒，逼迫自己不断地做出调整和改善，只有这样，企业才能不断壮大和发展。

看不出问题是才是最大的问题，重复出现的问题是态度问题。如果说管理过程的各种失误是企业成长的代价，是交学费，我认为不应该再为同样的错误继续交学费，也没有理由容忍继续犯低级错误。通过收集的案例，每个员工自我对照反省一下，有则改之，无则加勉，学会用正确的方法把制度执行到位，以科学的态度和较强的责任心认真做好每一件事。有了案例集，就有了可以照出自己模样的镜子，就有信心用实际行动彻底改变与提升。

> 作为培训者，可以编制企业反面的、典型的案例集，或者警示手册，对公司发展过程中出现的一些典型问题、工作失误进行收集和整理。通过这些案例，让我们的员工，保持高度的警惕心和敬畏心，主动进行自查自纠，不断反省和改善自己的工作方式和工作态度，防微杜渐，走好每一步。

◆ 反面教材的编制要点

反面教材编写之前，要有充分的调研与沟通。

通过调研了解企业中较为普遍的问题、有共性的问题、影响深刻的问题以及急于解决的问题。通过调研，拟好教材编写的进度计划、推广计划、培训计划。详细而周密的调研是企业反面教材编写的开端。

有了前期的调研数据，通过数据与公司管理层沟通，取得高层的支持与信任；与各部门负责人沟通，听取改进的意见与建议。也可以与基层的员工沟通，得到最直接、有效的信息。

显然，尽管是反面教材，作为一个汇编册子，起一个好听的名字。叫警示录、案例集、反思录等似乎更为妥当。

反面教材的一般构成。教材主体显然是由项目案例或者事件组成的。主体是项目或者事件，当然也可以有前言、后记等，包括编写说明之类。重点说说项目案例部分。这一部分是整个册子的关键所在，通常可由四个部分组成。

（1）事件或事故经过；项目情况介绍等。这个部分主要是描述项目或事件的大致经过，还原事件本身。或者介绍项目的大体情况，让读者有个相对完整的了解。根据事件与项目复杂程度可繁可简。主要数据及关键经过不能省略，涉及公司机密或商业机密部分应作适当的处理。

特别提醒，为保护当事人的隐私，应当采用化名；项目名称宜用符号代替。

（2）问题分析。这部分是对事件造成原因分析的重点章节，宜细宜具体到公司的制度、流程、责任等。

（3）事件处理。这部分主要讲述此事件的处理过程。或者事件直接导致的后果及处理结论。

（4）事件反思。这部分重点是公司相关责任人、管理者对于事件的思考，及日后工作应避免的事项。

◆ 反面教材的典型案例

北京 MY 项目样板灯项目

一、事故经过

北京市密云县 MY 风光互补样板灯项目是打开北京市场的重要项目之一，公司领导非常重视。但是在项目实施过程中，原计划应在 7 月 19 日到齐的全部货物，实际上灯杆于 7 月 26 日到达密云，其间电池因不符合设计要求而重新换货，LED 灯则在运输过程中出现损坏而重新换货。直到 8 月 4 日所有货物才到密云，严重影响项目进度。因公司某些部门的工作失误所导致工期延长，使客户对我公司的办事效率和实力产生质疑。

同时，原设计深度为 1.7 米的电池坑施工深度仅为 1.1 米，致使电池位于冻土层中，不仅影响了电池效率，还大大降低电池寿命，最终项目存在重大隐患，工程质量无法保障。

二、问题分析

（1）采购的货物未达到设计要求。设计方案中明确要求使用防水胶体电池，而供应管理部 W 向供应商浙江××公司采购的蓄电池不符合设计要求，导致电池换货而影响工期。

（2）物流出现问题。

① 销售部商务助理 C 向供应管理部递交的"项目采购材料申请表"中填写的收货人为客户，不但使项目直接负责人不能及时收货，而且还给客户留下不好印象。

② 运输过程中物流公司对货物保管不力，导致 LED 灯具外壳破碎，重新发货延误工期。

③ 在第一次电池型号不符更换电池再次发货时，物流部没有及时告之北京代表处到货时间，在确认交货期后又推迟发货时间，导致工期一再延长。

（3）工程部未按设计更改流程与设计部门沟通，自行更改基础设计并施工。

设计部门将电池坑的深度设计为 1.7m，施工方认为坑深度过大，对路人的安全有威胁，工程部项目经理 C 和北京代表处项目负责人 W 也认为电池坑设计存在问题，他们认为在北京以及类似环境的内蒙都没有施工过如此深的电池坑。于是工程部项目经理 C、北京代表处在与用户进行单方面沟通后将电池坑的深度调整为 1.1m。工程部项目经理 C 和北京代表处项目负责人 W 没有按照《公用事业部项目运作管理办法》申请设计变更，而是直接修改设计并实施，违反公司制度流程。据设计部门提供的资料北京冻土层有 1.1m，将电池坑深度调整为 1.1m 会使电池位于冻土层中，不仅影响了电池效率，还大大降低了电池的使用寿命，最终项目存在重大隐患，工程质量无法保障。

三、事故责任认定

1. 供应管理部的责任

1）根据《采购业务制度及流程》第 1 条的第 3 款：采购业务基本原则——交货及时。供应管理部应按订单要求及时交货，北京密云样板灯项目没有及时交货，供应管理部应负主要责任；

2）根据《采购业务制度及流程》第 1 条的第 1 款：采购业务基本原则——质量合格。供应管理部应采购符合设计标准的蓄电池，北京密云样板灯项目采购的蓄电池不符合设计标准，采购员 W 应承担主要责任。

2. 工程部的责任

根据《公用事业部项目运作管理办法》第 4.2 条，变更设计应转事业部修改设计，并重新评审。工程部项目经理 C 和北京代表处项目负责人 W 未报事业部，擅自与施工单位协商变更电池井深度，违反《公用事业部项目运作管理办法》。

四、项目反思

样板工程的好坏直接决定了一个项目的成败，这次北京密云样板工程项目过程中出现的问题让我们不禁要作以下假设。

● 如果采购员工作的时候再仔细点，责任心再强点，按设计要求采购商品；

● 如果我们尽到职责对物流公司有明确的要求，保证货运的准确无误；

● 如果工程部在进行工程变更时按公司流程进行审核；

● 如果我们的部门间多进行一些沟通。

也许，北京密云样板工程项目就不会一拖再拖，就不会让客户对我们的实力和工作效率产生怀疑，也许，我们就能争取到更多的客户和工程！

🔍 3.9　构建维基案例库，经验教训不白付

♦ 经验的浪费是企业最大的浪费

如果要盘点 2016 年最热门的管理名词，复盘一定算是其中之一。

联想董事局主席柳传志先生曾说，复盘是最令他受益的工具之一。

孟子说"仁者如射"，意思是说射箭的人摆好姿势把箭射出去，如果射不中，不要埋怨客观原因，而是要从中间总结经验。

《荀子·劝学》中也讲：君子博学而日参省乎己，则知明而行无过矣。

圣人孟子、荀子说的都要是不断反复、总结，用现代的话来说就是要复盘。

复盘这个词最早来源于棋类术语，也称复局，指对局完毕后，复演该盘棋的记录，以检查对局中对弈者的优劣与得失关键。每天打谱，按照棋谱排演，有效地加深对这盘对弈的印象，也可以找出双方攻守的漏洞。复盘被认为是围棋选手增长棋艺的最重要方法，尤其是自己和高水平者对弈时，可以通过他人的视角看到自己思考不足的地方，从而将别人的经验化为己用。这种方法最简单但也最有效。

下棋可以复盘，商业模式和个人管理亦如此。差别在于心态和眼界的不同。复盘作为一种常用的工具，几乎可以运用到任何人和事相关联的介质中。通俗来说，复盘就是把当时走的过程重复多遍，并且主动思考为什么这么走，下一步应该如何设计，接下来的几步该怎么走。

> 复盘的另一个本质就是对过去经验的总结、反思、提升。

但复盘也有别于总结，需要去个人化，完全回归到实物原生状态，解剖所有与其相关联的环节，一件一件去回忆、分析，最终需要得到一个更好的可能性。总结起来，复盘的关键在于及时、迅速、有效与反复。

复盘有几个明显可知的好处。

1. 不在同一坑里跌倒，避免重复犯错

虽然每次实践都不可能做到百分百完美，但在复盘的时候，我们知道哪些地方做得不尽如人意，原因是客观还是主观。如果能找到一些之前没有注意的坑，对自己而言也是一个大收获。同样的错误不再犯，是复盘追求的第一层次的目标。战术上的查漏补缺具有历史性和环境因素干扰，不易简单复制。但是有了战略层面的升级，战术上的重复犯错可以降低甚至杜绝。

2. 知道团队强弱项，合理分工

复盘，到底在复什么？其实就是人和事，两者缺一不可。每个人都有自己的强弱项，如果分工合理，长板效应会更突显。反之，短板效应的危害也是有目共睹的。复盘追求的第二层次的目标，在于了解团队中的每个人，实现合理分工，最终的目标，不是彼此牵制，而是彼此融合和互促。

3. 知己知彼，磨练内心

复盘一件事情的来龙去脉，跟下一盘棋一样，都是彼此在斗智斗勇。过程中对自己心理上的成长和锤炼，是复盘第三层次的目标，也是个人和团队在这其中取得的最大收获。

4. 知道如何能更好，胜在细节

在全盘当中，存在着各个细微的环节，这些环节环环相扣，最终导致了结果。所以在复盘的过程，也是将细节重新暴晒的过程。知道了哪些地方有可能更好，才能在下一次实践中迭代和升级。

复盘和萃取经验较早的方法和案例来自于美国陆军事后回顾 AAR(After Action Review)，AAR 最早是美国陆军所进行的一项任务后的检视方法：对一事件的专业性讨论，着重于表现标准，使参加者自行发现发生了什么、为何发生及如何维持优点，并改进缺点。

美国陆军使用 AAR 解决了许多问题。主要的成功因素包括：结构化、有目地的对谈；打破层级的藩篱；能迅速反映至行动中；将学习的成果记录下来。

华为也非常重视知识管理，创造了知识收割的概念。华为轮值 CEO 徐直军曾说："华为最大的浪费就是经验的浪费。"

任正非更是强调：人要善于总结，人的思想就是一根根的丝，总结一次打个结就是结晶，四个结就是一个网口，多打了结，纲举就目张了。总结的越多就越能网大鱼。现在是信息社会，知识很重要，更主要还是视野。所以要把经验写出来，年轻人看了案例，上战场再对比一次，就升华了……现在你们要善于把经验写成案例，否则做完了沾沾自喜，经验还只留在你一人脑子里，没有传承。

◆ 一步一步地搭建企业 Wiki 平台

Wiki（维基）是一个协同著作平台或称开放编辑系统。我们可以用 Wiki 来建设帮助系统、知识库系统。国内公共 Wiki 最著名的就是百度百科；我这里要讨论的是公司的内部 Wiki。

Wiki 一词来源于夏威夷语的"wee kee wee kee"，发音 wiki，原本是"快点快点"的意思，被译为"维基"或"维客"。一种多人协作的写作工具。Wiki 站点可以有多人（甚至任何访问者）维护，每个人都可以发表自己的意见，或者对共同的主题进行扩展或者探讨。Wiki 也指一种超文本系统。这种超文本系统支持面向社群的协作式写作，同时也包括一组支持这种写作。

Wiki 系统属于一种人类知识网格系统，可以在 Web 的基础上对 Wiki 文本进行浏览、创建、更改，而且创建、更改、发布的代价远比 Html 文本小；同时 Wiki 系统还支持面向社群的协作式写作，为协作式写作提供必要帮助；最后，Wiki 的写作者自然构成了一个社群，Wiki 系统为这个社群提供简单的交流工具。与其他超文本系统相比，Wiki 有使用方便及开放的特点，所以 Wiki 系统可以帮助我们在一个社群内共享某领域的知识。

WiKi 可以调动最广大网民的群体智慧参与网络创造和互动，它是 Web2.0 的一种典型应用，是知识社会条件下创新 2.0 的一种典型形式。它也为教师和学生的知识共享提供了高效的平台，实现了快速广泛的信息整合。

企业内部 Wiki 作用

1.鼓励分享

分享是互联网的精神，Wiki 能将互帮互助融入到企业文化之中。除了工作上的成就，让员工在工作之余，能够体会到帮助他人的成就和快乐。

2.提升员工个人能力

很多难懂深奥的问题，钻研半天终于搞懂了，但是你不一定能思路清晰地给别人讲出来，并且，过了 1 个月之后再回头看，可能又不懂了。如果能写出来一篇总结性的文章，这样对自己、对大家，都是很好的提升。最开始写的时候，可能会有点困难；但只要坚持，肚子里有货，日子久了，下笔就流畅了。"总结"，是需要练习的。

3.传承技术

员工离职，特别是核心员工的离职，对公司是一笔不小的损失；如何将员工离职对公司造成的损失降到最低？如果员工将知识分享出来，将以往的工作经验都体现在 Wiki 中，那么，接班的同事会更加顺畅，也会感激你；说到这，有人会想，我把知道的东西都写出来了，不是没有核心竞争力了吗？如果这么想，就大错特错了，人总是在进步的，你写出来的越多，自我提升的也越快，说不定，还没等到你把自己知道的全都写出来，就已经得到岗位上的提升，而不是离职；你对公司的贡献，大家都看在眼里；再就是，创建了一个分享互助的文化平台，你也同样可以在同事那里学到很多。

Wiki 还可用于创建和跟踪管理团队项目所需的所有项目文档，包括项目规划、日程安排、状态报告、规范、how-to 文档以及变更提议。此类应用大多源于创建自己的低成本、轻量级项目管理解决方案的小型团队。随后扩展到其他团队。在某些情况下，Wiki 还作为整个公司项目管理的基础。

爱立信内部自建了一套 Wiki 系统。其技术支持人员在接到一线报来的问题时，首先是查询 wiki 系统，查看是否有之前类似的解决方案。而员工解决了一个问题之后，也会总结成文，供其他同事参考。

小公司，特别是创业型公司，公司内部的知识库系统，一般没必要自行开发，可以使用一个开源 Wiki 来建立。目前，网上开源的 Wiki 系统有很多，可选择的范围也很广，可以根据自己公司需要来搭建。使用最广泛的是 MediaWiki，它是维基百科全书的系统软件。除了上述链接里的开源免费 Wiki，国内做的比较好的是互动 Wiki，有授权费用，当然，付费也就有客服支持，对于自行搭建有困难的公司来说，也是一种选择。

公司内部小团队建立 Wiki，用 dokuwiki，只需要支持 PHP 的 Web 服务器，不需要数据库，每一个你保存的 wikiword 其实都是以 txt 文件保存的。在内网任何一台电脑上都可以访问，设了 vpn 或动态域名的话，外网也可以访问，不想那么开放的话，整个放在同步盘里，在同样装了同步盘客户端的电脑，一模一样的数据。各种插件丰富，中文资源尚可，装了能够显示 freemind 格式导图文件的插件。

应用参考：dokuwiki 安装及使用。

（1）傻瓜版的安装。前提是有 php 线上环境

（2）下载安装包，下载地址：https://download.dokuwiki.org/

（3）解压到网站某个目录，例如 /wiki

（4）安装 http://localhost/wiki/install.php

（5）安装完成，删除 install.php

（6）禁用目录访问权限，在域名的配置文件中添加

Location ~/(data|conf|bin|inc)/ {

deny all; }

（7）安装自己喜欢的模板和插件 ……https://www.dokuwiki.org/template

🔍 3.10　免费慕课高大上，用好真是如意账

大型开放式网络课程，即慕课 MOOC（massive open online courses）。2012 年，美国的顶尖大学陆续设立网络学习平台，在网上提供免费课程，Coursera、Udacity、edX 三大课程提供商的兴起，给更多学生提供了系统学习的可能。2013 年 2 月，新加坡国立大学与美国公司 Coursera 合作，加入大型开放式网络课程平台。新加坡国立大学是第一所与 Coursera 达成合作协议的新加坡大学，它 2014 年率先通过该公司平台推出量子物理学和古典音乐创作的课程。这三大平台的课程全部针对高等教育，并且像真正的大学一样，有一套自己的学习和管理系统。再者，它们的课程都是免费的。以 Coursera 为例，这家公司原本已和包括美国哥伦比亚大学、普林斯顿大学等全球 33 所学府合作。2013 年 2 月，公司宣布有另外 29 所大学加入他们的阵容。

◆ 常见慕课的主要特征

（1）工具资源多元化：MOOC 课程整合多种社交网络工具和多种形式的数字化资源，形成多元化的学习工具和丰富的课程资源。

（2）课程易于使用：突破传统课程时间、空间的限制，依托互联网世界各地的学习者在家即可学到国内外著名高校课程。

（3）课程受众面广：突破传统课程人数限制，能够满足大规模课程学习者学习。

（4）课程参与自主性：MOOC 课程具有较高的入学率，同时也具有较高的辍学率，这就需要学习者具有较强的自主学习能力才能按时完成课程学习内容。

慕课的基本特征也可以由组成其名称的几个词表示，即"大规模""开放""在线课程"。大规模是上课人数多，远远突破传统网络课程的数量，能够达到十万级、几十万级甚至百万级。开放是对所有的学习者开放，不限定在学校范围内，也没有其他的任何条件，只要有计算机和网络，就可以进行学习。在线课程是表述它的传播方式，本质上是一种网络课程。

慕课的基本知识点是以微视频展现的、能够用作业、答疑、测试等方式进行教学互动和研讨，教学日程较为统一，学习者应当在慕课平台上按照学习计划完成慕课学习。学习完成，考试合格可以获得学习证书，甚至可以向相关院校申请学分。

除了上述特征外，慕课还具有大数据统计、虚拟仿真等功能。慕课平台能够实时采集和记录学习者的学习行为，从而对学习者的学习特征、基础知识、学习效果进行全方位的统计分析，也可以对课程内容和教师的教学方法进行评价。慕课平台还可以运用虚拟仿真技术，将实验室搬到网络，让学生不动用仪器设备就能进行各种实验探索，既节省经费，又避免了实验的危险。

国外的开放课程几乎都是在本校内受欢迎的课程，教授也几乎都是在本领域

颇有建树的专家。据了解，耶鲁大学每门开放课的制作费高达三四万美元，麻省理工学院每门开放课的制作费也需两万美元。慕课将免费提供资源。 斯坦福大学校长约翰·汉尼希（John L. Hennessy）在最近的一篇评论文章中解释说："由学界大师在堂授课的小班课程依然保持其高水准。但与此同时，网络课程也被证明是一种高效的学习方式。如果和大课相比的话，更是如此。"

央视在《新闻调查》中报道果壳网 MOOC 学院时所说，"慕课到底是什么，了解慕课或许最好的方式就是去真正上一门慕课课程，毕竟站在岸上，我们永远无法去体会游泳者的感受"。在这个网络时代，时间和空间的隔阂，都无法再成为阻止你去学习的原因。终身学习将变得越来越容易和便捷，爱学习和会学习的人将能更好地进行自我培训。有了慕课，随时都是学习的好时候。

大型开放式网络课程成功实现了一种高端的知识交换。它可适用于专家培训，各学科间的交流学习以及特别教育的学习模式——任何学习类型的信息都可以通过网络传播。而网络课堂可以给你带来很多益处。让每个人都能免费获取来自名牌大学的资源，可以在任何地方、用任何设备进行学习，这便是 MOOC 的价值所在。

果壳网 CEO、MOOC 学院创始人姬十三认为，目前在 MOOC 的学员大部分是那些学习很主动的人，他们会想办法看到这些视频、看英文字幕，但要是想让更多人进入，还需要一定的时间和努力。

现在美国很流行在家教育，中国也有一部分人退学，在家靠父母或用其他形式接受教育，这是多元化教育的一种方式。而在互联网上，个性化教育也成为另外一种可能性。通过智能算法、大数据的一些东西，使个性教育在某种程度上得以实现，大方向是满足个性化需求。MOOC 是不是最终的一个比较理想化的形式，很难保证，目前看来很受欢迎。MOOC 的到来重新定义了学校、老师，甚至也重新定义了学生。过去的老师最重要的是讲课。但是现在有别的老师在网上讲，线下老师可能就要更加关注学生个性化的发展，师生间的沟通也变得更为重要。

♦ 企业慕课培训的意义

企业通过搭建慕课学习平台，为企业员工、合作伙伴、关联用户提供网络学习、移动学习、在线考试、知识分享、学习交流与培训管理服务，使培训及培训管理在统一目标及科学的管理流程下高效、经济地实施。

对于企业来说，企业建设慕课培训平台意义如下。

● 可扩大员工培训范围，减轻培训压力；
● 增强培训效果，建立公司知识沉淀与积累的平台；
● 有效提升公司培训管理水平；
● 加速人才的培养、考核与复制，推进公司人力资源战略的实施，提升公司的竞争力。

- 实现培训组织管理工作的全信息化管理，对线上，线下培训工作进行统一协调，提高整体工作效率；
- 支持培训工作与培训结果的客观评估与统计分析，为培训组织管理提供科学的决策支持；
- 培训全程信息化，培训组织变得更加高效、容易；建立企业网络培训体系，实现高效的培训组织与管理；
- 扩大培训受众面，覆盖各层级与各专业部门，实现快速培训，促进人才培养与发展；
- 降低整体培训投入，减少培训差旅费、讲师费、场地费及误工所需带来的其他费用；
- 有助于企业知识资源整合与管理，通过社会化学习，为员工提供知识援助与业务支撑。

对员工的价值来说，使用慕课培训平台意义如下。

- 自主选择培训内容，结合企业指定的学习内容与岗位课程体系，实现培训按需学习；
- 可根据自己的实际情况，灵活安排学习时间，碎片化学习，减少学习与工作"撞车"的情况；
- 可随时查看自己的学习考试情况，及时进行有针对性的改进和提升，有助于员工的自我发展管理与能力提升。

> 慕课培训平台的建立，对于企业与员工是妥妥的双赢。

🔍 3.11 培训要有多彩色，改良创新破规则

互联网上每天会产生海量知识碎片，这些海量知识如何逐步系统化解决员工能力提升问题，是互联网云时代的企业培训人员及管理者需要思考的问题。互联网仅仅是个技术载体，只有传递给用户有用的内容，才能发挥其应有的价值。万达目前有约 10 万名员工，6 000 名干部，这些干部每年都要在万达学院进行封闭式培训。但在培训之前，每位学员必须提交两份案例：一份是关于业务的，要求写出实际工作中一个成功或失败的故事，总结心得或教训；另一份是关于职业生涯发展的，要求写出职场中的困惑或经验，这样就有了 12 000 份材料。在培训期间，学院将学员分成小组，进行组内 PK，选出优秀案例，予以奖励，然后再把优

胜者组成小组，进行 PK。最优秀的案例将被拍成视频，放到网上供员工随时随地学习，而其余的大量案例也不会浪费，纳入网上的案例信息库，可提供关键词模糊检索和社区互动。通过这样的方式，优秀案例被万达员工逐渐搜索、筛选出来，而在此过程中，员工个体的经验、知识得以在组织中分享；同时，学院再把筛选出来的案例提炼成知识手册，永远沉淀下来，使企业逐渐摆脱对个人的依赖。

淘宝大学、万达学院、京东大学等企业大学的共同做法都是让知识沉淀，让培训变得更"轻"，视频化、APP 化，提倡微学习、微培训、微分享。在操作方法上，也不再只是自上而下做能力模型、课程体系、师资开发，而是要"从群众中来，到群众中去"，用"群众教育群众"的方式提升企业的培训能力。

在知识与信息更加透明与开放的互联网时代，员工培训变得更加方便、快捷。企业的重点在于做好培训引导和内部知识管理。入职培训、主题分享、读书会、案例研讨……通过打造情景化或场景化的学习模式，让员工的工作与学习互融互通。同时，要为员工设计清晰的职业生涯通道，鼓励员工自我学习、自我成长，让员工能够看到在企业内部发展的空间，将个人发展与企业发展有机连接。

新木桶法则

员工也想要知识的补给，使自己在职场中取得更大成功。但在实际中，他们却越来越抱怨培训的内容无法随时迭代，越来越反感无法将学到的东西落地为实践……

传统的培训似乎更多的是补员工之短，所谓缺什么补什么，这是员工质疑传统培训模式的原因之一。一般而言，员工关注得更多的是他的优点，而不是他的缺点。

互联网云时代，学习的重点是学人所长，发现自我的优势，这就是所谓的优势理论或者新木桶法则。"短板决定容量"的木桶法则已经过时了，现在是新木桶法则，即每个人拿出自己的长板，做一个大桶。所以，员工不用再执着于补短板，而更应该想如何去加强长板。在这个极度互联的时代，不要怕找不到人和你一起合作。

企业如何让员工的优势发挥出来呢？有两种行之有效的方式，一种方式是在企业内部有效整理企业知识，制造交互场，打造企业知识云，然后通过移动端的技术实现，让员工在工作实践中，随需可用，随取而用；另一种方式就是通过行动学习、标杆学习等方式制造实践场。

◆ 制造交互场，打造知识云

"场"来源于日本一个哲学词汇，既指物理场所，如办公室、会议室等，又指虚拟场所，如电子邮件、线上论坛等，总结起来即"知识共享、创造和利用的环境"。组织内的知识是通过几种不同的"场"来传播，这些不同的"场"是知识能否实现有效传递、整合、优化的基础。企业剧场、管理工作坊等形式的培训如此活跃，很大程度上不再是传递知识本身，而是制造出"场"来加速知识的传递，让参与的学员相互为师，自己找出需要的知识。同样，这样的方式也可以嫁接到普通员工培训中，制造情景交互场，如经验分享会、内部比赛等方式让组员之间相互启发来传递知识。当然，优质的模式还会把互动后生成的知识上传到云端。

知识云，是在云端搭建一个结构化的知识库，使该企业所有的知识存量都被聚集、分拆到每个模块，方便员工需求使用。例如，在一个工程项目的审计阶段，项目经理可以通过对知识库的查找或比对，找到项目审计所需的资料，如公司历史项目沉淀中的公开资料、其他行业数据库、甚至还能直接联系公司内贡献这些知识的"大咖"进行求助。这样的云模式，使得公司在组织能力有限的情况下，能够调动所有的精干力量应对客户需求，前端的项目经理一定程度上成为了一个前台，身后是后台巨大的支持，自己不再是一个人在战斗。例如，携程大学将他们要探索的业务领域都包装成微课题，通过跨部门的行动学习来解决，使得团队内创意十足，学员相互刺激、进步神速。

行动学习，制造实践场

培训工作以前的痛点一直是不能直接对接实践，不能在实践中检验的知识就不会被内化，不能沉淀为组织的记忆。简单说，就是知识不用记不住，那么，培训工作就需要制造实践场。企业剧场这种培训模式很受热捧，这种模式用云端上的关键情境进行组合，模拟出不同的员工角色需要经历的工作情境，并且还在这一过程中加入了基于云端的行动学习，让员工运用云端的已有知识去探索新的领域，发现新的知识。行动学习并不完全是一个实践场，虽然让员工投入到利用知识分析问题的项目中，这种实践更多是一种虚拟的尝试，内化知识的效果并不一定足够好。因此，在培训实践中，往往会加入一个实践对话的环节，将成果报告向实践部门汇报，共同商量出落地方案，一起推动实施。

跨界学习，促进创新

所谓跨界学习，是指跨出本位，向外界学习并寻求多元素交叉的学习方式。通过理性与感性的交叉、今天与未来的交叉、本领域与其他领域的交叉得到创新点。这里所说的跨界其实是广义的，包括跨行业、跨领域、跨文化甚至跨时空。例如，文化企业可以向制造业学习严谨、流程化，可以向酒店学习服务、可以向军事学习战略等都属于跨界学习的范畴。企业可以让员工通过跨界学习，从外界获取交叉，结合自身领域得到创新点子。

标杆学习，能力融合

标杆学习虽然由来已久，但至今仍广受推崇。标杆学习既可以进行内部标杆学习，对比同类部门的工作效率，让员工通过比较找到组织内不同的单位之间涉及产品品质、获利能力或满足顾客需求能力的最佳点。但更应该跳出企业内部，放眼观察其他产业的作业方式，分析他们取得成功的原因。对于文化企业来说，跨界是一种常态，标杆学习更多的是到非文化类企业去学习、了解。雷军在一次演讲中提到小米真正学习的标杆企业是同仁堂、海底捞、沃尔玛，他说企业的产品品质要学同仁堂，服务要学海底捞，定价要学沃尔玛。

此外，现在很多大型企业对标杆学习进行了变式。2014 年，万科总裁郁亮频繁去各种公司学习，不但拜访了腾讯、阿里、小米等科技公司，还请了北京一家默默无名的月嫂公司和武汉一家三四线城市的开发商来给万科做培训。万科的做法拓宽了标杆学习的内涵，我们不光要学习金字塔顶尖的企业，金字塔底层的企业一样有值得我们学习的地方。我们要保持"草根"的心态，如果总想着往高大上的方向走，就容易被自己的成功所绑架，从而放弃金字塔底层的市场。

互联网云时代是高速成长的时代，利用好互联网思维及工具，让企业课堂充满活力与创造力，从而让员工从中产出知识、学习知识、传播知识的速度都变得更快！

♦ 员工主动学习的七种方法

在社会竞争日益激烈的情况下，企业的成长对员工的成长要求越来越高，员工必须持续学习才能跟上岗位要求，否则将会面临被淘汰。

让员工主动学习要有制度保证。要在公司的管理制度中明确员工学习的要求与标准。人的主观意愿而言，员工与生俱来对学习是抗拒、排斥的，一则因为学习枯燥无味，二则学习需要占有大量的时间，减少自己很多的娱乐与业余生活，所以很少有人会自发学习。

那么，如何解决员工自主学习、自主提升的问题？

第一，要积极引导，要让员工了解自己的不足，并通过学习让员工成长，让学习的效果给员工带来利益的牵引。

第二，要给员工提供良好的条件、必要的费用、充实的时间。

第三，学习应与员工晋升挂钩，如在培训中完成多少工作、写了多少报告材料等都可以作为晋升考核的标准与依据。

讲到学习，我们一般指的是广义的学习。其实，学习并不是单单指收集资料、素材、纸质文案及知识掌握与获取等，在企业及职场的实践中，学习更多的是指项目经验的积累、项目经验的传授及人生阅历的指导等。

第四，要让员工的学习有利可图。企业是一个营利组织，企业存在的核心是利，在企业中，要让员工学习，也应当让员工的学习有利可图，让员工看到通过学习，给职业带来的良好结果。

第五，员工的学习要有相应的激励机制配套。在物质上，学习或培训带来了员工职业的发展与晋升，或者根据培训与学习的结果给予员工经济上的奖励。在精神上，如通过学习与培训，员工得到了领导的表扬与肯定等。逐步地，让员工觉得越学习越有利。

第六，员工的学习与培训不光要激励机制作保障，同时也应当有一定约束机制。企业应建立健全此类制度。这些制度可以从以下几点考虑：①不学习会受到公司主流价值观的排斥；②不学习会影响职业晋升的机会；③不学习会受到企业相关制度的处罚。

第七，在员工的培训与学习中应发挥领导示范作用。领导带头学习，身先垂范，在日常的管理工作中不断地灌输学习理念等，促进员工学习，提高员工学习的积极性。

员工的主动自发本就是个管理难题，要破解员工学习动力不足的问题，就要从根本上解决，而从根本上解决最好的方法就是因势利导。所谓因势是指根据管理的实际需要，在不同的阶段给予不同的培训要求，比如新入职时、晋级时、调薪时、职务调动时、管理储备时等；所谓利导，则是利益驱动、利害引导。

🔍 3.12   去梯言：训战结合，培训案例化、场景化

一直以来，每家公司都想通过培训来提升员工的工作表现，而且花费不菲，据美国培训与开发协会统计，美国企业 2010 年在员工学习和培训上的支出为 1715 亿美元。从该协会的网站了解到，单通用电气每年员工培训和教育项目的花费为 10 亿美元。不过，这些培训能否发挥作用却很难说。管理方面的专家称，送员工去培训的出发点是好的，但是要想将所学转化成自身能力的一部分，员工就必须在工作实践中进行运用。美国斯坦福大学负责公司管理层领导力培训项目的戴维•布拉德福特（David Bradford）教授说，员工接受培训，对课程也很满意，但是回到工作中仍是沿袭之前的老习惯。

培训为何效果不佳？

企业培训的目的是什么？当然不是为了让员工学习知识，变得更加智慧，而是寄希望培训可以让员工所学应用到日常的工作场景中去，学以致用。

商业竞争是残酷的，所以我们常常将商场喻为战场。员工所学的目的就是要将所学内容应用于日常的商战中。

> 培训要想有效果，就得目标明确：直驱目标，直击对手。培训要想有效果，就得训战结合，将企业的日常培训与实际工作中的商战结合起来，培训之后，直接可用、能用、有用。

♦ 什么是训战结合

所谓训战结合就是将日常的培训和工作中的商战统一起来，不可分割。培训的目标即指商务、业务的应用，目的性强、直击目标，如一次商务投标、现场推介、售后服务现场交涉等；培训的场景与实际的场景一致；培训的背景基于日常业务的痛点、难点。所有训练的、培训的表格要和我们现实的客户操作中一模一样，

甚至包括代码、标识、工作场景、工作流程、工作角色等。

训战结合下的培训与传统意义的培训最大的不同有以下几点。

（1）不讲理论，只讲实操。与实操有关的理论由学员、学习者自行在网络上搜索、寻找。

（2）所有的培训项目全部需要做教学沙盘，培训和培训之后的考试全部以教学沙盘为中心。

（3）培训过程中，学员需要带案例研讨，然后完成布置的作业，并参加有针对性的考试。

（4）有培训就必须有考试。培训结束以后马上组织考试，培训以后，学员要带着沙盘回到工作岗位，然后对着沙盘模型一边实践一边学习。

2016 年，200 多人的华为大学有多半的人是从事教学设计的，这些工作人员大部分的时间都在从事专门的教学设计，他们与业务员一起，了解他们的业务流程，业务困难，以及痛点；他们与业务流程的主管和骨干进行交流和学习；通过某种特定的方式和方法来设计整体的教学课程及教学用的教学沙盘，最终完成整体的教学设计。完成好的教学方案须交给一线的业务部门确认，业务部门主管会对教学方案的内容，包括自己的业务痛点、业务重点确认无误，之后，这个教学方案就可以上网，或者开始应用于教学。

在华为大学的整体培训设计过程中，其实讲师，或者老师并不是最重要的，最重要的是教学设计，老师来自于哪里不重要，教学设计很重要。

这种贴近业务、根植于文化的理念，使得华为的员工在工作时总是着眼于工作的实际改进，着眼于实际的问题与困难。学习与培训的目的明确，就是为了商业应用，训战结合的核心仍是从业务出发，以业务指导为核心，以有助于业务开展、客户拓展为前提，坚持解决实际的问题为向导，没有形式主义，没有形而上学，讲实战、讲干货。

干中学。 在白天的开发中他们是在项目中实践战斗的程序员，在夜里他们就成了不断进行方法研讨和总结的培训生，每个人都要谈谈今天的项目进展、分析一下项目经理为什么这么做而不那样做、总结一下这个阶段项目主管主要的动作是什么，体会一下白天看到的流程、指导书、CHECKLIST 的好处。就是这样在具体项目实施过程中，通过干中学，虚心学习和汲取先进管理体系的精髓。

学中干。 边进一步学习提炼，边实践验证和优化。一方面，通过快速、充分的借鉴、归纳和总结过程，很快形成了自身比较完整的软件管理体系；另一方面不将学习培训过程虚化，敢于任用，敢于授权，由业界招聘的本地项目经理和这批培养的软件开发管理者作为管理种子，补充了一大批从国内来学习的优秀人才，具体开展了新的项目开发过程，将管理系统的完善、修正、固化、优化过程，将人员对软件开发过程管理的认识提升和经验积累过程，将对一批批新进人员的培训赋能过程，根植到一个个项目的开发实操中，落实到一个个日常活动的实践中。

实践也证明，最有效的技能提升方法是将学习演练基地设在企业火热的业务一线，边学边用，边用边学。最好的学习方法是在真实环境下的实操。生存的压力一定会让人更专注地学习，更善于总结经验和教训，更灵活地适用方法和工具，从而更快地成长。

> 训战结合下的员工培训，即使没有让企业的培训完全令老板们满意，但至少已经向满意的方向前进了一大步。

🔎 3.13　案例化、场景化

训战结合的培训，除了学中干、干中学外，还得案例化、场景化。

所谓案例化，就是培训要结合实际的应用案例，以案例为点，发散，总结、思考、改进。

案例要有典型性，不是所有案例或应用均可用于教学。

没有典型性、普遍性的案例，难以引起被培训者的共鸣与反响；只有典型的、具有普遍性的应用案例才能让培训者触击内心、发于灵魂。

案例还要讲究先进性，这些案例是通过提炼、通过教学设计，汇编成册，并逐渐地沉淀下来，以指导日后的实际应用。

场景化是通过情景再现的方式，模拟演绎可能要发生的场景，以期对可能的情形作出预判，通过场景化训练与培训的结果，调整可能的战术与策略。

讲一个美军应用场景化的实例。美军在整个阿富汗战场的伤亡比例与其他参战国相比是非常低的，一方面与美军设备、设施的精良、指挥的现代化等关键要素固然分不开。除了这些因素，其实也有一些其他的因素，对于减少美军的伤亡起到非常重要的作用。在美军或者美军陆军部队上阿富汗战场之前，其实他们就经过了一个非常特殊的场景化培训。

参战之前，美军专门找了好莱坞，召集了一大批优秀的编剧、编导、导演，还有演员。这些演员有阿拉伯裔的，也有美国人，他们分别扮演敌、我。同时，美军专门找了一个沙漠作为训练场地，在这个沙漠里特地建立一个阿富汗小镇，

这个阿富汗小镇就完全按照美军的主要攻击目标来建设。编剧的剧情设计和编导

> 模拟、演绎的基于场景化的训战结合，说白了，就是孙子兵法中的知己知彼。

的现场安排就与真实的战争接近。演员通过现场模拟，演练出实际战争场景。美军通过对阿富汗战场的全真模拟，所有上阿富汗战场的人，都需要完整、反复地观看并学习美军的这个全真的场景化视频，之后才能上战场，这就是美军的场景化教学。

培训神器：工作指导书

大部分情况下，员工其实都想高效、准确地完成自己的工作，至少从本意上看是如此。

下面是一则在华为心声社区里出现的一个帖子。

事情起因是入职半年的槽主四月前的报销单。提交之前，槽主问人力资源这样的票据能不能报。人力资源答曰：可以报。可四个多月过去了，公司的财务部门查到飞机票据不合规，一定要补发票。理由是，公司规定部门高端人员的面试产生的机票费用，由人力资源接口高端，费用挂部门，所以应由人力资源提供票据，然后再由槽主报销。槽主刚来公司的第一个星期，曾在交接的秘书指导下报销过一个国外的高端人员，当时的机票也是只提供了个出票证明或者登机牌。这次高端的人员的报销给的是出票证明，但是不行，一定得要发票才可报销。于是，槽主再问人力资源，人力资源说我在外面出差，要槽主直接找报销的高端人员要发票。槽主于是求教于报销的高端人员，报销的高端人员说，这都四个多月了，发票我还真不知道能不能找到。槽主建议他问下能不能补。最后，槽主打电话给国泰、给携程，携程答复不提供发票但是可以找到电子件的电子客票单。槽主求证财务，电子客票单可否？财务回复可以，但是要原件。结果是钱虽然已经报下来了，但是被扣了 15%，同时，上一级主管要被扣遵从性等级分。

槽主为此郁闷一整天，自感生无可恋。

不禁发问：既然公司报销有这么繁琐、这么麻烦、这么多条条框框，为什么就不能给员工一个可操作的工作指导书？

一份实用的工作指导书内容如下。

第 1 章 ABCD 岗位职责

第 2 章 交付流程规范

    2.1 ABCD 专业服务项目交付流程规范

        2.1.1 目的与范围

第 3 章 项目启动阶段

    3.1 配合项目经理完成项目立项和任命

第 4 章 项目准备阶段

🔍 3.14 实用贴：如何预防员工培训后离职

企业不愿意给员工培训的原因实在一言难尽，员工培训之后离职让企业的管理者们往往措手不及。

一方面是企业对员工培训支出的欲言又止，另一方面是员工培训提升之后的一意孤行。员工在培训之后，自己得到了提升，如果企业的资源不跟上或匹配，那么员工的离职或许就会不可避免。

防止员工培训后离职，企业应在以下几个方面有所作为。

第一，完善人力资源管理平台建设。

建设完善的人力资源管理平台能够帮助企业真正做到以优秀的人才培养机制、锐意进取的文化氛围、公平竞争的内部环境、更为广阔的职业发展空间，来培育并留住企业所需的人才。任何一个体系都不是孤立存在的，培训体系只有在完善的薪酬体系和绩效体系基础上才能更好地发挥培训的效能。接受培训后，许多员工的技能和管理能力确实提高了，企业就不能再用以前的价值观来衡量这些为企业创造更大价值的员工，而需要进一步完善绩效考核制度，使得员工的能力增强和业绩提升得到显现，而相应的薪资待遇也应与绩效结果挂钩。这一措施就可以避免"学与不学一个样，干好干坏一个样"的现象出现，员工工作的价值得到体现也就会更愿意留在企业。

第二，提高选择培训对象、培训形式和内容的针对性。

在选择培训对象时，主要根据公司的发展需求选择合适的员工进行培训，也可以建立员工培训基金账户机制，根据员工绩效分配培训基金额度，经费由公司统一管理，员工可申请用于自身培训，如此可在一定程度上帮助公司留住员工，并且使员工也更加珍惜培训机会，加强培训效果。在培训内容的选择上也最大限度地贴近企业管理和业务的实际，使员工接受培训后能够在工作中实际应用培训成果，发挥职业技能和体现自身的市场受雇价值。

第三，把员工个人的发展和企业的发展相结合。

对于一些经过培训能力有了明显提高的管理层人员，企业应该相应地为他们能够提供更为广阔的舞台来施展自己的才能，这也是企业留住培训后员工的重要条件，要求培训管理者要在员工的需求和企业的需求之间寻找最佳结合点。公司也可以帮助员工规划在企业的发展并为员工设计一套职业发展通道，再结合员工职业规划设计培训，让员工意识到培训确实对自己的发展有利，并且将培训所学在工作中不断地运用，快速成长。同时公司应提供更大的发展空间，员工也将会踏踏实实在企业里工作。一些大企业现有的后备管理队伍的培训就为员工的职业发展做出了很全面的设计，这也是其能留住员工使其为企业创造更大价值的原因之一。

第四，设计企业个性化培训。

在人才就是核心竞争力的今天，企业要培养自己的核心竞争力，就要根据企业战略需求，针对关键岗位及核心员工开发特定于企业的独特技能。企业可以根据未来发展需要，对关键岗位员工前瞻性地进行专业技能培训，加强员工独特性技能的培养，在企业内建立更有利于本企业，而不是其他大众企业的个体化学习计划，接受到这种企业个性化的培训之后，员工可以在原来的企业实现工作绩效的提升，但是运用在别的企业可能效果不明显，这就减少了别的公司提供的岗位对于员工的吸引力。

第五，建立合理有效的退出约束机制。

最基本的方法是规范培训协约制度，减少培训带来的风险。例如在员工接受培训前，先与公司签订《培训服务协议书》，规定培训后在本公司的最短服务年限，以及违约的赔偿方案。除了物质层面的约束，也可以通过加强企业文化建设等方式与员工建立更具有约束力的道德契约，减少员工流失。

【案例：】孙某经招聘进入某公司工作，双方签订有无固定期限劳动合同。工作中，孙某工作虽然努力，但业务能力不足，某公司便出资 3 万元送孙某去国外参加为期半年的业务培训。但公司认为与孙某签订的是无固定期限的劳动合同，没有必要再与孙某约定服务期。不料培训结束一年后，孙某向公司提出辞职并要求解除劳动合同，某公司表示已花费 3 万元培训了孙某，孙某应当为公司服务 5 年，否则就应当进行赔偿，对孙某的辞职不予同意。孙某不接受公司的说法，双方发生争议。

孙某认为：公司虽对自己进行过培训，但双方并未约定服务期限，公司要求自己必须服务 5 年没有依据，因此自己按规定辞职，不应承担赔偿责任。

公司认为：公司出资为孙某进行了培训，按规定孙某应为公司服务 5 年，否则应赔偿公司的培训费。

【分析：】为避免和本案类似的争议出现，建议企业对员工出资培训的，最好依照《劳动合同法》的规定约定服务期，并签署正式的培训协议。根据《劳动部办公厅关于试用期类解除劳动合同处理依据问题的复函》规定，如果用人单位出资对职工进行了各种技术培训，在试用期内劳动者提出解除劳动合同的，用人单位不得要求劳动者支付该项培训费用。因此，企业不应在试用期内对员工出资进行专业技术培训，否则，劳动者一旦在试用期内走人，企业将人才两空。

第六，优化岗位设计。

> 没有培训的员工离职，企业就应善待；培训之后的员工，能力提升了，公司的钱也花出去了，更应小心谨慎为好。

在设计岗位时，可以采取对一些关键岗位实行轮岗制或者交叉设计等措施来使工作更加多元化，使员工始终保持工作的新鲜感，激发其在不同的工作中挑战自我的兴趣，在从事较为多元化的工作中员工也能够感受到自己与工作岗位要求的差距，进而激发出学习的需求和动力，在这一体系中员工也会保持对企业的好感，不至于离开。

🔍 3.15 拿实例：腾讯学院的实践分享

2014年，中国 E-Learning 行业大会上，腾讯学院院长马永武先生围绕用户体验、互动参与、数据分析、开放共赢四大关键词，为与会者带来了一堂丰富的学习实践课。案例还原、直播课堂、创意马拉松项目……将互联网思维融入一个个鲜活的案例，清晰的呈现给与会者。以下为演讲内容。

企业大学的角色定位

在我们看来，企业大学的角色定位应该是三个方面，第一是"员工成长顾问"，它最核心的功能是构建培养体系、根据公司人才盘点出核心人才，实施加速培养计划，以及怎样去整合公司的分享平台等。

第二是"业务发展伙伴"，这里有两层含义。一层含义是，要能够针对业务的不同需求及时推出培训体系之外，或者培训计划之外的专项培养方案。另一层含义，就是后面谈到的开放，腾讯公司实施开放战略以后，腾讯学院也成立了另外一个品牌，叫腾讯大学，它专门针对腾讯员工之外的合作伙伴做培训，我们希望能够服务到各个产业链。

第三是"企业变革助手"，包括如何让企业的战略落地，弘扬公司文化等。腾讯学院的工作，都是围绕着这三个定位去开展的。

用产品经理的思维做培训

今天，我想拿腾讯学院过去7年里的一些实践案例来分享在新的形势下做培训的心得。如今，互联网思维是很热门的词，使用微信的同事几乎每天在朋友圈里发表谁谁谁谈互联网思维，那么到底什么是互联网思维呢？到现在也没有一个很权威的说法，其实也没有必要有个权威的说法。

马化腾曾经在 2013 年 11 月腾讯 WE 大会第一次提出他怎么看互联网的未来，并提出了通向互联网未来的七个路标，挺有意思的。

其实坦白说，腾讯作为一个互联网公司，在腾讯学院，我们倒是很少刻意地去谈怎么样用互联网的思维去做培训。但是，我们有很多做法其实就是为了适应互联网企业里面的员工特色和用户特色，这些年来，我们也摸索出了一些做法。总结成一句话，也是我今天分享的主题：用产品经理的思维做培训。

很多跟腾讯交流的朋友都在说，腾讯在互联网行业里面比较强的一个点是产品做得强。其实我们也在经常跟培训的团队交流，说怎样能让你变成一个产品经理，我们面向的学习对象就是我们的用户。我们做的无论是一门课程，还是一个培训解决方案，都是我们的产品。所以，你真的要像一个产品经理一样去关注用户的需求，去关注这个产品带给用户的体验，关注最终的效果，而且要有一个持续打造和不断优化、让培训方案成为精品的过程，这就是我所理解的用产品经理的思维来做培训。那具体怎么理解呢？

我也总结了这样的几个点，几个关键词：用户体验、互动参与、数据分析、开放共赢。这四条其实是我们把这几年一些很好的实践认真地总结以后，得出的一些心得。

腾讯学院心得：用户体验

案例一：Q-Learning 的首页改版

腾讯在 2007 年 12 月正式上线 Q-Learning，这是我们跟一家供应商一起合作制作的一个系统。但这个系统到今天为止我们已经改了非常多，为什么改呢？举一个例子，Q-Learning 的首页。我们最早的版本、也就是 2007 年第一版就只是展示功能。后来 1.1 版本还是展示功能，但是做了优化，把一些学员个人信息及学习要求放进去。2008 年开始经过我们优化的更多的是在展示学习的内容了，在首页最核心的位置推荐一些热门的学习资料。后来的若干版本，首页整个的布局和结构都在变。

我们的项目团队一直在思考，到底 Q-Learning 首页应该怎么样布局，到底上 Q-Learning 的人关注什么样的话题？举一个小例子，刚开始，我把我们整个企业大学一些培训活动的介绍和培训活动的总结等放在一个比较重要的位置，我的想法是能够让大家看到腾讯有这么多的学习资源，让大家能感受到腾讯爱学习和重视培训的氛围。后来通过热图会看到，这类培训动态、新闻的东西，点击的人很少。我们才发现：这样的东西只有做培训的人自己关心，真正的学员上去就是要看有什么样新的学习内容。因此，我们在最抓眼球的地方，一次一次在更新改版学员最需要、最核心的东西，而且不同的阶段我们推不同的东西。现在很多项目组都来抢首页这个地方的位置，所以这就像做产品一样。

案例二：精品课程，沉淀优秀经验

我们总在说做 E-Learning 也好，做培训也好，内容为王。现在培训这行当，有太多的概念、太多的新技术。在过去的几年内，我参加过不少培训大会，就发现每年都会谈一些新的理念、新的工具，但是我认为，这些新的工具都还是要有内容的承载，好的内容才是用户最好的体验。

举例子来说，E-Learning 里，我们觉得学习内容、课程其实是最重要的。我们每个星期、每个月都在看 Q-Learning 上点击率 Top10 的课程。最后我们发现，精品课程这个话题往往是最受欢迎的。也就是说我们公司内部的一些优秀项目和业务的经验沉淀是大家更感兴趣的，这种沉淀我们就把它拍成短视频。

在 2008 年腾讯学院曾经拍过张小龙团队开发一个产品的视频，题目就是"打造七星级邮箱"，记录了他做 QQ 邮箱的成功经验。团队先写了脚本，然后架着摄像机去采访小龙和他的团队，最后剪辑成一个 20 多分钟的小片子，很受欢迎，我们推荐给全公司的人学习，有好几千人学了这门课程。

在小龙团队做微信以后，我们又去找小龙，说再做一个类似的课程，他们很支持。做这个课程的整个过程非常长，前前后后做了几个月，而且学院和小龙团队都希望将这个课件做成精品，所以不断地改脚本，拍摄就拍了两次，最后终于成片，叫"透过微信学创新"，分为上下集，挺受员工欢迎。

所以在做课程的过程中，选什么样的课，课程多长、用什么形式，我认为都要研究用户体验，根据用户真正喜欢的内容去设计。

案例三："直播课堂"服务全国各地分公司

用户体验第三个例子就是我们通过 E-Learning 在前年推出了一个直播课堂，现在我们可以做到全国各地的员工都能通过内网看到我们很多好的讲座。比如最近，在深圳我们请了《中国好声音》的总导演来谈他怎样打造"中国好声音"这个产品；在北京邀请了新东方创始人之一王强，谈成功的创业者精神。两地的讲座，全国的同事都能通过 Q-Learning 看直播。

现在我们也把一些可以开放的内容通过腾讯大学的直播平台，向一些合作伙伴开放。

腾讯学院心得：互动参与

案例四：移动学习，轻装上阵，辅助项目落地

前年我们跟一家合作伙伴供应商一起做了一个培训项目，针对全公司部分管理干部，做了一个领导力提升的项目，目标用户有千余人。线下做了培训，由大家针对自己工作中的问题展开讨论。特别值得一提的是，线上又开发了一个应用。可以用在 PC 端学习，同时在手机上也可以学，我们把这些用户在管理中经常碰到的问题开发了 18 个场景案例，通过 APP 将 18 个案例推送给大家学习，我们起名叫"蜘行"，寓意"知易行难"。这个项目运营了两个月的时间，每一周推出两个案例，可以持续学习 9 周。

这 18 个案例，每一个点开后都有一个场景，让你去学习，去做选择和后续讨论。每个案例还原了工作中真实的场景，有非常强的参与感和互动性。这就比单纯的

上课效果好很多，这是我们互动参与的一个非常有意思的例子。

案例五：社招新员工培训——寻找腾讯达人

一个新员工入职以后，我们马上请他在参加新员工 NEO 培训之前先去找一个老员工，请老员工给你讲一个故事，然后把这个故事带回到新员工培训的课堂上来做分享。这个老员工最好不要找你的直接领导，可以去找你部门里老同事或者跨部门的人。还有很多人就在班车、食堂、茶水间里问别人"你是不是老员工，我是新员工，我想请你讲一个腾讯里的故事。"这挺有意思，新员工将老员工讲的故事沉淀下来，这比单纯的讲企业文化课程效果更好，能增强他们的互动参与感。

案例六：案例还原，增强实战

我们也曾把公司内做得很好的销售案例做成案例还原，编个小脚本，再请当事的销售回来演，拍一个 10 ～ 15 分钟的小视频，放在网上给其他新的销售学习，挺有意思的。还有一个例子，这两年我们一直坚持做"创意马拉松"，让大家利用周末的时间，自愿报名参加，把你想要做的一些产品，或者一些功能的想法提出来，大家分成若干个小组，初步去实现这些想法。这在公司内营造了一种创新氛围。活动结束时会邀请一些经理和专家来做评审，看他们的产品做得怎么样。

腾讯学院心得：数据分析

案例七：透过数字看运营

第三个点我们就谈数据分析了，刚才我们说到大数据，其实在培训里我们也用了很多的大数据。腾讯学院经常输出一些对腾讯统计的报表，我们叫多维报表。每个月团队也会输出和分析 E-Learning 系统的经营月报，比如每个月我们的在线人数跟上个月比怎么样，登录人数是多少，登录以后报名培训的和真正学习在线课的各是哪些，大家可以看连续起来每个月登录人数的曲线，分析到底这个月发生了什么事情，会让登录的人数活跃；另一个月又为什么会让登录的人数非常不活跃。

此外，除了每月看 Top10 的热门课程外，Q-Learning 还有了搜索功能，每个月还可以看热门的搜索词，来判断员工的学习喜好。

腾讯学院心得：开放共赢

案例八：利用外部资源，服务外部客户

开放共赢想讲的是两点。第一点是腾讯学院在过去的 7 年里，不是闭门造车。我也引入了很多合作伙伴，一起来建设培训学习平台。另外，随着我们产品业务在做开放战略以后，腾讯学院也成立了腾讯大学，我们也更愿意跟腾讯的一些合作伙伴，和上下游的企业或者个人，在这个平台上相互学习、交流和分享。我们先是做了一些线下的培训，同时去年开始我们也做了一个外部在线的学习平台（daxue.qq.com）。

前期，我们针对在腾讯平台上放自己的开放应用的第三方开发者，提供不少的免费培训课程。最初我们在全国几个城市进行路演，针对愿意和腾讯合作的用户，提供一两天的培训课程。后来人多了，我们就把它变成了在线学习课程。此外，现在腾讯也有很多投资的合资公司，我们腾讯大学承担的另外一个责任，就是和这些公司做一些培训的交流和支持，希望能协助他们更好地发展，这其实是我们谈到的所谓开放共赢。

最后，我来总结一下这四个点。

第一，注重用户体验，打造极致精品。

刚才看到的 E-Learning 也好，线下培训也好，这种用户体验真的非常重要。所以我们说要把培训产品打造成用户体验最极致的精品。

第二，强调互动参与，追求最终效果。

腾讯员工都是非常年轻的，以 20 多岁的技术开发人员为主，思维非常活跃。所以，这种培训活动一定要互动、双向，这样，他们才会有积极参与的兴趣，才能达到你最终的培训效果，所以我们第二条叫做强调互动的参与，追求最终的效果。

第三，擅用数据分析，不断迭代优化。

在培训工作里我们一直非常强调大家要看数据，用培训的数据和效果来指导你不断迭代和优化我们的培训产品。我们分析的数据是大家的参与度，大家对它的喜欢度，可以根据这些数据来判断你对培训效果和培训方向的把握是否准确。我们看数据分析，不仅仅看培训效果的数据，更看重的是用户的喜好、参与度的数据。

第四，保持开放心态，营造产业共赢。

其实做培训也需要开放。一个方面是开放吸引外部的资源，另外一个我们把自己的资源也进行开放，配合培训业务的开放战略，营造出产业共赢的最终局面。

这就是我今天想分享的四个关键词，坦白说，这些也都是我们这几年自己的实践心得和总结。毕竟腾讯学院成立的时间还不够长，还有很多做得不足的地方，我们也很愿意在这样一个分享平台跟大家谈谈我们的做法和思考，也想更多地得到大家的反馈和指教，希望让我们腾讯、腾讯学院和腾讯大学的工作能够做得更好。

（本文来源 腾讯大学 2014 年 07 月 10 日培训人社区 ）

🔍 3.16 给工具：专项培训服务协议、培训实施评估表等

专项培训服务协议如下：

专项培训服务协议

甲方：

乙方： 工作部门／岗位：

根据甲方培训计划，甲方同意乙方参加由_____主办的_____专项培训，具体时间为____年_月_日至____年_月_日，累计学习期___天（其中占用正常工作日为____天），总计费用为_____元（以甲方"培训管理"制度所列范围为标准），为维护双方的合法权益，经甲乙双方充分协商，签订如下协议：

1）乙方受训期间所占用的正常工作时间，计算其甲方司龄，培训期间可享受甲方提供的薪资、福利。

2）乙方接受培训后取得相应的证书需交由甲方保管____月，且需为甲方服务满 月，甲方予以发放给乙方。

3．培训费用由甲方承担___%（为____元），包括_____

_____

乙方承担_____%（为____元），包括 _____

_____

由甲方承担的费用，其支付方式为

_____

_____

4．乙方培训期满，必须继续为甲方服务__个月，具体期限为___年__月__日至___年__月__日，继续服务期间乙方因个人提出解除劳动合同（服兵役、援藏、全日制升学、政策性调动除外）或因个人过错被甲方解除劳动合同而离司，乙方应支付的违约金如下：甲方承担的培训金额 ÷ 约定服务月限 × 剩余约定服务年月限，因其他原因而离司，培训费用由甲方全额承担。

5．乙方受训期间，因个人原因终止受训（特殊原因报总经理室审批）、辞职、因个人过错被甲方解除劳动合同或培训期满未取得相应的合格证，其培训费用全额由乙方自行承担；

6．乙方在培训期满后，须立即回甲方报到上班，若乙方未按时报到而又未办理相关请假手续，其培训后的滞留时间按旷工处理；

7．乙方在培训期满___天内，必须将相关培训资料送甲方人力资源部并同时提

交培训总结和培训合格证明，方可报销培训费用，否则，所有费用由乙方自行承担；

8. 其他未尽事宜另行约定（可附件于后）。

9. 本协议一式两份，甲、乙双方各执一份，具有同等法律效力。

甲方签名 / 日期：　　　　　　　乙方签名 / 日期：

培训需求调研表培训实施评估调查表，如下所示。

培训实施评估调查表

课程名称：　　　　　姓名：　　　　　岗位：

培训组织				
1. 培训环境（软、硬件设施）：	□好	□较好	□一般	□差
2. 培训就餐、交通、住宿安排：	□好	□较好	□一般	□差
3. 培训实施过程：	□顺利	□较顺利	□一般	□不顺利
4. 现场秩序：	□好	□较好	□一般	□差
5. 建议：				

培训内容				
1. 培训课程是否符合您的需求：	□符合	□较符合	□一般	□不符合
2. 内容的系统性和针对性：	□好	□较好	□一般	□差
3. 内容的正确性和新颖性：	□好	□较好	□一般	□差
4. 内容的深浅程度：	□太深	□深	□刚好	□浅
5. 案例、讨论与测试题的启发性和引导性：	□大	□较大	□一般	□小
6. 培训内容对您今后工作的实际帮助作用：	□大	□较大	□一般	□小
7. 建议：				

培训形式				
1. 培训时间安排：	□长	□较长	□刚好	□短
2. 学员的参与性和互动性：	□好	□较好	□一般	□差
3. 培训现场气氛：	□好	□较好	□一般	□差
4. 建议：				

培训讲师				
1. 讲师的言谈举止、气质仪表：	□好	□较好	□一般	□差
2. 讲师的语言表达能力（普通话、吐词、声调、感染力、生动性）：				
	□好	□较好	□一般	□差
3. 讲师的敬业精神和对培训的重视程度：	□好	□较好	□一般	□差
4. 讲师对培训内容的熟练运用程度：	□好	□较好	□一般	□差
5. 讲师的分析能力和逻辑思维能力：	□好	□较好	□一般	□差
6. 讲师的幽默感和风趣程度：	□好	□较好	□一般	□差
7. 讲师的专业水准：	□好	□较好	□一般	□差
8. 建议：				
对本次培训的总体评价：	□好	□较好	□一般	□差

第 4 章
激活组织、激活个体的薪酬管理

薪酬无小事。

薪酬制度的本质是企业的分配制度，关乎员工切身利益，更关乎企业的未来发展。

发多了，企业受不了；发少了，员工受不了。

公平、公正是企业与员工的共同诉求，但公平性永远是一个相对的概念，是不同个体的主观感知，所谓人不患寡，患不均。人人求均。均：不是平均、不是一样、不是相同。在企业，均，通俗地讲，就是得到自己该得的，按劳分配，按价值分配。

企业按价值分配、按价值付薪酬是对劳动者成果的基本尊重，要解决薪酬管理中的公平性问题，企业就得按价值分配薪酬。

薪酬管理有七个雷区，HR 当应避免。

4.1 【情景再现】尴尬了：发霉的员工福利

"领导，肚子咕咕叫，饿晕了，有东西吃没？"晚上正在加班的小 C 径直走进了人资苏小梅部长的办公室。

"你自己找找吧，我也记不得了。"王部长正在看文件，微微抬了抬头。

"那我不客气了。"小 C 得到了许可之后，动作便大了起来。

"啥呀，领导，你这么大个办公室，居然找不出果腹的东西来。他们都说女同志爱吃零食，你也不像呀。"小 C 有点失望。

"你再找找，不至于吧。"苏小梅鼓励道。

"咦，这是个什么东东，肯定能吃。"小 C 拿了一个包装精美的盒子。

"这不去年咱公司发的月饼吗？"

"是的吧。"

"公司去年发了一盒月饼，看起来挺高档的，行政当时还说均价是 200 多块钱，这么贵自己都不舍得吃，准备带回老家的，结果后来到超市看到了同样的月饼却只卖 100 元，我说点什么好呢。后来没有带回家，也不想吃它，就把它扔那儿了。"

"发霉了。"

"发了霉？这也难怪，毕竟都快一年了。"苏小梅苦笑道。

4.2 薪酬新法则：简单粗暴，开心最好

曾几何时，看见一张制造企业员工的工资条，上面的工资条目多达近二十项，有加班费、误餐补、交通补、房补、岗位津贴、高温津贴、车补等，加起来扣税之后也就不到 5000 元。

最近，同事一侄女，某宝一位刚毕业的软件开发人员，工资就二项、基本工资、绩效工资扣税之后超过了 10000 元。当然二者由于岗位不同、行业不同而不具有完全的可比性，我想说的是，作为员工，其实不太关注你的工资形式，而是关注最后到手的工资是多少。我想这一点，没人可以否认。

互联网行业的趋势，其实部分地也反映了社会发展的趋势：社会的薪酬结构趋于简单化、直接化、快捷化。

2017 中国年度最佳雇主评委会主席、北京大学国家发展研究院管理学讲席教授陈春花女士在颁奖典礼中表示，激励机制应探寻怎样让整体和个体具有面向未来的能力，这样一种激励体系才说明企业真正在为成长负责、为员工负责。在整个知识概念当中，能不能让员工在这个平台上得到更好的发展，让员工具有更强的社会生存能力，这是企业本身需要关注的一个话题。

从按时间付费到按效果付费的转变。

传统的金字塔企业有大量的全职员工，特别是那些注重轻资产的互联网企业，这些全职员工会造成人力资源成本飞涨，同时也限制了人才的范围，不管多大的企业，人数总是有限的。这种按时间付费的模式缺乏有效的激励机制，造成只要干满了 8 小时，就可以拿到薪水的铁饭碗机制。

而对于兼职员工、派遣员工虽然干着与正式员工、全职员工一样的甚至更多的活儿，获得的报酬却少得多，造成劳动者积极性下降，或者出勤不出力，移动互联时代，这种薪酬体系将会被全面颠覆。企业将不再单纯以时间付费用，而是按他们所产生的实际效果或价值付费。

按效果付费，本来是广告领域的一个专业名词，就是不再让广告主按照广告投放时间来付费，而是按照广告投放后带来的实际效果，即实际的用户数量来付费。按效果付费的好处不言而喻，成本低、风险小。设计企业不把设计师养在公司，不按时间付酬而是按员工的效果付费，这样他们就不会成为一个普通的劳动工具，而是充满了创造力。付酬形式由按时间工作制变成了按结果付费，按任务量付，按效果付费。

基于回报的需求满足。

传统企业现在面临很大问题，是如何提高员工满意度与敬业度的问题。薪酬的设计是基于回报还是员工需求的满足？这个问题看上去很简单，但涉及整个人力资源薪酬体系的重新构建。事实上，已经出现了纷争。

> 薪酬的设计是基于回报还是员工需求的满足？在华为，这点是非常明确的，薪酬是一种回报，不是一种需求的满足；但在互联网企业，尤其是一些弄潮型的互联网企业则是基于员工的需求满足的。

因此传统企业现在做薪酬的设计面临两难，是员工为企业做出贡献才给你回报？还是先去满足员工需求，再要求员工为企业做贡献？不可回避的事实是，现在很多企业人力资源完全是基于如何先去满足员工需求，提高员工的价值体验，这个基于需求的薪酬体系最大的弊病就是导致企业的成本过高。最有名的世界级企业是惠普，还有诺基亚，这些企业一味基于员工需求来构建人力资源体系，导致过渡福利化，人工成本居高不下，结果他们倒了。

基于回报的需求满足则是既要基于贡献、给回报，也要基于需求，多方满足员工需求。

🔍 4.3 思维导图：薪酬与激励

薪酬激励思维导图如图 4-1 所示。

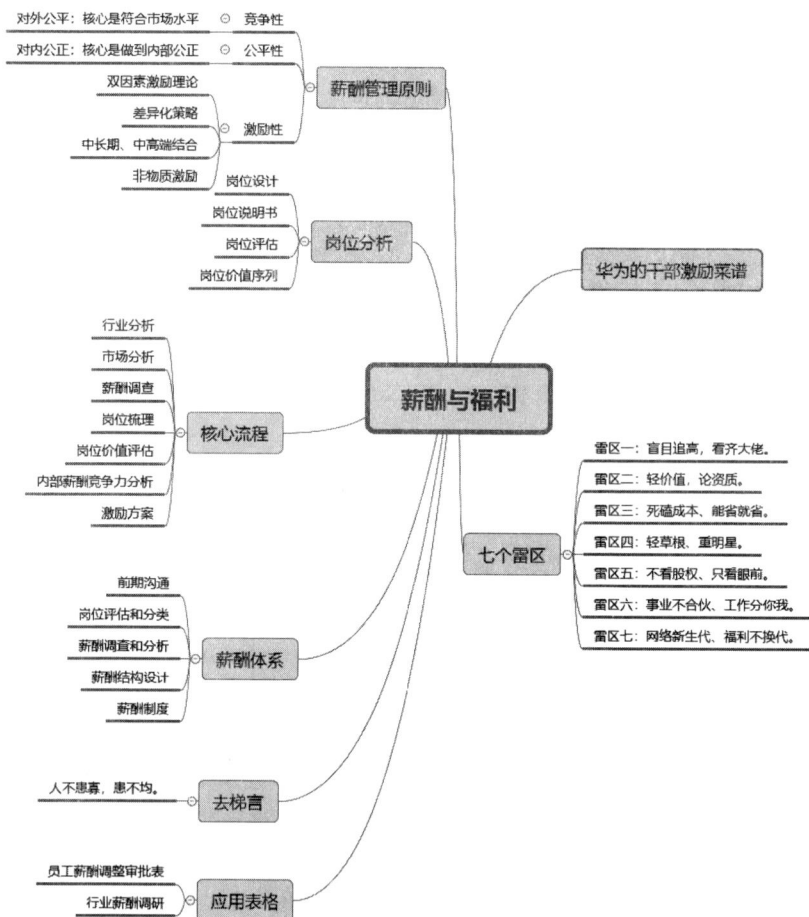

图 4-1 薪酬激励思维导图

🔍 4.4　薪酬管理中的雷区

雷区一：盲目追高，看齐大佬

◆ 高工资，对企业是一种伤害

"钱给多了，不是人才也变成人才？"这句话，听说是华为的掌舵人任正非先生说的，无从考证。但，华为的高收入有目共睹的，2017 年，据传华为人均 68 万元。但往往人们只听到了表面的信息、单纯的数字，没有看到数字之下的逻辑与规则，在没有完全弄懂之前便竞相仿效，认为高工资就等于高产出。

GG 公司是一家生产电信产品的公司，在创业初期，依靠一批志同道合的朋友，大家不怕苦不怕累，从早到晚拼命干，公司发展迅速，几年之后，员工由原来的十几人发展到几百人。业务收入由原来的每月 10 多万元发展到每月 1000 多万元，企业大了，人也多了，但公司领导明显感觉到，大家的工作积极性越来越低，也越来越计较报酬。总经理受《松下幸之助的用人之道》中"经营的原则自然是希望能做到'高效率、高薪资'启发。总经理认为，公司发展了，确实应该考虑提高员工的待遇，一方面对老员工为公司辛勤工作有所回报，另一方面可以吸引高素质人才加盟公司的需要。

基于上述理由，总经理聘请一家知名的咨询公司为企业重新设计了一套全新的薪酬制度。新的薪酬制度大幅度提高了公司各类员工的薪酬水平，推行以后，其效果立竿见影，公司很快就吸引了一大批有才华有能力的人，所有的员工都很满意，工作十分努力，工作热情高涨，公司的精神面貌焕然一新。

但好景不长，没多久，员工的旧病复发，又逐渐地恢复到以前懒洋洋，慢吞吞的状态。新薪酬制度的实施，并未达到预期的效果。公司的高薪酬并没有换来员工持续的高效率。

互联网泰斗阿里巴巴也曾经历过类似的高薪酬弊端。

1996 年 10 月，早期的阿里巴巴收获了第一笔来之不易的 500 万美元风险投资。

> 高工资，对企业是一种伤害，对员工来说，何尝又不是。
> 高工资对员工来说，多多益善？
> 不尽然。不合常理的高工资，对员工同样是一种伤害。

也许是觉得 500 万美元是一笔不小的数目，可以花不少时间；也许是觉得阿里当时的技术、人才急需升级。总之，马云想给当时的团队带来一股强大的动力。他花了不少时间与精力，从国内外引进不少 MBA 专业人士，这些 MBA 的精英们当然是价格不菲，也像 GG 公司一样给出了大大超出市场标准的高薪。这些精英的加盟被马云戏称为飞机的发动机。他们一边给阿里提供着他们从国内外学来的前沿理论，另一方面当然也在毫不客气地消耗着阿里仅有的种子资金，钱很快花完，随后阿里又不得不第一时间融资自救，差点让当时的阿里倒在创业的路上。

2014 年，我刚到 HK 公司不到半年时间，就遇到 HK 与其最大的竞争对手 FZ 公司的人才争夺战。

这场战争的起因是因为双方业务的扩张，加上双方同在河南的一个项目竞争，业主对 HK 的项目方案很满意。为了取得项目的成功，同时也为了解决 FZ 公司的设计人才短缺，FZ 公司对 HK 的该项目的设计团队开出的条件是，无论在 HK 的薪酬是多少，一律二倍给付，而且薪酬的多少是由设计人员自己定，无须核实，口头说即可。信息一出，当时就炸开了。

重奖之下必有勇夫，尽管我们人资同事善意地提醒大家小心为好，不可轻信之，当时还有一小伙子义无反顾地走进 FZ 公司。

好在高智商的设计人员知道，一家负责任的公司是不会这么不负责任地设定薪酬的。

> 企业，慎用高工资，这里的高工资是指高于市场水平、高于员工个人价值的薪酬设定，而并非反对提高、改善员工的工资待遇。

在我与 FZ 公司的高层涡旋之下，随着 HK 的中标，此危机自解。

走进 FZ 公司的小伙子两个月不到，便尝到了苦果。

他给 HK 的人资发邮件，希望原待遇回来，甚至打折，被拒。这个优秀的设计师最后只好去了另一家不知名的小公司。

◆ 薪酬管理要遵循的几个原则

企业的薪酬管理人员在进行薪酬体系的设计过程中，应遵循一些基本原则。

1. 公平性原则

薪酬管理设计重在建立合理的价值评价机制，在统一的规则下，通过对员工的绩效考评决定员工的最终收入。按照承担的责任大小，需要的知识能力的高低，以及工作性质要求的不同，在薪资上合理体现不同层级、不同职系、不同岗位在企业中的价值差异。不同部门不同的岗位之间、不同技能水平的薪酬水平应该互相协调，合理确定内部不同岗位的相对价值，按照工作性质、职责大小、能力高低来合理体现，以免让员工产生不满。

2. 激励性原则

打破工资刚性，增强工资弹性，通过绩效考核，使员工的收入与公司业绩和个人业绩紧密结合，激发员工积极性。薪酬以增强工资的激励性为导向，通过动态工资和奖金等激励性工资单元的设计激发员工工作积极性；另外，应设计和开放不同薪酬通道，使不同岗位的员工有同等的晋级机会。

薪酬必须与企业、团队和个人的绩效完成状况密切相关，不同的绩效考评结果应当在薪酬中准确地体现，实现员工的自我公平，从而最终保证企业整体绩效目标的实现。

3. 竞争性原则

根据市场薪酬水平的调查，对于与市场水平差距较大的岗位薪酬水平应有一定幅度调整，使公司薪酬水平有一定的市场竞争性。一个低工资的企业留不住优秀的人才，所以一个企业若想吸收优秀的人才力量就需要让企业的薪酬水平具有一定的竞争力。在设计时就需要参考到在同行业薪酬市场的薪酬水平、竞争对手的薪酬水平的情况，保证企业的薪酬水平在市场上具有一定的竞争力，以便能够更好的保留和吸引人才。同时，公司的地位、人力资源储备以及公司财务状况也都是需要综合考虑的因素。

4. 灵活性、适应性原则

企业在不同的发展阶段和外界环境发生变化的情况下，应当及时对薪酬管理体系进行调整，以适应环境的变化和企业发展的要求，这就要求薪酬管理体系具有一定的灵活性。

薪酬管理体系应当能够体现企业自身的业务特点以及企业性质、所处区域、行业的特点，并能够满足这些因素的要求。

5. 经济性、可操作原则

人力成本的增长与企业总利润的增长幅度相对应，增加适当工资成本引发员工创造更多的经济价值，实现可持续发展。

确定薪资的水平必须考虑企业实际的支付能力，薪酬水平须与企业的经济效益和承受能力保持一致。人力成本的增长幅度应低于总利润的增长幅度，同时应低于劳动生产率的增长速度。用适当工资成本的增加引发员工创造更多的经济增加值，保障出资者的利益，实现可持续发展。

雷区二：轻价值，重资历

在企业的薪酬管理过程中，企业在不同的发展阶段，都有这么一批与公司共存亡、同进退，与企业的发展相依，不离不弃的人，他们叫做企业的元老，或者老员工。在薪酬管理上，应不应当让老员工优先，或者论资排辈呢？

薪酬管理中，员工有资历只是说明他的工龄长，不表明他的贡献大、价值大、岗位重要，薪酬标准的确定，还是得以岗位的标准来定，在确定薪酬或者薪酬调整之前先得进行岗位分析。

◆ 定薪前提：岗位分析

什么是岗位分析？

岗位与我们平常所说职位、职务不同。

岗位是组织的最小单元，是一组性质相近的工作的组合，与人对应，员工通过岗位承担了组织具体、明确的工作任务。

职位是对工作性质相同、工作内容相似的一系列岗位的归类。职位应随着组织目标和流程的变化而变化。

职务是体现行政级别的通用称谓或头衔。

岗位分析是根据企业各类岗位的性质、任务、职责、劳动条件和环境，结合企业所在行业背景，对员工胜任本岗位任务所应具备的资格与条件等所进行的系统分析与研究。在人力资源管理系统中，岗位分析是最基础的工作，它提供了建立其他各人力资源子系统的平台，是其他各项工作顺利开展的基础。

岗位分析能够把组织实现战略的职责落实到具体组织成员，确保组织正常运转，支持组织实现目标。

岗位分析中，岗位评估是重中之重。岗位评价是用定量与定性相结合的科学方法，确定岗位等级层次的过程，也就是在岗位分析的基础上，依据岗位分析所收集的资料信息，对岗位的相对价值进行分等排序的过程。通过岗位分析和岗位评价，为实现公平报酬打下了基础，也使薪酬管理工作能做到客观、公正。

岗位分析的三个基本原则。

原则一：针对"岗位"，而非针对"人"，即对事不对人。

原则二：关注那些应该做的工作，而非目前正在做的工作。

原则三：分析岗位的职责、任职条件等内容，而非简单的列出岗位相关内容的明细表。

岗位分析最后的输出结果是岗位说明书。

编写岗位说明书。通过岗位分析，经过面谈、问卷、深入现场调查等方法，收集与岗位相关的信息，汇总、处理后，整理成书面形式的文件。

岗位说明书由岗位描述和岗位规范两部分构成。

岗位描述指与工作内容有关的信息，包括职务概况、岗位工作目标、岗位工作特点、岗位工作关联等。

岗位规范写明了岗位的任职资格。例如，胜任该岗位的人员应该是本科生还是专科生，他应该有几年相关工作经验，他所具备的专业知识和技能是什么等。

岗位说明书使员工明确了工作的职责，向管理人员提供了岗位的书面信息，便于管理者对工作进度、工作目标的情况有一个对比参照的范本。岗位说明书的格式没有明确的规定，企业可以根据自身情况设定，但是岗位说明书的内容建立在岗位调查的基础上，不经过调查就不可能得到岗位工作的全面信息。岗位调查的方法有面谈法、问卷法、观察法、关键事件法、工作日志法等。在实践中，较常使用的是面谈法和问卷法，这两种方法操作简单，适合绝大部分的中小企业运用。

本章节末提供了详细的岗位说明书样本。

◆ 华为十六字薪酬方针

根据岗位评估，结合薪酬管理的基本原则，企业也都有自己的薪酬管理制度或管理办法，不同的企业有不同的特点。据媒体报道，华为 2016 年的人均收入是58 万，一时间，大家热议不止，都对华为的薪酬体系感兴趣，那么来说说华为的薪酬体系。

华为公司有关薪酬的一些做法，值得借鉴。

> 华为薪酬十六字：以岗定级、以级定薪、人岗匹配、易岗易薪。

华为的薪酬主要包括三部分：工资、奖金和分红。外派国外，还有外派补助和艰苦补助。

人均年收入 58 万的华为不仅舍得花钱，更重要的是懂得分钱。

以岗定级，根据岗位评估确定岗位等级、职级。确定每一个职位会确定一个对应的职级，这个职级就是这个岗位对企业贡献的价值评估，包括了对组织绩效的评估，对岗位价值的评估和对任职者个人的评估。确定岗位序列，例如研发岗位序列、市场岗位序列等。其中，研发岗位序列又包含了助理工程师、工程师、高级工程师等渐进的职位。岗位序列评估，评估的重点在于职位的应负责任是什么，控制的资源是什么，产出是什么，以及这个岗位面对的客户和环境的复杂程度是怎样，并参考承担这个岗位的人需要什么样的知识、技能和经验等。

以级定薪，确定职级工资表。华为是宽带薪酬体系，对于每一级别，从最低到最高都有长长的带宽，每一个部门的管理者，可以对自己的员工，根据绩效在这个带宽里面进行工资调整。在同一级别里面，可以依据员工的绩效表现，在每年公司的例行薪酬审视中，或者当员工做得特别优秀时提出调薪申请。由于不同级别之间的薪酬区间存在重叠，员工即使不升级，只要持续贡献，绩效足够好，工资也可以有提升空间，甚至超过上一级别的工资下限，这样有利于引导员工在一个岗位上做实做深做久，有助于岗位稳定性。

人岗匹配，员工与岗位要求匹配。人岗匹配最核心的是看员工的绩效是不是达到岗位的要求、行为是不是符合岗位职责的要求，另外，还包括一些基本条件，比如知识、技能、素质、经验等。人岗匹配的核心是员工的任职资格管理，这是华为人力资源三大宝的核心之一，此处不作详述。

易岗易薪，针对岗位的变化，调整相应的薪酬水平。易岗易薪，也意味着员工的薪水随着岗位的调整而调整，员工加薪容易理解，员工也喜欢；可是如果降薪呢，大多数企业不敢实施，原因是员工不配合，不同意，企业的人力资源支撑体系不完善，无法支撑。其实，实施易岗易薪，只要企业的手续完备，是完全可以有效实施的。

雷区三：死嗑成本、能省就省

薪酬管理，从观念上讲，另一个极端就是，员工给的越少越好，最好不要钱，光干活。对老板来说，天下哪有这等好事；对员工来说，还有什么比这更残忍！

◆ 工资不是省出来的，企业越省越少

老板难做……

现金压力、客户萎缩、急需转型；

税务、社保、房租，水电等，一分也不能少；

应收账款越来越多；

公司开销越来越大；

他们放弃了娱乐，放弃了休闲，甚至放弃了家庭团圆；

老板在日常生活方面，花钱还不如职员潇洒，甚至被人说抠门。

但有的老板为了省钱，连员工的提成都敢扣，这已经不是抠门的层次，而是守财奴了，但有时候，财不一定守得住。

刘明是 WW 公司的销售骨干，整个业务五部有一半的业务出自他之手，客户资源广，不伙子酒量大，北方人，豪爽，人缘好，朋友多。最近的一个大客户，如果合同谈下来，刘明一年的任务也就顺利完成。

事情进展得很顺，合同很快谈了下来，刘明很开心，因为这笔单子谈下来，他全年收入就有了保障。可是，到了项目的最后，老板因为提成太多，不想给。刘明怒了，拼了多少酒，才把这单攻下来，老板就凭一句话，提成说不给就不给，逼人太甚，多次协商无果后，刘明直接跟老板提了辞职，老板倒是当场同意！二人从此决裂。

刘明离开了 WW 公司，跳槽到竞争对手 WG 的公司，带走了自己之前积累的大量的有意向的客户。刘明成为 WG 公司的营销副总，本来就优于 WW 公司的

WG 公司如虎添翼，两家公司的距离从此大幅拉开，WG 公司也从此之后从未被 WW 公司超越。顺便要说的是，之前客户，WW 年中的第二大订单还是因为刘明的关系给了 WG 公司，此项业务给 WW 公司直接的利润损失是 400 万。

　　企业在为员工付酬时，考虑的应是给企业带来的价值与利润，考虑的应是未来或者可能的利润，而不是眼前的，即得的；有时候省下来的是钱，而伤了员工的心，省下来的不是公司的利润而是潜在、或者更大的利润丢失。

◆ 舍不得老东家，想到工资就舍得了

　　薪酬管理中，要按岗位价值定薪酬，以岗定薪、易岗易薪，不搞论资排辈，但也存在着另一种难解的现象：新人的工资总比老人的工资要高！

　　下面一家企业的真实经历，或许会击中不少企业老员工的泪点。

　　WDD 公司是华中区域一家业内小有名气的文创企业，公司的工资一直保密，公司老人的工资都差不多，大家也不好意思去问，谁高谁低，彼此间相安无事。

　　后来，公司从外面招来几位新人，年轻人敢说，也敢表达，在一次谈话中，无意中把他们自己的工资露了出来，现场的老员工一听，差距太大，几个老员工一商量，果断集体走人，一个没留，老板多次出面，已是无力挽回。这让公司措手不及，最后的结果就是导致公司业务停营半年，损失利润上百万，就因为几个老员工的几百块钱差距。可能，也许不是差那几百块钱的事，而是老员工们觉得不公平，员工有时候并不是真在意那点工资，有时候就是感觉受到不公平的待遇。

　　对于老员工，老板们总是抱着能省则省的心态，不到万不得已，不加薪、不升职。

　　对于老员工，老板们该加薪时，就应当立即、马上。否则，老员工们对企业的感情还是会赶不上工资的行情 —— 他们迟早会走。

雷区四：轻草根、重明星

　　二八定律，也叫二八原则、巴莱特定律、最省力的法则、不平衡原则等，被广泛应用于社会学及企业管理学中。19 世纪末 20 世纪初意大利经济学家巴莱特发现，在任何一组东西中，最重要的只占其中一小部分，约 20%，其余 80% 尽管是多数，却是次要的，故称之二八定律。

　　生活中，二八定律随处可见：

　　80% 的销售额是源自 20% 的顾客；

　　80% 的电话是来自 20% 的朋友；

　　80% 的总产量来自 20% 的产品；

80% 的财富集中在 20% 的人手中；

20% 的客户为企业带来 80% 的利润；

80% 的客户为企业带来 20% 的利润！

◆ 被过度使用的二八定律

深圳就有这么一家企业，是从事互联网第三方客服服务的，约 40 人的规模，老板周总在 MBA 的课堂上，深受二八定律的影响，觉得二八定律太神奇，公司的工资制度一度让他苦恼不已，现在他似乎有了答案。

回到公司，周总调整了公司部门经理的工资，部门经理的工资几乎是翻了一番，其他员工满以为部门经理调整完毕就轮到他们时，等了三个月也没有动静。于是，公司的核心部门客服中心，有胆大的员工，试着问周总，什么时候给他们普遍员工也涨一涨。

"没有呀，没有这个计划呀。"周总一脸诧异。

"可是他们这一次的调整是成倍地上调，我们虽然没有领导厉害，但好歹也该有份吧。"

"哪怕 100 也行呀。"

"我们太不重要了。"

"算了，不干了"

"算上我一个。"

"算上我。"

"还有我。"

"还有我。"

……

不到一周时间，客服中心近三十人走了差不多二十人。只留下几名实习生和客服中心老大。

已然是光杆司令的客服中心老大着实慌了，偌大的客服中心，他就是有天大的本事也搞不定了，不得已，他拨通了周总的电话。

接听电话之后周总面无表情，他知道，等着他的将会是一地的鸡毛。

雷区五：不看股权、只看眼前

企业大牛是企业中的牛人，当然也是企业的顶梁柱。

如何激励他们？

对大牛们的激励，第一，要看他的诉求，很多大咖的诉求是梦想，即这个事情是不是他想做的，到了一定级别之后，他不会对钱有太多的要求，金钱已经不是决定他去留最重要的因素；

第二，跟谁很重要，老板是什么风格、能够给予牛人怎样的机会，跟着他有没有发展；

第三，整个公司的业务发展很重要；

第四，给钱、给股权。

◆ 不给金钱，给期权

多数情况下，给股权是一种较好的激励方式，但也要看授予对象是否合适，比如有的企业也曾遇到过，给了股权之后发现这个人不合适，他并非技术不好，可能是和团队的沟通不太好，或者性格怪异，结果就会很尴尬，所以股权的授予也要非常谨慎，什么时间、什么方式、如何退出、如何回购，以及股权的行权条件等要素都要仔细考虑。

> 给股权对于牛人们来说，是有用的；对于普通人来说，更是毫无免疫力。

以华为为例，激励对象有分红权及净资产增值收益权，但没有所有权、表决权，不能转让和出售虚拟股票。华为员工离开企业时，股票只能由华为控股公司工会回购。华为公司的股权激励实际上是分享制，而不是股份制。任正非把原本属于股东的利润，按贡献大小让与数万员工分享，通过让员工分享公司利润，激励员工工作动力。华为公司的股权激励是员工激励与公司融资的结合。公司通过股权激励获得了大量资金，又由于华为公司的经济效率很高，员工的资金在公司可以获得很高收益。

"让利益，留权力"。由于采用虚股激励，公司的实际控制权始终掌握在任正非等少数股东手中，员工分享利益，但不分享权力。华为公司的股权激励经过12年实践检验，证明是一个十分成功的案例，至少到目前为止仍是成功的，其激励效果甚至好过许多上市公司。

华为没有上市，而是把98.6%的股权开放给员工，创办人任正非只拥有公司1.4%的股权。除了不能表决、出售、拥有股票之外，股东可以享受分红与股票增值的利润。并且，每年所赚取的净利，几乎是百分之百分配给股东。

早在2010年，华为净利达到有史以来最高，238亿元人民币，配出了一股人民币2.98元的股息。若以一名在华为工作10年绩效优良的资深主管，配股可达40万股，该年光是股利就将近人民币120万元。这个数字，甚至比许多外商公司的高级经理人还要高。

对于互联网企业来说，互联网企业之所以发展得比传统企业更快，很重要的就是期权制度。58同城成立不久，几乎成立第一天开始就做了期权的制度，姚劲波个人拿20%多的股份，而58同城的员工拿的也差不多百分之十几。

在北京，员工每个月拿两万、三万的薪水，也是买不起房子的，薪水高低的影响因素相对弱许多；而只有期权才有想象空间，才可以让人才一起努力。如果人才认可企业的方向，就会把你给他的期权当一回事，如果没有这个期权制度的话，做互联网的人，尤其是那些大牛们可能不会加入这个行业，企业也很难吸引到真正一流的人才。

◆ 认可激励，多点赞

相信不少管理者都碰到过下面这种情况。

（1）你必须盯住员工，以确保他们在做手头的工作。

（2）员工都是掐着时间上班，不会提前一分钟到公司，一到下班时间，跑得比兔子还快。

（3）员工只是做了很少的一部分工作就认为他们应该得到更高的报酬或升职，你对此很不愉快。

（4）员工只是按部就班地完成你交代的工作，至于完成过程中出现的问题，他总是不停地"请教"你，而从不愿意自己想办法解决。

这种看上去磨洋工的情形，就表明激励机制存在着一定的问题。绝大多数管理者都简单地认为激励就是运用适当的激励措施促使员工做他们该做的事情，薪水是决定员工去留的最重要的因素。研究发现，对于员工而言，对他们良好的工作表现给予认可在他们心目中始终排在第一位。

我们都知道，报酬分为两类：外在的和内在的。外在报酬有两种形式：其一是组织提供的金钱、津贴和晋升机会，其二是来自于同事和上级的认同。内在报酬则是来自于任务本身的报酬，如成就感、影响力、胜任感及一项工作圆满结束之后的自我祝贺。遗憾的是，金钱和提升始终为企业所重视并被过度地滥用，一碰到前述情况时，很多公司都马上会想到：员工对现有的薪酬不满意！总是从薪酬福利方面寻求解决办法。

认可（recognition）作为激励的一种重要形式。对员工杰出绩的认可和奖励在组织的报酬系统中至关重要，但经常被忽视。

在员工看来，金钱不具有奖励性的价值而且很容易会被人所淡忘，但公众性或组织形式的认可可以留给别人一个能持续一段时间的印象与感觉。一个礼物或纪念品可以是一个象征：使一个成功的印象得以扩展。因此，认可作为一种有效的激励方式，它和钱一样重要。

认可与员工满意度是紧密联系在一起的，很好地构建并实施员工认可的激励系统能产生正面的成本效益结果。

认可员工一点都不困难，有以下方式可以参考：

（1）写一张"谢谢"的小便条给按标准完成工作的员工，表示你对他所做的工作的认可，也可根据工作的意义大小在一定的时候给予更多正式的认可。

（2）如果有员工认为我们团队中某个员工做得确实很出色，建议他以 E-mail

的形式列举一至二点，详细指出该员工做了什么，为什么如此重要。然后，立即坐下来在绩效评分卡的背后写下 10 个"谢谢"送给应该得到奖励的员工。同时，将该员工的名字列在认可员工绩效的黑板上。

（3）把该受奖赏的员工叫到办公室里并且感谢他做出了突出的工作。这时，只关注具体化的认可而不是其他内容，使认可的效果不会由于讨论其他事情而冲淡。

（4）买一项奖品，把它授予部门中最该受奖励的员工。在奖品上记录上这个员工的姓名，但要为更多的名字留下空间。为了保证公平度和接受度，最好让这个员工挑选部门中下一位获得认可的员工并且解释清楚为什么选择他。

（5）每季度颁发给某位员工"说到做到"（Walk-the-Talk）奖或装饰品证书来表扬其完成目标的绩效。

（6）在下班后或上班前通过电子邮件对该受奖励的员工说"感谢您把工作做得这么好。"。

（7）当你得到了提拔或晋升，带你的工作助手们出去吃午餐以表彰他们在你的晋级中所起的作用。

（8）通过指派一个员工去指导另一个人来认可他出色的技能或专业技术，同时也证明你对他的信任和尊重。

（9）当你听到关于某位员工的正面评价时，尽快地把它告诉那位员工。

（10）注意员工似乎最喜欢的那些表扬或认可的方式，尽可能多地使用它们。

（11）邀请员工在级别很高的管理层会议或领导者会议上宣讲自己的特别个案，让员工自己来展示他们的艰辛工作和突出成就。

（12）准假。这是一种越来越流行的认可员工的做法。如果员工提前保质保量完成任务，比规定时间每提早一天，就给他一天休假作为奖励。

……

认可激励。对组织的价值贡献及工作努力，及时给予特别关注、认可或奖赏，从激励员工开发潜能、创造高绩效，提升员工满意度、敬业度。像员工只要做出有利于公司、有利于客户价值、有利于自我成长的事，都给予肯定或奖励，认可的内容包括：绩效认可、员工发展认可、管理改进认可、文化认可、员工关爱认可、合作认可、客户认可等等。包括利用移动互联网随时在手机上进行评价认可、微认可。

华为更是将员工的认可激励放到了手机客户端。包括绩效认可、培训认可、管理改进认可、文化认可、协作认可、员工关系认可等。认可激励是非物质激励中非常重要的组成部分。

认可激励也很准确地表达了激励形式的多样化，除了最为常用的物质激励之外，人，作为高等级的灵长类动物，需要获得更多的满足与自我实现，认可激励则在很大程度上符合这种要求。

认可激励，通俗的讲就是多刷存在感、随时点赞。

雷区六：事业不合伙、工作分你我

综观整个 20 世纪，以西方工业化革命为起点，通过亚当•斯密的分工理论、福特与泰勒的管理实践，规模化、标准化、由上而下控制式的流水线运作形态已统治企业近百年。即便是当下我们看到的所谓现代化管理理论，也脱胎于这一形式，有许多所谓的管理创新也只是在这部"老机器"上的"修修补补"而已。企业用工模式在这一百年间也没有出现大的变化。

直到互联网的出现以及 IT 技术力量迅速崛起，才逐渐改变了一统江湖的雇佣格局——分工协作、外包、项目制、兼职等多种雇佣形式开始陆续出现，这对雇主关系产生了深远影响。此外，雇佣关系的变化也给企业人才管理，特别是用人、留人环节带来了挑战。

雇佣关系的过去、现在和未来过去，稳定的、标准化的雇佣关系比较常见。在这一形势下，某种程度上人对于组织的依附性较强，无论精神层面还是经济层面，长期将自己的劳动力一次性卖给企业。这种雇佣关系的好处在于稳定、风险小，坏处是员工没有自由度，完全听命于管理者的指派。

> 很多公司主动打破原来基于业务价值链的分工和流程体系，推行合伙人制。

这些公司鼓励员工自由组合形成创业团队，将资本雇佣劳动变为资本与劳动的合作，让员工由打工仔变成企业的共同经营者，从而使员工更愿意为企业的发展做出贡献。从项目和投资，各自为战，各显神通。在传统的利益分配模式中，股东、管理层、员工之间的关系是自上而下的指令关系和分配关系。企业的管理决策自上而下传达，企业的经营成果分配则完全由上级决定，这种模式下的员工完全处于被动的状态，员工往往自主性差、缺乏能动性、规避责任。

合伙人制顺势出现。

合伙人制的本质是，建立一套企业分配机制，激励员工以更大热情和更负责任的态度投入到工作中，以利益共享、风险共担的运营机制，为员工提供创业平台，帮员工实现人生价值。在这种模式下，员工不再是单纯的劳动力出卖者，而是成为自己的主人，在工作上也会变得更加热情和积极主动。

◆ 得合伙者，得天下

合伙人制的三要素

要有合适的人。不管是法律意义上的合伙企业还是管理概念中的合伙人制度，其目的都是希望吸引人才以帮助企业的发展。因此，在寻找合伙人时，需要确认对方是否具有一致的经营理念，确认对方高度认同公司企业文化，愿意为公司的使命、愿景和价值观竭尽全力。

建立合适的合伙人制度。目前的合伙人制度主要分为三类：业务合伙、事业合伙、股份合伙，在商业实践中很多企业也根据自身需要将多种合伙制相结合或改进，发展出其他类型的合伙制模式。但最终目的都是运用合伙制的管理概念寻找和留住企业需要的核心人才，解决团队成员的激励问题，满足企业生存发展的客观需要。由于每个人的需求和所处层级不同，也因此需要针对不同的人群建立不同类别的合伙机制。

建立开放的企业文化。单打独斗的时代已经过去，更多的强调协同进取，作为人才本身而言，也希望能找到一个组织平台，让自己不仅有安全感和认同感，更重要的是能借助组织的力量帮助自己快速成长，在组织中能获得成就感和归属感。因此，企业需要营造良好的文化氛围，以开放包容的心态给予充分的信任和支持，让人才与企业之间形成良好的互动。

◆ 事业合伙二十四箴言

马云在一次聚会中，提及未来企业的竞争不再是企业间人才与人才的竞争，而是企业间合伙人机制的竞争。推行事业合伙人要牢记二十四字箴言。

数据上移。为保证各个业务单元的数据得到充分利用，保证数据决策的有效性，合伙人制中所有的数据均应上移至集团或者统一的后台部门进行归总，最终形成大数据。各个业务单元的大数据是指挥各个业务体系的大脑与中枢。数据上移的前提是，总部应有强大的后台支撑体系以保证对各个业务单元的实时风险管控，如法务、审计、行政后台等，这也是合伙人制与项目承包制最大的不同。

权力下放。在推行合伙人制过程中，各个业务单元的负责人应具有充分的人事权与财务审批权，个体的激活首先是个体决策权的激活。管理者通过充分的授权，让合伙者有充分的自由度，这样个体的价值才能最大化的发挥与解放。

责任下沉。合伙人制中，管理者的责任通过业绩系统的传递，逐步分解、逐步传递，最终到达直接的责任人手中。

独立核算。合伙之后的业务单元是一个利润中心，这个单元要存活，唯一前提就是贡献利润，让业务单元的管理者独立核算成本、独立核算利润，精打细算，成为一个真正的经营者。

利益共享。利益共享是合伙人制中最为关键的部分，企业为利存在，没有利润的企业不会长久，也没有存在的意义。合伙人制中所有的安排，包括责任下沉到业务单元、权力释放、独立核算等，最能让个体激活的则是利益的分配与分享。利益共享的核心是解决业务单元的分配比例与分配方法，通常采用内部协议、会议纪要或备忘录等形式书面明确。

风险共担。分钱是很容易的。事业合伙可以理解为一种投资，或内部创业。创业有起动资金，投资要有本钱。要建立合伙制的风险保证金机制，实现真正的利益绑定。员工不仅要投入精力、经验，还要投入实实在在的规模不等的资金，这才是真正意义上的合伙，也是与普通项目责任书的区别所在。

在中国获得越来越多关注的合伙人制虽不是一个新颖的概念，但在人力资本越来越重要的今天，管理者希望运用合伙人的管理概念，建立一种责任与权力匹配、投入与回报得到肯定的开放机制，以适应企业凝聚人才、促进发展的现实需要。

在新的形势下，很多公司都感到原来行业或做法已做不下去了，没有前途，必须创新与转型，这已不是发展问题，而是生死问题。

> 时代在变，雇佣关系也在变，合伙人制的推行也会变得渐渐热闹起来。对未来的企业主们来说，则更是得合伙者得天下。

企业间争夺的模式也发生了变化，以前是争夺创业项目，未来是争夺创业型人才。通常，在业界具有狼性、更雄心勃勃的人才，更喜欢跳槽到合伙人制的企业里去，这样才能施展拳脚，这也势必会将曾经竞争均衡和人才分布的模式打破。

对此，华为董事长任正非也感到了危机，他特别强调："资源是会枯竭的，唯有文化才会生生不息。一切工业产品都是人类智慧创造的。华为没有可以依存的自然资源，唯有在人的头脑中挖掘出"大油田"、"大森林"、"大煤矿"……。"

雷区七：网络新生代、福利不换代

◆ 数百万的福利成惨剧

新闻报道，上海某知名五百强企业亲子中心，发生教师虐待儿童事件。教师除了殴打孩子，还喂 17 个月的孩子吃芥末，孩子一小时拉 6 次，拉了也不给换纸尿裤，用消毒水喷孩子……

不久，携程官方确认了此事属实，并深表歉意，将给予孩子及家属进行相关的体检和心理干预，确保将事件造成的影响降到最低。涉嫌虐待教师被停职查办，并于 11 月 7 日交予警方处理。

上海携程现有一万五千多名员工，早前不少人反映，很难照顾家中幼儿。为了解决员工的后顾之忧，携程与"为了孩子"学苑，共同打造"携程亲子园"日常托管服务项目，着力解决职工 1 岁半至 3 岁左右的孩子在上幼儿园之前家中无人带教的困扰。该项目还获得过上海市政府、总工会等部门的支持和鼓励。

评判一个福利制度的好坏，关键不在于花钱的多少，而在于是否更加"人性化"，是否急人之所急。每一个员工身上都背负着一个甚至多个家庭责任，有了家庭总免不了发生各种突发事件。所以想要让员工没有后顾之忧全力以赴地投入，就要理解他们所遇到的家庭问题。

在本次事件中，携程想到了员工家庭问题中的幼儿托管难题，却忽略了更深层的需求，对于幼儿托管的便捷，员工更在乎孩子的安全和健康。所以"幼儿托管"的福利，不仅仅靠砸钱就能解决，能否有安全和健康的保障才是关键。

◆ O2O 时代福利新样板

相比于传统型福利，新兴福利更易受到年轻群体的青睐。如何协调新老员工对于新兴福利的认可程度，如何有效地控制福利成本是未来需要考虑的事情，但无论怎样，未来几年，我们将会看到各式各样的新兴福利在企业中得到实践并因此引发一股福利创新的浪潮。

未来普调薪酬的企业比例将呈下滑的趋势，随着经济下滑和企业转型压力的递增，企业更倾向于只给核心员工涨薪。与此同时，大部分企业的涨薪空间和力度都在降低，在这种情况下，津贴和福利能够发挥的作用就更加显得突出了。一些"新兴的"、"屌丝化"的福利也能起到很大的激励效果，有效地提高员工满意度。

根据众达朴信研究院的《2014—2015 年企业新兴福利调研报告》显示，诸如脱光补贴、单亲补贴、姨妈假、家人体验日、父母补贴、旅游津贴、拥抱福利等各项新兴福利已经在部分企业得到应用。诸如以下一些福利。

◆ 互联网＋让社保服务智能

从现实情况来看，围绕着"互联网社保服务"形成了一股大的创新浪潮，出现了一批专注于打造"互联网＋社保"的人力资源服务平台，如 51 社保网、金柚网、爱员工等。

◆ 公司福利好不好，食堂这关跑不了！

据华为内部员工声称，在华为食堂员工的工资都比别的公司的高！还有家庭开放日，各种小吃应有尽有！

小米食堂比较干净舒适，还会不定期有各种福利！比如说重要的球赛，小米会布置了像一个足球赛事现场的餐厅！

为了员工的健康着想，谷歌的标准是：不放味精，少油！而且厨师团队 3 年就开发了 3000 多个品种的甜点！

🔍 4.5　去梯言：不患寡，患不均

薪酬是员工付出劳动应得的报酬，也是企业管理员工的一种手段，两者之间必须有一个平衡，一旦这个平衡被打破对于企业来说，将会非常不利。

早在两千多年前，孔子提出了"不患寡而患不均，不患贫而患不安"的思想。朱熹对此句的解释是："均，谓各得其分；安，谓上下相安。"这种思想对后代人的影响很大，甚至成为人们的社会心理。从朱熹的解释可以看出，这里的均，不是简单的平均、均等，而是各得其分，是指在公正的分配制度下得到自己应得的份额。如果简单理解"均"为平均，就会产生消极影响。均，在薪酬管理过程中，更不是所谓的吃大锅饭、搞平均主义。

通俗地讲，就是得到自己该得的，按劳分配，按价值分配。

员工的价值代表了员工的身价，也代表了员工能够获得的报酬与收入。只有有了良好的价值评价机制，才能让员工的薪酬与收入得其所，让员工心安而不患。

全力创造价值[1]

华为公司实施技术创新与客户需求的双轮驱动。在内外合规下，牵引公司作战力量聚焦多产粮食、增加土地肥力，而不是过度消耗内部运作。适应不同业务及发展特点，差异化组织队形与运作管理、提高组织敏捷性和运作效率。对内打造具有企业家精神的主管队伍和高度激发的精兵队伍；对外汇聚英才，培育优质的生态资源。

由职业化管理的职员构成面向确定性稳定运作的平台支撑；由能上能下的主管和专家构建面向不确定性创新创造的牵引力量，"让创造的力量在稳定的平台上跳舞"。

正确评价价值

面向不同的业务及发展特点，差异化组织的考核导向。在公司业务边界内，成熟业务考核导向经营、成长业务考核导向发展、发展初期业务考核导向战略成功。

面向工作性质的确定性与不确定，差异化各类人才群体的贡献评价，牵引主官聚焦胜利、专家解决问题、职员重在高质执行、工匠精益改进。

面向承担经营性责任的组织与员工，要建立短期与长期贡献相结合的合理评价机制；面向承担职能性责任的组织与员工，评价中要区分好管控、监督与服务的不同工作贡献。

合理分配价值

丰富激发员工价值创造动力的手段，物质文明与精神文明建设并重，构建全价值链贡献分享机制，让更多、更好的资源参与公司价值创造过程；基于不同业务与人群的不同责任贡献，构建差异化价值分配机制，撬动更大的价值创造机会与薪酬激励管理既要提升针对性，向促进公司有效增长的新业务与做出突出贡献的超优人才倾斜；又要注意避免破坏公司集体奋斗传统的继承与发扬。

价值作为薪酬的衡量杠杆，对于薪酬分配的公平性起着至关重要的作用，除了薪酬管理过程中的公平性之外，薪酬管理还要注意私密性。

绝对的公平是难以实现的，也是不可实现的，个人薪酬之间的差异难免存在，这时候薪酬保密工作就显得特别重要。

注释：[1] 资料来源：华为人力资源管理 2.0 纲要

众所周知，创立于 1892 年的美国通用电气公司（General Electric Company），简称 GE，是世界上最大的提供技术和服务业务的跨国公司。完善的管理、辉煌的业绩，使其得到全球范围的尊敬。1998 年—2000 年，连续三年被《财富》杂志评为美国最大财富创造者、全美最受推崇的公司、全球最推崇的公司。它的总裁韦尔奇被评为"世纪经理人"。然而这位全球第一 CEO 杰克·韦尔奇的职场起步并不很顺利。

杰克·韦尔奇 1960 年在马萨诸塞大学博士学位后，同年就加入通用电气公司，截止 2001 年 9 月退休，他在这家公司工作了 41 年，这也是他全部的职场经历。但是，公众所不知的是，在他就职的第一年，就差点愤然辞职而去。

在 GE 第一年的时间很快结束了，当韦尔奇正为自己涨了 1000 美元的工资兴奋的时候，他发现和办公室另外的四个人薪水完全一样，这让他不平衡起来，他觉得付出更多，收效更多，也需要得到比标准薪水更多的东西。很快，韦尔奇找到一份更体面的工作，而且递交了辞职书。但转机来了，他的上司的上司留住了他，这位叫加夫托的高管同样意识到公司的作风出现了问题，答应韦尔奇今后将杜绝这种作风，并为他加了更多的工资。

从 1960 年加入 GE 到 1981 年出任公司总裁，韦尔奇用了 21 年的时间。当他执掌 GE 时，公司机构臃肿、等级森严、反应迟钝，正走下坡路。杰克·韦尔奇对企业内部的扁平化改造，从管理层级上是将管理层次从 8 层精简到 3 层。在薪酬体系改造上，将工资层级从 29 个级别调整到 5 个组线条的级别，这也是扁平化的改革；当然，砍掉 25% 的企业岗位，削减了 10 多万份工作，将 350 个经营单位裁减合并成 13 个主要的业务部门，则更是大手笔的企业扁平化的改造。

国外有一组实验表明：不光是人，连猴子也有类似于公平的心理。

实验中两只猴的任务相同，猴子把石头交给实验人员，每交一块石头，获得一个报酬。

起初，左边猴子的报酬是小黄瓜，右边猴子的报酬是葡萄。左边猴子交了第一块石头，拿到了第一个小黄瓜，她开心地吃掉了。

> 一如众人、寻求公平的韦尔奇改变了 GE，让 GE 大放异彩。

紧接着，右边猴子交了第一块石头，她拿到了葡萄。左边猴子看在眼里。左边猴子第二次交石头，依然拿到小黄瓜，这时她愤怒了！她伸出手来，把小黄瓜砸向工作人员，还不解恨，又伸出手猛拍桌子，还不够，又抓住透明隔板使劲摇，试图挣脱牢笼！然后右边猴子又拿到葡萄，左边猴子第三次交石头，愤怒地用石头砸墙！交完石头又拿到小黄瓜。她更加愤怒了。

对公平与正义的渴望，深深植根于我们的脑海中，是人类所共同拥有的宝贵财富和不安因素。

🔍 4.6 拿实例：华为中层干部的激励菜谱

挑战自我，自我激励，自我超越！

在实际工作中，不少管理者们会发现这样一个问题，有些员工原本是能力出众的，而且工作热情也很高，但是工作时间一长，尤其是有所成就之后，他们就会满足现状，不再积极进取，很多还沦为不起眼的人。面对这种员工，管理者应采取的激励办法正是：不断地提高要求，提升员工的能力。

一个真正吸引人的公司应该是一个能够让员工不断挑战自我的公司。

知名企业华为公司就采用激励菜谱的形式，不断地对员工工作行为奖赏，让员工不断地挑战自我，不断突破自我。

所谓激励菜谱，指的是借用菜谱表单的方式列出激励资源或者激励方法。激励的方法是多种多样的，每个公司都可以根据自己的情况编制一份自己的"激励菜谱"。我们可以学习华为中层干部的激励菜谱方式来激励员工。

华为中层经理可以动用的激励菜谱

中层经理可以直接动用的激励菜谱，公司高层采用的激励方法一般是以制度规定下来的，而中层经理所能运用的激励方法则主要体现在细微之处，而且更为人性化，例如表扬、道贺、感谢、创造和谐的工作氛围、减少批评和指责等。

中层经理一定要善于发现和运用身边可动用的资源，其激励菜谱如下。

（1）中层经理亲自向下属道贺。

（2）公开表扬。

（3）让员工到办公室，当面感谢。

（4）帮助员工做一件他最不愿意做的事。

（5）请公司的老总或让你的上司会见你的下属，表示感谢。

（6）一块去吃饭，你请客。

（7）看到员工做得好，立即表扬他。

（8）员工有哪些地方做得好时，立即告诉他。

（9）告诉其他员工，你对某个员工的工作相当满意。

（10）讨论员工的想法或建议时，首先对这个建议予以适当的肯定，或者将这个建议称赞几句。

（11）写工作报告、工作总结时，要提到执行工作的员工姓名，不埋没员工的功劳替员工承担过失。

（12）使用优秀员工的姓名，来为某一计划命名。

（13）部门内部"排行榜"。

（14）送鲜花给有成绩的女职员。

（15）把高层人士向杰出员工祝贺的相片拍下来，送给他。

（16）一个项目完成后，外出放松半天，干什么都行。

（17）让优秀员工做某个项目的临时负责人。

（18）请公司总经理给杰出员工写贺信。

（19）员工工作受挫折时，表示理解。

（20）送下属虚拟的业绩，使他的业绩达到某一数量。

（21）将你手中的客户交给他做，增强他的信心。

（22）把其他一些好差事交给他做。

（23）你替他应付一些难对付的客户。

（24）让他代表部门参加公司会议。

（25）给予他更多的辅导。

（26）在业务会上，专门提到他的业绩。

（27）把公司给部门的旅游、出国等名额给他。

（28）帮员工处理家庭难事。

（29）集体旅游。

（30）会餐。

（31）让员工参加同业大会或专业性会议。

（32）让他去拜访大客户。

（33）让他去风景好的业务点出差。

（34）陪他一起健身。

（35）让他坐部门里位置最好的座位。

（36）出差买玩具给他的孩子。

（37）给他接触公司高层的机会。

（38）请下属到家里做客。

（39）当着你朋友或配偶的面，表扬下属。

（40）介绍名人或专家给你的下属。

（41）围绕杰出下属成立项目组。

（42）表扬那些能够替别人着想的员工。

（43）当你听到别人对你的下属正面评价时，尽快让下属知道，必要时当面告诉他。向公司上层反映下属的建议，并提到下属的名字，并把上层的肯定意见及时反馈给下属。

（44）用图表或三角板展示部门员工业绩。

（45）生日祝贺。

（46）让下属主持部门会议。

（47）定期向员工通报公司的状况，把其他员工的特殊表现，或其他部门的特殊贡献提出来。

（48）与下属商量部门内的重大决定。

（49）设立一个部门特别奖。

（50）搞小活动，给员工一个意外惊喜。

（51）部门内小型聚会。

（52）为祝贺某位下属取得的成就，在部门里举行一次未事先通知的庆祝会。

（53）选拔"最酷的男士"和"最柔的女士"。

（54）授权给优秀的下属。

（55）让下属诉苦。

（56）让下属自己制定工作计划。

（57）让下属挑选某项工作。

（58）请示后，部门集体自费。

🔍 4.7　给工具：员工薪酬结构定义及计算方式一览表、员工定薪调薪表

员工薪酬结构、定义及计算方式一览表如表 4-1 所示。

表 4-1　员工定薪调薪表

工资结构	定义及计算方法	适用岗位
基本工资	● 定义：根据员工所在岗位职务差别并结合市场物价水平而支付的基本保障性货币报酬，一般不低于当地政府公布的最低工资标准。是工资中的固定部分，按月出勤天数发放并且不与员工绩效考评结果挂钩 ● 定薪：新入职员工根据岗位职等确定基本工资等级，试用期按岗位所在职等工资标准的 80% 确定，转正后全额发放；调职调岗员工从调整当月起按新岗位对应职等基本工资标准发放。是人力资源部提报、用人部门负责人审核、人力资源总监复核、董事长批准 ● 计算方法： 　　　月应发基本工资＝基本工资÷月应出勤天数×实际出勤天数 　注 1："应出勤天数"界定为：当月员工需要出勤的工作日，包含法定节日；"实际出勤天数"界定为：当月员工实际出勤的天数，法定节日、调休、年休假视同出勤	所有岗位

工资结构		定义及计算方法	适用岗位
岗位工资		（1）定义：根据员工所在岗位职级高低、重要性、工作的难度及责任结合员工能力、学历、职称等级等因素确定，充分体现职位价值，同一职等中不同级别的岗位给予不同级别的工资。是工资中的固定部分，按月出勤天数发放并且不与员工绩效考评结果挂钩 （2）定薪：新入职员工根据岗位职等及个人资历、能力确定岗位工资等级，一般以该岗位所在职等第3级作为初始岗位工资标准，试用期按初始岗位工资标准的80%确定，转正后全额发放，引进的特殊人才或在试用期对企业有突出贡献的人才，可以晋升1～2级；调职调岗员工按新岗位对应职等选择合适级别岗位工资标准。定薪由人力资源部提报、用人部门负责人审核、人力资源主管副总复核，董事长批准 （3）计算方法： 　　月应发岗位工资＝岗位工资÷月应出勤天数×实际出勤天数 注1："应出勤天数"界定为：当月员工需要出勤的工作日，包含法定节日；"实际出勤天数"界定为：当月员工实际出勤的天数，法定节日、调休、年休假视同出勤	所有岗位
绩效工资		（1）定义：根据员工完成工作任务的质量，通过规定的考核方式予以支付的薪酬部分。分月度绩效工资和年度绩效工资，月度绩效工资按月考核、按季核算；年度绩效工资年度考核，年底结算。员工若因违规、违纪而受到经济处罚时，扣减绩效工资 （2）定薪：根据岗位性质确定绩效工资标准，调职调岗员工从调整当月起按新岗位性质确定考核工资标准 （3）计算办法：按《绩效考核制度》规定，根据员工绩效考核等级确定绩效工资系数 　　应发绩效工资＝绩效工资×绩效工资系数×出勤率	业务及有提成或计件的岗位除外
工龄工资		（1）定义：给在公司服务达到一定期限员工的一种货币补贴 （2）计算方法：自2010年5月1日起，在职员工每满一年，享受工龄工资。标准：每满12个月补贴50元/月，满120个月封顶，即最高额度为500元/月。在月工资中计发	另有规定的从其规定
加班工资		（1）定义：加班工资是指员工在节假日及正常工作时间以外为了完成额外的工作任务而支付的工资部分。加班需由部门负责人安排，分管副总批准，未按规定办理报批的加班不得调休、不计付加班费 （2）计算方法： 　　法定假日加班工资＝基本工资÷21.75×300%×加班日数 　　休息日加班工资＝基本工资÷21.75×200%×加班日数 　　工作日延时加班工资＝基本工资÷21.75÷8×150%×加班时数 注：延时加班和休息日安排加班的，安排补休，三个月内补休有效法定节日原则上不安排加班，特殊岗位值班人员计算加班工资	实施年薪制岗位不享受
津贴	高温津贴	（1）定义：工作场所温度达到33℃或在日最高气温达35℃以上的露天环境下工作时向员工支付的津贴 （2）计算方法：按国家或地方发布的标准发放，由人力资源部提报、人力资源分管副总审核，董事长批准	按国家相关规定确定的岗位
	其他津贴	公司给予员工取得相关职业资格证书的员工的职业资格津贴及其他津贴等	按公司相关制度规定
	伙食补贴	由公司直接补贴到食堂，补贴标准按财务制度执行	所有岗位

工资结构	定义及计算方法	适用岗位
特殊工资	（1）定义：根据国家法规政策和公司《考勤管理制度规定》规定，因病、工伤、产假、计划生育假、婚丧假等原因按计时工资标准的一定比例支付的工资 （2）计算办法： 　　　　婚丧假工资 = 基本工资 ÷21.75× 假期天数 　产假、计划生育假工资：符合计划生育政策的，按照 1500 元 / 月标准预发放，待生育津贴领取完毕，差额部分多退少补 　病假工资：按当地人社部公布的最低工资标准的 80% 计发工资 　工伤假工资：按公司考勤与请休假管理制度及国家、地方相关法律法规执行	所有岗位
特别贡献奖	由于员工为公司作出了特殊贡献，公司为了鼓励员工这种行为而支付的奖金，如合理化建议奖，发明创造奖等 发放额度及办法详见公司制度，奖金在发生当月工资中计发	所有岗位

第5章
在职言恩、离职言谢的员工关系

员工是企业价值的创造者，但也有可能是企业麻烦的制造者。

在这个不稳定、易变、模糊、不确定的 VUCA 时代，在这个基于移动互联的云时代，企业在呈指数级增长、裂变式发展，员工相较于以往，创造的价值会更大，同时对企业的要求也更多。

在职的员工是企业价值的制造者，离职的员工则是企业品牌的传播者。在法制观念、法律意识日渐增强的今天，对于员工管理，HR 任何时候都不可马虎，对员工关系的管理应专人专岗、专职专责。

人往高处走，也只有企业发展了，员工才会有发展；企业要用自身不断的发展来拴住员工、留住人才。

要从企业文化的源头塑造一支热爱企业的员工队伍，HR 对员工走心、用心、动心，让员工感知企业用心的培养，让员工拥有一颗感恩的心。

员工离开时，就会在心底里对企业说：感恩的心，感谢有你。

针对员工关系，本章有八个警钟，希望警钟长鸣，给读者的工作带来帮助。

🔍 5.1 【情景再现】尴尬了：老东家被前同事高级"黑"

从什么时候起，我们的朋友圈已经不再是"朋友"圈，里面有了同事甚至上司；有了客户甚至乙方；有了某次饭桌上之前并不熟悉的人；也有了某个聚会、某个论坛的邻桌；有某个群里说过几句话然后互相关注的陌生人；或者因为某件事要联系而临时加上的人。

因为加了越来越多的人，我们也越来越多地被看到各种与我们无关的生活、各种无关的吐槽、各种我们并不需要的信息。不需要的信息不仅分散了精力，也浪费了时间。一般情况下，我们采取不说话类似的处理方式，即开启了"不看此人的朋友圈"的微信功能。

同事小 Y 的遭遇。有一次她的两个同事聊天，同事 A 说小 Y 最近好像谈恋爱了，因为发在朋友圈的东西特别多愁善感。同事 B 说，她怎么从来没看到过，于是点开微信一看，发现原来小 Y 把她设为不让看朋友圈了。后来小 Y 知道了这件事，每次面对抬头不见低头见的同事 B，都觉得别扭又尴尬。

想想，朋友圈的囧事何止如此。

人资同行小 L，在一次圈子的小聚中，也提到了一则类似的囧事。

十月的某个周末，小 L 闲着无聊，开刷朋友圈。

小 L 的一个前同事 WM 到新的单位报到了，巧的是与小 L 也同在一家公司。初来乍到，新地方、新气象、新环境，前同事 WM 不免在朋友圈中大秀一把：这是我的办公室，干净整洁；这是我的工作牌，高档大气；这是我们的咖啡室，现代洋气。小 L 看了，也觉得不错，照片拍得也挺好的，小 L 就在朋友圈中点赞了，还给评论了。

可不到 10 分钟，WM 又发一个朋友圈，画风就变了。这是我原来的办公室，想想自己是怎么过来的，然后一个难过的表情。配了几张原来公司的照片。这下，小 L 就觉得有点不妥了，一是她本来就是人资的负责人，对员工的不当行为应当制止，另一方面，对于老东家，无论是对小 L，还是对 WM 都不薄，不应当如此损它。于是小 L 就取消了之前点赞，连评论也删了……

第二天，小 L 又看到了 WM 发朋友圈，这一次全是美食，而且特色明显，小

L 就忍不住评论了，结果发现评论失败，明明提交了就是不显示，这是什么原因？什么设置？小 L 一脸疑惑。

然后，然后小 L 就屏蔽她了……

🔍 5.2　好员工关系的标准：离开的员工也说好

怎么评价一家企业是一家好雇主？

中国年度最佳雇主评选由北京大学社会调查研究中心全程作为学术评选机构，活动为公益活动，不向企业收取任何费用。

借助于互联网，广泛地听取了各方的意见之后，组委会会实时向社会公布他们的评选结果。评选结果出来之后，组委会还会组织大规模的颁奖晚会，颁奖晚会上金杯、银杯、掌声不断，社会媒体会及时予以披露。

> 所谓金杯、银杯，不如老百姓的口碑。
>
> 一个真正的好企业，应当是连离开了的员工都说好。

这样的企业，其实不多。

惠普是一家有着良好而深厚文化底蕴的国际化公司，曾连续多年被中国相关机构和媒体评为最受尊敬的在华外资企业。惠普之所以受人尊敬是因为惠普公司非常重视的一点就是让离开惠普公司的员工能主动讲惠普的好，这一点与许多国内公司形成鲜明对比。一家企业的员工能让离开了的员工继续说好，可见其文化对员工的导向性作用达到何种程度！

一名员工离职，无论什么原因，对企业来说可能意味着损失，或者说潜在的风险，离职员工可能把对企业的抱怨向外扩散，也可能把企业的秘密带到竞争对手那里。离职员工管理是更精细化的人力资源管理。试想，当应聘者、在职员工、离职员工都说一家企业不错时，谁的话最有分量？毫无疑问是离职员工。

能否让员工离开之后继续说好，可以成为一个企业员工关系管理好与劣的一个评判标准。

而实际上，让离职的员工仍说好的企业，大部分难以做到，能让员工离开之后不说三道四，已是良心企业；大部分员工都选择了不予置评，或不愿提起；却也有少数的企业却因为做得不够好、不到位而让员工记恨，甚至报复。

161

让离职了的员工仍说好，其实是一条比较难的标准，尽管没有量化，没有完全的科学依据，甚至带有一定的主观意识，但却给我们提供了一条实用而有效的员工管理之道，那就是：企业真正关注员工，真正以人为本，让人感恩，永难忘记。

🔍 5.3 思维导图：员工管理

员工关系思维导图如图 5-1 所示。

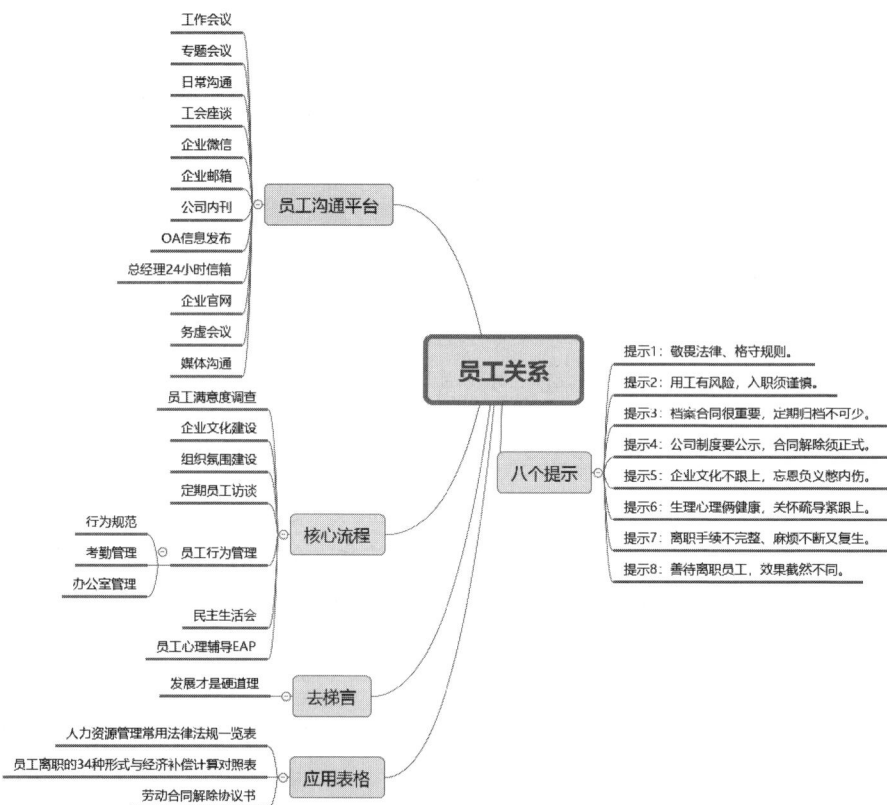

图 5-1 员工关系思维导图

5.4 处理员工关系应注意的要点

警钟 1：敬畏法律、恪守规则

◆ HR 应做员工公平的守望者

任正非出身贵州贫寒家庭，家中有 7 个兄弟姊妹，他排行老大，从小就要与父母一同扛起家庭的责任。高中那年，一家人穷到只能去山上挖野草根煮来充饥。偶尔有一块馒头，父母亲也会切成 9 等份，每个人只有一口，为的是让每个孩子都能活下去。

> 因为自身的经历，华为创始人任正非一开始就很看重公平感。

"我们家当时是每餐实行严格分饭制，控制所有人欲望的配给制，保证人人都能活下来。不这样，总会有一两个弟妹活不到今天。"任正非回忆，即使每天要辛苦工作十几个小时养活一家人的父母，或是年幼的弟妹，从来也不会多吃一口。

华为的人力资源体系，从整体上说是一个公平的、客观的价值系统。

人力资源工作随时随地、无时无刻与人打交道，有人认为友善才是最好的态度，有相当一部分老板把亲和力作为一个 HR 经理是否称职的评判依据。笔者认为光凭亲和力是无法做好人力资源工作的，在绝大多数的情况下，HR 的从业者是在做公平的事情，而非对某些人有利的事情，秉持公平感才是一个优秀的 HR 应该做的。

人力资源的公平感随处可见。

1. 组织重组、组织变革

在组织变动中，部门的格局被调整，有的人会失去工作、被降职或者被要求做不喜欢的工作。这些人应该受到礼貌和公平的对待。从业者可能需要经历许多组织重组的项目，这就需要 HR 去负责或者去执行一些非常棘手的任务。

假如某人的经历和能力不适合现有的组织，你不得不劝退他，这是 HR 的无奈，也是 HR 对于人力资源工作公平原则的遵守。即便你会因此遭到这些员工的憎恨，也能因为公平、尊重地对待这些人而获得满足。

2. 招聘与入职

没有比告诉那些希望被录取的人他们获得了工作更令人满足的事情了。不幸的是，相比于每个录取者，也有很多人失去了他们心仪的工作，给落选者打电话感觉就没那么好了。人才管理即辨识并选择高潜能人才，并且对其做相应的投资。

对中选者发布入选通知是一件令人愉快的事情。

但是选出一个中选者，就会同时产生很多落选者，我们必须经常向落选者解释为什么将这些人力投资奖励给别人。

3. 薪酬与激励

报酬就是按照人们工作的价值来支付，而不是按他们想获得的来支付。这方面经常会有异议和摩擦。作为专业 HR，必须要向对薪酬不满意的不同层级的员工以及他们的上级解释事实和理想的差异。

4. 学习与发展

学习和发展应该给人们做他需要的培训，而不是他们想要的培训。

5. 员工关系的日常维护

在劳动关系维护上，我们应该确保有一个稳定且公平的工作环境，而不是让每一个人都满意。在公司文化建设上需要创建大同又高效的工作环境，而不是一个友善的工作环境，大同不等于友善。

HR 真正需要的不是友善而是同理心，即能够设身处地理解他人的感受。我们经常会因为组织需要去做一些事，经常是很棘手的事，也需要发布一些坏消息或负面的反馈，有时要帮助其他领导来做这些，用换位思考，结果自然会好很多。

◆ 守法是对员工最根本的保护

HR 在维护企业大环境，维护企业大公平的时候，同时也要不间断地给员工灌输守规守法的理念，甚至是紧箍咒。即使是有紧箍咒，也有不少前车之鉴，仍有不少铤而走险者。

从鸿海精密到劲霸男装等传统行业，再到京东商城、拉手网等新兴产业，企业内部腐败问题频频曝光，再回顾此前朗讯、西门子、中兴和淘宝等轰动一时的丑闻，内部腐败已经成为许多企业的恶性肿瘤。

作为员工管理的主要责任者，HR 们无法置身事外。

郭台铭、任正非和马云这些企业家们，在市场上叱咤风云，取得了巨大的成功，在内部腐败问题上却显得进退维谷。他们造出了最精密的产品，最好用的产品，却造不出最精密的制度；他们严于律己，为人标杆，却改变不了四周密布的潜规则。

一个公司从上到下，从重大决策到采购，甚至基层客服人员、销售人员的日常工作，都存在以权谋私的可能，利益无处不在。

拉手网的内部邮件显示：公司内部通告了两起违纪事件，一是处罚了上海采购杜某，指其向商家索贿，涉嫌职务侵占犯罪，因此解除与杜某的劳动关系，配合公安机关寻求制裁；二是公司惠州销售总监李某等私自成立公司，并运用该公司代理其他旅游公司与拉手网签约，严重危害公司利益，被解除合同。

有媒体还收到了前拉手网员工散发的举报信，其中内容指出拉手网内部存在严重的腐败问题：包括一位前女高管被指借广告投放机会上下其手暗中牟利，一些关键部门的员工也多有收取回扣或注册私人公司与公司做生意的行为。

企业老板为内部腐败"忧心"，也有各自的治腐之方。

HR 一方面要教育员工守法守规，同时也在企业的制度建设中，让企业防腐之路具备坚强的组织保障，不少的企业还设立了审计部门、审计委员会、监察部门，甚至有神秘访客、隐身人等。

HR 在企业的文化建设上，亦应有所作为。

HR 可通过不同的形式、不同的途径、不同的渠道教育员工、影响员工守法：包括国家的基本法律，也包括企业自己拟定的制度、条例等管理大法。

警钟 2：用工有风险，入职须谨慎

◆ HR 把关不严，无疑于引狼入室

招聘与录用是企业人力资源的入口，作为企业的 HR，要把好关，对于明显不符合要求与条件，或有潜在风险的候选者，HR 要敢于说不。

把关会造成什么后果，在招聘与录用的章节讲述了损失上百亿的案例。对有的企业来说，损失可能不会有如此的严重，但也不可小觑。

比如，在招聘管理中，如果工作疏忽，就会因录用条件缺失导致企业不能辞退试用期内不合格员工。

某商场招聘小王为营销员，并与其签订了 2 年期的劳动合同，约定试用期为 2 个月。1 个月后，商场单方面提出解除小王的劳动合同。小王找商场理论，商场总经理却对他说："要知道你现在处在试用期，还不是正式职工，老板想让你走，你就得马上走。"小王对商场的突然辞退决定实在接受不了，便去当地的劳动争议仲裁委员会提出了申诉。

仲裁庭审中，商场提出的理由是小王没有完成月度营销目标，不能当一个合格的营销员。但当被问及商场营销员的录用条件时，商场的招聘广告和与小王签订的劳动合同中都没有明确具体的录用条件，小王也声称没见过没听说过商场有录用条件。最后劳动争议仲裁委员会裁决商场解除劳动合同不当。由于小王不要求继续履行劳动合同，仲裁委员会当场裁定商场支付小王一个月经济补偿金标准的赔偿金。

试用期内辞退员工，许多公司在解聘员工中经常使用，而且潜意识里认为可以任意而为之，如上文总经理所说，老板说可以就可以。用人单位要利用"不符合录用条件"辞退处于试用期的员工，前提必须有自己的录用条件，并要证明劳动者不符合录用条件。最容易被忽视的关键点就在于录用条件以及证明，而这正

是容易被当事员工抓住把柄的软肋。

录用条件是用人单位招聘劳动者的标准，也是对试用期内的劳动者解除劳动合同的重要依据。根据《劳动合同法》第三十九条规定，劳动者在试用期间被证明不符合录用条件的，用人单位可以解除劳动合同。这一项规定的要点是：用人单位首先要证明单位是否有"录用条件"。如果有录用条件，辞退员工时还得证明该员工不符合录用条件，提出员工不符合录用条件的理由。

鉴于此，招聘管理中，HR 应做到以下几点。

（1）要对录用条件事先进行明确界定，尽可能具体化，切忌一刀切以及将录用条件空泛化、抽象化。

（2）要对录用条件事先公示。最好在《员工基本信息登记表》中明示并要求员工签字确认，或者在劳动合同中和劳动规章制度中约定和规定录用条件或不符合录用条件的情形，规章制度最好成册；有招聘广告的，注意将此广告存档备查保留刊登的原件。

（3）要完善试用期对员工的考核制度，以考核结果作为衡量是否符合录用条件的证据。

（4）加强试用期员工的日常管理，遇小毛病要及时提出并制止，对于严重者，也要及时惩戒。

（5）加强试用期内员工的岗前培训与入职引导，及时提示、提醒。

（6）加强企业文化教育，不断强化员工的归属感与认同感，让员工尽早归入集体，减少新员工的不适期。

♦ 背景调查详尽，高筑用人防火墙

员工入职前的资格审查与确认是员工入职管理的重要节点，马虎不得。否则，入职审查疏忽可能给企业带来无穷后患和困扰。

半年前，兰英（化名）离开老家外出打工，钱包和身份证在火车上被小偷偷走。由于回老家补办身份证太麻烦，兰英根据街头的广告，化名"兰晓敏"，找假证贩子办了个假身份证，并持此证与某家具厂签订了为期 1 年的劳动合同。在该厂上班 5 个月后，兰英发生工伤，一只手臂被机器锯断。家具厂老板在支付了全部医疗费后，只愿再付给兰英 10 000 元。兰英坚决不同意，要求家具厂按工伤保险待遇的标准对她给予赔偿。但老板说："你用假名与我们签订劳动合同，该劳动合同是无效的；既然劳动合同无效，劳动关系也就不存在，故你不能享受工伤保险待遇。"兰英不服，申诉到劳动争议仲裁委员会。劳动争议仲裁委员会认定双方有劳动用工关系，兰英的工伤劳动行政部门已经认定，家具厂应按《工伤保险条例》的规定向兰英支付有关工伤待遇。至于用了假身份证，兰英有虽然有故意隐瞒真实情况的行为，但不影响其享受有关工伤待遇。

把关不严的案例，在企业中很常见。

某宾馆需要招收一名锅炉工。按照国家规定，锅炉工工种属于特种作业，从事特种作业的劳动者必须经过专门培训并取得特种作业资格。前来应聘的刘某没有这种资格，但向宾馆提供了假的特种作业上岗证书并被宾馆录用签订了劳动合同。由于刘某没有接受过专门训练，上岗几天后因为违章操作，造成锅炉爆炸，刘某当场死亡，锅炉和锅炉房全部破坏，宾馆直接损失 100 多万元，由此引出经营资质等问题，最后招致酒店停业整顿近半年之久。

《劳动合同法》第八条规定："……用人单位有权了解劳动者与劳动合同直接相关的基本情况，劳动者应当如实说明。"根据该条规定，用人单位有权了解劳动者与劳动合同直接相关的基本情况，如劳动者的年龄、性别、学历、专业技术、工作经历、健康状况等。

> 在招聘管理工作中，必须认真审查应聘人员订立劳动合同的基本情况，以防范和控制风险的出现。

员工的入职审查与录用环节，特别要把握好以下几个环节。

（1）身份、学历、资格、工作经历等信息是否真实。

（2）是否有潜在疾病、残疾、职业病等。

（3）要特别注意拟录用人员是否已满 16 周岁，是否是已经达到法定退休年龄的人员。

（4）是否与其他单位签订有未到期的劳动合同。

（5）是否与其他单位存在竞业限制协议。

（6）如果招用外国人，是否办理外国人就业手续。

警钟 3：档案合同很重要，定期归档不能少

◆ 档案，员工足迹的记录者

企业的人事档案记载着企业员工的成长轨迹，记载着员工个人身份、党团组织关系、学历、经历、职称、政审情况以及人才能力、性格、工作作风、思想政治表现等许多情况，对员工个人来说具有重要的凭证价值，对于企业来说，在员工的聘用过程具有重要的参考价值。

实践中，当前人事档案管理中存在着诸多的不足，普遍对人事档案管理的重要性认识不够。档案管理的硬件设施解决不完全到位。档案管理人员管理水平不专业；管理手段落后；人事档案收集工作力度不够；企业管理层不够重视；等等。

人事档案是社会公共信息非常重要的一个组成部分，通过人事档案可以证实个人的经历、学历、技术职称、社会关系、奖惩等情况。它可以证明一个人在每个企业、不同的工作岗位、不同时期的人生轨迹，是工作经历的记录。现在很多人误认为人事档案没用，要不要都可以。

实际上，员工个人转正定级、职称申报、办理养老保险等，都需要档案说话，档案的作用不可取代，如果没有档案，单位和个人的权益都无从得以保障！企业

的人事档案管理部门需要据此为员工代办申报职称；根据档案确定退休年龄；根据档案中从事有毒、有害工作的年限推算提前退休年龄；代为缴纳职工的养老保险、失业保险和大病医疗统筹、工资调整；出具与人事档案有关的证明材料；等等。从某种意义上说，它甚至可以决定一个人的命运。

对企业来说，档案的作用主要体现在为单位人事部门提供依据。档案是历史的真实记录，通过利用档案，可以清楚地了解员工过去的工作轨迹，总结经验教训，为领导科学决策和科学管理提供重要的参考和依据。对于企业来说，亦意义重大。

（1）首先可以防范和规避不必要的法律风险。

（2）其次可以更好地盘点公司人力状况和全方位地评估人才。

（3）还可以发现员工的整体素质规律，有助于更好地做好人力规划、人员配置和补充优化，实现人才使用的合理化和最大化。

（4）另外，也可以从研究员工档案中的员工知识素质、工作经验和工作技能等详细信息来制定激励措施和绩效考核，规划员工职业生涯发展，实现员工晋升渠道畅通，让档案真正为人才服务。

（5）可据此制定和安排员工培训计划，制定员工培训发展战略，实现员工素质与能力的提升。

（6）可据此深入了解员工需求，制定员工辅导和关爱方案，为员工排忧解难，做到更好关怀员工，尤其是关键人才。

（7）利用档案中员工薪酬的记录和分析，能把握住员工薪酬晋升方向，按步骤合理制定出薪酬方案，这样不仅有利于实现薪酬增长的可持续性，合理利用好薪酬，更能在每一个阶段都激发出员工的内在潜能，提高员工工作效率。

笔者认为员工档案并不是越多越好，合适就行。越多对管理的要求就越高、越仔细，管理成本也就更高，如一般的中小企业很难做到有考核记录或保密协议，甚至连离职访谈表都没有，只要不影响企业正常经营和运转，抓大放小、不拿来主义，也不面面俱到，结合企业实际情况有选择性地选取以上档案内容即可。

人事档案，根据应用实际，大致可以分为以下十大类别。

第一类，履历材料：简历表、人员登记表或者个人简历材料；更改姓名的材料（报告与批件）。

第二类，自传材料：是由本人撰写的叙述自己经历、思想变化过程、社会关系等情况的材料，包括自传、完整详实的个人资料以及其他自传性质和以自传为主的材料。

说明：①有的干部没有写过自传，可将含有自传内容较多的入党申请书放第二类，并在干部档案目录中标明"代自传"；②组织上要求干部本人交待的有关本人经历、家庭情况或社会关系等材料，凡有专题调查报告、调查材料及结论性意见的材料，应合并一起放第五类。③一般性的科技干部业务自传、技术自传，不归档。

　　第三类，鉴定、考核、考察材料：以鉴定（含自我鉴定）为主要内容的各类人员登记表，组织正式出具的鉴定干部表现情况材料，作为干部任免、调动依据的正式考察综合材料，干部考核和民主评议的综合材料，党政机关、事业单位工作人员年度考核表，离任审计材料等。

　　第四类，学历的评聘专业技术职务材料：报考高等院校考生登记表（报考书）、审批表，毕业生登记表，学习（含培训结业）成绩，学历证明材料，授予学位的决定、决议、学位论文答辩决议，博士后研究人员工作期满登记表，各种培训登记表（公务员过渡培训表）；专业技术职务任职资格申报表，专业技术职务考绩材料，聘任、套改、晋升、解聘专业技术职务（职称）审批表、登记表；干部的创造发明、科研成果、著作和有重大影响（如获奖或在全国性报刊上发表）的论文的评价材料和目录（目录须经组织批注意见并加盖单位公章后方可归档）。

　　第五类，政审材料：审查干部政治历史情况（包括党籍、党龄、国籍）的调查报告、审查结论、上级批复、本人对结论的意见、检查交待或说明情况的材料，主要证明材料；甄别、复查结论（意见、决定）、调查报告、批复及有关的依据材料；家庭成员及主要社会关系的调查、说明材料；入党、入团、参军、出国等政审材料；更改干部的民族、年龄、入党、入团和参加工作时间的组织审查意见，上级批复以及所依据的证明材料。

　　第六类，党团材料：中国共产党入党志愿书，入党申请书（1～2份全面系统的）和转正申请书，中国共产党党员登记表，不予登记的决定、组织审批意见及所依据的材料；民主评议党员中形成的组织意见或党员登记表，认定为不合格党员被劝退或除名的主要事实依据材料和组织审批材料；退党材料；取消预备党员资格的组织意见；中国共产主义青年团入团志愿书、申请书，团员登记表，退团材料；加入民主党派的有关材料。

　　第七类，奖励材料：各种先进人物登记表、先进模范事迹、嘉奖、通报表扬等材料。

　　第八类，处分材料：违犯党纪、政纪、国法所受的党内外处分决定（免于处分的处理意见），查证核实报告，上级批复，本人对处分的意见和检查、交待材料；组织上对干部个人的通报批评材料；甄别、复查报告、决定，上级批复及本人意见；法院审判工作中形成的判决书等材料。

　　第九类，工资、任免、出国等材料：干部工资级别登记表，转正定级审批表，各种工资变动审批表（呈报表），奖励工资审批表，享受特殊津贴呈报表，解决待遇的审批表、批复等；干部任免审批（呈报表），调动呈报表，公务员报考登记表、审批表、公务员过渡登记表，聘用审批表、合同书，续聘、解聘、辞退材料，干部退（离）休审批表，党代会、人代会、政协会以及工、青、妇等群众团体代表会、民主党派代表会代表登记表、委员简历（提名表）等。

　　第十类，参考材料：有残疾说明的体检表，因公致残确定残废等级的材料；

办理丧事活动中形成的讣告、悼词、生平、死亡证明书，非正常死亡的调查报告及有关情况和遗书等；民事纠纷判决书，结婚报告，离婚结论，军人家属随军登记表（审批表），干部家属农转非审批表，独生子女审批表等材料。

◆ 档案管理不善，风险多多

企业中员工人事档案无论对于企业，还是对于员工个人来说，其重要性不言而喻，对于 HR 来说，要特别重视员工的人事档案管理，有的企业将员工的档案归于行政部门管理，有的则专门归于人力资源部门管理。无论归属如何，都应设专岗或兼职的岗位，专人专责。

档案管理不善，最为常见的有以下一些情况。

档案管理工作与企业发展不同步。企业为了在竞争中取胜，以体制、机制、机构的不断变革，应对市场的风云变幻，经营中，由于管理人员档案意识还很薄弱，企业注重的是直观的经济效益，看重的是与生产经营直接相关的部门或机构的工作，而忽略了文件收集、利用、归档工作，伴随变革中的人员流动，出现了文件资料、技术资料流失的现象。档案管理手段落后，停滞不前。

档案管理人员的业务素质与专业素质不高。人事档案涉及上述十大类别，各个类别之下亦有小类，要想把人事档案管理好，也并非易事，一方面需要专业知识，另一方面对于岗位人员的素质要求高。

不重视人事档案专业管理的企业，在实际工作必定吃苦不少。

某房产公司招用了一批房屋销售员，订立了二年期的劳动合同，试用二个月。劳动合同文本经双方签字后，人力资源部经理请示公司总经理是否当即将劳动合同文本交付一份给新招的这批员工，总经理说，暂时不交给他们，等他们试用期过了，能转正的员工就交付。一个月零二十天后，公司决定在试用期内辞退其中的三位员工。三位员工都不服，向劳动行政部门告发公司未按《劳动合同法》的规定与员工签订劳动合同，已经超过了一个月时间，要求从第二个月起支付双倍工资，赔偿因违规辞退给他们造成的损失。公司说明已经签订劳动合同，并提供了劳动合同文本上有他们的签字作证。三位员工矢口否认是他们签的字，坚持说公司未与他们签订劳动合同。最后闹到请公安部门鉴定笔迹，弄得公司的人力资源管理工作人员疲于奔命，灰头土脸，耗费人力资源部门人中不少精力与时间，企业负责人也被主管部门谈话，一件很小的档案管理工作，却弄得大动干戈，自不值当。

常理而言，劳动合同文本有两份这是不言自明的，劳动合同文本应交付劳动者是用人单位的法定义务。《劳动合同法》第十六条规定，"劳动合同文本由用人单位和劳动者各执一份。"第八十一条规定，"用人单位未将劳动合同文本交付劳动者的，由劳动行政部门责令改正；给劳动者造成损害的，应当承担赔偿责任。"但是在实践中，部分用人单位为"履行"订立书面劳动合同的义务，虽然与劳动者订立了劳动合同，却将劳动合同文本全部自己保管，不交劳动者。有的企业 HR 甚至在签订劳动合同时只让劳动者在空白的劳动合同书上签名，签名后不给劳动者，发生纠纷时随意填写不利于劳动者的条款。劳动者手中没有劳动合同文本，出现劳动合同争议，提供证据往往遇到困难。HR 的工作反而被动。

HR 应将双方签订好的劳动合同文本交劳动者一份，保留已交付的签收证据。并办理劳动合同文本签收手续，将劳动合同签收单印制在劳动合同文本后面，使劳动者签了字再加手印的签收手续和单位保存的双方签字的劳动合同文本连在一起。

另外，HR 在档案管理中应注意以下几点。

（1）根据气候的不同变化，经常注意档案的通风、温度、清洁、防火、防盗、防晒、防潮和防蛀。

（2）对所管理的人事档案必须逐人登记注册。

（3）每季度核对一次档案的分类、编目、序号，发现编错或放错位置要纠正；每年要按登记册全面检查一次档案，发现漏缺档案要查找。

（4）任何人不得私自保存他人的档案材料，对私自保存他人档案材料拒不交出者，应追究其责任。

（5）要不断研究和改进档案的管理方法和技术，逐步实现档案管理的科学化。

> 规范的管理，既有利于企业的正常发展；也有利于员工的权利保护，作为一名 HR。工作中将员工的人事档案分门别类管理起来，并严格执行人事档案的查阅、借阅制度，定期清理、整理人事档案，让企业的人事档案真正为企业所用，更好地服务于员工。

警钟 4：公司制度须公示，合同解除要正式

◆ 不公示的制度：无效

《劳动合同法》第 4 条规定："用人单位应当依法建立和完善劳动规章制度，保障劳动者享有劳动权利、履行劳动义务。用人单位在制定、修改或者决定有关劳动报酬、工作时间、休息休假、劳动安全卫生、保险福利、职工培训、劳动纪律以及劳动定额管理等直接涉及劳动者切身利益的

> 实践中，企业已经颁布，但未经公示和告知的劳动规章制度对员工是没有法律效力的。

规章制度或者重大事项时，应当经职工代表大会或者全体职工讨论，提出方案和意见，与工会或者职工代表平等协商确定。在规章制度和重大事项决定实施过程中，工会或者职工认为不适当的，有权向用人单位提出，通过协商予以修改完善。用人单位应当将直接涉及劳动者切身利益的规章制度和重大事项决定公示，或者告知劳动者。"

据此，制度的制定需经过民主程序和公示程序，如若用人单位在制定或修改

制度时未充分征询职工及工会的意见，而双方对该制度中的相关条款的理解和适用发生争议时，用人单位应进一步举证相关条款的实施情况，若无法提供相关证据予以印证，则该条款不适用于劳动者。司法实践中，裁判机关还会通过考量规章制度内容的合法性和合理性来判定用人单位规章制度是否合法。所谓合理性，即制度本身是否符合诚实信用原则，是否违背公共秩序和善良风俗。不合理的制度即使经过了民主和公示程序，可能依然会被判定为无效。

文先生于 2008 年 2 月被招聘至某制衣有限公司从事设计工作，双方签订了一年期的劳动合同。因公司经常安排加班，文先生忍不住在网络上与其同事评论此事。2008 年 4 月 20 日该制衣有限公司突然通知文先生与其解除劳动合同，原因是他在工作期间上网聊天，违反了公司的管理制度，公司并有监控记录为证。但文先生声称从未见过公司有此规定，遂向当地劳动争议仲裁委员会提起仲裁。劳动争议仲裁委员会裁决公司的该项规章制度未向劳动者公示，不具有法律效力，公司依此与文先生解除劳动合同的行为无效。

> 在实践中，很多单位的规章制度都是出于秘密状态，只有到员工违反了规章制度的规定时，用人单位才拿出来告知员工违反了单位的规章制度。对于这种现象，只要劳动者提出异议，用人单位的规章制度就无法产生法律效力。

按照最高人民法院司法解释及《劳动合同法》的规定，规章制度只有向劳动者公示才对劳动者产生约束力。《最高人民法院关于审理劳动争议案件适用法律若干问题的解释》第十九条的规定，规章制度必须符合"民主程序制定"、"合法"，"公示"三个条件，才可作为人民法院审理劳动争议案件的依据。否则就不能在仲裁或诉讼中作为审理劳动争议案件的依据。

实践中劳动者往往以其不知道规章制度的内容为由主张规章制度未公示，用人单位也往往无法提供已经公示的证据，很多单位本应该胜诉的案件最终败诉问题往往就出在这里，员工的违纪行为即使已经达到了规章制度中规定的解除劳动合同条件，但是员工称不知道有这个制度，单位也无法证明曾向员工公示的证据，最终导致案件败诉。

需要注意的是，在制定规章制度时，无论是进行平等协商程序，还是进行公告、告知程序，都务必要留好记录，保存好相关证据，如会议纪要、讨论情况、员工签名等。因为一旦劳资双方在规章制度效力问题上产生争议，用人单位需要举证证明其规章制度是经过平等协商程序且曾向劳动者公示、告知，如果用人单位不事先保留相应证据，就无法证明相应的内容。

◆ 合同解除根本：协商

解除员工合同，双方应协商，因为雇佣双方是平等的主体，即使他是一个打工者,以法律上来说双方都是平等的主体。

没有经过双方协商的合同解除,一方任性的解除,必定会带来不必要的麻烦与损失。

《劳动合同法》第三十六条规定:"用人单位与劳动者协商一致,可以解除劳动合同。"

从这条法律规定来看,并未规定协商解除劳动合同应具备何种条件,只要双方当事人依法达成协议,不损害他人利益,便可以解除双方的劳动关系。协商解除劳动合同应该遵守以下程序。

(1)用人单位或劳动者提出解除劳动合同事由。

(2)双方当事人进行具体协商。

(3)就达成一致的事由和条件签订协议书,一式两份,双方各持一份。

(4)履行协议办理解除合同手续。

根据《劳动合同法》对经济补偿金支付的规定,协商解除劳动合同的,谁先提出最为关键。劳动者主动提出,不用支付经济补偿金。用人单位主动提出,需支付经济补偿金。因此,协商解除时尽量以和为贵让员工主动提出辞职申请,一来可以给员工台阶下,体面离开公司,减少对立面,同时也可以减少因为员工劳动合同解除、终止对企业士气的影响,更为实际的是,可以免付经济补偿金,降低劳动合同解除、终止成本。

以员工严重违纪为由解除,也不能太任性,依然需要双方协商。

张女士在公司担任仓库协调员,今年夏天她在没有告知单位的情况下,拿了仓库里 4 盒蚊香。公司发现蚊香丢失后在内部开展调查,当问到张女士时,她承认是自己拿了这几盒蚊香,随后将蚊香归还单位。在单位看来这是盗窃行为,根据《员工手册》规定,"盗窃或盗用公司或同事财务"属于严重过失,员工第一次犯严重过失就要辞退。因此单位作出了解除张女士劳动合同的决定。但张女士辩解,因为仓库员工向她反映收货场蚊子很多,因此拿了 4 盒蚊香放在自己的办公桌下,准备拿给收货员工使用,后来考虑到收货区域是禁烟区就没有使用,因此不认为自己属于严重违规。最终法院认为,张女士的违规行为并没有达到严重程度,单位就此解除其劳动合同的行为是无效的。

根据《劳动合同法》第三十九条(二)项规定,劳动者严重违反用人单位规章制度的,用人单位可以解除劳动合同。但是,对于违规的员工,用人单位并非可以一概辞退,尤其不能对"严重违规"任意解释。《劳动合同法》规定必须是严重违规的员工,用人单位方可辞退。因此,何谓严重违规,对于用人单位而言就至关重要了。由此可见,对于员工违规解除劳动合同来说也是有条件限制的:①用人单位必须有劳动规章制度;②必须证明劳动者严重违反了规章制度。本案中,张女士虽然擅自拿了 4 盒蚊香，但已在第一时间作了检讨，并将原物归还，单位的经济利益并未受到损害。显然张女士的违规行为没有达到严重程度，因而够不上法律规定可以辞退的条件。

企业利用严重违规的法律规定辞退劳动者的，为了防范法律风险，应该做好以下几个方面的工作。

（1）企业利用"严重违规"的法律规定解除劳动合同的，本身应该有具备法律效力（内容合法、程序合法、经过公示）的相应的规章制度，如果没有制定规章制度，也就无法运用这一法律规定来辞退劳动者。

> 员工离开企业，不管是主动的还是被动的，从法律上讲都是双方劳动关系的解除，劳动者与企业作为平等的主体，无论是在劳动合同的订立过程中，还是在劳动合同的解除上，都应是平等的、协商的、自愿的，不存在被迫或者被骗的情形。如果不是双方协商，即使双方最后劳动合同解除了，也避免不了一场劳动合同的纠纷。

（2）规章制度应对"严重违规"作出明确的界定，因为"严重违规"要求对号入座。企业利用"严重违规"解除劳动合同的，关键的一环是要在规章制度中事先明确哪些行为是"严重违规"，而且最好明确哪些行为是"严重违规"可以随时被辞退的情形。

（3）保留好相应的证据。根据《劳动争议调解仲裁法》的规定，辞退案件实行用人单位举证责任制度，换句话说就是用人单位要举证证明自己的辞退理由是充分的，是有确凿证据的。由于何为"严重违反规章制度"，法律上并没有明确的界定，从而增加了用人单位举证的难度。如果用人单位不能提供充分的证据，在争议的仲裁和诉讼中败诉风险很大，结果不但不能使解除劳动合同产生效力，而且会使自身的形象受到不良影响。

实际上，确因劳动者严重违反规章制度，企业依法解除劳动合同的，属于员工过失性辞退，企业无需支付经济补偿金。

警钟 5：文化管理不跟上，忘恩负义憋内伤

♦ 老板们的一声叹息：都培养了十多年呀

在 HK 公司工作了十五个年头的刘海来自湖南宁乡的农村，刚来时，才初中毕业，学历不高，背景不深，很难找到工作。

同为宁乡人的 HK 公司老板周总收留了他。刘海从一个车间普工做起，能吃苦、人聪明，不到两年时间就从一名普工做到了车间主任。

HK 公司当时的业务是给如日中天的房地产商做地产沙盘模型，生意是一片红火，刘海的收入自然也是不少。由一个农村的穷小伙，几年的时间里逐步买车、买房、成家，日子也过得红红火火。

过上了好日子的刘海，自然不甘心每年每月固定的收入与薪水，开始思考进一步的发展。按说，年轻人有野心、求发展是再自然不过的事，正常。不正常的是，

刘海打起了东家的主意。一则他太熟悉这个行业，从一名普工做到车间主任，再到后来的业务销售，他几乎全部知晓这个行业的底。他要做这个业务，对他来说，实在太容易、太熟悉不过了。

路边，一间很普通的大排档里，刘海与一名看上去像生意人的同龄人在谈着一些关于业务的细节。男子似乎在向刘海请教着什么。

刘海面前摆着一份年轻人很爱吃的煲仔饭，男子面前也有同样的一份。

二人看上去像是挺投缘，男子不停地点头；而刘海则向男子如数家珍般地说着这个行业的特点、参数、供应商，甚至客户。

"合作愉快，刘总。"男子起身离开，顺便把单给买了。二人 20 元。

看上去 HK 公司的商业信息似乎被出卖了，而买单的仅仅只是一份不过 10 元的煲仔饭。

而这距离刘海加入 HK 公司已是差不多八年的时间。

经过几天的纠结，怀着忐忑不安的心情，刘海还是找到了老板周总，把他的心事和盘托出。尽管周总心生不悦，亦颇感意外，但也没说什么，毕竟，人各有志，去意已决。

刘海离开之后，开始了他的创业之旅。打工容易，做老板可不是谁想做就能做的，尽管是相同的业务、相同的产品、相同的车间，刘海的生意迟迟打不开局面。不久，公司倒闭了。

没了工作的刘海，没有像样的文凭，没有过硬的人脉，依然没有人收留他。

不得已的刘海，再次找到了前东家周总。

仁慈的周总，批评了刘海几句，看到他这个境遇，也就没有说什么。

几天之后，刘海又重回到了 HK 公司。

在这里，如果不出意外的话，故事应当是个不错的结局。

白驹过隙，时间如梭，转眼又过了七年，时至 HK 公司飞速发展，刘海所在部门因业务需要进行重组。准备第二次东山再起的刘海愉快地参加了重组会议，并在会上表态，坚决支持公司的决定，自己领头自谋职业，绝不给公司添麻烦。刘海发言之后，会场上响起了难得的掌声。

重组、分流、离职、签字、结算，被重组下来的其他员工也在按部就班地跟着公司的节奏办理离岗手续。

会上没有表态的其他同事都已办好手续，已经到了新的岗位。

"刘总，您的手续还没有办啦。财务张总在催我了。"助理小朱打电话给刘海。

正在与人谈话的刘海摁掉小朱的电话。

"刘海，你为什么自己辞职？"

"我让律师朋友给你算了算，你都在公司干了十五年了，以你现在每月 12000 元的标准，补偿至少是 18 万元，再加上接受一个月的补偿。总共近 20 万呢。"

"放着现成的 20 万不要，偏要向银行贷款，你是真"傻"呀。"

刘海正在与一帮准备合伙创业的人聚在一个咖啡厅聊天。大家你一言，我一语给他出主意，正为创业启动资金发愁的刘海，听着大伙儿的话，眼睛一亮。

这时，小朱的电话又打了过来。

"告诉张总，我的手续暂时不办了，我与人力资源部沟通之后再办吧。"

刘海有了新的主意。

第二天，刘海找到了人资经理苏小梅，提出了他的想法，希望公司与他协商解除。突然的变故，执意的回答，双方的谈话不欢而散，无奈的苏小梅只好给周总当面请示。

"我可是培养了他十五年呀。"听完苏小梅的汇报，周总一声长叹。

♦ 走心的员工管理：员工离开时不忍伤害

员工的离职，对于企业的影响不可轻视。

一方面，员工离职影响企业的凝聚力，降低工作效率。尤其是企业优秀人才的流失，经常会在其他员工中引起强烈的心理冲击，这会导致员工对领导管理能力的怀疑，导致内部人心涣散，动摇军心，从而削弱和影响企业的凝聚力和人员的士气，严重的甚至会引起多米诺骨牌效应，有的员工会跟风离职。

另一方面，员工的离职给企业也带来了直接的经济损失：离职员工的替换成本、新入职员工的培训成本、新老员工业绩差异的成本、符合法定情形时须承担的提前通知期及工龄经济补偿成本、离职管理成本。

相比于上述两个方面的损失，员工离职给企业带来的间接损失及管理上的风险，要远远高于其直接经济损失。这些风险包括：组织机构的不稳定，工作的连续性和可持续性降低，因人才流失给企业带来的技术、情报等泄密的损失。

> 如果企业的人才流向了自己的竞争对手，那么对企业来说无疑是一种致命的打击。

华为与上海沪科公司的"沪科案"，相信让不少企业深切地体会到了技术型员工离职给企业造成的伤害。

华为前员工王志骏、刘宁、秦学军自 2001 年离开华为公司后投资 50 万元自组上海沪科科技有限公司，其产品与华为公司部分产品较为相似，并从华为挖走了掌握光网络系列产品各关键核心技术的 20 多位研发人员。产品销售到黑龙江、吉林、重庆等地，获利 700 余万元。2002 年秋，华为公司以自身知识产权受到侵害为由，通过佳木斯警方将上海沪科公司的三人拘留。

2004 年 12 月 7 日，广东省深圳市南山区法院做出初审。初审判决结果认定 3 名被告构成侵犯商业秘密罪，其中王志骏和刘宁为主犯，各判处有期徒刑 3 年，并处罚金 5 万元，秦学军为从犯，判处其有期徒刑 2 年，并处罚金 3 万元。三名被告当庭均表示对判决不服，随即通过律师团向深圳市中级人民法院提出上诉。

2005 年 5 月，广东省深圳市中级人民法院对"沪科案"做出裁决，驳回上诉，维持原判。深圳中院的此次裁决为终审裁决，被告不得再次上诉。

企业中类似的案例不在少数，为尽可能地减少离职员工对于企业有意、无意的伤害，负责员工关系管理的 HR 要做到以下三点。

（1）**HR 组织专人和离职员工进行一次诚恳的对话，了解一下员工离职的真正原因，并真诚地请员工给公司提一些意见和建议。**这样做的好处既可以有效地削弱员工对公司的不满情绪，还可以从离职员工那里得到一些平时得不到的信息，发现企业在管理中存在的问题和缺陷。对于一个即将离职的员工来说，他可以比较大胆地说出平时不愿意说的事情，这些往往直接击中企业管理的弊端，对于完善管理不无裨益。至于由谁来进行这次对话，笔者建议由企业的管理者直接进行最好。

（2）**请员工妥善处理好工作交接事宜。**一般来说，如果没有敌对情绪或者敌对情绪被淡化以后，绝大多数员工能够认真地交接好工作，甚至"扶上马，送一程"，这显然对于工作的正常延续具有极大的帮助。

（3）**为离职员工组织一次欢送活动或赠送一件小礼物。**这个仪式可大可小，规格可高可低，礼物可轻可重，但是其效果都是非常好的，中国有句古话"千里送鹅毛，礼轻情意重"。对于一个重情重义的企业，即使在以前的工作中存在着不满情绪，也会在这样的一个仪式中化解掉。

2014 年，战略发展部是 HK 公司当时一个很重要的部门，其中有一项职能是负责企业的文化与品牌建设。在企业文化的建设过程中，由于之前的基础工作较为薄弱，需要搜集公司自 2003 年成立以来一些重要的史料与照片。这些史料与照片往往由于时间太久，再加上当时的手机与电子水平的发展远不及现在如此普及、如此随处可用。收集工作当然是困难的，当时的部门负责人谭文为此花费了不少心思。多次上门找到当时的合伙人、原始股东、最早的合作伙伴等关系人，从他的电脑里、云盘里、手机里、家里找到了不少珍贵的资料，弥补了很多的空缺。

可能是公司发展得太快，抑或者是谭文成长得太慢，一年之后，公司经过考核后，认为谭文不适合当时的位置，便提出解除劳动合同。

接到人资的通知，当时谭没有说什么，面谈也进行得很顺利，而且还显得很职业化，很大度，很理解的决定。

一晚无话。

第二天，工作交接过程，从程序上说，没毛病。

细心的 IT 人员发现，谭的电脑有明显的删除痕迹。聪明的 IT 主管马上将情况汇报于我。

"很明显，对方不会承认的，他也可以说是一些不用的资料，或者是个人资料。"

"没关系，杨总，我们可以恢复这些数据。"IT 主管很自信。

"算了，还是我来解决吧。"

"杨总，您要相信我们的技术人员。"IT 主管不甘心，追着说。

"好了，小刘，你去忙吧。我自会处理，你们先暂时不用管，如果我处理不了，再让你们进行技术恢复，怎样？"

我当然知道可以数据恢复，可是恢复的数据是完整的吗？那些私自保存的，未放在电脑的资料也许更加重要。我当然可以当面质问小谭本人，令他当场交出；当然也可以将之前的年终奖，不按三月薪，一月薪也是合理、合法的，给他适当的惩罚；甚至可以报案……

事情过去了一周。

长沙，东塘的一个小排档。我特地选了这么个地方，显得很随意一般。我假装在附近办事，路过附近的样子，电话叫上了家住排档小区的小谭。

排档、啤酒、烧烤，加上还有同为我们二人朋友的林总作陪，氛围自然热闹。

看得出，小谭仍显得有点不自然，难为情？意外？还是觉得尴尬？

我此次过来，不是光为了请他吃一顿饭，当然有正事儿要办。

天气不早，我买完单，临走，特地把小谭叫到一边，递给他了一个包装很精美的盒子。

"谭总，这是公司特地给您的一个小礼物，上次因为你办理手续的事情太多，太忙，我当时也忙，把这个事情给忘了。"

"杨总，不必了，今天让您破费，本就不好意思了，礼物就不用了。我们以后有空多联系。"谭文刚开始没有接受。

"破费的不是我，是老板，周总。是他特地叮嘱我过来的，说你过去一年的时间为公司的建档资料花费了不少的心思，尤其是一些珍贵的资料，对公司很有意义。"

"……"

"这个礼物，也是他特地安排我买的。今天专程过来送你。"

"那多不好意思，这么远特地送过来。回去替我感谢董事长。"

"一定。一定。"我正准备问起电脑资料的事儿。

> 小小的礼物，加上一顿友情的餐聚，解决了企业资料可能面临巨大流失的风险，当然也妥善地保住了离职员工的尊严。

"还有杨总，我手头的 U 盘里有一份完整的、最原始的资料，我记得当时给过档案室一些，但我手上这份绝对应当是最全、最完整的，不知 HK 有没有用处。"

"感谢谭总，您考虑得真周到。"真是踏破铁鞋无觅处，我压住心中的激动，接过谭文递过来的 U 盘。

警钟 6：生理心理俩健康，关怀疏导紧跟上

◆ VUCA 时代，焦虑的上班族

设想下，2026 年的某个平常的早晨，身为高级白领、正值盛年的你，正准备像往常一样去 CBD 写字楼上班，突然接到公司通知：你被智能化替代性裁员（AI-layoff），请通过网络频道办理相关离职手续。在座的各位不要太意外！

世界已进入 VUCA 时代。

VUCA 指易变（volatility）、不确定性（uncertainty）、复杂（complexity）和模糊（ambiguity）。

"年年岁岁花相似"的周而复始的情况正在远去，"三千年来未有之大变局"令越来越多的人感到焦虑和迷茫。现代社会竞争日益激烈，给人们带来的压力也越来越大，尤其是职场中的压力表现尤甚。根据《财富》杂志对 189 家企业 1000 名管理人员所做的调查结果显示，有超过 70% 的表示面临的压力过大。缓解员工压力问题，保证员工心理健康，是企业急需解决的问题。

职场压力指的是人们在职场中因为面临各方面的因素而产生的压力。比如工作量过大、职场人际关系过于复杂、企业经营效益不佳等，都会让人产生不同的压力。每一个身处职场中的人，都会有压力。心理健康主要是指人在身体和心理上都没有疾病或者其他隐患存在，保持着正常状态。拥有健康心理，是员工有效开展工作，提高工作质量和满意度，促进企业稳定发展的前提条件。

一定的压力能让员工感觉到精力充沛，富有激情，并能增强紧迫感、责任心，拥有自信和成就感，能完成高质量的工作。优秀的企业管理者会据员工学历、性别、能力、工作岗位、工作内容及阶段性特征等给予员工不同压力，激发员工正能量，推动其与公司一同发展。反之，过大的职场压力：一是会让员工产生焦虑感，感到身心疲惫；二是会直接影响员工的工作激情、效率和责任心；三是会让员工对工作、公司失去希望，带来企业工作环境的不稳定，如离职率增加；四是会让员工失去生活的信念，严重者甚至会走上极端，如患上抑郁症、精神病、自杀等。类似例子不少。从早几年的富士康十三跳，到华为被人诟病的草垫文化，再到最近中兴通讯跳楼的中年工程师。

◆ 学学华为、阿里的政委制度

华为、阿里等企业早在公司成立之初就提出了政委化 HR 角色的建议，并随之建立了完整的政委体系，他们的成功也例证了借鉴政委的工作理念，可以帮助 HR 选择新的工作切入点，更为有效地开展 HR 工作，从而支撑业务更加顺畅地运作，为公司的发展贡献更大的价值。

华为、阿里的政委制度均与我军历史上的"三湾改编"有着较紧密的联系和

启示，华为公司、阿里巴巴神秘的"政委体系"正是脱胎于这一制度。"政委体系"是任正非、马云从组织顶层设计角度去领导华为公司、阿里巴巴的关键举措，也是今天华为公司、阿里巴巴傲视群雄的管理基础。

为了更大程度地匹配以项目制为基础的业务运营模式，华为公司对 HR 提出了要完成从围绕业务部门运作到围绕公司业务运作、从间接服务于业务到直接服务于业务、从传统的人力资源模块技能到全面人力资源解决方案技能的转变要求，即不再满足于 HR 专家的价值，更期待 HR 可以恰当地扮演业务伙伴的角色，又称之为"政委"。

华为的政委体系由 HR 委员会、HR 部和干部部三个职能机构组成。

HR 委员会是设计师，主要负责设计 HR 管理理念、组织架构、企业文化，制定 HR 增值政策等。

HR 部是督导，相当于 HR 共享中心，主要负责细化 HR 的六大模块。

干部部是执行，依据不同业务部门的不同特点，将 HR 政策、制度等细化为可操作的各业务部门绩效考核规范。

据说，当初 1997 年市场部集体大辞职时，有的员工想不通、不配合，或唱反调、搞破坏。当时的政委们就一个一个地挨个做工作，一次不行，二次；二次不行，三次，直至说动为止。

1997 年市场部集体大辞职最终顺利完成，与政委们细心的思想工作密不可分。

无独有偶，阿里巴巴也设了政委一职。

时间回到 12 年前，2005 年。马云因为看了《历史的天空》和《亮剑》两部电视剧之后在思考，是不是应该在 B2B 部门的一线销售团队中，派出既懂业务，又代表公司政策和担负价值观宣导的人力资源专员，而这个创意后来就叫"政委体系"。

阿里的政委体系不向业务线汇报，隶属于总部垂直管理。这一方面保证了政委在业务线的权威，另一方面也方便信息的上传下达。政委内部也是分级的，最基层业务单元的是"小政委"，与基层业务单元的负责人搭档；再往上是"大政委"，与上级的业务负责人搭档；最上层是人力资源的负责人，直接汇报给 CEO 或者马云。

阿里的政委不仅要承担人力资源体系搭建，人资资源开发与增值的工作，还是公司文化的倡导者、贯彻者与诠释者，是公司与员工沟通的桥梁。

阿里的政委是怎么选出来的呢？

一种是从业务骨干中挑，另一种是从 HR 中里选。这两者各有利弊。从业务骨干中提拔，他精通业务，但是不太会用 HR 的工具；从 HR 里提拔的话，他会懂得很多套路，但是理解业务有难度。不论从业务还是 HR 选人，公司都要给够相应的支持。

政委的三重角色。

其一是专业的 HR。具有薪酬、绩效、考核、员工关系等方面的深厚理论和技能功底，能够从专业的角度提供解决问题的方案，助力业务发展。

其二是连接员工与企业的桥梁。扮演着公司与员工之间的"同心结"角色，用心去体会员工的需求，分担他们的疑虑，对他们的难处感同身受，传达公司的政策，解读相关讯息，引导员工思想的变化，及时发现问题，排解问题，并通过流程的优化尽可能规避类似问题的出现。

其三是合作伙伴。扮演着顾问的角色，具有咨询、建议、诊断问题及独立思考的能力，懂业务并能够从 HR 的角度参与业务部门的工作，对业务部门存在的问题可以在咨询建议、制定策略、优化流程等方面提供具有针对性的专业服务。

联想、腾讯等公司也早在 2005 年左右就提出了政委化 HR 人物的主张，并随之建立了完好的政委系统，他们的成功也例证了政委制度的有效性，可以协助 HR 挑选新的业务切入点，更为有效地展开 HR 作业，然后支持事务愈加顺利地运作，为公司业务的开展贡献更大的价值。

> 企业 HR 这一角色的政委化，真正体现了"从业务中来、到业务中去"的服务宗旨，完成了由"伙计"到"伙伴"的角色转变。

警钟 7：离职手续不完整、麻烦不断又复生

◆ 离职手续不办好，HR 这锅得背

劳动合同解除或者终止是雇佣双方关系结束的重要标志，其手续的办理应当严肃、正式、且书面化，否则就容易引起纠纷，甚至使之前的解除终止工作功亏一篑，让企业活生生地蒙上不必要的损失。

你说，这锅 HR 不背，行吗？

某电器商场以"严重违反用人单位的规章制度"为由解除保卫人员吴某的劳动合同，可是在办理解除劳动合同手续时却遇到了麻烦：无论人力资源部怎样打电话通知吴某来办理相关手续，吴某就是不来，后来干脆关掉了手机；人力资源部只好派人前去吴某的现住地送达解除劳动合同通知书，吴某不在，在家的成年亲属又拒绝接受。在没有办法的情况下，人力资源部只好在商场大门口张贴解除吴某劳动合同书的通知。三个月后，商场接到劳动争议仲裁委员会的受理通知和吴某申请仲裁书的的副本。副本称：商场违规辞退申请人，并在商场大门口张贴辞退被申请人的通知书，侵犯了被申请人的隐私权，请求仲裁委员会裁决由被申请人支付歇工三个月时间的工资，另赔偿被申请人精神损失费 1 万元。后经过调解，商场以最低工资标准补发吴某歇工工资三个月，吴某当庭接受了商场的解除劳动合同通知书。

劳动合同到期，并不能自然终止；必须履行完附随的义务，劳动合同才能够

说已经依法终止。办理劳动合同解除、终止手续是员工劳动合同解除、终止管理的最后一道程序，也是非常重要的一项法定工作。如果前面的工作都做好了，而办理劳动合同解除、终止手续的工作没有做好，就会功亏一篑。很多劳动合同解除、终止争议也因此发生。《最高人民法院关于审理劳动争议案件适用法律若干问题的解释》（法释[2006]6号2006年7月10日）第一条第（二）项规定："因解除或者终止劳动关系产生的争议，用人单位不能证明劳动者收到解除或者终止劳动关系书面通知时间的，劳动者主张权利之日为劳动争议发生之日。"这就是说，如果不能证明劳动者收到了解除或者终止劳动关系的书面通知时间，多少年后劳动者还可以提起仲裁的申请。

通常情况下，解除或者终止劳动合同，必须办理的手续如下。

（1）提前书面通知劳动者解除或者终止劳动合同。

（2）对从事有职业危害作业的员工进行健康检查。

（3）与劳动者办理工作交接。

（4）结算薪金，按规定支付经济补偿金。

（5）出具解除或者终止劳动合同证明书。

（6）办理档案和社会保险关系转移手续。

（7）妥善保管已经解除或者终止的劳动合同文本，至少保存两年备查。

用人单位最常遇到的问题，就是由于一部分被解除或者终止劳动合同的员工不满，当用人单位给员工出具书面通知和证明时，员工却拒不签收；或者员工的成年亲属拒绝签收；许多员工在劳动合同解除和终止后不辞而别，根本不知去向，这时候很多用人单位束手无策，感到非常为难。因为《劳动合同法》第五十条规定，用人单位应当在解除或终止劳动合同时出具解除或者终止劳动合同的证明。可见这是用人单位强制性的法定义务。《劳动合同法》第八十九条还规定："用人单位违反本法规定未向劳动者出具解除或者终止劳动合同的书面证明，由劳动行政部门责令改正；给劳动者造成损害的，应当承担赔偿责任。"不出具劳动合同解除、终止证明还可能存在这样的隐患：可以认定你劳动合同并没有解除，劳动关系还在，甚至视同续签了无固定期限的劳动合同，单位如果拿不出证据辩解，就会产生更大的麻烦。因此法律要求用人单位必须证明已经书面送达员工。

如果员工不签收书面文件，有什么好的办法吗？

♦ 员工当面不签收的几种处理技巧

相关劳动合同解除或者终止文书的送达方式，参照民事诉讼中的送达方式，一般有以下几种。

（1）直接送达。本人不在的，交其同住成年亲属签收。

（2）邮寄送达。以挂号查询回执上注明的收件日期为送达日期。

（3）公告送达。在送达对象下落不明，或者用上述送达方式无法送达的情况下，可以公告送达，即张贴公告或通过报刊等新闻媒介通知。自发出公告之日起，经过 60 日，即视为送达。但能用直接送达或邮寄送达而未用，直接采用公告方式送达，视为无效。而且这种方式成本高，也没有必要，所以建议一般采取直接送达、邮寄送达即可。

为了确保文书能够通过邮寄送达成功，用人单位一定要事先让员工确认本人的邮件送达地址。

应对方法一如下。

制作员工入职登记表时，增加一栏，内容为："公司有关书面文件、通知无法直接送达给本人时，本人确认本表中所填写的户籍地址（或现住地址）为邮寄送达地址。"

应对方法二如下。

在《劳动合同》中增加一个条款：甲方有关书面文件、通知无法直接送达给乙方时，乙方确认劳动合同中所填写的户籍地址（或现住地址）为邮寄送达地址。邮寄以后，以挂号查询回执、快递单回执上注明的收件日期为送达日期。但在使用这种方式送达时，一定要请工作人员在挂号查询回执和快递单回执上注明邮寄的内容为"劳动合同解除或终止的文书"及注明具体的文书类型。否则事后劳动者否认的，用人单位很难证明邮寄或快递的内容是否为"劳动合同解除或终止的文书"。邮寄回执、员工入职登记表或劳动合同文本形成的证据链条，就足以证明单位已经将通知送达。

警钟 8：善待离职员工，效果截然不同

职场的每一个人都将是离职员工，或早或晚。

离开，是每一个职场人士的必然。

善待员工，应当是 HR 的基本职业操守，即使是当老板没有注意时，HR 也应善意地提醒，这是 HR 从业者的天职，而不是火上浇油。而对于离职员工，亦是马虎不得，更不能无所谓，有谁会在乎谁的想法……

◆ 不可忽视员工离职前兆

众所周知，管理幅度与管理层次直接影响着管理的效率。作为 HR，留人、留心你能做多少工作？你最能做也最该做好的是将有限的资源，最大化地去留住组织需要的人才。

除了薪酬设计、培训设计、员工关系管理等关键问题，HR 们同样需要借助外力——老板、中高层管理者，从组织架构、企业文化、领导力、战略等方面，推动人才保留计划的实现。

HR 更需要借助关键人才，去留住更多的关键人才，成为业务经理在领导力方面的辅导员，使员工不会因为其行为失当而造成流失。甚至，HR 也该有意识地统计，某个经理人团队的员工流失率。当某个经理人魔下的员工离职率高于企业普遍水平或同行业、同业务类型的水平，那么是不是意味着需要针对其本人进行辅导？或者这个经理人，是否存在某些领导力方面的问题？

最后，如果当你发现员工有以下情形，就要注意，他可能有去意了。

（1）性情突变。无论是员工突然从叛逆变得温顺，还是曾经温顺的员工突然开始与人发生冲突，都可能是他开始表达：不争或者不忍了。

> 阿里巴巴在整合雅虎中国的过程中，合理安置了雅虎中国的优秀人才，还发明了被人津津乐道的留人四宝：远景吸引高管；事业和待遇留住中层；不变薪酬福利安定员工；注资员工，感情银行。

（2）请假和出去接电话的次数增多（除身体原因外），又没有什么具体、明确的理由。

（3）欲言又止，对工作热情减弱，不愿意接受原本能胜任的工作任务。

（4）什么都不拒绝，却又不好好完成。

（5）关心社保、公积金的转移，以及催促报销等问题。

（6）微博、微信这些互联网平台上出现反常状态，都可能是一种信号。

◆ 离职了，也可以来找我

尽管终身雇佣的时代可能结束了，但终生关系却有可能长期存在。领英（Linkedin）、特斯拉（Tesla）、优兔（Youtube）、Yelp、Yammer、SpaceX 这些公司有一个共性，就是他们的创始人共同服务过一家公司：Paypal。这些前同事，在各自不同的领域成绩斐然。

建立一个离职员工交流网或前员工交流平台。

早在 20 世纪 60 年代，麦肯锡公司就设立了一个前员工交流网络，现在这个网络的成员达到了 24000 人以上。建立这种前员工交流网有以下几个方面的好处。

首先，能帮你雇到优秀的人才。一方面，是公司的"回头客"，这些人在外面经过一段时间的打拼，感受到外面的世界并不是很精彩，而更多的是无奈；另一方面前同事或前员工了解企业的内部流程、企业的文化与工作氛围，知道哪种类型的人才更适合公司的发展需要。如果企业善用"回头客"会使企业的人力成本、边际成本、培训成本减少到最低。

其次，前同事或前员工能提供有用的情报。前员工或前同事拥有重要的信息来源。比如竞争对手的商业信息、有效的商业实践、新兴的行业趋势，他们不仅拥有更多的外部信息，他们比内部员工更懂得内部流程。

前员工是企业免费的品牌大使。随着社交媒体，尤其是自媒体影响力的不断扩大，作为基层的员工越来越不应被忽略，他们的舆论影响力越来越大。尤其是当他们不属于当前公司时，他们的言论公信力将会更大，会更加客观。他们在通过微信、QQ、微博等渠道传播公司的产品、服务时给人的信任感是无法复制的。根据领英的数据显示，在领英一个人平均的一度人脉约为 100 人，二度人脉为 200 ~ 300 人，则一个累计离职员工 1000 人企业的人脉影响力则可达到 30 ~ 40 万人，多么惊人的数字！

离职面谈通常由人力资源管理部门负责实施。成功的离职面谈可以给企业带来显性和隐性的双重收获。

维系双方关系。通过面谈，不仅可以融洽公司与离职员工的关系，还可起到挽留核心员工的作用，而对于企业不想留用的员工，也可以通过离职面谈降低双方的敌对意识，体现出企业对员工的尊重与关怀，展示企业的大家风范。

预防不利行为。由于离职者的心态多半对公司不满，一旦离开后可能会有诋毁公司形象的情形发生，对于企业形象会有很大的影响，因此做好离职面谈还可以预防很多不利于公司的行为发生，至少可以舒缓员工对公司的抱怨或敌对心态。

获得真实心声。通过面谈可以得到离职员工的意见回馈，一般情况下，在坦诚沟通时，一个即将离开的员工是有可能把对公司的看法，包括在职时不敢讲的负面看法讲出来的。人之将走，其言也真，这些临别之际的心声吐露和针砭之言，是直接、难得的访谈资料，往往都是公司的不足甚至阴暗面的曝光，有利于公司日后的改进和提高。

提升公司形象。通过面谈能传达出公司重视员工意见的信息，无论对公司内部还是对外部而言，都是给公司的正面加分，而且还将企业重视人才、尊重人才的精神通过离职员工带到别的企业，树立企业以人为本的形象，此举对于增强企业的人才吸引力大有益处。

放眼未来合作。员工离职了，并不表示和原来的公司就从此"一刀两断"，互不相见。通过面谈，可以向离职员工发出友善信号，使其认识到他仍然是公司的"朋友"。很多时候，与离职员工保持良好关系，还可能为公司带来很多长远的利益，比如新的客户和市场机会、人才推荐机会，甚至优秀离职员工重新回到公司继续效力，等等。

🔍 5.5 新生代员工的管理新思维

> 90后是互联网的原住民，他们为网而生，从小就获得了来自全球的、多元化的讯息，他们思想开放、行为无拘。
>
> 90后被称为网络新生代，对于90后的管理应有新的方法与思维。

现在公司的90后已经慢慢成长为企业员工队伍的中坚力量，成为不可忽视的一部分，他们是公司创新力、创造力的主力军，他们有着天马行空的创意和创造，但随之也会带来难以管理、以自我为中心的特点。在一些管理者们看来，90后的员工不好管，对他们有一些偏见，认为他们没有敬业的意识，没有对企业忠诚的概念！真相也许并不是这样。

作为管理者，并不能以年代为标签来划分企业的员工群体，也无须用格式化与标签化来定义90后们。笔者认为，他们的行为与表象恰恰是这个时代的特点与精神要义，更确切地说，他们本身就是一种潮流，一种趋势，来得正好、来得恰当。

作为管理者，了解他们、用好他们才是企业人才管理的正道。对于90后表现出来的这个时代青年所独有的个性，作为管理者也应懂得、正视、适应、宽容和理解。

对于企业的90后，你要用好他们，就得先了解他们。

首先，90后跟公司中70、80后最大的区别就是：没有明显的上下级区别和地位尊卑的感受。最为典型的就是，没有太多的我们所熟知的规矩。比如，他们就较少像其他70、80后们习惯地叫我杨总或是领导，而是叫我老杨，有的就直接叫名字，有的就干脆名字也懒得叫，就哎一声，更奇葩的居然连招呼也不打，透明人似的。还有，他们进我房间时，一般也不敲门。

尴尬！有木有？但你得适应。

所以，我们的管理者有时就对90后员工说，我们职位有差别只是因为负责的事情不同，范围不同，你们负责做好你们份内的事就行，我负责协调你们做好份内的事和传达上面的要求就好。

还有一点，就是轻工作。 有位入职没多久的90后员工直截了当地对我们人事经理说："这里一个月的工资比我老妈给的零用钱还少，又不好玩，我不干了！"——就此辞职！

90后们早已过了他的父辈们所经历的高考独木桥、职业市场刚放开、缺工作机会的年代，赶上了好时代的他们，不要说养尊处优，至少也大多数为衣食无忧，物质世界大为丰富的他们可以啃老、可以创业、可以深造等多样的选择，作为工作，反而并非是其首选！

90后普遍认为，领导们都很"死板"。 在90后的眼里，领导聊天时用的微笑表情太僵化，不动感，不应景；领导们在朋友圈里推销成功学书籍像是在说教；领导们不自然的"鼓励"、"赞"让人感觉尴尬、别扭……在他们的眼里，领导往往听不进别人的建议和想法，总觉得自己说什么都是对的，这让主张平等独立自主思想碰撞的 90 后们尤其受不了。这些 90 后，希望自己的领导听得进意见、做得了决断，或者最好让他们也参与决策，领导们要在行业中本身就是一个佼佼者，如此才能让他踏实地跟着学习。

其次呢，他们最、最、最讨厌团建。对于我们这一代 70 后及更前的那几代人，集体认同感是非常重要的，但是这种集体荣誉之类的感觉对当下刚进入职场的 90 后们来说已经很淡漠了。他们不喜欢被强制要求参加公司组织的各种团队建设活动，唱歌唱得有代沟、吃饭口味不一样、郊游想去的地方都不同，总之一句话——90 后就认为，大家不能做做单纯的同事吗？

在 90 后这帮年轻人看来，这些活动限制了他们的个人时间，尤其是属于他们自己的周末时间。他们关注自由，工作是工作时间的事，休息的时间就完全该自己把握，除非加班了，否则为什么要被领导干涉工作外的生活？与其出去团建，不如好好看看书、刷刷题、备备考，最不济还能打扫房间、睡个觉。让人困扰的是，公司的团建活动还偏偏要选在周末。

90 后的工作要有个性。对于这些年轻人来说，公司氛围的有爱、贴心是非常重要的，休息时间可以说说喜欢的话题、领导们能放下架子开开玩笑，让他们觉得自己得到了理解，工作效率自然可以提高了。作为一家创意类公司，公司也刻意让工作的氛围轻松、环境舒适。

90 后普遍爱社交、重社交。他们是一群热衷于在数字世界中社交活动的人，因此他们拥有超群的技术悟性。由于他们一刻不停地上网和联系，他们无疑是消息灵通的社会性生物。他们看重人际交往、喜欢团队合作、崇尚协作性任务。他们渴望从事具有挑战性的脑力活动（看看最火的成语大赛、最强大脑就知道了），在心底始终将目标和成就作为行动指南。

对于很多公司来说，对 90 后员工的管理是个令人头疼的问题，这些年轻人们天马行空，不受约束。传统的、单一的仅靠权威与权力的管理，对他们而言难以奏效。

笔者认为，企业用好个性飞扬的 90 后的核心是：用其所长、投其所好。

对于管理者来说，管理 90 后最好的方法就是用其所长，投其所好，让他们先愉悦，然后创造价值。

让 90 后嗨起来这一点上，我们可以学学 Facebook。

> 需要特别说明的是，90 后们虽然个性飞扬、不甘平庸，他们为自由而活，为自我而活。这是时代发展的必然，这是一种时代的选择。每个都是不一样的烟火，并不是所有的 90 们都有上述共同的标签。

Facebook 就采取了不"管"反"放"的策略，关注他们的优势，扬长避短，忽略他们的劣势，弱化上下级的区分；Facebook 甚至鼓励低级别员工质疑和批评经理，鼓励"以下犯上"。丹·福尔（Don Faul）在 2008 年从谷歌跳槽至 Facebook 在线运营团队担任负责人后不久，计划与员工在早上 8 点开会。结果，员工们对此公开抵制，这让福尔这位前海军陆战队特种部队指挥官十分恼火。好在渐渐地，福尔似乎也适应这种独特的文化与氛围。

90后们到了Facebook，他们就成为了"香饽饽"。薪酬调研公司PayScale发布的研究报告显示，Facebook员工的中值年龄为28岁，与HK员工的平均年龄一样。Facebook人力资源副总裁罗莉·格勒尔（Lori Goler）表示："公司的关注点在于确保所有员工能够在一个包容和具有挑战性的环境里工作，使得他们可以在人生任何一个阶段出色工作。对于能够创造一个适合所有人的企业文化，我们感到自豪。"

对于90后这个群体，管理者在管理上其实无须作出大的改变，更谈不上管理的变革，管理者只需要作出一点点、小小的改变，就够了。比如以下几方面。

打造轻松的工作氛围。我所在的HK公司是一家以文化题馆为主导业务的企业，创意与设计人员是其核心与灵魂，为了更好调动这些年轻人的积极性，公司特地在本身并不大的办公空间留出一片空地，用于摆放一些咖啡与饮料，以便这些年轻人休憩时可以方便取用。现代化的办公条件给员工赋予员工舒适的、人性化的工作环境。公司通过鲜花，绿色植物，咖啡茶水区和宽敞整洁舒适的办公空间营造宽松的工作氛围。

做一个有魅力的boss、Leader。90后有两个心理特征比较明显——羡慕和嫉妒，有的人还加上了一个调侃的词：恨。羡慕、嫉妒、恨，纠结而真实。

现代社会典型的金字塔结构与严格的等级制度可以让每个人有向上走的欲望。但同时，90后又是比较崇尚扁平化管理，他们希望通过减少行政管理层次，裁减冗余人员，从而建立一种紧凑、干练的扁平化组织结构，希望等级关系更加合理。

管理者以老板的身份管理90后，会让他们有更大的逆反心理，老板的个人魅力有时候也是一种良好的激励，此时需要营造一种CEO文化。

公司的文化就是CEO的文化，所以CEO喜欢什么样的风格，他就会把这种风格的人吸纳进来，把不符合的人开出去。在华为叫同一个战壕；在阿里，叫同一个味道。比如希望公司内有一种家文化的老板，会比较注重做些团建、公司活动或者内部学习，从这些方面去激励员工。

适度的竞争是对员工，尤其是90后们最直接的激励。公司每两个月为一个周期，员工、总监和高级副总裁分别给员工打分，所有分数加权出的最后一名将被淘汰。末位淘汰制度可以让团队保持适度的竞争，逼着员工想尽一切办法快速进步，对公司有所贡献，有利于推动初创公司的发展。

尊重个体，一对一沟通。HK建立了以企业内刊、企业微信、员工沟通会、董事长信箱为主导多达20种员工沟通的渠道与途径。

变雇佣为合伙，事业合伙人制让年轻人成就梦想。设立企业自主的众创空间，最大化激活个体，变部分优秀骨干为合伙人。

我们应当了解现在已步入职场的 90 后员工多数是在极度关怀的环境中成长的。从出生到成长都没有生存之虞，衣食无忧，生活中方方面面都受到重视。因此，他们的关注点和从前的劳动者是不一样的，他们越过了生存、安全、社会归属和自尊的需求，直奔自我实现而来。

在不同的需求层次上，雇佣关系是有不同表现的，比如说职业的目的是生存和安全，那就不可避免要牺牲一些自由和自尊，员工和雇主必定处于一种不平等关系中；职业目的在生存之上还要满足被社会承认和自尊的需求，这个时候雇主仅给予物质报酬就不够了；如果职业的目的是获取自我实现，那雇佣双方之间就是一种实质的合作关系，企业提供平台和机会，员工提供技术和能力。

HK 历经三年，逐渐建立起了事业合伙人制的完整体系，一众 90 后成为事业部的合伙人，分享各事业团队的利益成果。

管理的去权威化，与 90 后平等，亦师亦友。实际上，作为领导，了解自己与新一代员工在思维上明显的差异，这里有更深层次的原因：互联网和高知识含量的经济摧垮了从前的管理模式。从前的家长式、军队式、带头冲锋的领导及管理方式已经不适应时代了，领导从前的权威自然也得不到新一代员工的认可了。

整体来说，有能力、有个性的人都不太好管理，每一代的人都是这样，70、80、90 后莫不如此，区别只是在于 90 后们恰逢遇上了 UVCA 这个多变、不确定的大时代。

> 如果你仅想着把 90 后当工具使，只要他们的活力、劳力、精力什么的，那你很难收获什么，反之，尊重他们、放飞他们、成就他们，企业最终也会自我成就。

🔍 5.6　去梯言：发展才是硬道理

呆在一家企业，员工如果有发展，一般情况下他是不会离开的，留住员工最好的办法就是：或者公司一直在发展，或者自己一直在发展。

对员工来说，发展才是硬道理。

从几万元营业收入，到 2018 年公司预计营收目标 6500 亿元人民币；从最初的不到 10 人，到今天的 18 万人，在过去 30 年，华为公司创造了全球通信行业史的奇迹。

华为的发展，举世瞩目。

华为的发展，带来中国通信企的梦想与荣光；华为的发展，带来华为员工成长与荣耀。

没有企业的发展，何来员工的发展。

很多人感叹于华为员工的高收入，也对那些动辄在华为工作 8 年、10 年、15 年的华为员工羡慕不已，感觉自己在一个企业呆上三年已是不易，8 年之久如何度过？在华为，员工拥有高收入固然不假，但也不能忽略，一直以来，华为是一家高成长的公司，员工在华为的高速成长、事业的高速发展可能是另一个比高收入更加合理的解释；一家高速成长的企业带给员工的尊严感，也是员工自豪的理由与基础。

企业是一个国家单元的微小颗粒。

国家的强大，让他的国民无比自豪与自信。

没有国家的强大，就没有国民的强大；没有企业的发展，也不会有员工的成长。

在企业，员工最关心的是自己的成长与发展。在职场，人要往高处走。

一般来说，白领在为公司服务一定时间后，都会期望通过增加薪酬和职位晋升来作为工作回报，并体现自己的价值，而且职位晋升往往伴随着薪酬水平的提升。如果白领对职位晋升不满意，结果往往是跳槽。

智联招聘在近期发布的一项关于中国白领满意度指数的调查结果中，2015 年中国白领职位晋升满意度指数仅为 1.76，成为工作满意度的五大方面中最不满意的一项，其次为薪酬，指数为 2.04，对福利的不满意程度紧随其后，指数为 2.06。其次，与薪酬相比，晋升还代表着一种身份认可，这对那些从未被提拔过的一线公司人尤为重要。这些人也是所有被调查对象中对晋升满意度最低的群体。从智联招聘调查数据来看，八成白领表示 2015 年没有晋升，其中 13.2% 的中国白领表示几乎晋升成功，仅有 19.6% 的中国白领在 2015 年顺利完成晋升。这背后有相当规模郁郁不得志的人。

日常管理中，HR 要经常性询问员工对自己的发展是否满意，并仔细考察员工是否有志向，若有想法又能结合行动，就应当委以重任，这样员工就会很快成长。

员工离职的九大原因如下。

1. 工作量大，工作压力大，加班时间长

（1）大量重复的工作，要求完成的时间很紧急，频繁的加班，心力交瘁。

（2）工作压力大，工作氛围略显压抑。

2. 制度烦琐，流程过长

（1）制度烦琐，会给工作带来一定的不便，员工对此依然会持有反感情绪。

（2）各项流程流转过长，执行起来过于繁琐，领导签批不及时，反复催促后依旧进度缓慢。往往一个物品从申请到领用要持续一个月的时间，给工作造成了不便。久而久之，员工耐心缺失，失陪。

3．发展空间受限

（1）工作到了一个瓶颈，技术难以提高，也没意向与能力往管理层发展，只能选择换行业或自主创业。

（2）公司能提供发展的空间不大。

4．家庭原因，有了更好的工作机会

当家庭有了小孩后或者父母身体不好，严重影响到了 80 后的工作状态，往往会以家庭为重，暂时放弃工作。或是家人帮其找到了离家近又比较好的事业单位工作而选择离职。

5．没有得到尊重和关注

超过一半以上的员工离职是因为他们和老板的关系紧张，一个不给予员工关注的老板是令员工感到非常不快的。

6．管理者不兑现承诺

如果连老板都不遵守承诺，为什么其他人还要遵守呢？企业没有诚信，怎么能培养诚信的员工？

7．提拔错误的人

如果高层管理者把工作交接给一个只知道谄上欺下的中层管理者，那对敬业的员工来说真是天大的侮辱。这也难怪他们会辞职了。

8．对未来迷茫

员工有三个基本需求：一是收入、二是认可、三是发展。倘若员工对未来发展没有信心，就会想换轨换活法。

9．主动辞退

员工违纪、违规，重大过失等原因，企业不得已辞退。

用人部门成本意识、效率意识加强，更关注员工素质要求，更加注重部门内部的员工管理，主动优化员工结构，是人才管理进步的表现。

是人才就要把他留下来，为了减少员工流失，企业需要拓宽员工的职业生涯，为员工的发展提供方向。开展职业生涯管理，可以使员工尤其是知识型员工看到自己在企业中的发展道路，而不致于为自己目前所处的岗位、环境对未来的发展感到迷茫，从而有助于降低员工的流失率。

员工成长了，就会有幸福感、获得感。

有获得感的员工便会释放出满满的活力与激情，自然走不了，留得住、用得好。

🔍 5.7　拿实例：百度的员工管理

以下一位百度的工程师对百度管理模式的感性提炼，字里行间渗透着十足的自豪和骄傲。实际上，这个 23 条阐述了百度管理模式的一种状态，形象地展示了百度的管理个性。

百度员工管理的第 23 条如下。

（1）我在做世界上最酷的互联网技术。

（2）我穿着我喜欢的衣服上班。

（3）当 9 点多来上班时，公司还有免费的早餐在等着我……

（4）处处感受到轻松，由我自己来安排自己的工作时间，我们这里是弹性工作制。

（5）处处感受到信任，当我想玩游戏、听音乐或上 BBS 时，不必小心翼翼地躲开老板……

（6）处处感受到平等，我可以随时找任何人来讨论问题，包括公司的 CEO。

（7）并不总是这么轻松快活，我的工作内容非常有挑战性，我会绞尽脑汁，连上厕所都低头沉思。

（8）但同时，我也体会到了巨大而实在的成就感，我发现了两点：第一，我可以用自己的技术改变这个世界、改变亿万人的生活；第二，我正在这么做！

（9）业内顶尖高手尽是身边同事，每个新人有一位导师，言传身教，耳濡目染，绝对高水准的专业学习机会！

（10）我不担心被隔离在核心技术之外，我做的就是真正的核心技术！我的日常工作中，就充满别人求之不得的锻炼机会，换了别处我不会成长得这么快！

（11）在个人能力迅速提升的同时，我看到公司前景广阔、发展迅速，个人成长空间不受限制。

（12）技术或管理，两条职业阶梯任我选，顺利走上我的个人发展快车道。

（13）富有竞争力的薪金，还能拥有公司的股票期权。

（14）优越的福利待遇、完善的休假制度、免费的体育活动，这些我都拥有。

（15）技术型的公司，年轻的氛围，大家心心相印，在一起充满了乐趣，这里是我们软件工程师的乐园！

（16）平均每天 6 项技术升级上线，瞧我们跑得多快啊！我们带给中国网民的，每天都是更好的使用体验。

（17）大家都有满腔做事的激情，每当想到了什么主意，就会听到这样的话："赶紧去做！"我们觉得最重要的是去做。

（18）探索新的技术，总会遇到困难和失败，但不会有打击责难，同事们跟我一起分析讨论，帮我想很多办法，再去试试！

（19）我深知技术上还远无止境，我们天天在想办法，需要做的事情太多，再多一倍的人都做不过来。

（20）我很看重对技术实事求是的态度，拿出数字再说话；特别是对于细节，要抠，极端仔细地抠，这里很适合完美主义者生存。

（21）他们竟然对事业抱有如此坚定的信念，当初真让我惊讶。如今你看了上面的话，是不是也觉得我的信念挺坚定的？

（22）对了，还有一点，并非不重要——中国人的企业、中国人的品牌、中国人的核心技术、与中国互联网共同成长，我正在充分地效力于并真切地见证着祖国的腾飞！

（23）这虽是心里话，但其实平常我很少这么高调，你看到我的时候总是在勤奋地做事，我的座右铭是：扎实做好每一天的工作。

🔍 5.8　给工具：经济补偿金计算对比、合同解除协议书等

人力资源管理常用法律法规名称一览表

1. 《中华人民共和国劳动合同法》
2. 《中华人民共和国劳动合同法实施条例》
3. 《中华人民共和国劳动法》
4. 《关于贯彻执行《中华人民共和国劳动法》若干问题的意见》
5. 《最高人民法院关于审理劳动争议案件适用法律若干问题的解释》
6. 《最高人民法院关于审理劳动争议案件适用法律若干问题的解释（二）》
7. 《最高人民法院关于审理劳动争议案件适用法律若干问题的解释（三）》
8. 《最高人民法院关于审理劳动争议案件适用法律若干问题的解释（三）》
9. 《最高人民法院关于人民法院审理事业单位人事争议案件若干问题的规定》
10. 《劳动人事争议仲裁办案规则》
11. 《中华人民共和国劳动争议调解仲裁法》
12. 《中华人民共和国工会法》
13. 《住房公积金管理条例》
14. 《中华人民共和国就业促进法》

15. 《最低工资规定》

16. 《女职工劳动保护特别规定》

17. 《中华人民共和国社会保险法》

18. 《实施《中华人民共和国社会保险法》若干规定》

19. 《失业保险条例》

20. 《社会保险费征缴暂行条例》

21. 《集体合同规定》

22. 《工资集体协商试行办法》

23. 《劳动保障监察条例》

24. 《中华人民共和国人口与计划生育法工伤保险条例》

25. 《工伤认定办法》

员工离职与经济补偿计算方法对照表

国家要求用人单位承担的一种社会责任，即用人单位解除或者终止劳动合同时，应当支付给劳动者一定的经济补助，以帮助劳动者在失业阶段维持基本生活，不至于生活水平急剧下降。正是由于这种社会责任是国家强加给用人单位的义务，因而，何种情况下用人单位应当担责，需要由法律的明确规定。

表 5-1 列举了 30 多种以上员工离职形式与经济补偿计算方法对照。

表 5-1　员工离职与经济补偿计算方法对照表

离职形式			经济补偿	计算规则	补偿成本核算
大情形	解除原因	解除类别			
协商一致	劳动者提出	协商一致	从约定（有或无）		参照：月工资 * 工龄
	企业提出	协商一致	有	从约定	参照：月工资 * 工龄
企业单方解除劳动合同	过错性解雇	试用期不符合录用条件	无		0
		严重违纪			
		造成重大损害			
		双重劳动关系			
		合同无效			
		被依法追究刑事责任			
	无过错性解雇	医疗期满不能恢复工作	有 / 代通金 / 前 30 天通知	不分段	月平均工资 * 司龄 + 上月工资
		* 二次不胜任			
		客观情况重大变化			
	经济性裁员	依破产法重整	有		月平均工资 * 司龄
		经营严重困难			
		技术革新转产等			
		客观经济情况发生重大变化			
	违法解除	企业违法解除劳动合同	双倍		月平均工资 * 司龄 *2 倍

续上表

离职形式			经济补偿	计算规则	补偿成本核算
大情形	解除原因	解除类别			
员工单方解除劳动合同	员工辞职	试用期辞职	无		0 元
		提前 30 天辞职			
	因企业违法行为	劳动保护劳动条件不足	有	*分段 其余不分段	月平均工资 * 司龄
		未足额及时支付报酬			
		*规章违法损害权益			
		*合同无效			
		强迫劳动			
		*未依法缴纳社保			
		*单位违反强制性规定 [条例]			
劳动合同终止	劳动者原因	享受养老保险	无		0
		死亡失踪			
	非劳动者原因	合同期满	有 / 无	分段	2008 年 1 月 1 日后司龄 * 月工资
		破产	有	不分段	司龄 * 月工资
		关闭、撤销、解散	有	不分段	司龄 * 月工资
事实劳动关系终止	企业单方终止	一个月内员工拒签	无		0 元
		一个月后员工拒签	有		月平均工资 * 司龄
		无理由终止	有	不分段	月平均工资 * 司龄
			计算无合同期间补偿		无合同期间司龄 * 月工资
	员工单方终止	员工单方终止	无		0 元
分段计算适用于条件 1. 2008 年前后算法不一致 2. 合法的解除形式;	1：以上所列关于分段计算规则仅适用于补偿基数无封顶，补偿年限无封顶的情形 2：关于应发与实发是否适用分段计算，大部分法院仍以实发合并计算为准 3：关于不足一年是否分段计算问题，《上海市劳动合同条例》规定不满 6 个月的无经济补偿，劳动部《经济补偿办法》规定不满一年按一年的标准计算，此种情形是否适用分段，有待司法实践确认 4：关于员工不胜任经培训或调岗仍不胜任的情形，上海市劳动合同条例规定无经济补偿，劳动部《经济补偿办法》规定有经济补偿，此种情形是否适用分段，有待司法实践确认 ● 补偿基数封顶（上年度月平均工资三倍）的，分段计算 ● 2008 年以前符合 12 个月的年限封顶的，分段计算 ● 2008 年以前无经济补偿，2008 年以后有补偿的，分段计算 ● 违法解除，补偿年限不封顶，三倍封顶有追溯力				

本文部分内容参考：微信公众号：hrfalv

劳动合同解除协议书模板：

解除劳动合同协议书

甲方：

乙方：　　　　　身份证号码：

甲乙双方于____年__月__日签订《劳动合同书》，合同期限自____年__月__日至____年__月__日。现经双方友好协商，一致同意就解除劳动合同事宜达成以下协议：

1. 劳动关系截至____年__月__日止。乙方的工资、福利、保险、补偿等均已结清，乙方不再因为原劳动合同的履行、解除，向甲方及用工单位要求支付其他任何费用、补偿或赔偿。

2. 其他约定：＿＿＿＿＿＿＿＿＿＿＿＿＿＿＿＿＿＿＿＿

3. 《劳动合同书》终止后，乙方应于____年__月__日前将一切业务工作交接手续，包括乙方掌握和使用的公司一切文件、资料、信息、数据、图表、工作记录，包括电子文档及有关物品等向甲方移交清楚；同时，报销公司账目、结清欠款；交接经手过的工作事项。

4. 乙方承诺已将掌握的所有与甲方有关的资料（包括但不限于文件、数据、合同、图纸、以及其他资料等）已做交接并保证所交接资料的真实性，乙方没有保留或非法复制与甲方有关的任何资料。如果甲方在乙方离职后发现有未交接的与甲方有关的一切资料，甲方有权要求乙方悉数交还，并有权要求乙方支付违约金，并就其遭受的相关损失有权向乙方追偿。

5. 根据双方劳动合同第三十七条、第三十八的约定，乙方承诺离开甲方后遵守甲方关于商业秘密保护与竞业禁止的规定，不从事有损甲方生产、技术、经营管理和相关利益的活动。乙方承诺均不会在中国境内外以自身实际经营或以合营、持有其他公司或企业的股份和其他权益等方式参与任何对甲方业务实际或可能构成直接或间接竞争的业务或活动。不以甲方名义承揽业务或使用公司未经许可使用的商标。不得利用在公司所掌握的营销网络、营销渠道开展业务，不得带走属于甲方的客户，不得有其他构成同业竞争的行为。如有上述行为，给公司造成的经济损失由乙方全额承担。离职结算已含甲方竞业禁止经济补偿款。

6. 乙方离职后任何时候不得以甲方名义从事任何经营活动。

7. 如果乙方违反本约定，则乙方应承担给甲方造成的经济和其他方面损失外还应向甲方支付至少10个月的工资作为赔偿。若乙方违约行为给甲方造成的实际经济损失大于约定违约金额的，则乙方需承担的违约责任以甲方实际发生的经济损失额为准。

8. 本协议内容是解除双方之间劳动关系的合理安排和合法约定，本协议签订后，乙方不得再向甲方要求其他赔偿。

9．乙方确认双方不存在其他任何劳动争议，乙方同意不再以任何理由和方式向甲方主张任何权利。

10.本协议一式两份，双方各执一份，均具同等法律效力，经甲、乙双方签字(章)后即行生效。

甲方：　　　　　　　　　　　乙方：

代表人：

联系电话：　　　　　　　　　联系电话：

　　年　月　日　　　　　　　　　年　月　日

第 6 章
上下同欲，力出一孔的绩效策略

任何组织中都存在着好与歹、优与劣，作为组织中的管理者，一个重要的任务就是要寻找他们、识别他们，优胜劣汰，让优秀人才发展、晋升、奖赏；让绩差人员进步、警示、淘汰，防止人才管理的劣币驱良币。绩效管理就是这样一个专门的管理工具。

企业绩效管理摆脱不了两张皮的现实困境。

绩效管理作为企业业绩管理的一个常用工具，不得不推行、不得不实施，而不得不推行与实施的绩效管理结果，却在关键时刻动不了真格、派不上用场。

以罚款为目的的绩效管理肯定是要流氓，而没有实现上下同欲、力出一孔的绩效管理自然也是在开玩笑。

作为华为人力资源三大利器之一的高绩效管理工具 PBC（个人绩效承诺卡），就绝对不是在开玩笑。

师承 IBM 的绩效管理工具 PBC，通过员工的业绩承诺，实现了组织绩效目标与个人绩效目标的传承与统一，成就了华为瞩目全球的业绩标杆。本章关于华为 PBC 的十二个叮嘱全程不揭秘，只解说。

🔍 6.1　【情景再现】尴尬了：只开了一半的绩效会议

ZR 集团的 HR 经理刘升是 BSC（平衡积分卡）的绝对拥趸者，因为据他所说，他有过 N 年 BSC 成功实施的经历，在集团的一次例行的绩效会议上，各部门针对当前的绩效评估形式均有不同程度的不满，牢骚与抱怨充斥着整个会议室。一个本应 16：00 结束的会议，愣是到 16：40 还好像远没有结束的意思。董事长周民由于要赶着参加 17：00 的会议，面带不满地看着 HR 刘经理。

"刘经理，既然大家对当前的绩效考核不太满意，那有没有更好的、更合适的考核或者工具，我们公司就真的只能弄这个 B 什么 C。"

刘经理从事 HR 十多年了，也是一名资深的 HR，对于周董事长的提问，他当然早有所料。

"董事长，如您所知，绩效考核的工具有 KPI、360 度、PBC、EAV、OKR、BSC 等上十种之多，我个人认为，BSC 是一个相对符合公司当前实际的工具了。"

"符合什么实际，最起码预算就是错的。说白了，你们人力资源搞的什么指标太高了，根本就不现实。"销售马总第一个发难。

"怎么会不现实，指标都是根据历年的数据，与财务部门一起测算出来的呀。再说，这个数据也通过了公司的管理层会议，有一定的可信度与准确度呀。"刘升回应道。

"过了管理层会议的数据就不能改了？谁说的。"马总有点咄咄逼人。

"定了数据当然不能改了，这也是财务部门测算出来的，有参考依据的。"刘升把目光投向财务总监朱总，朱总一脸尴尬。

"那如果定的数据可以改的话，那考核还有什么意义呢，朝令夕改。"刘升还是有点不服气，全力辩解。

"那究竟是你们定的数据重要，还是业务的实际重要？今年的业务形式急转直下，业务环境大不如前，你们人力资源坐在办公室光知道数据比大小、比多少。闭门造车谁不会。"马总不以为然。

"你们业务部门还不是……"刘升急了。

"行了，行了，大家说话都客气点，有事说事。"周民不耐烦地打断了二人的对话。

"我五点还有一个会，我可没功夫听你们在这地扯皮。"周民拂袖而去。

众口难调的绩效。

上述场景中，周民董事长对绩效管理的不满意，在 HR 的绩效经历中其实并非个案，企业在绩效管理的推行过程中，HR 们受碾压不仅仅是智商，还有情商和来自老板的质疑，自然也少不了员工及各级主管大圣们的嫌弃。

站在老板们的角度，之所以对绩效管理的推行将信将疑，是因为老板们普遍有以下疑问。

（1）增加了人手与资源投入，效果却不明显，投了这些精力值不值？

（2）听到员工很多抱怨与抵触，人力资源的这帮人靠谱不？

（3）我那好不容易培养的那几个核心员工离职了，与人力资源部搞的绩效就没半点关系？

（4）绩效体系的推行，会影响我的组织运转吗？

（5）对员工的业绩增长真的有帮助吗？这帮人这么难管，单靠一个绩效就能解决得了？

（6）每人都很忙，还有时间弄绩效？

（7）前几任做的绩效，就引起了不好的负面效果，这次该不会又重踏覆辙？

（8）做了绩效之后，大家的奖金，工资、会不会相互比较，搞得内部不和谐？

（9）绩效太复杂，我自己都搞不太懂，人力资源能弄懂？

作为考核者或者被考核者，各级主管大咖及员工也纷纷吐槽。

（1）人力资源做绩效考核，搞得太复杂了，增加工作量不说，效果却并不好。

（2）哪有什么激励，像撒胡椒粉一样，压根就没有当初描述的那么好。

（3）我自己也想更好地发挥个人能力，为公司做更大的贡献，但我想不明白如何做，做到什么程度，人力资源那帮家伙能告诉我么。

（4）有没有告诉我哪些方面已经做得很好了。哪些需要改进。如何改进。

（5）大家都很忙，我亦很忙，但大家在忙什么。

（6）作为考核主管，我有什么权力？

（7）HR 就知道订目标，目标订那么高，让他们试试。

（8）人力资源没事儿就弄规则，规则还经常改，当我们这些主管透明人一样。

（9）有的领导打分高，有的领导打分低，还不是看谁手松手紧。评价就不公正。

绩效管理是众多 HR，尤其是 HRM、HRD 们越不过去一道坎，各位 HR 在推行绩效管理过程中，上述质疑与吐槽在各个公司遭遇的情形的与状况几乎如出一辙，糟糕的绩效会议其实并非个案，类似的情形在不同的企业，不同企业的不同地点，不同地点的不同的场合，以及不同的形式频繁地不时上演，不同的可能只是角色与对话的形式。

绩效管理是全球企业界公认的世界级的管理难题，据报道，有绝大多数的企业和跨国公司公开承认，绩效管理没有达到预期的激励效果；而同样在国内，情况则似乎更为糟糕。据国内某知名人力资源网的调查显示，85% 的企业实施了规模不等的绩效管理系统，有的是完全版，有的是简易版；有的学华为，有的学阿里。调查还显示，有高达 80% 以上的企业认为绩效管理的实施效果不明显。

为何绩效管理普遍不成功，而偏偏大家又都弃之不得呢。

那得先从企业的本质说起。

企业是以盈利为目的，从而进行生产经营，为社会提供产品和服务的经济组织。在商品经济范畴，作为组织单元的多种模式之一，按照一定的组织规律，有机构成的经济实体，企业是以盈利为目的，以实现投资人、客户、员工、社会大众的利益最大化为使命，通过提供产品或服务换取收入的社会组织。

企业是一个商业组织，是为利润而存在的，业绩是给企业带来利润的唯一渠道。对于企业来说，没有业绩，没有利润；没有业绩，却有利润，除非企业造假，所以企业是用业绩说话。企业用业绩证明企业的领先优势、品牌号召力、强大的客户服务能力。

> 企业用业绩证明自己存在的价值；员工用业绩证明自己被企业雇佣的价值。
> 为利而生的公司倡导业绩至上的企业文化也就顺理成章了。

我们一般认为，员工的绩效将直接影响企业业绩、效率和运营成本，这也成为企业管理中的核心内容。

没有绩效的组织是没有生命力的；绩效结果不好的个人，职场之花也将会随时枯萎、凋零，所以，职场人士是靠业绩说话，靠结果生存。

但实际上，企业中实施绩效管理成功的案例并不多，反倒是失败的案例不甚枚举。而这些失败案例，不仅仅极大地破坏了员工与主管间的信任关系，还更容易引起劳动争议。

"考得不好的人也没见着受过处分，日子仍过得滋味得很。"

"很多员工对于绩效考核仍抱着一种任务式的态度，应付式。"

"绩效管理实施有快三年了，感觉对于工作不是更有压力了，目标更清晰了，而是大家手头上文案、表格增多了。绩效管理是不是在给我们添乱？"

"大多数部长考核时能实事求是，但也有一少部分人做好好先生，分数往顶了打，都是 95 分。"

"绩效奖金不痛不痒，形似鸡肋。"

"绩效管理不是员工，而是管干部。员工都是 95 分，干部都是 75 分。"

"你能保证你打这么低的分，与上次投诉你无关？"

"也是没谁了，天天加班，最后打个 C，作孽呀。"

"考不考还不是一个样。"

"我就和主管争吵了一句，那话也不重，最后的考核结果，不出意外的是 C，也是没谁了。"

刘升在董事长周民的办公室，季度考核刚完，刘升按例当周民的面打开意见箱留言条，留言条全部掰完了。很显然，对这一次季度考评，员工不满意，批评如潮。干部好像也不满意，隔着纸条都能嗅着火药味。老板呢？再看看周民的脸色，似乎也越来越难看了，刘升抽起桌上的纸巾往脸上猛地擦汗，脸上根本并没有汗。

绩效考核是人力资源六大模块管理中难度当属最大的，同时也是争议最多的。一个普遍的现象是，很多企业建立了完善的绩效考核体系，但也没有见得有多大激励作用；与此同时，令人颇具意味的是，有的企业没有绩效考核，照样运行的风生水起。

绩效考核贯穿于企业人力资源管理的整个过程，是整个人力资源管理体系的核心，但为何在中国众多企业中却处于这种尴尬的境地了？总的来说有：绩效考核脱离目标，为考核而考核；认为绩效万能、绩效无能、考核就是扣钱；企业管理者盲目追求高大上的绩效考核工具；等等。

其他原因当然也不少，诸如主观评判，缺少公正和客观，常常沦为人际关系的评估，形式主义，指标太多，不透明不公开，员工抵触，主管反感，老板困惑。"早搞早死，晚搞晚死，不搞不死，一搞就死"，成为绩效考核在企业界推广的真实写照。

凡此等等，构成了上至老板、下到员工，对绩效管理不满意的全景图。

作为 HR，大可不必因为绩效管理的各种困难而避之，世上之事大抵如此，越是有价值，越需要人认真钻研、付出。HR 要想成功，就要正视，并认真应付绩效管理，这个 HR 职业生涯中较为难啃的骨头，越过这座 HR 职场升迁的职业之山。数载之后，当你成功地越过了绩效管理这座山、这道坎时，你的职场之路便会变得坦阔起来。

🔍 6.2 以罚款为导向的绩效管理都是耍流氓：论绩效的本质

　　绩效实践中，员工们对绩效避而远之的原因有许多，各种嫌弃，但有一个原因是最闹心的，那就是罚得多，奖得少。自从公司弄了绩效考核之后，工资考着考着就少了。员工与主管们其实不是完全对绩效管理有意见，更多的是因为实行了绩效管理之后，他们的工资不升反降，绩效管理的工具反倒成了公司扣钱的工具与手段。

　　于是，对于 HR 来说，走上 HR 这条路之后，真是一夜尝尽人间万象啊。2017 年初看过一篇《HR 的鄙视链是怎样的？》文章，HR 各个版块的各种不服写得酣畅淋漓。说做招聘的鄙视做绩效的；做绩效的鄙视做薪酬的；做薪酬的鄙视做培训的；做培训的鄙视做人力规划的；做人力规划的鄙视做员工关系的。

　　来看看做绩效的，好像处于鄙视链的顶端，仅次于做招聘的，看上去似乎不错。可事实上，HR 在实施了绩效管理之后，才发现自己的人生竟是如此艰难！

　　如果企业的管理者在实施绩效管理中一味地盯着员工的口袋，一味地强调处罚，而不是激励，那么到最后很多企业的努力员工就会像下文的小 D 一样，离你而去。

　　小 D 是人事经理刘升手下负责培训的主管，每天加班加点，成果也不断出来。但到每个月考核之时，不管工作怎样，小 D 从没有得过满分，一般 90 分以下，刘升告诉小 D："你的分数，我给你打的够高的了，其他人才多少啊，我可以告诉你，整个集团没有一个人的绩效考核得分等于或超过 100 分，这是周董事长的考核理念，周董认为，考核就是考出员工的不足，与每月的工资挂钩，一个员工不可能没有不足，因而每个人业绩考核得分都低于 100 分，而且低于 70 分的话，本月度的奖金工资就没有了。"小 D 很是惊讶，觉得自己表现其实并不差，虽谈不上优秀，与其他岗位如招聘岗位相比，也不是很见成效。他越想越气，于是给分管的公司领导写了申诉信，可距离申诉时效已经过去 2 天了，领导仍没有反应。

　　一个星期过去了，小 D 经过深思熟虑决定离开这家公司。

　　上述案例呈现的，就如老套的绩效管理一样，一言不合就扣钱，好像对于绩效管理来说，扣钱是重点，绩效的改善倒放在了第二个层次了。

　　绩效管理中，管理者为何总是钟情于扣钱呢？

　　一方面绩效管理当中绩效结果出来了，要对考核结果进行应用，也就是说，要兑现。往往，罚是比赏更显官威，成本更低，收效更快，于是管理者就很容易重罚轻赏了。

绩效管理沦落到只是扣钱罚款的工具，最大的可能就是绩效导向是真的出了问题。如果公司有意无意地把绩效管理作为惩罚员工的工具，那么员工的行为就是避免犯错，不让你罚我钱。因为人嘛，总是趋利避害的，你这明显就是扣钱的玩意儿，我反抗不了，那我总能避开吧？于是员工工作的重点就变成了：不犯错。怎样不犯错？少做少错，不做不错！员工就这么与公司耗着。

另外，在绩效管理与绩效制度的设定中一定要融入对人性的理解与思考。人性中，有"性本善"还是"性本恶"之争。当你假定"人性恶"时，你会倾向于制度管理，也就是法家思想或者西式管理；当你假定"人性善"时，你会倾向于德治管理，在某种程度上也就是儒家思想。

那么，绩效管理是只什么样的筐子？

可以将无形的绩效管理与有形的筐子作一个小小的、具象化的比较，将绩效管理中的战略、绩效管理之于企业的影响力与范围、企业的基础管理、绩效的实施对象分别比作筐子的高度、广度、底、材料。

对人性的设定决定了我们选择的管理方向的。

绩效管理就像一个筐，筐子的容量是有限的，但需要装的东西却有很多，每个企业的战略选择不同，绩效管理的侧重点也就不会一样，尽管每个企业的选择不一样，但有一点是明确的，那就是企业的绩效管理必须按照绩效管理系统的逻辑顺序依次放入，要事先做，使绩效管理这个筐子发挥最大的作用！

1. 筐子的高度——企业的战略目标

绩效管理系统与企业的战略目标密不可分，企业必须从战略的高度来设计绩效管理系统，同时，绩效管理的过程也始终围绕企业的战略目标来执行，通过对企业战略进行有效的分解，层层落实到各个部门和工作团队，进而落实到具体办事的员工，使企业的战略被逐级分解，逐级执行，逐级落实，直至达成企业战略目标，获得企业所要的战略结果。

2. 筐子的广度——企业对绩效管理作用的描述

为使绩效管理的作用得到充分的发挥，企业应该着眼于本企业的战略目标，从企业绩效、部门绩效和员工绩效这三个层面综合考虑问题，使企业的绩效管理致力于企业战略目标的实现，致力于企业经营绩效的提升，致力于经理和员工绩效能力的提高，致力于企业绩效文化的创建，致力于经理和员工之间的绩效合作伙伴关系的构建，致力于开创绩效沟通的新局面。

3. 筐子的底——基础管理

决定筐子底部是否足够结实的是企业的基础管理，而基础管理又集中表现在企业对职位的管理。

4. 筐子的材料——全体员工

员工，所有的员工，包括企业老总、各个层级的经理、主管和所有基层的员工，只有通过有效的手段把所有的员工紧密地结合在一起，绩效管理的筐子才能成型，筐子的质量才够强。

下面说一说绩效管理的本质。

绩效管理是指管理者与员工之间就目标与如何实现目标达成共识的基础上，通过激励和帮助员工取得优异绩效从而实现组织目标的管理方法。绩效管理的主要目的不是对绩效不好的惩罚，而是找到绩效不好的原因，提出改善措施及方法。

绩效管理的终极目的在于通过激发员工的工作热情和提高员工的能力和素质，以达到提升公司绩效。

绩效管理的真正目的在于以下几点。

（1）通过设定"员工的成功是什么"等清晰的期望来提升个人绩效，从而提升组织整体绩效。

（2）将个人的目标和组织的目标紧密联系起来，达到双方的和谐统一。

（3）为了达到目标，设定清晰的行为和能力标准。

（4）为支持员工的目标实现，个人成长和绩效提升，需要提供相应的辅导、反馈、培训等。

绩效管理不是单方面的公司考核员工，去控制员工，要员工被动接受。现代意义上的绩效管理实际就是双方达成的一种心灵契约，彼此遵守，既然是契约，就是双方协商一致的结果，如果没有给员工基本的尊重，员工会从心底去抵制，这样的绩效本身就是不公平的，也达不到绩效管理的效果。

绩效管理不好做，难做。不意味没有成功的绩效管理，作为 HR，我们当然更多的是看到了绩效管理的积极一面，尤其是那些管理越规范，规模越大的企业，对于绩效管理系统的依赖性也越大。积极的、有效的绩效管理，可以通过战略目标的分解上下一致；让各级管理者、员工们的工作目标性更强，效率更高；作为管理层可以更早预知企业的经营风险；良好的绩效管理经过岁月的沉淀可以树立良好的企业文化。

绩效管理在互联网企业的推行中具有相对天然的优势。互联网公司是推行强绩效管理的典型代表，在互联网企业，绩效至上，业绩为王。你对主管拍马屁是行不通的。

没有马屁文化的企业，就具有真正意义上的对事不对人的管理氛围，在这样的企业里，员工的聚焦是事而不是人、不是人际关系，同事关系单纯，目标明确，这种企业不成功都难。

🔍 6.3 思维导图：绩效与评价

绩效管理思维导图如图 6-1 所示。

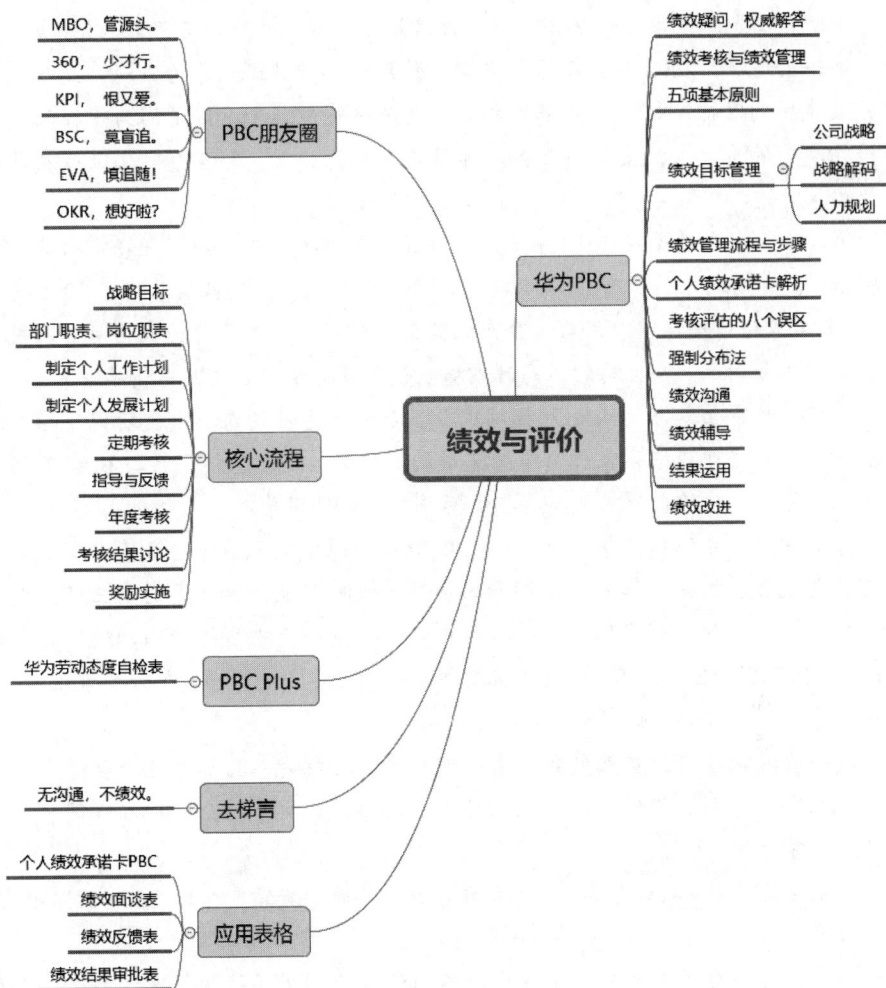

图 6-1 绩效管理思维导图

🔍 6.4 上下同欲、力出一孔：华为 PBC 真相

下面重点、全面地解读华为的绩效管理工具 PBC。

为什么是华为的 PBC。

之所以重点介绍华为的 PBC，一方面是源自于我与华为十五年前的结缘。

第一次结缘，2002 年我在远大空调工作期间，曾特邀至华为参观。正如很多到远大城感到震惊一样，我到华为之后，也是被震惊到了，不是因为规模而是因为接待我们的华为人的素质与素养，那种职业化的程度，时至今日仍让我在其他企业难觅踪迹。

第二次，那大约是在 2012 年了，当年因为工作原因我组织了一场空前绝后的猎聘活动，到场的人员中有 80 多位华为各个战线的人员，到最后录用了 30 多名，这 30 多名华为前精英，录用后被分布到国内、外的各个片区作为销售负责人或者销售支持的负责人，在公司的不同时期均贡献了最为宝贵的收入与精神财富。

我可以称得上是华为人之外相对较多了解华为企业的人。我的研究生毕业论文就是以华为任职资格体系作为框架完成的。华为的任职资格体系与 PBC 系统在我工作及曾经工作的企业，至今仍在借鉴并广泛地使用着。

另一方面，介绍推广华为 PBC，还因源自于对中兴、华为这类民族自主品牌的尊敬与叹服。工业永远是一个国家的脊梁，没有工业，再强大的第三产业也只是空中楼阁。当你看到我们工厂的数控中心几乎清一色来自于德国制造、日本制造时；当你了解德国一整套 Pro/E 正版软件要将近 8000 万元，而我们连安装都不会，别说使用了，你就会了解到什么是差距。

我一直尊敬于民族工业的推行者、前行者、开拓者，它们才是社会进步推行的核心力量，学习、借鉴、探索他们的成长之路，让更多的企业加入我国工业现代化的改革大军。

我们需要推广、宣传华为，向他们学习，学习他们好的工具与方法，共同进步，共同成长！

当然，在绩效管理的实践过程中，不同的企业采用的绩效管理方式也会不尽相同。

比如，在新浪每位员工都要做好七件事，新浪内部员工称之为"开门七件事"。这七件事，实际上就是七个关键绩效指标，包括了五个关键业务指标，两个管理或行为指标（管理层是两个管理指标，员工是两个行为指标），是 5+2 模式。

新浪的绩效管理从高层开始做起，公司高层每个人都要写这个季度要做的"七件事"，高层组成的新浪管理委员会要讨论每个人的七件事是不是和公司战略以及年度的规划相一致，一旦经过讨论确定下来，每个人的七件事就分解到他们的

下一层，下一层级的员工再写七件事，就这样层层分解一直到最基层员工。

　　普通员工的七件事比较简单实用。比如某个员工这个季度可能要提高自己的沟通能力，那么他就要计划怎样去提高，要么去参加培训，要么要参加研讨会，或者要到别的部门去见习。这七件事给人的感觉不太像一个绩效考核，也不太正式，但是简单实用，最重要的一点是和员工的日常行为结合在一起，自然少被人排斥。

　　说起华为的 PBC 系统，还得从一次国内顶级 HR 圈子的聚会谈起。这次聚会上某大咖向与会者提起了华为目前正在采用的 PBC 系统。PBC 作为华为最为成功的人力资源管理工具之一，伴随着华为的成功，目前各大企业竞相学习与借鉴 PBC 考核模式。由于每个企业人文环境不同，生存状态不一，照搬华为 PBC 的固定模式显然是行不通的，只有取其精华，并结合企业的自身实际，才能将 PBC 的作用发挥得淋漓尽致。为了尽可能地真实还原华为 PBC 的使用与操作，为广大 HR 朋友提供一些参考与启发，以下资料根据华为公司官网及前华为员工的口述整理。

　　华为的 PBC 系统是 1998 年 IBM 在华为做项目时的副产品。当时华为 IT 部门的部长在与 IBM 方面的一次非正式交流会上，IBM 方面谈到了考核和 PBC，觉得不错，并率先在华为 IT 部门试点，最后华为的人力资源部门成功地推广了 PBC。

那到底什么是 PBC ？

　　PBC（Personal Business Commitment）即个人业务承诺计划，是基于战略制定后的，保障战略执行落地的工具，PBC 是 IBM 创立的基于战略的绩效管理系统，IBM 之前所有员工都要围绕"力争取胜、快速执行、团队精神"的价值观设定各自的"个人业务承诺"。

　　PBC 是一个业绩管理系统，是全体员工围绕"力争取胜、快速执行、团队精神"的价值观设定的个人业务承诺。员工在充分理解公司的业绩目标和具体的 KPI 指标的基础上，在部门领导的指导下制订自己的 PBC，并列举为了实现这些业绩目标，在"个人绩效目标"中所需要采取的具体行动与措施。PBC 的签署相当于员工与公司签定了一个季度的或一年期的业绩合同。

　　第一个承诺：承诺必胜（win），赢得市场地位，高效率运作，快速作出反应，准确无误的执行，发挥团队优势，取得有利形势。这个承诺要求成员要抓住任何可以获取成功的机会，以坚强的意志来鼓励自己和团队，并且竭力完成如市场占有率、销售目标等重要的绩效评估指标。每个人都要求自己必需完成在 PBC 中制定的承诺，无论遇到多大的困难，都要努力向前。

　　第二个承诺：承诺执行（execute），华为的 PBC 总是

PBC 是一个承诺系统。这个承诺系统的核心是三个方面，第一方面是承诺必胜，即通过逐个层级的承诺，确保组织绩效目标的实现；第二方面是执行，光有承诺，光有计划不行，得有详细的执行方案，执行计划，执行措施等；第三方面是团队，完成自己对组织的承诺，光靠一己之力恐怕难以完成，得有团队的支撑与协助，所以团队及团队建议，团队意识仍是承诺兑现的重点与关键。

强调三个词，即执行、执行、执行，不仅需要计划、目标和承诺，更重要的是执行。执行是一个过程，它全方位地反映了员工的素质，业务流程的改进和执行能力的加强需要无止境的挑战自我潜能，在管理上效力于修炼和创新。

第三个承诺：承诺团队精神（team），华为要求各个不同单位和部门在同一个业绩目标下相互沟通，共同合作。采用非常成熟的矩阵式组织结构管理模式，往往一个项目或一项业务会涉及到很多部门，需要跨部门的沟通和协作，才能充分发挥公司的整体优势并充分利用公司资源，同样，如果在业务中遇到了麻烦，也能从全球的各个单位和同事那里获得帮助。公司内部的 Teamwork 的意识是非常重要的，任何人在工作中随时要准备与人沟通，与人合作。只会自己努力做事不行，许多业务一个人是无法完成的，必须学习把团队合作作为思考问题的出发点和工作习惯。

从华为公司 PBC 的应用实践来看，用好管理考核和二次分配手段，促进"力出一孔"。在经营真实、账务清晰的基础上，将组织 KPI 考核聚焦到组织真正承担的责任结果上，充分借助类似"双算"、"虚拟考核"、"周边协同评价"、"作战一线评价支撑服务机构"等管理考核手段，用好促进协作的"二次分配"手段，减少因业绩归属争议所造成的无谓的组织隔阂与管理消耗，使机关职能更好地支撑服务一线，让共同创造价值的相关组织通过"利出一孔"来实现更好的"力出一孔"。

根据业务特点和贡献实质，做好鼓励集体或个体的导向取舍或平衡。个人成功的评价首先要基于对部门及公司集体成功的贡献，而在评价公司与部门的集体成功中也要识别驱动成功的个体英雄。要回归不同业务的管理特点，针对不同业务特点以及不同层级/不同类别的员工贡献特征，做好鼓励集体奋斗与鼓励个人英雄主义间的激励导向取舍。

> PBC 绩效管理模式要求每一名员工都必须清晰理解公司和自己部门的业绩目标，清晰自己的工作重点的同时也清晰自己的行动计划，抓住工作重点，发挥团队优势，最后彻底、拼命地执行。

长期激励机制要导向奋斗，让优秀人才在成长中始终保持价值创造的动力。同时也是对过去贡献的一种再分配，并非福利人人有份。鼓励所有人都努力去无私贡献，团结贡献。

短期激励机制要导向多产粮食、产好粮食。继续保持员工工资性收入的行业竞争力，以不断吸引、激励和保留优秀的人才。要调整不同人群的短期收入结构，与其贡献的性质相对应。可以异化薪酬结构，也要敢于差异化。

长期激励机制与短期激励机制都要导向持续奋斗、交替均衡。激励管理的总原则是按贡献分配、按劳动结果积累，让员工清楚"每天的奋斗都是在为今天和未来"。

绩效工具一大堆，为何偏选 PBC？

如前所述绩效管理的核心是对企业的战略目标、企业经营目标，以及由战略目标与经营目标所分解年度目标、季度目标、月底目标、周目标，部门目标、小组目标、个人目标的全面、系统管理。

绩效工具有一堆：MBO 目标管理，KPI 关键绩效指标，BSC 平衡计分卡，EAV 经济增加值，OKR 关键结果目标……

相较于 MBO 目标管理，PBC 更加严谨、系统，且落地有声；相较于 KPI 关键绩效指标，PBC 更加侧重于过程，即执行方案与行动步骤，而不是一味地结果导向，除业绩目标这个结果导向之外，还要求有团队的承诺等；相较于 BSC 平衡计分卡，PBC 更加聚焦，只关注组织的绩效目标，并且这个目标是基于组织战略的，没有像 BSC 太多地关注其他维度的平衡；相较于 EAV 经济增加值，PBC 对于财务系统的要求相对会弱些，而且可以更加快速的地反映指标的完成，直接而迅速；就像弹性工作制在 IBM 等外企通用，而在中国则难以推广一样，相较于 OKR 这类相对宽松的业绩管理系统，PBC 更加正式，严肃，鉴于我们一贯的管理一松就乱的特点，OKR 在中国的实施，对于多部分企业来说，可能更多地学习其理念而已。因为光是目标由员工自下而上来拟定，对于很多企业来说都够呛，哪还谈什么 OKR。

绩效管理管什么？企业经营目标、战略目标的管理。

经营目标、战略目标完成的主体是员工。

所以，绩效管理体系的设计中员工要对组织绩效目标的完成，作出承诺。即个人绩效承诺卡（PBC）。PBC 体现了一种向心、凝聚的理念。

在企业的管理实践，只有目标有共识，措施有共识，激励有共识，让员工充分感受到关心、支持和帮助，才能做到上下一心、其利断金，才能激发员工承担起企业发展壮大的重任，赶超国际一流企业，才能真正有坚实的人力资源保障。

企业发展中的同欲，归根结底则是一种文化的统一和认可，也就是企业经营理念、企业发展理念、企业思想宗旨、企业大目标和个人小目标组成的企业文化的"同欲"，谁能够正确把握，谁就掌握了企业发展的利器。

PBC 较好地避开了上述绩效管理工具诸多的弱点，PBC 在华为的成功不是一种碰巧的偶然，而是一种刚刚就好的必然。

华为 PBC：绩效疑问，权威解答[①]

（1）应当在何时设置绩效目标？

绩效目标的制定，是由 PBC 承诺人本人先撰写初稿，然后提交管理者并与管理者进行充分交流和沟通，沟通后员工根据达成的一致意见修改并提交 PBC，涉及矩阵管理的相关管理者也应一起参与员工的绩效目标设置。

注释：① 资料来源：华为官网。

（2）应当在何时设置绩效目标？

通常，收到上级的 PBC 后，员工就可以从如何支撑上级的目标实现这个角度，开始撰写个人的 PBC 初稿，但绩效目标的准备工作可以更早开始着手。作为直接主管，你有责任确保每个下属在公司规定的时间内完成目标设置（如上半年绩效目标在 1 月底前完成）。对于年内分来的新员工或转岗来的员工，应该在到岗后 30 天内开始撰写个人的 PBC 初稿。

（3）评价标准是否一定要量化才能保证客观？

不一定。奥运会上有些比赛项目，如游泳、篮球等要通过量化的方式决定谁更优秀，但对于跳水、体操等比赛项目，裁判们是通过描述选手们的表现并打分来代表对选手们动作完成质量的判断和评价。可见，客观性和量化程度无关。

员工真正想要知道的是管理者对他们工作的看法。他们需要一些主观性的信息作为评价。他们需要回答这些问题：我干得怎么样？有没有注意到我的工作成果还是很不错的？您对我的工作满意吗？我在这儿会有更好的发展吗？这些问题的答案都是不能用数字来衡量的。因此，考评不因为其量化的形式而更加客观。

（4）对从事同样工作的员工，是否可以设定相同的绩效目标？

PBC 的名字本身就已经表示：它是个人的承诺。出现相同的 PBC 只应该是特例，而不能是常态。不能忽略员工的个体特殊目标，需要与员工就全部目标进行沟通。

（5）我是否应该等到上级主管的绩效目标传递给我之后，再要求员工设定他们的绩效目标？

不。你不必等到绩效目标从上至下传递给你之后再设定部门目标。只要最终的目标是上下对齐的，这些程序都可以并行。你可以在上级的目标传递下来之后再重新审视本部门和部门员工的目标，并做必要的调整，以保证目标的上下一致。同样，你应该鼓励员工自主设定目标。目标设定既是自上而下的过程，也是自下而上的过程。

（6）绩织绩效目标和个人绩效目标的关系。

组织绩效目标体现一个部门的贡献，个人绩效目标体现个人对组织的贡献。

一般而言，对于管理者来说，组织绩效目标的完成情况是绩效评价的主要因素。对于员工来说，个人绩效目标完成情况是员工绩效的主要因素。

组织绩效目标的权重，主要考虑承诺人对组织绩效目标的影响程序，原则上其岗位责任越大，组织绩效目标的权重越大。在 PBC 中设置组织绩效目标承诺是为了牵引全体员工关注和支撑组织绩效的达成。

6.5　绩效考核与绩效管理，真心不同

"我们部门绩效考核做得不好，领导也不重视。你们部门呢。"

"那还不是差不多。天天考呀考的，现在不但别的部门的人见着我烦，我们人力资源部的同事也开始嫌弃我了。你说我碍着谁了，冤不冤。"

"你们都不是冤，你们是连绩效考核还是绩效管理都傻傻分不清，老大没怨气，同事没怨气才怪呢。绩效管理是要考核、要考评，但也不是一味地考、考、考。"刘升到茶水间倒水，见到两位人力资源的同事在那生怨气，一个是集团负责绩效的小 W，另一个是公司民用产品事业部的人事主管小 L。

企业中人力资源从业者中连绩效考核与绩效管理分不清的，大有人在。倒不是说他们真的不懂二者的基本概念，要他们陈述二者的区别，他们也会说出二者不同的一二三。只是到了实际的绩效管理的实践中，大家都疲于奔命，无暇顾及细节与本义，而是奔着任务而去了，绩效管理的焦点放到了考、考、考上，而不是管、管、管上了。

作为 HR 的从业人员，还是要认真地理解这二者的区别。绩效管理与绩效考核的区别，其实也反映了管理者或者实施者在推行绩效管理过程的一种心态与潜意识，二者的不同也决定了绩效管理过程中结果不同。

◆ 什么是绩效管理

关于绩效管理，麦肯锡的解释是，绩效管理是公司战略得以实施的重要保证，通过对企业战略的建立、目标分解、业绩评价，将业绩成效用于企业日常管理活动中，以激励员工持续改进并最终实现组织战略以及目标的一种正式管理活动。

绩效不是考核出来的，是管理出来的。

HR 们会经常发现员工的绩效考核结果很好，而组织的绩效却没有明显的提高，甚至效益下降了。很多 HR 认为所谓的绩效管理，就是制作考核表格，然后在规定时间下发，在规定时间回收，等表格统一归档到人力资源部，由他们做一个简单分析，在经理办公会上公布一下，再把考核结果应用到员工的工资调整上，就 OK 了。

说得高大上一点，绩效管理是嫁接组织的战略目标和员工职责的最有效的工具。组织的战略目标制定出来了，但是那些目标不能只是贴到墙上，飞在天上，它们最终是要落地的，而使它们能够有效落地的工具就是绩效管理。

绩效管理就像是架在组织目标和员工之间的一座桥梁，把企业和员工紧密地联系起来，通过对战略目标的分解，先分解到部门，进而分解到具体承担任务的员工，使每个看起来有"三万英尺高度"的战略目标最终转化成为每个员工的具体行动，形成整个公司所有员工的联动。

绩效管理是企业各项经营管理活动的统称，它包括了战略、人力、财务、生产、

采购、销售等各个系统，企业所有的管理活动都属于绩效管理的范畴。绩效管理不是人力资源部门自己的事情，而是企业各个部门、各个层次、各个单位的共同责任。

◆ 什么是绩效考核

绩效考核是企业按照既定的绩效方案，对各项主要经济技术指标完成情况进行的考核，绩效考核仅仅是企业的一个管理手段。绩效考核是以人力资源为主、个别职能部门参与的一项管理活动，这个过程要避免"运动员"和"裁判员"同时上场。绩效考核的目的，是利用比较科学合理的办法把工资和奖金分好，体现薪酬分配的公平公正。

绩效管理与绩效考核之间的区别如下。

绩效考核是绩效管理的一部分。完整的绩效管理，包括绩效计划、绩效实施、绩效考核和绩效反馈这四个环节。

绩效管理与绩效考核的过程不同。绩效管理重视过程，控制过程，过程是保证；而绩效考核重视结果，突出绩效以结果为导向。

绩效考核重点在于考核。在绩效考核当中，管理者的角色是裁判；而绩效管理的重点是员工绩效的改善，在绩效管理中管理者的角色是教练，它的主要目的是通过管理人员和员工持续的沟通指导，帮助或支持员工完成工作任务，这样的结果必然是实现员工个人绩效和组织整体绩效共同提升的双赢。

绩效管理与绩效考核之间的区别如表 6-1 所示。

表 6-1　绩效管理与绩效考核之间的区别

绩效考核：注重过去	绩效管理：注重未来
绩效 = 对于个人的总体感觉	绩效 = 附加价值（结果 + 行为）
评估等级	绩效目标
凭个人判断去衡量	以结果作衡量
填写大量的表格	与企业目标相结合
每月或每季度填表	价值创造的过程
人力资源部为主	直线经理为主
点状的	持续循环的管理
单向从上到下	员工的参与
用于分配奖金或利润	有较大的调节作用和风险

最后一点要说明的是，绩效管理强调的是事前的计划、事中的控制和事后的改善，注重在改善上面。绩效考核只是绩效管理中非常自然的一个部分，考核已经是到了最后的结果了。如果结果是公司已经亏损了，再来考核、再来降低员工的工资根本就没有意义了；只有发现亏损之后，通过绩效的改进，帮助员工提升各自领域的绩效与水平来提升公司的整体业绩，最终实现不亏损或者赢利。

所以企业的绩效不是考出来的，而是管出来的。

🔍 6.6　坚持绩效管理的五项基本原则

凡事讲原则，绩效管理在一个公司牵一发而动全身，没有原则更不可行。适用绩效管理的原则有太多，而且不同的企业可能侧重点不同，方向不同，目的也不尽相同，所以这里只讲讲绩效管理的源头绩效目标所适用的五项基本原则。

◆ 绩效管理到底管什么

绩效管理不是什么都可以管。

有的企业，把绩效管理当作一个收纳盒，什么都往里装，德、能、勤、绩全算进去。

笔者认为，绩效管理是管目标的。企业的战略目标、企业经营目标，以及由战略目标与经营目标所分解年度目标、季度目标、月底目标、周目标，部门目标、小组目标、个人目标等。

按职能模块划分，有的公司设置有职能管理部门、事业部、分公司、营销类子公司、工厂。就考核的难度而言，事业部、营销类子公司，分公司、工厂的考核相对容易，有业务数据支撑，易统计。比较而言，对职能管理部门来说，指标的量化并非易事。这时候，就应当遵照"能量化的尽量量化，不能量化的就尽可能地细化"原则，尽可能细化管理指标，对于部分关键指标项，增加细节化的过程性描述。

对于难以量化的考核指标而言，如果缺少了细节化的过程描述，将使制定计划者没有明确的工作目标与方向，工作的推进也难按部就班；同时，在考核的环节，评价者的评价也难以客观、精准。

> 在管理上，大家都记住管理大师德鲁克关于管理一段很经典的话：管理一定要量化。大多数人记住了这句话，并将它作为日常管理的座佑铭。但许多人只记住了前半句，却忘了大师这句话的后半句："能量化的尽量量化，不能量化的就尽可能地细化"。

HR 在绩效目标的管理过程中要坚定不移地奉行以下五项基本原则。

（1）目标是明确的、具体的（Specific）。

（2）目标的实现程度是可以被衡量的（Measurable）。

（3）目标的设立是基于客观事实的，达到目标是可实现的（Attainable）。

（4）目标的设立是基于组织的战略的，与组织战略相关的（Relevant）。

（5）目标的实现是在一定的时间范围限制之内的，有时间限定的（Timed）。

以上五项原则俗称 SMART 原则。下面将详细讲解。

◆ 绩效管理 SMART 原则

SMART 原则一 S（Specific）——明确性

所谓明确就是要用具体的语言清楚地说明要达成的行为标准。明确的目标几乎是所有成功团队的一致特点。很多团队不成功的重要原因之一就是目标定得模棱两可，或没有将目标有效地传达给相关成员。

SMART 原则二 M（Measurable）——衡量性

衡量性就是指目标应该是明确的，而不是模糊。应该有一组明确的数据，作为衡量是否达成目标的依据。

考核的标准一定要客观，量化是最客观的表述方式。很多时候企业的绩效考核不能推行到位，沦为走形式，都是因为标准太模糊，要求不量化。

SMART 原则三 A（Attainable）——可实现性

目标是要可以让执行人实现、达到的，如果上司利用一些行政手段，利用权利性的影响力一厢情愿地把自己所制定的目标强压给下属，下属典型的反映是一种心理和行为上的抗拒：我可以接受，但是否完成这个目标，有没有最终的把握，这个可不好说。一旦有一天这个目标真完成不了的时候，下属有一百个理由可以推卸责任：你看我早就说了，这个目标肯定完成不了，但你坚持要压给我。

SMART 原则四 R（Relevant）——相关性

目标的相关性是指实现此目标与其他目标的关联情况。如果实现了这个目标，但对其他的目标完全不相关，或者相关度很低，那这个目标即使被达到了，意义也不是很大。

有例为证：太好考核，不如不考核。

很多企业的绩效管理面临一个这样的问题，企业经营业绩不好，但是部门考核得分却很高，老板发愁了，绩效奖金发吗？利润没有上升，还要支出更多的激励成本？

最近某位 HR 朋友向我咨询的一个问题："我们公司从去年底开始，就已经实行了绩效考核。我们本着客观、真实、数据化为统计的原则，去制定指标并实施绩效考核。去年，公司的经营效益并不是特别的好，统计了近一年来的绩效考核结果，发现有些部门的考核结果几乎全部是满分。但审查考核指标发现，考核指标也都是按照工作中的要求去制定的，是工作中必须完成的各项内容。所以，我很困惑，到底是哪里出了问题？我又如何去解决？"

案例中企业的绩效目标显然是一些无须公司经营目标的指标，或者不是关键性的业绩指标，可能是一些与业绩无关、与经营无关的指标。尽管可以量化、可以衡量、可以达到。

SMART 原则五 T（Time-based）——时限性

目标特性的时限性就是指目标是有时间限制的。例如，我将在月底前完成某事。月底前就是一个确定的时间限制。没有时间限制的目标没有办法考核。上下级之间对目标轻重缓急的认识程度不同，上司着急，但下面不知道。到头来上司暴跳如雷，而下属却觉得委屈。这种没有明确的时间限定的方式也会带来考核的不公正，伤害工作关系，伤害下属的工作热情。

SMART 原则作为绩效管理中绩效目标管理的核心原则已经成为一种共识。HR 不仅要了解，并要在实操中不断地强化这种认知，这样绩效的目标管理才更加务实、可控、可实现。

我们在对绝大多数绩效管理失败案例的复盘中，发现都是因为没有很好地遵守 SMART 原则所导致的。

6.7　绩效管理，从绩效目标的管理开始

当初，华为引入 PBC 的主要原因是就华为之前考核工作的演变来讲，华为已经处在绩效管理的调整阶段，强调绩效的全面管理而不是单方面的考核、强调主管与下属共同参与而不是单向命令、强调双向沟通而不是一言堂，PBC 恰好符合这三大特征；其次，PBC 强调员工不仅明白做什么，也要清楚如何做，这与公司的高层述职考核，在整体思路和衔接上也是一致的，可以达成上下一致，共同参与；PBC 关注的三个方面，与华为经营过程中所重点关注的个人绩效、对上级部门的贡献、对相关部门的贡献，几乎是完全一致的；最为关键的是从华为早期的试点情况看，PBC 考核是可行的。

为什么要制定绩效目标？

分解目标、协调一致：明确工作方向，避免走弯路；明确工作优先级，聚焦重点。承诺当责、自我管理；双向沟通，达成共识；获得员工承诺，实现员工自我管理。

绩效目标分解步骤。

澄清职责和期望：澄清员工的岗位职责和具体分工，明确对员工的总体期望。

分解目标并对齐：根据部门整体目标及员工岗位职责，确定员工在该绩效管理周期的工作重点，确保目标上下对齐，周边协同对齐。

> 企业所有的目标都是通过行动实现，企业的生死要么是方向的问题（战略和目标），要么是行动的问题，行动不能直接支撑目标实现，这样的管理是不但浪费人力、物力、财力，而且有可能抵消、阻碍甚至破坏其他人的正确行动。目标很重要，为了实现目标而激励员工采取必要的行动，绩效管理亦是为此而生，而且 PBC 作为一个承诺系统，以一种更加正式、严谨、系统的方式自上而下、层层分解目标，以确保企业目标的实现。

达成一致并签署 PBC。

管理者与员工即承诺人，就绩效目标达成共识后签署 PBC。

第一步。主管发送自己的 PBC 给下属，供下属参考，并向下属提出真实的关键目标和期望。

第二步。根据下属完成的绩效目标初稿，与其进行包括业务目标、人员管理目标、能力提升目标三方面设置辅导。

第三步。督促下属根据绩效目标初稿的沟通情况，调整完善形成终稿，并签字确认。

> 在华为 PBC 中，绩效目标主要是指结果目标、执行目标、团队目标。

（1）结果目标： 是指在本季度主要有哪些结果输出，通过结果目标的制定，明确任职者究竟应该做什么？做到什么程度？

（2）执行目标： 是指针对结果目标，需要采取相应的措施、策略，以保证目标的达成，是对工作执行过程的规范。目的在于引导员工用正确的方式把事做正确。执行目标一定是与结果目标相对应的。

（3）团队目标： 是指需要提供或获得其他同事、部门以及上级的支持与合作。团队目标与结果目标可能是对应的，也可能没有明确的对应关系。

对于结果目标，一般应有衡量指标，说明做到什么程度或何时做完。这是季度末衡量员工绩效是否达成的主要依据。

对于执行目标，由于它是一种过程性的描述，不一定都有明确的衡量指标。在进行绩效评价时主要是看员工是否按照规范的要求去做。

对于团队目标，主要是一种导向和牵引，强调对周边、流程上、下游及上级的支持与配合。对于较难明确衡量指标的，可以不写。

华为 PBC 绩效考核的原则是，以责任结果为导向，同时关注关键行为（过程）。因此结果目标所占的权重相对较大，比例范围在 70% 左右，执行目标是过程性的，比例范围一般为 20% 左右，团队目标一般为 10% 左右。以上比例范围仅作为参考，应视部门的业务特点和性质，由管理者与员工共同确定。

♦ 目标拟定规范

目标拟定规范如表 6-2 所示。

表 6-2　目标拟定规范

目标规范	示例
为什么？（组织目标）	"为了提高 ×× 时段广告收入"
做什么？（动词）	"提高"
做的对象？（影响的对象）	"×× 节目收视率"
什么结果？（目标结果）	"2%"
什么时间？（目标时间）	"在 2004 年 10 月 30 日之前"

以下这些不可以直接作为绩效目标。

● 提高市场占有率。

● 达到预算目标。

● 每个月对媒体市场发展趋势进行分析。

● 保持与广告客户的联络。

绩效目标举例如下。

● 第二季度底以前提高栏目 A 的收视率 2%。

● 第三季度减少去年同期开支的 5%。

● 从 20×× 年一月开始，在每个月底前完成一份电视媒体市场分析报告以及相应的建议。

● 20×× 年 9 月底以前，较 20×× 年第一季度相比，降低栏目 B 的制作成本 5%。

绩效管理说到底与人性的对立面作斗争，没有了绩效的管理会让被管理者失去约束、失去制约、失去底线。绩效管理的导向正确了，人性的弱点也是没有或减少了。

> 绩效的大目标：绩效导向是绩效实施的方向与出发点。

绩效管理的导向决定了绩效管理实施的效果与意义。不好的绩效导向会将管理引向一个反面。

18 世纪末期，英国政府决定把犯了罪的英国人统统发配到澳洲去。一些私人船主承包从英国往澳洲大规模地运送犯人的工作。英国政府实行的办法是以上船的犯人数支付船主费用。当时那些运送犯人的船只大多是一些很破旧的货船改装的，船上设备简陋，没有什么医疗药品，更没有医生，船主为了谋取暴利，尽可能地多装人，使船上条件十分恶劣。一旦船只离开了岸，船主按人数拿到了政府的钱，对于这些人能否能远涉重洋活着到达澳洲就不管不问了。有些船主为了降低费用，甚至故意断水断食。3 年以后，英国政府发现：运往澳洲的犯人在船上的死亡率达 12%，其中最严重的一艘船上 424 个犯人死了 158 个，死亡率高达 37%。英国政府费了大笔资金，却没能达到大批移民的目的。英国政府想了很多办法。每一艘船上都派一名政府官员监督，再派一名医生负责犯人和医疗卫生，同时对犯人在船上的生活标准做了硬性的规定。但是，死亡率不仅没有降下来，有的船上的监督官员和医生竟然也不明不白地死了。原来一些船主为了贪图暴利，贿赂官员，如果官员不同流合污就被扔到大海里喂鱼了。政府支出了监督费用，却照常死人。政府又采取新办法，把船主都召集起来进行教育培训，教育他们要珍惜生命，要理解去澳洲去开发是为了英国的长远大计，不要把金钱看得比生命还重要，但是情况依然没有好转，死亡率一直居高不下。一位英国议员认为是那些私人船主钻了制度的空子。而制度的缺陷在于政府给予船主报酬是以上船人数来计算的。他提出从改变制度开始：政府以到澳洲上岸的人数为准计算报酬，不论你在英国上船装多少人，到了澳洲上岸的时候再清点人数支付报酬。问题迎刃而解。船主主动请医生跟船，在船上准备药品，改善生活，尽可能地让每一个上船的人都健康地到达澳洲。一个人就意味着一份收入。自从实行上岸计数的办法以后，船上的死亡率降到了 1% 以下。有些运载几百人的船只经过几个月的航行竟然没有一个人死亡。

> 对公司战略的分解与了解是绩效管理的开始，战略地图是企业战略落地的着力点。绩效目标始于公司战略，战略地图是公司战略分解的实用工具。

绩效考核的导向作用很重要，企业的绩效导向决定了员工的行为方式，如果企业认为绩效考核是惩罚员工的工具，那么员工的行为就是避免犯错，而忽视创造性，忽视创造性，就不能给企业带来战略性增长，那么企业的目标就无法达成；如果企业的绩效导向是组织目标的达成，那么员工的行为就趋于与组织目标保持一致，分解组织目标，理解上级意图，并制定切实可行的计划，与经理达成绩效合作伙伴，在经理的帮助下，不断改善，最终支持组织目标的达成。

同样，绩效管理如果不以结果为导向，而是为考核而考核，也将适得其反。

战略地图

"如果你不能衡量，那么你就不能管理；如果你不能描述，那么你就不能衡量。"战略地图是卡普兰和诺顿两位管理大师，经过十多年与数百家组织合作的基础上推出的新战略工具。战略地图是在平衡计分卡的基础上发展来的，与平衡计分卡相比，增加了两个层次的东西，一是颗粒层，每一个层面下都可以分解为很多要素；二是增加了动态的层面，也就是说战略地图是动态的，可以结合战略规划过程来绘制。

战略地图是以平衡计分卡的四个层面目标（财务层面、客户层面、内部层面、学习与增长层面）为核心，通过分析这四个层面目标的相互关系而绘制的企业战略因果关系图。战略地图的核心内容包括企业通过运用人力资本、信息资本和组织资本等无形资产（学习与成长），才能创新和建立战略优势和效率（内部流程），进而使公司把特定价值带给市场（客户），从而实现股东价值（财务）。

绩效管理中企业战略与绩效管理各个环节的关联关系如图 6-2 所示。

战略地图对企业来说有以下几个实际作用。

（1）战略地图以清晰、富含逻辑的图表方式，将战略转化为执行语言，使决策层更容易梳理战略，把握方向，并更有利于企业各层级对战略的沟通、理解、推广、执行。

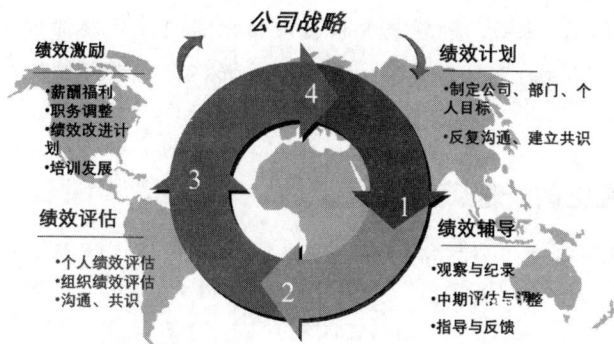

图 6-2　企业战略与绩效管理各环节的关联关系

（2）战略地图提供了一个描述战略的统一方法，从而使战略目标和衡量指标可以被制定和管理，这一点在包含不同业务的集团化企业制定战略时效果更为显著。

（3）战略地图关注无形资产，包括人力资本、信息资本、组织资本，无形资产与企业战略协调一致，才能创造企业的未来价值。

绩效管理是公司战略管理的重要组成部分。

公司目标最终被分解到每个岗位上面，公司的整体目标是由每个岗位的绩效来支持的，因此，公司需要将目标有效地分解至每个岗位；公司需要管理目标达成过程中各环节上的工作情况，发现障碍及时克服；公司需要得到最有效的人力资源，以便高效地完成目标，包括人力安排、培训等。

🔍 6.8　华为绩效管理

华为 PBC：绩效管理的流程与步骤

通过战略地图将公司战略分解之后，可以得到基于公司财务、成长等多个维度的绩效目标，这些绩效目标是 PBC 组织实施的基础。HR 在实施前仍须明确承诺人的岗位职责，根据组织绩效目标分解到个人，拟定承诺人的个人工作计划、个人发展计划，形成 PBC 卡。在考核周期到来之时组织管理者进行定期的考核，实时将考核的结果反馈给承诺人，管理者要对承诺进行绩效的辅导、拟定绩效改进计划，年底，管理者要根据考核方案组织年度考核，年度考核的结果成为了绩效评估的重点与关键，最后，根据年度的考核结果对承诺人予以奖励。

◆ PBC 实施的一般流程

PBC 实施的一般流程如图 6-3 所示。

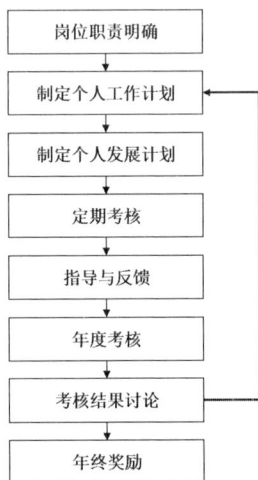

图 6-3　PBC 实施的一般流程

◆ PBC 实施的八个步骤

1. 绩效管理步骤一：岗位职责明确

在 PBC 实施的前期，管理人员应在人力资源部的配合下，与承诺人就其岗位职责进行充分沟通和讨论。在取得共识后，明确主要业绩指标、能力指标、态度指标、考核标准和考核方法，交人力资源部备案，作为本年度 PBC 考核的依据。

2. 绩效管理步骤二：制定个人工作计划

承诺人依据当年的岗位职责和工作绩效考核指标，在部门年度计划的指导下，确定自己的年度、季度、月度工作计划。

管理人员对下属员工的个人工作计划进行审查，根据部门工作计划对其下属员工的个人工作计划进行必要的调整。

管理人员与承诺人对工作计划进行详细讨论，充分交流意见，计划最终需由管理人员和员工共同确认。

3. 绩效管理步骤三：制定个人发展计划

在 PBC 的编制中，管理者需要结合上一年度员工绩效考核的结果及本年度员工的个人工作目标，综合考虑承诺人在工作能力和工作态度方面需要改进的方面；针对以上需要改进的方面，确定承诺人的本年度发展目标；明确达到发展目标所需资源和相关条件。

确定承诺人本年度的个人发展计划，包括参加培训、学习等。

4. 绩效管理步骤四：定期考核

管理者应将 PBC 的考核结果上报人力资源部，作为年中及年末绩效考评的工作计划完成绩效，包括以下方面：承诺人计划的完成情况；承诺人工作中存在的问题和困难；承诺人应采取哪些实际行动和需要什么条件以便改进；为年中和年末考评积累资料。

5. 绩效管理步骤五：指导与反馈

对于 PBC 的月度考评，管理人员应随时将计划任务考核结果反馈给承诺人，并帮助承诺人发扬成绩、总结不足，寻找解决办法。对于季度及年度考评，管理人员应在考评完成的一定期限内将结果反馈员工，征求承诺人意见。管理人员及时将考核结果提供给承诺人；承诺人有权力对考核结果提出自己的意见。

6. 绩效管理步骤六：年度考核

年度考核包括能力考核、态度考核和工作业绩考核三个方面，业务人员和职能部门人员三个部分的权重各不相同。考核结果将用来确定承诺人本年的奖金、年度工资调整和晋级的依据。

7. 绩效管理步骤七：考核结果讨论

绩效考核讨论会是管理人员和承诺人共同讨论在全年工作中取得进步和需要改进的方面，讨论的重点是承诺人对考核结果持有异议的地方，并共同对今后如何改进绩效达成共识。

承诺人对年度工作做表现进行自我总结；

管理人员对承诺人全年工作进行评价；

就评价结果与承诺人进行评价沟通；

管理人员指导承诺人确定下一年度的工作和个人发展目标，并得到管理人员的确认。

8. 绩效管理步骤八：年终奖励

PBC 年度绩效评估完成后，管理者要对承诺人实行年终奖励。奖励分为年度奖金、晋升工资、晋升级别和特别奖金等多种方式。

按照每个承诺人的绩效考核结果，计算和发放季度及年度奖金；

根据绩效考核委员会的意见，确定承诺人是否调整岗位工资和岗位级别；

对于有突出表现的承诺人，可以发放特别奖金。

华为PBC：个人绩效承诺卡

在实施绩效过程中，考核表格扮演着重要的角色作用，考核表格也是绩效管理过程的一个重要沟通工具，对于员工来说，业绩如何，表格说话。PBC 承诺卡是 PBC 考核的考核表格，也是考核者人人都使用的考核模板。

◆ PBC 承诺卡组成

在华为，PBC 在不同的时期，其组成不尽相同，华为也根据企业的实际需要进行了较大的调整，一开始从 IBM 引进时是与 IBM 保持了高度的一致，后来在一个相当长的时期内，PBC 由以下三大部分组成。

（1）组织绩效目标（权重 80%），包括 KPI 和关键任务。

（2）个人绩效目标（权重 20%）。

（3）能力提升计划（参考指标）。

① 组织绩效目标：分为关键指标 KPI 和关键任务。关键指标（KPI）是常规性指标，包括营收、开拓、品质、安全等指标，体现为结果性指标的分解。关键任务是动态性指标，是对关键指标（KPI）的补充和完善。

PBC 系统中设置业务目标时，信息来源包括以下几个方面：参阅上级主管的 PBC 中业务目标部分（来自上级、同事和客户的信息）；参阅相关内部资料，比如公司战略发展思路、公司的价值观等；与主管直接沟通自己负责的阶段性重点工作（参照部门阶段性重点工作）；参阅自己的岗位职责说明书；向部门领导申请参阅部门组织绩效指标库。

② 个人绩效目标：签订 PBC 协议的如果是一个团队，团队负责人就必须设置团队的管理目标。此时，需要从以下三个方面进行设置前的思考。

业务目标对组织建设、员工管理的要求。

优秀经理应该具备的 7 个管理行为（目标承接、团队合作、绩效管理、鼓励创新、发展下属、承认贡献、氛围营造）。

亟待建设的岗位胜任力体系。在此基础上，负责人要明确部门管理的重点和难点，以进一步设定员工管理目标。

③ 能力提升计划：应在老板的协助下设置，指标总数 2 ～ 4 个。这个目标仅作为参考目标，但所有员工均要求设置。

PBC 的个人绩效是指员工履行岗位职责或角色要求的有效产出。华为的绩效管理导向是责任结果导向。PBC 是明确个人绩效目标的工具，描述的是员工周期内与岗位职责（或角色要求）相关的关键绩效目标。

◆ PBC 卡模板示例

第一部分：组织绩效目标（图 6-4）

华为公司个人绩效承诺书（适用于员工）			
姓名		工号	
部门		职位	
考核周期		直接主管	

第一部分：组织绩效目标

【说明】
1、组织绩效目标是指员工所在部门的绩效目标，员工所在部门是指有清晰组织绩效目标的最小部门
2、牵引员工关注所在部门整体绩效目标，促进组织绩效目标的达成

分类	序号	考核指标	权重	半年目标/全年目标			达标值同比增长率	实际完成结果	得分
				底线值（60）	达标值（100）	挑战值（120）			

组织绩效目标得分

图 6-4　组织绩效目标

来源：华为官网

【填写说明】

（1）组织绩效目标是指员工所在部门的绩效目标，员工所在部门是指有清晰组织绩效目标的最小部门。

（2）牵引员工关注所在部门整体绩效目标，促进组织绩效目标的达成。

（3）主要以 KPI 形式表现。管理者组织绩效目标是指其所负责组织的绩效目标，员工组织绩效目标是指其所在组织的绩效目标。

（4）指标设置不宜过多。

第二部分：个人业务目标（图 6-5）

第二部分：个人绩效目标

【说明】
1、承接组织目标，体现职位应负责任和角色要求，强调员工的工作方向及结果性目标
2、聚焦重点，目标以 3-5 个为宜
3、个人自评等级包括超出目标（+）、达到目标（=）、低于目标（-）

分类	序号	个人业务目标	完成时间	衡量标准	辅助部门	目标完成情况	个人自评等级

来源：华为官网

图 6-5　个人业务目标

PBC 承诺卡中，个人绩效目标是员工在其岗位上为支撑公司战略和组织业务目标的实现，个人最重要的工作目标，而非其全部工作；应尽早开始目标设置流程；以结果为导向设定目标；设定的目标明确、具体、可衡量并富有挑战性；作为主管，应主动、及时与你的下属分享自己的 PBC 目标；绩效目标一定要签字确认，PBC 是管理承诺的工具，签字确认也体现了对法律的遵从。

【填写说明】

（1）强调个人而非组织目标，体现个人对组织的独特贡献，支撑组织绩效目标的达成。

（2）是岗位职责中重要的、关键的工作目标，是工作方向，不是工作计划。

（3）承接组织目标，体现职位应负责任和角色要求，强调员工的工作方向及结果性目标。

（4）个人自评等级包括超出目标（+）、达到目标（＝）、低于目标（－）。

（5）目标项设置不宜过多，以 3～5 项为宜。

PBC 实施过程应避免：过晚与员工设定绩效目标；没有在绩效管理周期中持续跟踪下属设定的目标，没有及时调整不再适用的目标。

PBC 个人业务目标编写示例如图 6-6 所示。

人员管理目标	衡量标准	说明
提高下属的 ×× 能力	支持下属参加 ×× 培训	×
完成 Z 代表处关键岗位的继任计划梳理	输出关键岗位的继任计划，持续跟进相关人员的培训辅导	√
说明：撰写人员管理目标时的一个典型错误如上所示："提高下属 ×× 能力"。这样的目标过于笼统，没有形成对下属能力期望的具体描述，与组织的和下属个人的业务目标、人员管理目标的关系也不够清晰。并且，衡量标准"参加 ×× 培训"过于聚焦发展学习活动，事实上参加培训活动之后将方法、工具使用到工作中才是真正能力提升的衡量标准		
与下属骨干员工设定 PBC 目标	完成与主要下属的 PBC 目标设置和沟通	×
加强与代表处骨干员工的 PBC 沟通和设定工作	可量化、具有强牵引的 PBC 输出	√
说明：在员工管理目标中，"完成 PBC 目标设置"虽然是可量化的衡量标准，但是目标设置者应该了解：完成了并不一定是做得好。在整个 PBC 的过程中更应该注重于员工的沟通和辅导。		
招聘本地产品经理	完成产品经理的本地招聘工作	×
加强组织氛围设置，控制本地员工的流失率，逐步把 ×× 系统部建设成一支由本地员工来运作的部门	本周期内本地员工的流失率不高于20%	√

图 6-6 PBC 管理目标编写 数据来源 华为官网

第三部分：能力提升计划（图 6-7）

第三部分：能力提升计划						
【说明】 1、使PBC充分发挥促进组织和个人共赢的作用，根据绩效表现，分析本人工作能力方面的挑战，设定针对性的能量提升计划 2、个人自评等级包括超出目标（+）、达到目标（=）、低于目标（－） 3、能力提升计划不作为绩效评价的内容						
需要提升的能力	发展目标	序号	发展/学习活动计划	计划完成时间	目标完成情况及效果	个人自评等级

图 6-7　能力提升计划

来源：华为官网

能力提升计划是主要使考核者为实现组织绩效目标、个人业务目标而拟定的能力提升计划，比如沟通技巧、演讲能力、表达能力、说服技巧等。该项为参考项，不列入考核。

第四部分：员工自评综述及第五部分：主管评价意见及等级（图 6-8）

第四部分：员工自评综述		
自评意见 （字数不超过300字）		
第五部分：主管评价意见及等级		
自评意见 （字数不超过300字）		
评价等级：		
□ A　（杰出贡献者）	□ B＋（优秀贡献者）	□ B　（扎实贡献者）
□ C　（较低贡献者）	□ D　　（不可接受）	
承诺人签名：	主管签名：	审核者签名：
日期：	日期：	日期：

图 6-8　员工自评综述及主管评价意见及等级

来源：华为官网

第四部分与第五部分分别是员工的自我评价与主管的评价，这部分的描述以事实描述及关键事件描述为主。其中考核的等级分为五等。

PBC 的考核等级分为：A（杰出贡献者）、B+（优秀贡献者）、B（扎实贡献者）、C（较低贡献者）、D（不可接受）。

A：杰出贡献者。取得杰出的成果，业绩明显高于其他（同级别／工作性质）的人。超出或有时远远超出绩效目标，为他人提供极大的支持和帮助并表现出其职能岗位所需的各项能力素质。一般在团队决策会议上决定。

B+：优秀贡献者。工作范围和影响力超越其工作职责，绩效表现超过大多数同事，有发展的眼光及影响力。总是能达到或有时超出绩效目标，为他人提供有力的支持和帮助并表现出其职能岗位所需的各项典型能力素质。一般直线经理评估，上层经理确定。

B：扎实贡献者。始终如一地实现工作职责，具有适当的知识、技能、有效性和积极性水平。基本能达到或有时超出绩效目标，为他人提供相应的支持和帮助并表现出其职能岗位所需的各项技能。一般直线经理评估，上层经理确定。

C：较低贡献者。与他人相比，不能充分执行所有的工作职责，或者虽执行了职责但水平较低或成果较差；并且或者不能证明具有一定水平的知识、技能、有效性和积极性。连续的 PBC 为 C 的绩效亦等同于 D 类不可接受，需要提高。需直线经理评估，上层经理确定。

D：不可接受。不能证明其具备所需的知识和技能，或不能利用所需的知识和技能；不能执行其工作职责；或在 PBC 连续被定级 C 之后仍未显示出提高者。在团队决策会议上决定。

> PBC 虽然表现形式是通过一张表格来体现的，但它有自己的精神和内涵，PBC 不是一张考核表。一方面指的是内容：结果、执行、团队，这三部分存在一定的严密逻辑关系；另一方面，它本身就体现了公司价值观和企业文化，如强调团队合作；还有，就是它强调承诺和共同参与的重要性，体现了绩效管理的核心思想！

华为 PBC：考核评估确很难、八个误区应避免

绩效考核评价是 PBC 中最核心的环节。管理者评价承诺人的绩效，将绩效评估结果和承诺人讨论面谈，肯定成绩，找出不足，协助承诺人制定绩效改进计划，是这个环节的主要内容。

而常常，管理者的绩效评价结果让承诺人接受甚至满意是很难做到的，而 HR 绩效主管的艰难之处则始于绩效评估。

珠三角有一家音响器材厂，老板禀性敦厚，原本生意不错。为了使公司管理走向正规，开始了大规模考核。他采用了"强制分布法"，将考核结果分为四级，分别是：优异 10%；优秀 10%；一般 75%；较差 5%。对考核"优异"的员工，工资上调 20%；考核"优秀"的员工，工资上调 5%；对考核"一般"的员工，不

涨工资，根据当月效益，给予一定的奖金（优异和优秀的员工也可同样获得）；对考核"较差"的员工，无任何奖励，并且限期改善绩效，否则只能淘汰。没有想到的是，考核开始了，老板的烦恼也开始了。

排在"优异"的毕竟只有10%，排名"优秀"的员工对此颇有微词。有的甚至距"优异"只差个小数点，但最后得到的奖励却相距甚远。并且，绩效"一般"的员工更不平衡，奖励都让你们拿了，工作也由你们干好了。大家开始出工不出力。排名"优异"的员工受到排挤，情绪也开始消沉起来。

有的部门，整体员工素质与绩效都很不错，部门内评价"一般"的，也许到部门外可以得到"优秀"，但"强制分布法"的规则，必须有人是最差的，部门领导难以接受，更不忍心"下手"。

行政人事部、财务部、车间办公室等部门，因为人数太少（大多两三个人），难以区分出四种结果，所以，该企业采用了"滚雪球"的办法，将这几个部门员工的考核成绩捆绑计算，按总排名，计算出四个等级。为了使自己部门的员工能够有更好的排名，各部门负责人使出浑身解数，提高部门员工的考核分数。于是，对员工要求较严的负责人顿成众矢之的。有的受不了内挤外压，辞职了。留下来的，关系微妙起来，大家的关注点由原有的工作转移到"高深莫测"的考核政治上来。

◆ 了解绩效评估

绩效评估实施原则

绩效考核，实行业绩评分制，直接与绩效奖金联系。

一级主管对员工的绩效表现提供评语，评语不与奖金联系，但可作为员工提升、培训及职业发展的参考。

绩效考核结果将对下一年度的调薪和胜任岗位能力评估及由此带来的岗位调整产生影响。

一级主管评价，二级主管有审核与要求重审权。

评估坚持目标导向、结果导向。

◆ 绩效评估矩阵（图 6-9）

华为内部流传一个关于张工的绩效故事

张工：某办事处电信系统部客户经理

李主任：某办事处电信系统部主任

1月10日，某办事处各级主管参加完营销系统季度销售例会后，召开办公例会，对公司下达的办事处季度目标（KPI）进行分解，系统部主任、产品部经理填写考核评价表的目标部分（KPI），之后与办事处代表沟通确认签字。

绩效评估矩阵

能力和态度	需要提高	达到要求	榜样
榜样	培训发展	培训发展赋予更大的责任	赋予更大的责任
达到要求	培训发展内部转岗	培训发展	培训发展赋予更大的责任
需要提高	内部转岗或辞退	培训发展内部转岗	培训发展强化管理

工作业绩

图 6-9　绩效评估矩阵

1 月 12 日，李主任对电信系统部目标进行以下的初步分解。

电信系统部共有 4 名员工，其中有 3 人负责 10 个区域，而张工负责省局关系。李主任根据自己对市场的认识，并结合部门目标，对各区域的 KPI 指标进行了分解。为张工分配目标任务时，李主任遇到了困难：他负责省局，KPI 就应该是全省的目标吧？这样李主任终于将目标分解下去，然后让秘书将考核评价表发给员工，自己靠到椅背上深深地舒了一口气。

张工收到自己的考核表，心中起了疑问：我的 KPI 目标就是全省的目标，我能对此负责？的确，自己也不知该怎样填，算了！跟主任"捆绑"在一起还算放心，关键行为就自己填吧！就这样，张工填写了以下关键行为（部分）。

- 公关、市场策划与实施：定期拜访雷总，确保其对我们的项目支持，并且做好拜访纪要；组织有效的技术交流和样板点参观。
- 项目管理：对影响较大的项目进行有效的策划、组织，每个项目都要组织好项目分析会，做好项目总结。
- 合同成交质量：在确保公司利润的同时，尽可能拓展公司的生存空间，在付款方式上采用利于我司的方式。

……

1 月 15 日办事处季度工作例会上，李主任与张工对 KPI 目标进行沟通确认后，毫不犹豫地签了字。

过程管理如下。

1 季度，张工根据李主任的指示组织了 2 次客户管理培训、1 次公司考察，同时参与了 2 个项目（其中 1 个自己为项目组长），1 季度就这样过去了。

绩效考核如下。

3 月 23 日，张工开始填写考核表的自评部分，由于电信系统部整体业绩较好，KPI 目标圆满完成，虽然自己没有直接参与多少项目，但是，既然计划是这样定的，自己也就心安理得，主任应该不会拿自己怎样。关键行为方面做了以下自评：

- 公关、市场策划与实施：拜访雷总 3 次，取得较好效果，2 次客户管理培训、1 次公司考察。
- 项目管理：参与的 2 个项目已顺利落单。
- 合同成交质量：在关口局项目中与局方展开激烈谈判，在局方原本计划不支付网改费用的时候，我们成功地为我司争取到一定的网改费用。

……

自评分数 88，自评等级 B。

3 月 25 日，李主任给张工作一级考核，凭着感觉打分：85 分，与其他 3 名员工成绩相比差别不大，都应该得 B，但由于比例限制，根据现有业绩电信系统部只能有 1 个 A、1 个 B、2 个 C，或 2 个 B、2 个 C，根据 4 人实际业绩比较，张工只能得 C。李主任开始重新审视张工的考核表，他无论如何都要给张工一个合理的说法。

KPI 指标（60%）虽然完成，但没做多少直接贡献，打个 45 分吧；与计划相比公关目标没有完成，项目管理方面也存在问题（文档不齐全，项目运作过程也存在失误，还没来得及批评他呢），这样下来只能打个 79 分，终于能给大家一个明确的区分了。"可这样的结果我该怎么跟张工沟通？"李主任无不困惑地想着。

第二天考核沟通，李主任向张工介绍考核结果及其理由，张工匆匆看过评价意见，还没等主任说完就对 KPI 评价结果提出异议。

张工："实际上我已经完成 KPI 目标了！"

李主任："那你想想，与其他人相比，谁作的贡献大？"

张工："我们从事的工作内容不同，KPI 就不该占这么大的比重。"

李主任："这是公司统一制定的考核表，我们改不了。"

张工："公关目标没完成是因为做了客户培训和考察，这些可都是你指示的。"

李主任："考核目标是重中之重，为什么不关注此事呢？"

张工："那么，项目运作出现的失误为什么当时不告诉我？或许能够改进。"

李主任："当时项目那么紧张，又考虑到你情绪，不便跟你说。"

"反正对这个结果我不服气"，张工觉得没有多少反驳的余地，最终还是签了字。

绩效评价应避免的八个认知误区如下。

1. 首因效应

首因效应是指绩效考核中，管理者的"第一印象"对被考核者以后的认知产生的影响作用，是由美国心理学家洛钦斯首先提出的，也叫首次效应、优先效应或第一印象效应。虽然这些第一印象并非总是正确的，但却是最鲜明、最牢固的，并且决定着以后双方交往的进程。

如果一个人在初次见面时给人留下良好的印象，那么人们就愿意和他接近，彼此也能较快地取得相互了解，并会影响人们对他以后一系列行为和表现的解释。反之，对于一个初次见面就引起对方反感的人，即使由于各种原因难以避免与之接触，人们也会对之很冷淡，在极端的情况下，甚至会在心理上和实际行为中与之产生对抗状态。

2. 晕轮效应

晕轮效应又称"光环效应"，属于心理学范畴，是指当认知者对一个人的某种特征形成好或坏的印象后，他还倾向于据此推论该人其他方面的特征。本质上是一种以偏概全的认知上的偏差。晕轮效应愈来愈多地被应用在企业管理上，其对组织管理的负面影响主要是体现在各种组织决策上。该效应是由美国心理学家凯利 (H. Kelly) 提出的。

一个人的某种品质，或一个物品的某种特性给人以非常好的印象。在这种印象的影响下，人们对这个人的其他品质，或这个物品的其他特性也会给予较好的评价。

光环效应又称晕轮效应，它是一种影响人际知觉的因素。这种爱屋及乌的品质或特点，就像月晕的光环一样，向周围弥漫、扩散，所以人们就形象地称这一心理效应为光环效应。和光环效应相反的是恶魔效应，即对人的某一品质，或对物品的某一特性有坏的印象，会使人对这个人的其他品质，或这一物品的其他特性的评价偏低。

名人效应是一种典型的光环效应。

3. 定势误差

定势误差是指人们根据过去的经验和习惯的思维方式，在头脑中形成了对人或事物的不正确的看法。例如，一些年轻的考核者根据自身的生活经历，认为老年人就一定会墨守成规，缺乏进取心，压制年轻人；而一些年长的考核者则按照自身的经验，觉得年轻人办事不牢，举止轻浮。在这种思维定势的影响下，做出来的考核结果必然会发生偏执。

4. 认知盲点

我有这个缺点，如果我的员工也有同样的缺点我就会把这个缺点淡化，甚至忽视。在招聘中是这样，在绩效考评中也会这样。比如，恰巧你的部门里有一个员工，他的那些技能欠缺的地方跟你一模一样的，你粗心，他也粗心，你不守时，他也不守时，如果你们俩缺点是一样的话，那个员工可能比较幸运，因为你不会看重他那个缺点，这就叫盲点。

杨经理想招一个秘书，在招聘时，面试了十几个女孩子，发现对一个女孩子特别满意，但她有一点缺点，就是稍微有点粗心，你让她打字、写个报告，她经常会打错一个字母或缺半个括号，就这一点缺点，其他方面都特别满意。杨经理一想，哎，我自己也有个缺点就是比较粗心，马马虎虎的，大大咧咧的，我自己都有这个缺点，人谁能没缺点呢，就聘用她吧。事实证明，她在不到三个月的时间里，给杨经理造成了很大的麻烦。因为她粗心，报告不能及时上交，有很多错误要改，做统计数字不准确。她还负责工商保险、养老保险、养老金的统计，错一个数对员工都是 100% 的损失。

事实证明，杨经理的粗心并没有致命，因为她是一个人力资源部的经理，而对于人力资源部的秘书来说，粗心就变成了一个致命的缺点。

5. 从众心理

考核者看其他部门的领导考核分高，他的打分也就高；低，他的打分也就低。

很早的时候心理学家做了一个实验，把一组人请到实验室里做研究。在黑板上画了 A、B、X 三条线，长短不一样，然后又在旁边画了一条 X 线，非常清晰的是 X 线跟 B 线是一样长的，经过他的设计，这一组有十个被测试的人，但是只有一个是什么事儿都不知道的，剩下的九个人全是他的实验助理。这时候测验就开始了。

实施测验的这个人说，好，请你们回答一个非常简单的问题，你们看看这三条线哪条跟 X 线一样长？其实，只要稍微有点智商的人都会清楚看出 B 和 X 这两条线是一样长的。这个问题一问出去，那九个人异口同声地说是 A，可 A 明显比那 X 长出一大截，但所有人都说 A，这时被测试的人一愣，怎么回事儿啊，他就不说话了。这时实施测验的人又说，怎么好像有人没说话呀，我再问一遍这条 X 线跟这三条线哪条是一样长啊？这个被试者刚想回答，那九个人又说，A。这个被测试者特别的茫然，不知所措。他说怎么回事儿，难道我错了？

又过了几分钟，实施测验的人又说，好像还是有人没回答，我们这个测验是要求所有人都回答，那么，下面请所有人告诉我到底这三条线哪条线跟 X 是一样长。这时那九个人同时说 A，没错，没错，你看这不是清清楚楚的，我们就觉得 A 是一样长的。后来实施测验的人问这个不说话的被试者说，小伙子，你到底觉得哪条线一样长啊？后来这个人想了想特别坚定地说，我看出来了，就是 A，就是 A 跟 X 一样长。

结果测试了 100 个人，里头有 38% 的人会回答 A 跟 X 一样长。这是一个有名的心理学测验，叫从众测验。事实上是，最后经过考虑，三分之一的人会屈从于群众的压力，而选择错误的答案。

6. 趋中趋势

又叫取中趋势，什么意思呢？在绩效考评中，往往这个分数汇总到人力资源部，几乎所有的人都得三分左右：2.8，3.2，3.5，全扎堆，两头的分数非常少，大家的分全往中间集中这就叫趋中趋势。

7. 个人偏见与个人定势

我们每一个人心里经常有一些概念，例如，认为做人力资源工作可能女士比男士更合适，数学能力好像男士天生比女士强；觉得德国的公司都特别刻板纪律严明，日本的公司都等级鲜明，美国的公司都特别自由、随意、开朗、奔放等。

刚才所有的例子，全是脑中的定势。这个定势会扼杀一大批的人，因为一定有不刻板的德国公司，一定有不那么特别开朗、奔放、随意的美国公司。由于这个刻板印象，这些人就湮灭在那一组人里头了，到绩效考评中会出现什么问题呢？这个经理想，到公司工作 3 年的就是比工作 1 年的强，博士后就是比博士强，本科就是比高中强，这就是定势误区。一定有比博士还强的高中生，一定有初来乍到的比那 3 年磨洋工的老员工强得多的人。由于这个定势，由于你的刻板印象，这些人的成绩就不会再显示出来了，这就是定势的危害。日本公司有一个烧档案运动。就是要采取新的概念，资历、年龄、学历并不代表任何事情，不能产生定势，而是用共同的目标来衡量每个员工，这样才可以取消心里定势。怎么消除定势影响呢？

我们脑子里或多或少都有一些认定的东西，不容易改变，唯一的办法是把它减到最小的程度。快到考评期时，把定式一二三写出来，越到考评时，越要想办法避免这些定势，需要格外地注意一下。

8. 近期行为偏见

在离考评期越近的时候，部门经理对员工所干的工作记得越清楚。正常人也是这样，离我们最近的事儿我们记得最清楚，不管这个员工近期干了什么好事儿，还是不好的事儿，都记得特别清楚，这种误区叫"近期行为偏见"。

如果是个特别老练的员工，离考评期越近的时候，他在经理面前出现的频率越多。在走廊上看到他，在食堂里看到他，而且还经常去汇报工作？这时候作为经理要警惕一些，这个员工有可能是在表现自己，因为他知道，离考评期越近，他近期的表现经理记得越清楚。

华为 PBC：你好我好大家好，强制分布少烦恼

◆ 你好我好的老好人

最近，一个消息引爆了中国企业界。来自华为内部总裁办由任正非亲自签批的邮件"要坚持真实，华为才能更充实"流出，华为员工说真话连升两级，由总裁保护不受打击报复。

从华为这种对讲真话的员工进行特别褒奖可以看出，即便在华为这样具有高执行力的企业，员工敢于讲真话都成了一种稀缺的存在，需要当特例出来进行宣导！在这个强调以结果论英雄的时代，每个人都在追逐自己的业绩结果，甚至不惜造假，大部分人可能都已经觉得习以为常，世故的选择了视而不见！

事实上，在实施绩效评估的过程中，企业中均存在着大量的老好人。

在企业有些部门的考核指标是非常容易把控、拿捏以及左右的，如企业文化的建设、部门团队的建设、工作流程的梳理等。此时，如果他们的工资弹性较小，拿着相对固定工资的时候，他们就会在心里慢慢地形成一个舒适区。这个时候，他们就会很排斥订立一些难度较大的指标，因为这些指标会让他们离开自己的安全舒适区。

再说，在设置指标的时候，大部分的人都是有趋利心理的。他们都喜欢把自己认为容易达成的事项设置为考核指标，而这些指标其实是属于标准性的指标。它的特点是：目标性并不强、贡献价值偏低。

这就造成了为什么绩效考核时大家的分数都普遍偏高，企业的业绩并不好，可员工的考核分却很高的现象。

正常情况部门内每个人之间是有差距的，并且差距也相对较大，世界本无相同的叶子，又哪有相同的人呢。但在考核的实际中就不一样了，考核者难分胜负、不分好坏，每个人的分数都奇高，每个人都表现极好。

员工其实根本就不服。比如下文这位难缠的出纳大姐。

"大姐，你能让我安安静静地写个总结不？你都在这待了快三小时了，都快下班了。"绩效主管小文说这话时，语气近乎哀求。

"我不走，你们人力资源部不把这次的绩效考核扣款说个明白，我是不会走的。"出纳张姐一脸地坚持。

"绩效的分数不是我弄的呀。"

"谁叫你们人力资源部弄个什么强制分布。我才不管你们什么分布呢。反正我的分数有 90 分了。90 分不低吧？"

"不低呀。"

"那你们还扣我的钱。"张姐没好气。

"问题是你们总不能每个人都是 90 分以上好吧？"

"那说明我们都优秀呗。"张姐挺得意。

"不可能人人都优秀的。"

"对呀，我们财务部人人都优秀。我们天天都会有人在加班，你们人力资源部呢，下了班人影也没一个，你们怎么跟我们比。"张姐反而更加得意了。

"我们人力资源部与财务部又不是一个业务性质。那市场部还不用打卡呢。"

"怎么不是一个业务性质，都是后台部门，都是服务部门。"张姐有点蹙了。

"得了，得了，大姐，我说不过你。但你别在我这儿就这么坐着，行不。别人还以为把您怎么着了呢。"小文急了。

"别人怎么想我管不着，反正你们不把扣我的钱补上，你们就得给我一个说法。"

"唉，一个下午就这么泡汤了。"小文长长叹了口气。

强制正态分布法的使用

强制分布法适用于被考核人员较多的情况，操作起来比较简便。由于遵从正态分布规律，可以在一定程度上减少由于考核人的主观性所产生的误差。此外，该方法也有利于管理控制，尤其是在引入员工淘汰机制的企业中，具有强制激励和鞭策功能。

强制分布普遍应用于绩效结果的输出，PBC 也不例外，强制分布其实是企业绩效管理实施的过程中的无奈之举。

强制分布又叫强制正态分布法，大多为企业在评估绩效结果时所采用。该方法就是按事物的"两头小、中间大"的正态分布规律，先确定好各等级在被评价员工总数所占的比例，然后按照每个员工绩效的优劣程度，强制列入其中的一定等级。

随着杰克·韦尔奇和他的 GE 成功，"强制分布法"得到了国内外越来越多企业的青睐。许多大企业纷纷采用此方法，按照不同的绩效等级，对员工进行奖惩。

> GE 前任首席执行官杰克-韦尔奇凭借该规律，绘制出了著名的"活力曲线"。按照业绩以及潜力，将员工分成 A、B、C 三类，三类的比例为：A 类：20%；B 类：70%；C 类：10%。

对 A 类这 20% 的员工，韦尔奇采用的是"奖励奖励再奖励"的方法，提高工资、股票期权以及职务晋升。A 类员工所得到的奖励，可以达到 B 类的 2 ～ 3 倍；对于 B 类员工，也根据情况，确认其贡献，并提高工资。但是，对于 C 类员工，不仅没有奖励，还要从企业中淘汰出去。

而华为 PBC 则采用的 A、B+、B、C、D 五个类别。每个类别的比例在不同的时期不尽相同，仍符合韦尔奇的活力曲线，在很长一段时间内是 A、B+、B 占到 80%，而 C、D 总计占到 20%。

华为为了更好地识别和激励优秀员工，促进组织内部良性竞争，保持组织活力，会对评分后的结果采取强制分布。与一般强制分布不同的是：华为的强制分布不仅在各个承诺人之间，还考虑到承诺人的考核结果应与组织的战略达成相关，强制分布的比例一般依据组织绩效的结果进行调整。如组织绩效为 A，承诺人年度考核等级为 A 的比例为 25%，如果组织绩效为 D，则该组织承诺人乃年度考核等级为 A 的比例就是 0%，以此类推。

♦ 强制分布实操技巧

为了克服强制正态分布考评方法的缺陷，同时也将员工的个人激励与集体激励更好地结合起来，可以使用团体考评制度以改进硬性分配的效果。实施这种考评方法的基本步骤如下。

第一步，确定 A、B+、B、C、D 各个评定等级的奖金分配的点数，各个等级之间点数的差别应该具有充分的激励效果。

第二步，由每个部门的每个员工根据业绩考核的标准，对自己以外的所有其他员工进行百分制的评分。

第三步，对称地去掉若干个最高分和最低分，求出每个员工的平均分。

第四步，将部门中所有员工的平均分加总，再除以部门的员工人数，计算出部门所有员工的业绩考核平均分。

第五步，用每位员工的平均分除以部门的平均分，就可以得到一个标准化的考评得分。那些为标准分（或接近）的员工应得到中等的考评，而那些标准分明显大于 1 的员工应得到良甚至优的考评，而那些考评标准分明显低于 1 的员工应得到及格甚至不及格的考评。在某些企业中，为了强化管理人员的权威，可以将员工团体考评结果与管理人员的考评结果的加权平均值作为员工最终的考评结果。但是需要注意的是，管理人员的权重不应该过大。各个考评等级之间的数值界限可以由管理人员根据过去员工业绩考核结果的离散程度来确定。这种计算标准分的方法可以合理地确定被考核的员工的业绩考评结果的分布形式。

第六步，根据每位员工的考评等级所对应的奖金分配点数，计算部门的奖金总点数，然后结合可以分配的奖金总额，计算每个奖金点数对应的金额，并得出每位员工应该得到的奖金数额。其中，各个部门的奖金分配总额是根据各个部门的主要管理人虽进行相互考评的结果来确定的。

强制正态分布法的优点如下。

（1）等级清晰、操作简便。等级划分清晰，不同的等级赋予不同的含义，区别显著；并且，只需要确定各层级比例，简单计算即可得出结果。

（2）刺激性强。"强制分布法"常常与员工的奖惩联系在一起。对绩效"优秀"的重奖，绩效"较差"的重罚，强烈的正负激励同时运用，给人以强烈刺激。

（3）强制区分。由于必须在员工中按比例区分出等级，会有效避免评估中过严或过松等一边倒的现象。

强制正态分布法的缺点如下。

（1）如果员工的业绩水平事实上不遵从所设定分布样式，那么按照考评者的设想对员工进行硬性区别容易引起员工不满。

（2）只能把员工分为有限的几种类别，难以具体比较员工差别，也不能在诊断工作问题时提供准确可靠的信息。

（3）个别组织为了应对强制分布法，想出的办法就是"轮流坐庄"，老好人战略，这样不能体现强制分布法的真正用意。

大强制分布

通常所说的大强制分布是指企业内部根据各部门、各单位或各业务单元的绩效实际，按比例划分考核等级的一种形式。这种通常情形下有一个致命的痛点就在于，如果不对企业的大绩效进行界定分等级，即不同的绩效目标下，各业务单元的强制比例秩序不同，是浮动的。笔者称之为大强制分布。

例如，不实行大强制分布，就会出现企业的绩效为 D，而大部分的考核部门为 B，甚至 A 的情形。大强制分布就是设定当公司的绩效为 A 时，各考核部门的 ABC 等考核等级的比例；绩效为 B 时，各考核部门的 ABC 等考核等级的比例；绩效为 C 时，各考核部门的 ABC 等考核等级的比例。依次类推。

> 优秀的团队，优秀的人当然多；同理，优秀的企业，优秀的团队也多。
> 反之亦然。

华为 PBC：绩效沟通有技巧，面谈用心多微笑

在 PBC 过程中，管理者需要与承诺人就 PBC 承诺卡中的内容逐项沟通，争取达成一致意见；另外，在 PBC 考核完成之后，管理者需要针对承诺人 PBC 承诺卡的不足，根据承诺人绩效现状，确定承诺人的绩效改进计划。在 PBC 的实施过程中，绩效的沟通是常态化的，管理者营造良好的面谈氛围，与承诺人建立彼此的信任，清楚地说明面谈的目的之后，就可以愉快地沟通了。

◆ 绩效沟通不是可有可无

PBC 的制定是一个互动的过程，是通过员工个人与直属主管和经理不断的沟通过程中制定的，不是简单的任务分解和对上级命令的执行。这种做法可以使员工个人的业务目标与整个部门的业绩目标相融合，进而与公司业务目标紧密结合，提高员工个人的参与感，落实每个岗位的责任并调动了员工工作的主动性，同时可以保证其目标得到切实的执行。要想在 PBC 评分上取得好的等级，就必须清晰了解自己部门的业绩目标，抓住工作的中心，充分发挥团队合作优势，并强调切实执行。

绩效面谈是一种相对较为正式的沟通形式。

绩效的沟通主要是我们在考核的过程中，对考核方法、考核手段、考核数据以及考核结果的沟通。我们在绩效考核过程中不能只凭考核者一方的意见或结果，还要听取被考核者的意见和看法，只有这样，才能让员工认可考核结果，才会有利于员工知道自己产生不良业绩的原因。这个过程主要是考核者与被考核者之间的沟通。

绩效结果沟通主要是指绩效结果的应用以及绩效反馈的沟通，这个沟通过程是绩效沟通的重点。绩效结果应用的沟通是让员工明白，要对自己过去的行为和结果负责，引导员工正确的思维。反馈的手段就是沟通，通过沟通帮助员工查找产生良好绩效和不良绩效的原因，并制定改进的措施和方法。

沟通到位了，绩效管理问题就解决了一大半。

但是，在沟通的过程，也应尽量避免以下几点。

（1）定义不明确，你和员工没有达成共识；

（2）评估关注的是过去，而不是现在和将来；

（3）评估侧重于谴责，而不侧重于问题的解决；

（4）评估过于注重表格的填写，而忽略了沟通的过程；

（5）经理掌控了评估的过程，而不是与员工共同控制此过程；

（6）对绩效的看法太狭隘；

（7）经理缺乏实施评估所需要的技巧；

（8）评估工具过于一般，缺乏特殊性。

很多企业在绩效管理实践中，往往忽视绩效反馈面谈这个环节，管理者凭印象给员工打分，打分结果也没和员工进行沟通，认为填完表格、算出分数、发出绩效工资，绩效管理就结束了，事实上，这样是不能完全达到提升绩效的目的的。

管理者和下属应该对绩效考核不一致的地方达成共识，消除下属的抵触心理。

绩效反馈面谈时，主管还应该协助下属制定个人发展计划，个人发展计划是指员工的工作能力与工作绩效在一定时期内得到改进和提高的系统计划。

20××年3月9日，总经理赵梅刚到办公室就被告知：小张等三人已辞职走了。

前几天，赵梅还找小张谈过话，没想到，他去意竟如此坚定。

4年前，小张大学毕业后就进入A公司的造价部工作，工作认真负责，工程量计算工作做得既快又准，两年后就被抽调到公司项目部工作。在项目部工作期间，小张虽然仍然做辅助工作，但表现也是可圈可点，公司正准备将其作为项目骨干加以重点培养。然而，就在A公司与其他公司共同完成某项目的过程中，小张却被合作方挖走了。

当赵梅得知小张萌生去意，就曾找他单独谈话。平时话不多的小张，涨红着脸表达了对公司刚刚进行完的绩效考核的不满：公司只对四级以上的员工进行绩效考核，而对小张这样做辅助性工作的五、六级员工并不进行考核。这样一来，每年被评定为"优"的总是那些在公司资历较高、工作经验丰富的老员工；而资历浅、在项目部从事辅助工作的员工从不被考核。

"光说培养又有什么用？公司连考核制度都没有，表现再好也没有机会。"小张情绪颇为激动。

类似小张这样的五、六级员工，占A公司员工总数的50%。在这次绩效考核后，小张走了，另外两名被公司列为业务骨干重点培养对象的员工也走了。

这样的结果，是赵梅始料未及的。

原本，对不能独立工作的五、六级基层员工不进行绩效考核的主要原因是不想给他们太大的压力，让他们在公司有一个相对平和的成长过程，没想到，员工并不领情。

◆ 绩效面谈重专业、讲技巧

PBC 实施过程中，成功的考核面谈，是绩效考核取得成功并开始下一轮循环的基础。失败的考核面谈则会使员工对绩效考核失去信心，并站在主管的对立面。

如果工作要项及绩效标准早经阐明并作为考核的基础，考核面谈时应该不会让彼此有太意外的感觉。部属的自我评估，不论是心里想的或者是写下来的都该不至于与主管所写的考核相差太远。

主管要取得成功的考核面谈，其所面临的问题就是要能掌握部属诚实的回答，不管部属是同意还是不同意。当然，最重要的还是要取得部属的信任。因此，下列考核面谈技巧必不可少。

（1）坦诚相见，把考核表拿给部属看，而不要藏起来。主管要能开诚布公地与部属讨论工作绩效问题。你越是隐藏考核表，部属越会对你的考核结果表示质疑，对你的考核过程的客观与公正表示怀疑。对部属而言，只要考核是客观公正与公平的，他们是愿意同主管一起去不断改进绩效的。

（2）解释给部属听，为何你会这样考核。如果你查过记录或者是向别人打听过，直说无妨。如果你是完全凭自己所知做的考核，也告诉他实情。别忘了告诉他，你希望听到坦白的意见，因为你的考核可能并不是完全正确。举例言之，如果他做过的一些事，你给忘了或你根本不知道，你要勇于承认。

（3）要记住你的考核是暂时性的，如果部属的意见让你觉得考核有错，你也要乐意地去更改。而且，不要怕承认错误。绩效考核是检查业绩，更重要的是不断推动绩效的改进，主管要鼓励部属再接再励。

（4）摘述要点。讨论完毕后，再与部属一起回头将重要的地方重新浏览一遍，并给他一份与你相同的资料。这有利于部属明确自己工作绩效中的问题，扬长避短，让每一次考核面谈成为新一轮绩效提升和改进的新起点。

华为PBC：及时反馈、多次辅导

绩效评估之后，应立即着手绩效的反馈与辅导。

组织和个人的绩效目标制定后，在绩效计划的执行过程中，仍不可能一帆风顺。一方面外部环境的变化和制约，另一方面人在受到挫折和打击后会意志消沉。这种情况下，上下级之间及时、顺畅的沟通与反馈将会起到非常积极的作用。

沟通与反馈过程中，上级应及时掌握下属阶段目标完成情况，具体问题有针对性地处理。如果是外部环境发生了变化，那么上级领导应及时对绩效计划进行调整；如果是因为公司提供的资源无法支持，那么上级领导应尽快协调，给予人、财、物、信息等方面的支持，推进绩效计划的完成；如果是因为组织和个人在能力素质、工作方法上出现问题，上级则应帮助下属减轻思想上的包袱，提高能力，转变工作方法，以尽快提高绩效。

通过上级阶段性的评价，使下属对自己工作有清楚的认识。受到表扬、激励的员工会因为得到上级的认可而更加努力提升绩效，受到较低评价的员工会感受到压力，努力寻求改善绩效的办法。

绩效管理中，不能忽略绩效的及时反馈与沟通，各个层级所呈现出来对绩效管理的不满意也大多由于沟通与反馈的不及时，不对称，不公开而致。

绩效沟通是保证绩效管理的重要举措，在进行正式的绩效沟通前，访谈者与被访谈者均要有充分、充足的准备而使沟通的效率与效果更佳。

微软、Google 等很多大公司，多年来一直都在努力推动持续沟通，很多公司开设绩效反馈与沟通培训课程，要求所有管理层参加。Google 的培训课堂上会发给经理们"绩效和发展讨论指南"，指导经理如何进行绩效面谈与反馈。我希望所有的企业在这点上引起足够的重视，给予一线经理们更多的培训与指导，尤其是新晋升的经理，这是一门必修课程。

◆ 绩效沟通前的准备

绩效沟通前，访谈者要做一些必要的准备如下。

● 阅读前面设定的工作目标；

● 检查每项目标完成的情况；

● 从员工的同事、下属、客户、供应商搜集关于该员工工作表现的情况；

● 给员工工作成果和表现打分；

● 对于高分和低分的方面要搜集翔实的资料；

● 整理该员工的表扬信、感谢信、投诉信等；

● 为下一阶段的工作设定目标；

● 提前一星期通知员工使其做好准备等。

绩效沟通前，被访谈者需要的准备如下。

● 阅读前面设定的工作目标；

● 检查每项目标完成的情况和完成的程度；

● 审视自己在公司价值观的行为表现；

● 给自己工作成果和表现划分；

● 哪些方面表现好？为什么？

● 哪些方面需要改进？行动计划是什么？

● 为下一阶段的工作设定目标；

● 需要的支持和资源是什么？

在沟通过程中，访谈者也要具备一定的绩效面谈技巧。

● 鼓励员工的参与；

● 认真聆听员工的看法和意见；

● 关注员工的长处；

● 谈话要具体，使用客观化的词句；

- 保持平和的态度；
- 是双方的沟通而非演讲；
- 不做假设和提前判断；
- 简单地总结一下你对员工的总体评分或评估；
- 讨论评语对双方的意义；
- 认真聆听；
- 鼓励员工提出对你的评估的反应；
- 激发员工提出自己的看法；
- 积极地听取，提出开放式问题；
- 应用聆听技巧；
- 与员工一起制定计划，就行动的实用性询问员工的意见；
- 安排后续会议来检查并作辅导；
- 以积极的态度结束讨论。

◆ 绩效辅导要点综述

绩效辅导是指经理或管理人员就员工的工作进展提供连续性的辅助和指导，在经理与员工之间应该有不间断的沟通和反馈，以明确正确的工作态度和行为，了解工作的进展。

绩效辅导可以在任何时候以正式或非正式的方式进行；也可以以正式的辅导通过管理者和员工之间的正式谈话方式进行；谈话前管理者必须充分准备、收集信息以尽量客观。

非正式的辅导同正式的辅导有相同的目的，但通常是在日常的工作环境中，通过灵活的方式进行。

绩效辅导中，明确清楚地告诉他到底做了些什么，利用实际的例子，不是简单概括，用客观和明确的词语描述行为。

绩效辅导中，表达感受时，可以直接地表达感觉或对状况的反应，用平和的语气去表达，并询问对方的感觉或反映征询看法或建议。

绩效辅导中，询问员工的意见或提出认为应该继续的行为或要更改的行为，建议要具体，是针对个人行为而非其个性。

绩效辅导中，指出正面的结果。向他指出该行为改变后的积极效果，对个人带来什么好处

绩效结果要具体、明确，以下是一些合适与不合适的反馈示例。

- "王强，你可真懒，你这是什么工作态度呀。" ×
- "王强，最近三天，你连续迟到三次，能解释一下原因吗？" ×
- "小李，你的工作真棒！" ×

- "小李，我对你昨天的安排非常满意，这样一来使我们昨天顺利地拍摄到这条新闻，并在当天播出。"√

反馈要着眼于积极的方面

- "张华，你在上次会议上的发言效果不好，这次发言之前你是否能先给我讲一遍。"×
- "张华，你是否能把准备的发言先给我讲一遍，这样可以帮助你熟悉一下内容，使你在现场能更加自信。"√
- "李明，我感觉你这个人有点保守，你很少与其他人沟通信息。"×
- "李明，如果在每周的例会上，你把这个栏目的策划进展情况与我们分享一下的话，对我们会有很大的帮助。"√
- 绩效辅导中，当面谈者需要进行负面的反馈，应学会如何应对处理，可以参考如下的部分建议。
- 具体地描述员工的行为；
- 耐心，具体，描述相关的行为（所说，所做）；
- 对事不对人，描述而不是判断；
- 描述这种行为所带来的后果；
- 客观，准确，不指责；
- 征求员工的看法；
- 聆听，从员工的角度看问题；
- 探讨下一步的做法；
- 提出建议及这种建议的好处。

> 对于优秀者来说，实施绩效管理之后收到评价意见、或者反馈意见之后总会带来拔牙一般的兴奋，而对于普通人员来说，则通常把反馈这件事跟痛苦划等号。好的绩效沟通与反馈在很大的程度上考量管理者的智慧与情商，优秀的人总是让问题简单化，在绩效管理的团队中，优秀者也决定了绩效管理的最终效果与成败指数。

华为 PBC：关注结果，更重运用

华为 PBC 出自于 IBM，但华为 PBC 与 IBM 的 PBC 不同之处，还在于 IBM 在考核上则更注重结果，强调公司从上至下的指标分解，而且模板对不同等级员工个人需要承诺什么，达标的指标是多少也有明细的规定，作为员工你没有多少想象和发挥的空间来写你的 PBC。

华为的 PBC 不光考结果，也更从日常行为上有要求和进行考核。在华为，除了 PBC 作为日常的绩效考核，华为还有劳动态度以及个人发展潜力的考核，且这三项考核分别影响着奖金、退休金及股票，而员工的升迁是要老板们全面权衡的，很难说这三项哪个会更起作用些。

基于绩效评估的结果，根据既定的绩效奖金计算方式，员工的业绩结果将决定其绩效奖金的多少。在有些情形下，员工的长期激励（如股票、期权等）也会与绩效结果高度相关。

> 绩效评估完成之后，比评估更重要的是结果的运用与应用。

应用绩效评估的结果，让个人发展与绩效结合。根据业绩评价的结果，管理者应与员工共同确定将来的发展目标和能力改进计划，并作为下一个考核周期的考核标准。通常情况下，相应的培训计划，也应建立在此基础上；相关的人员提升和职位调整，与业绩结果有着高度的关联。

绩效考核结果应该和绩效工资、奖金的计算发放联系起来，同时绩效考核结果还可以用于岗位晋升、工资晋级、培训教育及个人发展计划制定等。

马云曾说过：为结果买单，为努力喝彩！可见结果的重要性。绩效的结果体现了员工为企业创造的各方面价值，它为其他的组织和人力资源其他维度的开发提供了基础依据。

绩效管理贯穿于人才管理的全过程，是选人、用人、激励人的参考依据。根据 PBC 的考核结果，及时响应，及时兑现，及时调整。

绩效奖金发放。承诺人的 PBC 评估结果与其季度绩效奖金挂钩，承诺人年度综合业绩评估结果与其年度绩效奖金挂钩。

低绩效员工管理。若承诺人季度或年度绩效评估结果为 C 或 D，直线经理对承诺人予以邮件通知，与承诺人面谈制定改进提高计划，填写《绩效改进计划书（PIP）》，并随时评估其改进状况，对低绩效的承诺人进行管理。

承诺人薪酬调整。根据承诺人年度综合绩效评估结果，决定员工薪酬增长幅度。

承诺人岗位变更。根据承诺人绩效评估结果和公司发展的要求，结合岗位对能力素质的要求进行任职资格的评定，对优秀的承诺人进行岗位升迁或轮岗。

承诺人培养发展。根据承诺人年度综合绩效评估结果，个人能力优缺点和公司发展的要求，对优秀员工，集团人力资源部，各 UG 单位人力资源部将制定相关员工培养发展计划，如图 6-10 所示。

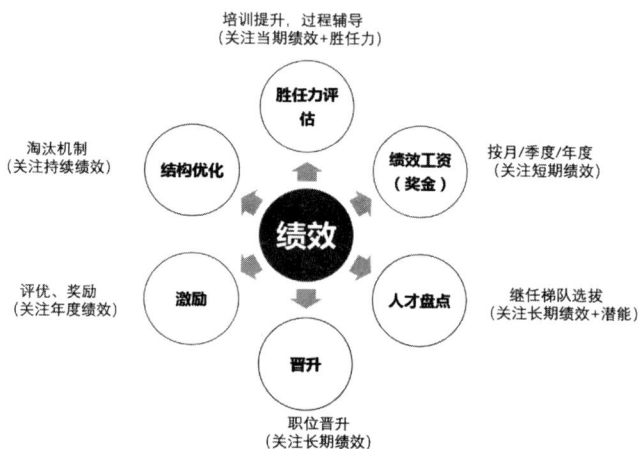

图 6-10 员工培养发展计划

绩效的考核与实施最终要落实到具体的责任人，并根据绩效考核的结果，进行必要的奖惩、胜任能力的评估、职业与岗位的调整、奖金与激励的及时兑现，最后 HR 要根据整体绩效的评估情况进行全公司人才的盘点。

事实证明，不与绩效结果挂钩的绩效管理，是没有约束力的，大家不以为然，与己无关，高高挂起，令人生忧。

例如，在某次季度绩效考核会议上，营销人员 A 说：最近的销售做得是不太好，我们有一定的责任，但是主要的责任不在我们，竞争对手纷纷推出新产品，比我们的产品好，成本更低。所以我们不好做，研发要认真总结。

研发经理 B 说：我们最近推出的新产品是少，但是我们也有困难呀。我们的预算被财务部门削减了。没钱怎么开发新产品呢？

财务经理 C 说：我是削减了你们的预算，但是你要知道，公司的成本一直在上升，我们当然要控制研发的投入了。

采购经理 D 说：我们的采购成本是上升了 10%，为什么你们知道吗？俄罗斯的一个生产铬的矿山爆炸了，导致灯杆的价格直线上升。

这时，ABC 三位经理一起说：哦，原来如此，这样说来，我们大家都没有多少责任了，哈哈哈哈。

人力资源经理 F 说：这样说来，我只能去考核俄罗斯的矿山了。

的确，原因是找到了，可绩效结果呢？这显然不是绩效管理的目的。

绩效管理是一把双刃剑，好的绩效管理可以促进企业整体业绩的良性发展，使强者更强，激励、鼓舞上进绩优的员工，淘汰、鞭策绩差的员工，随着绩效系统的完善与改进，好的绩效系统将会营造出优胜劣汰的企业生态管理系统。

反之，考核的结果应用起来就尴尬。

"刘升，你们人力资源凭什么和我解除合同？"市场部小 W 走进刘升办公室，怒气冲冲。

"马总不告诉你了吗，不胜任工作。"刘升也没好气。

"笑话，你们人力资源说不胜任就不胜任？证据呢。"

"你们马总安排你洽谈 SS 项目平面广告的事，你一直没有谈妥。这个月网站 PI 量也不达标。当然不胜任。"

"那谁还没过不应点儿的时候，仅凭这两个小事就解除合同，你们人力资源也未必太儿戏了吧。"

"还有，你说我不胜任，这个季度我的考核等级可是 B，你有什么理由，还说我不合格？"小 W 悻悻地走了。

几天后，小 W 给刘升发了一则短信息。

"我咨询律师了，我没有不胜任，而且考核等级是 B 等。如果要强行解除的话，非法解除赔偿是双倍。"

首先要指出，在这个场景中，人力资源犯了一个绩效管理最基本的错误，那就是越俎代庖，替人做评价。业务部门人员的考核本来是业务部门主管该做的事儿。人力资源部只要拟定规则，监督各个部门按规则办即好，不可轻易对他人作出评价，更不用拿出某个事儿去评论。否则遇到较真的主，就拿具体的事儿与你说道说道的时候，人力资源可就保不准百口难辩了。

华为 PBC：PIP 绩效改进计划

绩效管理是为目标而生，在实现企业目标过程中，必然会发现有一批落后分子，这部分人员的绩效管理的重点，便是绩效改进了。绩效管理过程的阻力也大多源于此，绩效改进其实是一个痛苦的过程，那些考核之后便采取处罚措施的企业，显然不看重、关心员工的绩效改进，认为员工的绩效问题是由态度产生的，即员工是不愿，而不是不能。

究竟是何种原因影响了绩效的结果，原因是多方面的，作为管理者，在绩效考核之余有必要为被管理者拟定一个绩效的改进计划。

绩效改进计划简称 PIP（Performance Improvement Plan），是指根据员工有待发展提高的方面所制定的一定时期内完成有关工作绩效和工作能力改进与提高的系统计划。绩效评估是绩效管理最为重要的环节，但实际上绩效改进计划要比绩效评估重要得多。绩效评估仅仅是关注过去，而绩效改进计划则更多的是考虑未来、考虑成长。

绩效改进的方式多种多样，但其过程大致上可以分为以下几个步骤。

（1）首先分析员工绩效评价结果，找出绩效中存在的问题；

（2）针对存在的问题，制定合理的绩效方案，并确保其能够有效地实施；

（3）绩效辅导过程中，落实实施已经制定的绩效改进方案，尽可能为员工绩效改进提供知识、技能等方面的帮助。

绩效改进是绩效管理过程中的一个重要环节，是持续的日常管理工作，融入日常管理工作之中，不是管理者的附加工作，而是管理者日常工作的组成部分，绩效改进工作自然融入日常管理工作之中，有赖于优秀的组织文化对管理者和员工的理念灌输，还有赖于部门内双向沟通的制度化规范化，这是做好绩效改进工作的制度基础。

绩效改进是绩效管理环节的重要组成部分，如图 6-11 所示。

管理者在绩效管理中，不应是事后发现不足和绩效低下的问题，其核心是防止问题发生，找出通向成功的障碍，从而提高业绩和能力，这是管理者必须勇于承担绩效改进的责任。

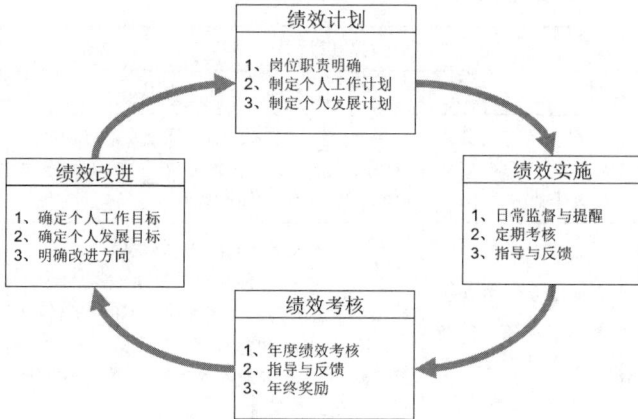

图 6-11　绩效管理的组成

♦ 绩效改进计划关键流程

1. 回顾绩效考评的结果

主管和员工可以就绩效评估表格中的内容逐项进行沟通，在双方对绩效评估中的各项内容基本达成一致意见后再开始着手制定绩效改进计划。

2. 找出有待发展的项目

一般来说，在一次绩效改进计划中应选择最为迫切需要提高的项目，因为一个人需要提高的项目可能有很多，但不可能在短短半年或一年时间全部得到改善，所以应该有所选择。而且，人的精力有限，也只能对有限的内容进行改善和提高。

3. 确定发展的具体措施

将某种待发展的项目从目前水平提升到期望水平可以采取多种形式。包括：征求他人的反馈意见、工作轮换、参加特别任务小组、参加某些协会组织等。

4. 列出发展所需的资源

主管人员统筹安排，提供帮助，尽量为员工绩效的改进创造良好的内外环境。

5. 明确项目的评估期限

评估周期设定为半年到一年，这样安排也可以与企业半年或年终总结相衔接。

6. 签订正式的改进计划

绩效改进计划的过程中，让员工参与计划的制定，并且签订非常正规的绩效改进契约，让员工感到自己对绩效改进计划中的内容是做出了很强的公开承诺的，这样他们就会倾向于坚持这些承诺，履行自己的绩效改进计划。如果员工的计划只是口头确定，没有进行正式签字，那么就很难保证他们坚持这些承诺的计划。

◆ PBC 能力提升目标样例（图 6-12）

能力提升目标样例			
需要提升的能力	能力提升的目标	发展 / 学习活动计划	说明
加强和下属的沟通	使下属清晰其发展规划，明确其绩效改进的方向	和三个直接下属沟通其职业发展方向 PBC 期间，和每个直接下属沟通一次 PBC 完成情况，给出建议	× 错误
与下属的沟通能力	提高与下属的沟通能力，熟练使用 GROW 模型	参加教练式辅导 GROW 方法的培训 和三个直接下属沟通其职业发展发放，并在与下属的沟通中练习使用 GROW 模型 PBC 期末，和每个直接下属进行一次 PBC 绩效评价沟通，处理好下属的期望和可能产生的抵触情绪。	√ 建议
说明：能力的提升发放可以是培训、工具的使用、在职的锻炼等，但是在评估中，不以完成设定的学习 / 发展计划为考核标准，而是通过平时工作中领导对员工行为的观察。在设定这一目标的时候，也应当更多地思考如何使用自己的能力得到提升，而不是简单的"完成沟通"、"给出建议"等。			

战略思维能力	加强自己在战略思维方面的能力，提升全局观、大局观；能够更好地捕捉到市场机会，为 ×× 产品中长期发展奠定基础	制定 ×× 产品战略沙盘，分析网络情况和客户需求，抓住客户的兴趣点制定详细的产品推广策略	√ 建议
		继续完善 ×× 产品未来 3 年发展趋势的分析报告，找到当前动作中存在的问题和潜在风险，提高产品的盈利能力	
战略思维能力	加强自己在战略思维方面的能力，提升全局观、大局观；能够更好地捕捉到市场机会，为代表处中长期发展奠定基础	制定 Z 代表处 ×× 系统部的战略沙盘，分析网络情况和客户需求，制定详细的市场拓展策略	√ 建议
		继续完善 ×× 系统部经营分析报告，找到系统部运作中存在的问题和潜在风险，提高系统部的运作能力和现金流状况	

数据来源：华为官网

图 6-12 PBC 能力提升目标样例

　　绩效改善就是绩效管理的目的，但是绩效改善只有起点，没有终点，必须坚持不懈，久久为功。这也吻合了绩效目标设立、达成、评价、运用、改善循环管理的定义。

　　企业管理就是不断发现问题、解决问题，因此管理持续改善，永无止境。

华为 PBC Plus：华为劳动态度自检表

　　华为的绩效管理除了 PBC 之外，另一个特色就是劳动态度的考核了，表 6-2是一个实用的劳动态度自检表。

表 6-2　劳动态度自检表

序号	行为参照	自　检	备注
一、基本行为准则：一般要求			
1.1	在华为公司工作期间，不在外界担任任何兼职或顾问	□做到　□需改进	
1.2	在华为公司工作期间，不进行炒股、炒汇等投机活动	□做到　□需改进	
1.3	不利用工作之便接受任何形式的回扣	□做到　□需改进	
1.4	不在费用报销中私帐公报，不以因公名义报销不合理费用	□做到　□需改进	
1.5	履行节约，合理开支，不铺张浪费	□做到　□需改进	
1.6	严守保密承诺，不有意或无意泄漏公司机密	□做到　□需改进	
1.7	不泄露、打听个人或别人的报酬	□做到　□需改进	
1.8	在华为公司工作期间，不擅自以公司名义对外发表意见、担保或出席活动	□做到　□需改进	
1.9	业余时间，不聚众或参与赌博等不健康的娱乐活动	□做到　□需改进	
1.10	在华为公司工作期间不自行参股或与他人合伙开办公司	□做到　□需改进	
1.11	不贪污、不受贿、不假公济私	□做到　□需改进	
1.12	报销手机话费时，如实勾划私话费	□做到　□需改进	
1.13	不在办公场所打无关紧要的私人电话	□做到　□需改进	
1.14	不利用公司网络资源从事与工作无关的活动	□做到　□需改进	
1.15	不利用公司电话打私人长途	□做到　□需改进	
1.16	上班时间不闲聊，不大声喧哗	□做到　□需改进	
1.17	不参加供应商、客户或其他有业务关系的组织提供的超出业务需要范围的交际活动	□做到　□需改进	
1.18	在客户、合作方和员工面前谦逊、有礼	□做到　□需改进	
1.19	将客人赠送的非文化礼品交公	□做到　□需改进	
1.20	不陪客人或自己去低级场所活动	□做到　□需改进	
1.21	接待工作中，不饮酒过量、失礼或影响工作	□做到　□需改进	
1.22	不散布对公司不利的言论	□做到　□需改进	
1.23	在对外事务中举止得体，不影响国家及公司形象	□做到　□需改进	
1.24	仪表端庄、大方，不在办公场所着无袖衣、背心、超短裙，不留怪异发型	□做到　□需改进	
1.25	在公共场所听课、报告会要尊重他人，不无故中途退场、起哄、交头接耳	□做到　□需改进	
1.26	乘车、乘电梯时，主动让客人或女士、老人优先	□做到　□需改进	
1.27	上下班车排队上车	□做到　□需改进	
1.28	生活作风上严格自律，洁身自爱，遵守社会道德标准	□做到　□需改进	
1.29	开会不迟到，确不能与会时，提前告知会议召集人	□做到　□需改进	
1.30	在会议中或接待客人过程中，手机交秘书处理，不干扰和影响会议或接待效果	□做到　□需改进	
1.31	不以公司提供的工作和生活条件行个人方便	□做到　□需改进	
1.32	尊重各国籍、各民族员工的风俗，以礼相待	□做到　□需改进	
基本行为准则：（针对管理者的其他要求）			

续上表

序号	行为参照	自 检	备注
1.33	中高层干部不推荐操作类基层人员（尤其是亲属、朋友）入职	□做到 □需改进	
1.34	对下属不良行为及时批评纠正	□做到 □需改进	
1.35	尊重下属，不训斥、责骂下属，影响下属工作情绪	□做到 □需改进	
二、责任心与敬业精神：一般要求			
2.1	热爱本职工作，对工作精益求精，不断学习并提高自身工作能力，推动工作进步	□做到 □需改进	
2.2	勇于承担工作责任，不推卸责任，并把解决问题作为首要任务	□做到 □需改进	
2.3	有风险意识，勇于创新、改进和推动工作，不怕犯错误	□做到 □需改进	
2.4	言行一致，切实履行自己作出的承诺	□做到 □需改进	
2.5	不玩忽职守，不重犯同样的错误	□做到 □需改进	
2.6	在工作中坚持原则，不感情用事	□做到 □需改进	
2.7	情况发生变化或遇到困难时，及时处理或报告有关领导，努力减免损失	□做到 □需改进	
2.8	不计较个人得失与个人恩怨，讲真话，不捂盖子，不隐瞒事实	□做到 □需改进	
责任心与敬业精神：（针对管理者的其他要求）			
2.9	善于培养和推荐优秀人才，包括比自己强的人	□做到 □需改进	
2.10	尽心尽力培养、引导下属进步	□做到 □需改进	
三、团队精神：一般要求			
3.1	在工作团队内能以工作目标为导向，对事不对人，勇于开展批评与自我批评	□做到 □需改进	
3.2	为团队目标的达成勇于承担工作中的困难	□做到 □需改进	
3.3	尊重他人的人格，不用污辱性的语言指责他人	□做到 □需改进	
3.4	襟怀坦白，包容他人，主动分享资源，积极帮助他人	□做到 □需改进	
3.5	注意内部团结，不制造矛盾和事端，以诚待人	□做到 □需改进	
3.6	积极为营造团结向上的团队氛围作贡献	□做到 □需改进	
团队精神：（针对管理者的其他要求）			
3.7	对下属的考核与评价做到公正、客观	□做到 □需改进	
3.8	处处以身作则，做好下属的表率	□做到 □需改进	
3.9	与下属进行平等有效的思想沟通	□做到 □需改进	
3.10	充分、及时地肯定下属成绩，不与下属抢功	□做到 □需改进	
3.11	主动学习他人包括下属的长处，吸纳他人的经验，接受下属的正确意见	□做到 □需改进	
3.12	评定奖金、股金等不一味强调本部门功绩	□做到 □需改进	

填写说明：

1. 《劳动态度自检表》是在充分信任员工的基础上设计的，是为员工提供一个对照公司规定的劳动态度评价标准进行自我回顾与检查的机会，请实事求是地填写。

2. 在自检栏中，"做到"指完全按照标准要求做，未完全按照标准要求做的，无论程度如何均填"需改进"

3. 对未涉及的"行为参照栏"中的特定行为，在备注栏内注明"未涉及"即可。

6.9　PBC "朋友圈"：各具特色的 MBO、360、KPI

绩效管理之于 HR 来说，难，一方面是获得管理者与员工的认同难，另一方面在拟定具体的方案与举措过程之中，面对众多的绩效式工具与企业的现状与窘境二难取舍。众多的绩效管理工具，让 HR 经理们一时难以决策。为了让 HR 同仁们对这些工具有一个大致的认知，此处用简短的三个字分别对不同的绩效工具进行了识别，不一定正确，对这些工具的认知更多的是来自于我个人的应用经验，而非权威结论，仅供参考。

MBO，目标管理，我认为在没有系统的绩效工具之前，很多的企业都是采用的目标管理法，简单而实用，但时至今日，目标管理不再作为一个独立的考核工具存在，而是广泛地应用于其他的考核工具中，绩效管理的核心其实就是企业的经营目标的管理，所以，我个人认为，MBO 是所有绩效管理工具的源头。MBO，管源头。

360，360 度考核，我认为 360 考核的成败其实并非是 360 这个工具的本身，其实这个工具在西方职业化程序高的国家和地区的应用是挺不错的，也有力地解决了单一考核者以偏概全、打击报复之类，但是，在国内职业化体系仍不健全，以中庸之道为指导思想的管理者们，都不想得罪人的情况，360 要想应用得好，有点悬。360 在考核过程的权重亦越少越好。360，少才行。

KPI，关键绩效指标，其实是抓住了管理的核心，是一个行之有效的管理工具，结果导向，目标为王。在绩效普遍乏力的企业经营或经济大环境下，KPI 不失为一个促进绩效，鞭策员工的好工具。但在互联网的应用环境下，在致富快餐文化的刺激下，部分企业经营者急功近利，不顾道德底线，盲目强调 KPI 导向，甚至倡导 KPI 文化。员工适应 KPI 则生，挡之则死。魏则西事件则是将 KPI 的绩效文化诏告天下。总之，KPI 之于企业是一柄双刃剑，让广大员工又恨又爱，恨之者，每天压力巨大，轻松不再；爱之者，目标明确，不废话，有奔头。KPI，恨又爱。

BSC，平衡计分卡，这个舶来品一来到国内，就被一干企业主、咨询顾问们大肆吹棒。有的企业连战略地图也没有搞清，战略分解也勉为其难时就开始大力推行 BSC，小公司连计划的执行都打折扣，连定期战略调整与分析都够呛时，就大上快上 BSC 了。你要问他们的 HR，平衡计分卡的几个维度，战略包，EOI 时，大都一脸茫然。所以，要我说，BSC，没有团队的公司就别追了。BSC，莫盲追。

EVA，经济增加值，我到现在还在怀疑，EVA 是不是 20 世纪 80 年代初美国斯腾思特公司故弄玄虚的幕后推手。其实原理并不复杂，就是由单纯的对财务指标的考核转入对股东价值的考核，说白了，就是光有收入，光有利润，股东的所有者权益是否是真正最大的，有价值的，有回报的。然后，就是一堆复杂且工作量大巨大的数据、报表，分析等，没有强大的 IT 体系，且如果你的公司也就百来个人，我看，你也就别想了，那玩意儿有点复杂，不是一般的。EVA，慎追随。

OKR，目标与关键成果法，与 KPI、MBO、PBC 有诸多的相同，是 KPI、MBO、PBC 三者完美结合。但 OKR 与上述三者在目标拟定中最大的不同是目标不是自上而上的，而是自下而上的。OKR 就是让你在每个季度开始之前想一想，有哪些事情从提升的角度来说是值得做的，有哪些事情是你想做的，然后取个交集，再列举若干有一定把握能达成目标的手段。目标是由员工定的。这在一般的企业恐怕做不到，也就谷歌、英特尔这种神一样的企业才有可能。没有金刚钻，别揽瓷器活。OKR 这套东西，高科技企业或许可以一试，普通的企业还是放弃的好。OKR，想好啦。

上述工具各有特点，侧重点与关注点不同，不同的企业可根据各自企业的特点选用，不必求全责备。

🔍 6.10 绩效管理忠告：勿让劣才驱良才

有句俗语"天鹅常被第一只癞蛤蟆吃掉"，说的是美丽女生往往有一个平庸的男朋友，而优秀男生的女友又常常长相平平。这样的情况频频出现，决非偶然。怎样解释它呢？用一句经济学的术语就是"劣币驱逐良币"。

假设优秀男生甲和另一男生乙共同追求美丽女生丙。男生乙自知论帅气程度及经济实力都不如甲，所以追求攻势就格外猛烈，而甲虽然也很喜欢丙，但碍于面子，也由于自恃实力雄厚所以追求起来就内敛储蓄。

美丽女生丙实际上喜欢甲要远胜于乙，但由于信息不对称——她不能肯定甲是不是也那么喜欢她，再加上女孩子的自尊心理作怪，所以会显得很矜持。

最后的结果很可能是乙大获全胜娶到了丙。而丙会带着遗憾，心里想着甲却成为别人的新娘。

这就是"劣币驱逐良币"，或是"逆向选择"，虽然无奈而却实在，生活中许多事情的结果大抵都是如此。

"劣币驱逐良币"是经济学中的一个著名定律。该定律是这样一种历史现象的归纳：在铸币时代，当那些低于法定重量或者成色的铸币——"劣币"进入流通领域之后，人们就倾向于将那些足值货币——"良币"收藏起来。最后，良币将被驱逐，市场上流通的就只剩下劣币了。"劣币驱逐良币"是经济学中一个古老的原理，它说的是铸币流通时代，在银和金同为本位货币的情况下，一国要为金币和银币之间规定价值比率，并按照这一比率无限制地自由买卖金银，金币和银币可以同时流通。由于金和银本身的价值是变动的，这种金属货币本身价值的变动与两者兑换比率相对保持不变产生了"劣币驱逐良币"的现象，使复本位制无法实现。比如说当金和银的兑换比率是1:15，当银由于银的开采成本降低而最后其价值降低时，人们就按上述比率用银兑换金，将其贮藏，最后使银充斥于货币流通，排斥了金。如果相反即银的价值上升而金的价值降低，人们就会用金按上述比例兑换银，将银贮藏，流通中就只会是金币。这就是说，实际价值较高的"良币"渐渐为人们所贮存离开流通市场，使得实际价值较低的"劣币"充斥市场。这一现象最早被英国的财政大臣格雷欣（1533-1603）所发现，故称之为"格雷欣现象"。

当事人的信息不对称是"劣币驱逐良币"现象存在的基础。因为如果交易双方对货币的成色或者真伪都十分了解，劣币持有者就很难将手中的劣币用出去，或者，即使能够用出去也只能按照劣币的"实际"而非"法定"价值与对方进行交易。

其实，"劣币驱逐良币"的原则，不仅存在于货币流通中，社会生活的方方面面也都存在着类似现象。

绩效管理作为一个识别优秀员工与普通员工的管理工具，识别企业中价值较大者与普通价值者的重要武器，如果使用得当自然成为管理者的工作利器，反之，如果不当或者无法避免考核中的八大误区之一，而中招。轻者，让员工心生不满，四处抱怨；重则员工顿生去意，损失立现。离开的员工倘若一般或不足也罢，若不是一个优秀员工业绩良好或者潜质良好只是因为考核中不好表现而让其与公司交恶，则就成了典型的劣币驱良币了。

真正的"优胜劣汰"规则，适用的是信息充分，竞争充分的环境，而现实生活往往没有那么完美，我们所能依赖的只有各种各样或真或假的信号了。

有一场相当残酷的战争持续了两个月，交战的双方都派出了最精锐的部队。A集团军司令部最后被困在一个山头，将军整天都能听到啪啪的枪响，可就是找不到子弹从哪里射出来的。有一天，将军觉得被围得窝囊，为了鼓舞士气，决定亲自到前线战斗。将军正要冲到防御工事前，突然被一位士兵拉住了。

士兵严肃地向将军报告："将军！前方 20 米的地方有一个狙击手。"将军一听火冒三丈，厉声质问士兵："既然发现狙击手，为什么不将他干掉？"士兵说："将军，没必要干掉他，那个蠢货的枪法很烂，这几天开了很多枪，没有打死一个人。"将军呵斥道："那也必须干掉他。"士兵突然提高嗓门说："将军！你疯了吗？难道你要让他们换一个比较准的吗？"

在绩效管理过程中，由于绩效管理的操作不当，也会导致不少的高素质员工对自己绩效结果或者绩效管理的方式不满意而另谋高就，这种现象也会反过来导致企业外部高素质人力资源对企业吸纳祈求消极回应，企业就出现了低素质员工的绝对量尤其是相对量上升，因为一定量高素质员工留下的工作岗位需有更多低素质员工填补。这样就会形成一个恶性循环，当低素质员工逐渐增多，最终让绩效高的员工失去了对组织的信任，导致人才进一步流失。所以很多企业在效益下滑时进行降薪，表面看可以光鲜财务报表，可是员工素质的下降成为必然，最终企业的人才由劣币主导而致竞争力减弱。

> 绩效管理不应只是管理者的自嗨，要采用多种形式与手段，让员工也爱上绩效。

人，好像天生就讨厌被管理，许多人努力的目的也是为了摆脱被管理，或者是摆脱低层次的管理，进入一个高的层级，可以管理别人，成为一个管理者。

绩效管理恰巧又是针对员工最为敏感的奖金、收入等切身利益，弄得不好就要少工资、没奖金、甚至面临降职、降级的处分，所以，员工（包括一般的管理者）天生就讨厌绩效管理。

如果没有猜错的话，全企业除了老板搞的是绩效管理之外，其他的人员，搞都是被绩效管理。

成功的 HR 管理者，能够成功地调动全体员工为着同一个目标去奋斗。企业只有上下同欲，才有可能决胜于充满竞争的商业圈，才有可能真正地立于不败之地。

合适的符合企业现状的绩效管理工具的运用能够奠定吸引和留住人才的基础，用人之所长，避人之所短，成功地调动员工为着同一个目标而奋斗。

用心的 HR 在实施绩效管理的过程中，通过一系列改善行动计划可以让员工对绩效管理的抵触度降低，让员工在绩效管理过程中受益，通过绩效的及时反馈与沟通，通过绩效改进计划的精准实施，甚至可以让员工爱上绩效管理。

例如前文所说的华为的 PBC，从企业起步之初就制定同欲培养计划，在实际工作中实施同欲的行动。对员工的招聘、录用、培养、提升都要与同欲结合起来。对于刚进入公司的员工，要有一个完整的培养计划，设计出同心步骤，尽可能多地接触同欲教育，让员工心中时刻有一个明确的、共同的目标，一步一步实现上下同欲。

在绩效管理中，给员工权利。传统目标管理的办法，是自上而下进行的，优点是可以将企业目标进行层层分解，落实到部门和岗位，缺点是缺乏灵活性。目标相对是固定的，但外界环境的变化导致目标的不可行或者无法完成，从而引起考核者与被考核者的矛盾。为了解决这样的矛盾，管理者要充分授权，给予员工更大的权利和自主空间，可以让员工制定弹性的工作计划，自己来安排完成目标的时间和方式，并可以在一定程度内进行目标调整，从而充分调动员工的积极性，激发员工的工作热情和创造性。

当然，HR 为了让员工不那么讨厌绩效管理，还可以采取以下措施。

通过明确且有针对性的绩效管理，提升员工绩效，让员工的个人价值得以实现。

进行绩效管理之前与业务部门沟通。

绩效指标先从高层开始推行，然后在部门做试点，确保绩效管理的实际落地。

人性化照顾员工，提供员工子女入托、员工心理咨询等服务。

倾听员工意见，鼓励员工创新。

提供便利设施和服务。比如洗衣房、幼儿园、便利店、班车、饮水间、休息室、心理咨询等，有利于提高员工的工作满意度和对企业的归属感。

一个绩效考核方案的真正成功同时需要加与在实施过程中不断改进，经验认为，绩效考核体系在实施中经历一两年后才能真正完善起来，尤其是管理者的绩效管理能力和技术才能培养起来，相应的考核文化和氛围才能成熟。

因此，症结在于"并不有效"。在日新月异的经济环境下，传统的绩效管理并非走向终结，而是要接受变革，走向重生。随着越来越多的新的因素的出现，这些都驱动了组织在员工绩效管理上的改变以及过渡到全新的绩效管理中去。

从世界 500 强公司的考核内容上可以看出来。比如 GE 公司，它的考核内容分为工作业绩和成长性价值；比如 Google，她考核工作业绩和能力表现，而能力是企业价值观的行为体现。目前 Google 考核的能力包括：①谷歌人；②解决问题的能力；③执行力；④思想领导力；⑤新兴领导力。而阿里巴巴的价值观考核占整个考核比例的 50%。

> HR 对绩效的管理也需要与世俱进。

针对不同的员工类型，设计不同的绩效考核模式，并非一刀切。GE 对于管理人员的考核方式与普通员工不同，它有一套专门的考核标准，比九宫格人才管理。所以无论是考核内容、考核模板、考核频率，笔者认为在一家公司也可以有不同的标准，没必要一定是统一的。

应用最新技术，提高绩效管理的效率，移动技术可以使绩效反馈更加迅捷和个性化。GE 推出的绩效沟通 APP 就是最好的证明。

🔍 6.11 去梯言：无沟通，不绩效

强调沟通是构成华为 PBC 的基础之一。华为 PBC 考核的频率是季度考核，华为公司非常重视每次考核后主管跟员工之间的沟通反馈及绩效改进计划。华为职能部门的考核是自下而上的，主管要把下属的事汇总成大事；而市场一线销售类人员的考核是自上而下的，承诺公司至顶向下分解的订货、收入、回款等目标。各主管被要求列明一个季度的重要事项及预期达到的结果，要写明如何保障结果的达成，还要写明需要跨部门、跨团队的哪些活动来配合。

所有的管理者都认为绩效评价是很重要的，但几乎所有的管理者都不太愿意为绩效的沟通与交流腾出时间与精力。部分管理者甚至认为沟通是多余的、费时的，或者干脆就是走过场。于是在绩效考核的实际操作中，经常出现部分员工通过绩效结果的公告才知道自己的绩效结果。

另外，绩效指标体系的建立以及目标值的确定也离不开沟通，包括从上向下沟通，从下往上沟通，上级与下级之间混合沟通等。在指标的设定时，一般从上往下沟通，绩效指标体系是从公司的战略分解与员工岗位职责相结合来确定的。在绩效指标体系的目标的确定过程建议采用混合式的沟通，因为目标值的确定是双向过程，目标不能定得太高或太低，太高没有激励，太低没有实施价值，二者就需要考核者与被考核者之间充分地沟通，通过充分地沟通，是被考核知道自己的考核指标和目标，便于他们完成目标。

PBC 的制订是一个互动的过程，通过员工与主管不断的沟通来制定，它不是简单的任务分解和对上级命令的执行。只有这样，才能使员工的"个人业务目标"与部门的"组织绩效目标"相融合，同时也保证了公司的组织绩效目标与部门的绩效目标紧密结合。这样既提高了员工个人的参与感，也通过任务的层层分解保证了公司目标得到切实地执行。任务、指标逐级分解的沟通过程，同时也是公司管理层压力逐级传递的过程。

春秋战国时期，耕柱是一代宗师墨子的得意门生，不过，他老是挨墨子的责骂。有一次，墨子又责备了耕柱，耕柱觉得自己真是非常委屈，因为在许多门生之中，大家都公认耕柱是最优秀的人，但又偏偏常遭到墨子指责，让他面子上过不去。一天，耕柱愤愤不平地问墨子："老师，难道在这么多学生当中，我竟是如此的差劲，以致于要时常遭您老人家责骂吗？"墨子听后，毫不动肝火："假设我现在要上太行山，依你看，我应该要用良马来拉车，还是用老牛来拖车？"耕柱回

答说："再笨的人也知道要用良马来拉车。"墨子又问："那么，为什么不用老牛呢？"耕柱回答说："理由非常的简单，因为良马足以担负重任，值得驱遣。"墨子说："你答得一点也没有错，我之所以时常责骂你，也只因为你能够担负重任，值得我一再地教导与匡正你。"

试想耕柱如果主动找墨子沟通的时候，墨子要么推诿很忙没有时间，要么不积极地配合，结果就是耕柱会恨上加恨，双方不欢而散，甚至最终出走；如果墨子主动与耕柱沟通时，耕柱却不积极配合，也不说出自己心中真实的想法，结果也许就是会双方误会加深，最终分道扬镳。

罗伯特·巴克沃（R•Bacal 饮誉北美的绩效管理专家）一直主张绩效管理是一个持续的交流过程，该过程由员工和直接主管之间达成的协议来保证完成，并在协议中对未来工作达成明确的目标和理解，并将可能受益的组织、经理及员工都融入到绩效管理系统中来。

华为在实施 PBC 的过程中，特别重视绩效的沟通管理，为了强化对员工的思想状态的了解，华为特地设立了政委一职，在绩效管理实施的过程当中，员工面临的一些难题，尤其是当上下级沟通不顺畅时，政委的作用就显得非同异常了。

华为为了更大程度地匹配以项目制为根底的事务运营形式，对 HR 提出了要完结从环绕事务部分运作到环绕公司事务运作、从直接效劳于事务到直接效劳于事务、从传统的人力资源模块技术到全部人力资源处理计划技术的改变请求，即不再满意于 HR 专家的价值，更要求 HR 可以恰当地扮演事务同伴的人物，又称之为政委。

不沟通，无绩效。真正有效的绩效管理就是考核者与被考核者之间持续沟通的过程。绩效管理的本质就是上下级间就绩效目标的设定及为实现绩效目标而进行的持续不断的双向沟通过程。在某种程度上，沟通是绩效管理的本质与核心，它贯穿了绩效管理循环的始终。制定绩效计划与目标需要沟通，帮助员工实现目标需要沟通，年终评估需要沟通，分析原因寻求进步更需要沟通。

> 离开了沟通，企业的绩效管理必将流于形式。

🔍 6.12　拿实例：知名上市公司在用 PBC 绩效管理体系

湖南 **** 股份有限公司 PBC 绩效管理制度
（实操版）

1. 考核目标与适用范围

（1）通过有效的绩效考核，形成以业绩为导向的管理机制。

（2）通过考核帮助每位员工提高工作绩效与工作胜任力，建立适应企业发展战略的人力资源队伍。

（3）为员工成长、职业发展、薪酬、股权激励等提供依据。

（4）适用于股份公司全体员工及各事业部、子公司总经理、公司财务总监。

2. 职责

2.1　提名与薪酬委员会职责

提名与薪酬委员会为绩效管理的最高机构。公司总裁担任组长，成员由股份公司高管团队（副总裁以上人员）及部门负责人组成。负责薪酬与绩效管理方案和制度程序的研讨和审批、考核申诉的最终处理。

2.2　各部门、各事业负责人及审计监察部职责

各部门负责人、各事业部负责人参与本部门、本事业部员工考核。审计监察部负责对考核全过程合规性的审计。

2.3　人力资源部职责

（1）负责考核工作的培训与指导；

（2）负责考核的组织与统计汇总；

（3）负责各部门考核的监督与检查、指导、协调，处理各级人员关于考核申诉的具体工作；

（4）更新维护公司级的 KPI 指标库；

（5）维护员工考核档案。

2.4　各部门负责人职责

（1）负责本部门、本事业部员工《个人绩效考核承诺卡》的审批、考核，汇总本部门员工考核结果，按要求提交考核结果到人力资源部；

（2）帮助本部门、本事业部员工制定工作计划，必要时组织员工绩效面谈，帮助员工制定改进计划。

3. 考核的权限、周期及时间安排：

（1）董事会考核或授权考核股份公司高管团队（副总裁以上）、各子公司总经理及财务总监《目标管理责任书》的执行情况；季度考核、年底兑现。

（2）总裁考核或授权考核各部门、各事业部负责人及副职《目标管理责任书》

的执行情况；季度考核、年底兑现。

（3）各部门、各事业部负责人考核本部门、本事业部员工《个人绩效考核承诺卡》；季度考核、季度兑现。

（4）员工在异地或出差时，考核须使用公司邮件系统中注册的邮箱予以考核确认。

（5）考核时间安排（表 6-3）

表 6-3　考核时间安排

主要步骤		考核时间与考核流程		
时间	时间	内　容	备　注	
1	1. 股份公司高管团队、各事业部总经理及财务总监 2. 各部门、各事业部负责人及副职	签署年度《目标管理责任书》		
1	1. 股份公司高管团队、各事业部总经理及财务总监 2. 各部门、各事业部负责人及副职	4 月 10 日前 7 月 10 日前 10 月 10 日前 1 月 20 日前	公布第一季度《目标管理责任书》考核结果 公布第二季度《目标管理责任书》考核结果 公布第三季度《目标管理责任书》考核结果 公布年度《目标管理责任书》考核结果	考核时间与季度销售会议时间同步
1	1. 股份公司高管团队、各事业部总经理及财务总监 2. 各部门、各事业部负责人及副职	—— 董事长考核或授权考核股份公司高管团队（副总裁以上）、各子公司总经理及财务总监《目标管理责任书》的执行情况 —— 总裁考核或授权考核各部门、各事业部负责人及副职《目标管理责任书》的执行情况 —— 季度考核、年底兑现	销售部负责其中各事业部数据统计； 人力资源部负责各部门数据统计	
2	其他员工考核	4 月 10 日前 7 月 10 日前 10 月 10 日前 1 月 10 日前	（1）各部门、各事业部负责人及副职填写部门、事业部月度工作计划，分别报部门分管领导审批 （2）各部门、各事业部其他员工填写《个人绩效考核承诺卡》，报部门、事业部负责人审批	
2	其他员工考核	4 月 1 日前 7 月 1 日前 10 月 1 日前 1 月日前	（1）股份公司分管领导考核各部门、各事业部及副职的《目标管理责任书》 （2）部门、事业部负责人考核下属员工《个人绩效考核承诺卡》（营销类、非营销类）	
3	季度考核结果		各部门、各事业部负责人： （1）与员工绩效沟通、签字确认考核结果 （2）汇总考核结果，提交人力资源部	
3	季度考核结果		人力资源部： （1）汇总全公司考核结果，报公司批准 （2）核算员工季度绩效工资	
4	年度考核结果	次年 1 月 20 日	（1）人力资源部组织年度考核 （2）各部门、各事业部实施年度考核。年度绩效面谈 （3）人力资源部公布年度绩效结果 （4）年度绩效考核结果运用	

4. 考核内容：

4.1 考核类别

考核类别：《目标管理责任书》、《个人绩效考核承诺卡》（营销类、非营销类）。

各部门、各事业部月度工作计划作为考核的参照，不作为考核依据。

4.2 目标管理责任书

适用于股份公司高管团队；子公司高管团队；各部门、各事业部负责人及其副职。

4.2.1 经营目标

反映被考核部门、事业部或个人可以量化的经营业绩成果，如销售合同额、销售回款、安装成本等。

4.2.2 管理目标

反映被考核部门、事业部或个人职能职责的定性指标，如质量体系推进的有效性、仓储管理的规范性、销售支持满意度等。

4.2.3 经营目标、管理目标在不同考核对象间的权重比例（表6-4）

表6-4 经营目标、管理目标在不同考核对象间的权重比例

部门分类	对应部门	权重		备注
		财务指标	管理指标	
营销类	销售部、国际业务部、各事业部	80	20	
工程采购类	工程部、售后服务中心、采购部	80	20	
研发技术类	研究中心	70	30	
财务行政类	财务部、行政部、人力资源部、审计监察部、质量控制部、市场部	70	30	

4.3 个人考核《个人绩效考核承诺卡》（营销类、非营销类）

构成如下：

由"季度核心工作计划"、"关键岗位职责"、"日常行为态度"三部分组成。"季度核心工作计划"占50%，以书面承诺形式体现季度重点工作、核心工作，按各项的重要性依次排序；"关键岗位职责"占30%，反映员工关键岗位职责的胜任程度，其主要内容考核前列出，与员工的岗位说明书内容对应，"计划数"季度初由考核人作出书面承诺；"日常行为态度"占20%，反映员工日常行为、工作态度表现是否优秀等。

考核说明如下：

A 部分"季度核心工作计划"、B 部分"计划数"。

员工季度初填写 A 部分"季度核心工作计划"，B 部分"计划数"并交部门、事业部负责人审批。考核时各部门、各事业部负责人考核下属员工，并汇总考核结果至人力资源部。

《个人绩效考核承诺卡》分营销类、非营销类二种。

4.4　考核种类与类别关系表（表6-5）

表6-5　考核种类与类别关系表

考核类别 被考核对象	考核类别			考核周期	考核表格	说明
	总裁或按授权人	部门负责人、事业部负责人	业务归口管理部门			
股份公司高管团队				季度考核 年底兑现绩效工资	《目标管理责任书》 （1）各部门、各事业部季度考核《目标管理责任书》完成情况 （2）可参照各部门各事业部《月度重点工作计划》考查	关注中长期目标 结果导向 关注结果
各部门、各事业部负责人 子公司高管团队				季度考核 年底兑现绩效工资		
各部门、各事业部不主持工作的副职				季度考核 年底兑现绩效工资		
各部门 其他员工				季度考核 季度兑现绩效工资	个人绩效承诺卡 （营销类） （非营销类）	关注季度工作的落实 结果导向 关注过程
各事业部 会计、售后人员		30%	70%			
各事业部 其他员工						

年度考核以目标管理责任书的完成情况为依据，结合年度工作总结综合评议。

4.5　三种类别考核的关联关系（表6-6）

表6-6　三种类别考核的关联关系

考核得分	考核关联关系说明	备注
股份公司高管团队	股份公司高管团队得分＝年度《目标管理责任书》得分	董事长考核或授权考核
各部门、各事业部负责人及副职得分各公司的高管团队	部门、事业部负责人的得分＝年度《目标管理责任书》得分 部门、事业部不主持工作副职的得分＝负责人年度《目标管理责任书》得分×30%＋本人年度《目标管理责任书》×70% 各公司的高管团队得分＝年度《目标管理责任书》得分	
其他员工考核得分	员工季度考核得分＝员工季度考核得分 各部门员工年度考核得分＝部门负责人年度《目标管理责任书》得分×20%＋∑员工季度考核得分平均分×80% 各事业部员工年度考核得分＝部门负责人年度《目标管理责任书》得分×5%＋∑员工季度考核得分平均分×95%	

4.6 考核得分与等级、系数对应表（五个等级，是否 60 分以下按实际分数，不设保底。）（表 6-7）

表 6-7 考核得分与等级、系数对应表

考核得分	[95 以上]	(95—90]	(90—70]	(70—60]	(60 分以下]
等级	A	B	C	D	E
对应系数	1.1	1.0	实际分数 /100	实际分数 /100	实际分数 /100

注：1. 考核系数为 A 等以上须经分管领导批准。部门绩效工资总额超出部门预算时，须报公司总裁或董事长批准。

2. 90 分以下人员按实际分数 /100 作为考核系数，无保底。

4.7 部门绩效与员工绩效关系（适用于年度考核）（表 6-8）

表 6-8 部门绩效与员工绩效关系

员工绩效 部门、事业部绩效	A（优秀）	B（良好）	C（合格）	D（需改进）	E（差）
A（优秀）	不超过 15%	不超过 20%	不超过 60%	不超过 5%	自定
B（良好）	不超过 10%	不超过 15%	不超过 65%	不超过 10%	自定
C（合格）	不超过 5%	不超过 10%	不超过 70%	不超过 15%	自定
D（需改进）		不超过 5%	不超过 70%	不超过 20%	不低于 5%
E（差）		不超过 5%	不超过 60%	不超过 25%	不低于 10%

备注：1. 人数按照四舍五入取整，如果部门的人数偏少，比例由绩效管理委员会根据部门业绩进行确定。

2. 部门负责人对部门员工绩效考核得分进行排序，然后根据部门绩效等级分布比例，确定员工绩效等级。

各部门的年度考核结果须遵循以上比例。对于特殊情况，由部门申请，人力资源部审核，总裁批准后，方能作出调整。

4.8 员工薪资构成中绩效工资的比例（各个公司的实际情况不完全一样，此处略）

5. 考核结果与指标调整

（1）个人的考核得分出来之后，可根据被考核者所在部门或事业部的考核结果进行调整以修正考核中的打分的公平性。考核系数为 A 等以上须经分管领导批准。所在部门绩效工资总额超出部门预算时，须报公司总裁或董事长批准。

（2）考核结果与绩效工资关系。

① 适用《目标管理责任书》且年度考核的员工。绩效工资＝留存工资总额 * 年度考核绩效系数。绩效系数与分数对应关系见 4.5 条。

② 适用《个人绩效考核承诺卡》（营销类、非营销类）季度考核员工。绩效

工资＝季度绩效工资＊季度考核绩效系数。季度考核成绩作为季度绩效工资发放依据；年度考核成绩作为年终奖金发放依据，适用于补齐制的员工作为是否补发年度内扣除绩效的依据。

③考核结果作为年底奖金分配方案依据（另附）。

（3）考核结果的确定要经过考核者和被考核者双方签字确认。必要时，考核者要与被考核者做绩效面谈。

6. 考核应尽可能避免的问题

（1）权责不当，标准不符。安排某项任务，未赋予相应的权力，致使工作不能如期完成。

（2）绩效权重不当。任务绩效占的比重偏低，态度和纪律占的比重偏高，即使按考核制度执行，结果也由遵守纪律情况好坏决定，这样考核使员工倾向遵守纪律，而较少关注个人绩效对于绩效得分的影响。

7. 考核结果运用

（1）表彰：设立年度优秀员工奖。每部门提名1～2名候选人、以考核结果为参照，部门评议优秀员工或明星员工，提交公司批准。

辞退：若连续二个季度考核结果为E的员工，退回人力资源部或作辞退处理。

（2）后备人才储备和人事调整：

对在年度考核结果为"A"者，可填写"管理层后备资源表"，记录每次考评结果，作为公司的人才储备库；考核为"D"者，应予以降工资1级；考核为"E"者，给予降工资1级及3个月的业绩改善期，改善期满后，经考核仍不能达到公司要求者，则进行淘汰。在绩效考核中连续两年成绩处于"E"者，公司将予以淘汰。年度考核成绩处于"E"的部门或事业部负责人职务降1级。

（3）培训与发展：优秀员工的获得者应列为重点培养对象，实施外派培训、轮岗培训等激励方式；绩效考评结果低于岗位要求者，实施培训计划。

（4）员工年度考核结果永久存入员工个人档案，作为员工评价的主要依据。

（5）绩效考核结果在员工职业生涯规划中的体现如图6-13所示。

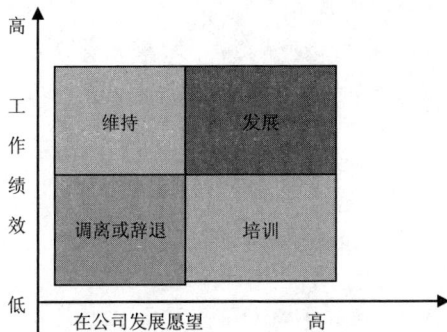

图6-13　绩效考核结果在员工职业生涯规划中的体现

（6）员工薪资调整、岗位异动、职业规划、培训计划等将结合员工绩效考核结果与员工任职资格管理综合考虑。

8. 考核申诉

（1）任何参加考核与被考核的员工对考核结果均有申诉权利。需申请复核的员工，到人力资源部填写《员工复核申请表》。

（2）申诉时效为直接主管初评结束后的 2 天内，申诉以书面报告的形式呈现。

（3）公司薪酬与绩效考核委员会在接到员工复核申请后，在 3 天之内以书面形式给予员工答复，逾期未答复，则视为同意复核申请表上的员工自己的评定结论。

（4）员工的绩效考核结果经考核委员会复核后，如有变化，则需在员工绩效考核表的中注明复核结果，并由绩效考核管理委员会组长或授权人签字确认。

9. 管理规定

（1）对于考核过程中提供虚假数据者，一经查实，将给予记大过、劝退甚至除名处理。对于考核中逾期未提交《个人绩效承诺卡》者，一次警告、二次通报、三次给予记小过处分，影响考核进度者追究当事人直接责任。

（2）部门或事业部负责人发生异动的，根据异动时期分段计算考核权重。

（3）所有考核者、数据来源提供者对所考核内容、所提供内容真实性负责，并手写签名，无签名视同无效。

（4）严格按照表 6-3 的时间要求完成《个人绩效考核承诺卡》的填写、审批。

（5）试用期内工资按转正工资 80% 执行的，无绩效工资；按转正工资 100% 执行的，绩效工资比例参照 4.7 项执行。试用期内的考核结果作为员工转正的依据之一。

10. 支持文件与表格

10.1 股份公司年度经营计划、各公司年度经营计划

10.2 各部门、各事业部年度/月度工作计划

10.3 岗位说明书

10.4 各部门 KPI 指标表

10.5 员工行为态度考核参照表

10.6 个人绩效考核承诺卡（营销类）（非营销类）

10.7 员工绩效面谈表

🔍 6.13　给工具：员工绩效面谈记录表、绩效改进计划等

员工绩效面谈记录表

部门：人力资源部　　　时间：　年 月 日　时至　时

1. 对员工在本季度所完成的工作的全面回顾及客观评价 （含工作内容、进展与成效、不足与改进意见、未完成的工作内容及原因分析等）
2. 员工在下季度的工作目标、工作计划 / 工作安排、工作内容或上级期望 （本部分可由员工先考虑，面谈中再由双方进行修改确认）
3. 员工在下一阶段需要努力和改善的绩效，直接主管的期望、建议、措施等
4. 员工对部门（公司）工作的意见 / 建议、希望得到的帮助 / 支持 / 指导
5. 其他面谈内容
6. 本次绩效得分：　　分。

员工签字：　　　　　　　　　　　　　　直接主管签字：

（本人同意面谈内容、同意考核结果）　　（本人同意面谈内容、对考核结果负责）：

绩效改进计划

____先生 / 女士：

在____年__月__日至____年__月__日的考评周期中，你的考评结果未能达到任职岗位的要求。根据公司绩效管理相关规定，并基于你能正确认识到工作表现中存在的不足及有改进的愿望，经公司批准，给予你绩效及行为改进的机会。有关改进计划内容如下：

一、绩效表现中存在的不足：

_____

_____

_____

_____

二、原因分析与改进举措：

_____

_____

_____

_____

三、绩效改进计划

1. 绩效改进期：　个月，自　年　月　日起至　年　月　日止。

2. 绩效改进的具体目标：

目标项	目标	目标值	衡量标准	考核权重
业绩目标				
能力提升目标				
价值观改进目标				

3. 结果应用：若绩效改进期考核合格，则公司继续履行与你的劳动关系；否则，公司将对你的岗位进行调整或解除与你的劳动关系。

员工本人签字：　　　日期：　年　月　日

直接上级签字：　　　日期：　年　月　日

人力资源部签字：　　　日期：　年　月　日

第 7 章
紧贴市场、直达业务的人力规划

商战中，取胜的关键是知己知彼，知己知彼的关键是知己。

对于企业的 HR 来说，要知己就是要了解所在企业的业务现状、熟悉所在企业的业务发展及发展中的难点与痛点。了解业务的现状，HR 才知道如何招聘到业务真正需要的人；给员工们培训产品与服务的短板；薪酬分配中，重点关注员工对企业的业务贡献；考核评价中，优先考虑员工对业务的价值大小。

知彼则是熟悉企业所在的市场、了解同行，知道所在行业的特点与特性，并参照行业的标杆企业，快速学习、自我成长，为己所用。

知己知彼，是基于人力资源经营 HR 的基本修养。

掌握了华为 HR 人人熟知的 BLM 业务领先模型，就基本算得上知己知彼了。

🔍 7.1 【情景再现】尴尬了：垃圾篓里的发展规划

HK 公司，年度的经营分析会正在进行中。

"小王，我们今年的招聘计划是多少人？"公司总经理周总问人资经理苏小梅。

"好像是 200 多号人吧。"

"200 多多少？"

"210 人？不对。好像是 270 号人。"

"到底多少，这可是差 60 呢，按公司人均薪酬 16 万来算的话，差 1000 万呢。"

"我回头查查，再给你报告。"

"我们的 C 产品，去年的销量不太理想，今年在云南稍有了点起色，C 产品今年在云南的销量预计是多少？"周总转向了负责销售的李经理。

"3000 多万？"

"具体多少？"

"3300 万吧"

"这么不肯定？那匹配的广告费用呢？"

"不到 200 万。"

"具体多少？"

"我让办公室的销售内勤查实后回复您。"

周总脸色明显不悦。

"周会计，你说说今年三季度销售人员的差旅费与年初的预算相比有增加，还是有减少。"

"有增加，今年的费用明显要比去年多好几十万呢。"

"我没问与去年比较的，我想知道与年初的预算相差多少，有没有超预算。"

"应当没有。"

"什么是应当没有。有还是没有？"

"没有。"周会计支支吾吾。

"全年人数 166 人，全年的广告费用 185 万，销售的差旅费超了 153 万。"清晰的声音从远处的门口传来。

周总循着声音看过去，这个人他并不认识。

苏小梅小声说，这个人是公司新来的保洁阿姨。

"前几天在整理垃圾桶时，无意看到一张年度预算报表。本来想保留下来交给办公室，怕公司说我管闲事，准备把它用碎纸机给碎了，但碎之前，我看它重要，我就把几个关键的数据给记了下来。"保洁阿姨小心翼翼地说。

"一个经过董事会数轮反复争论，反复修改，几经讨论的年度预算方案，你们居然有人把它给扔在垃圾桶里，不闻不问，不对照、不比较，不记住，不长心，不使用。部门负责人一问三不知，不是差不多，就是左右，上下，大小，好像。这就是你们对待工作的态度？用心程度还不如我们的保洁阿姨。简直是让人无语，莫名其妙！"周总语调高了八度。

"散会。"周总言简意赅。

🔍 7.2　思维导图：战略与规划

人力规划思维导图如图 7-1 所示。

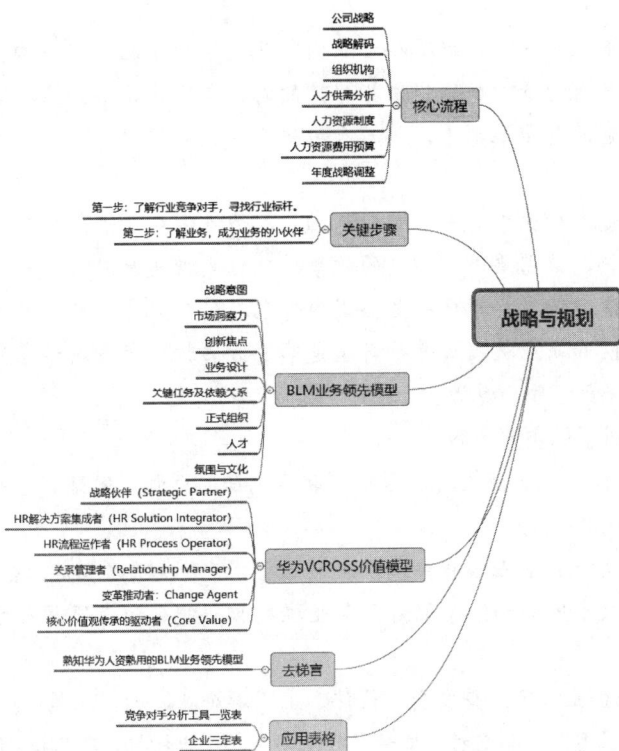

图 7-1　人力规划思维导图

第一步：像了解情敌一样了解行业的竞争对手

企业称职的 HRD，就要站在企业 CEO 的立场看人力资源管理，简单来说，就是站在整个企业经营的角度，围绕公司发展的战略，充分地把人力资源各个环节运用起来，有效地推动公司短期业绩的增长，以及长期的竞争优势。熟悉公司所在的行业大的环境，这个行业的发展趋势，行业的竞争对手，业务模式、核心竞争力所在，也需要了解整个公司的发展战略，我们自己的公司，业务的发展目前处在什么位置，我们经营的业务模式或者商业模式是什么样的，需要什么样的资源的匹配，以及未来公司往哪里去，未来的长久的模式是怎么样的，更重要的是核心竞争力的建立，在公司的内部，需要 HR 熟悉这些东西。

所以，经营性的人力资源，就是要求 HR 们不可只顾专业，不顾行业。

♦ 循趋势、察对手，HR 不做井底蛙

企业竞争对手通常是市场上和本企业提供相同或者类似的产品和服务，在配置和使用市场资源的过程中与本企业有竞争性的企业。了解竞争对于企业确定战略与市场策略意义重大，了解竞争对手的战略及经营策略，需要收集关乎企业生产与经营相关的数据与信息，研究竞争对手的动向，预测竞争对手可能采取的措施与策略。

对于人力资源而言，了解所在企业同行业竞争对手的组织架构、薪酬体系等相关信息，为其人力资源规划提供指导性的意义与建议，为企业决策提供数据性参考，洞悉薪资的竞争性水平，了解人力薪酬的调整幅度，为企业的战略布局提供策略性方案。

信息收集是进行竞争对手分析的基础，人力资源从业者想得到竞争对手关键性的数据与资料，就需要进行信息的收集，在信息搜集时应该注意信息源的使用次序。一般来说，首先要考虑的是公司内部已有的信息库；其次是公开信息源，如报刊、互联网和商业数据库等；再次是第三方咨询、服务机构；最后才是各种人际关系网络等第一手信息源。

了解竞争对手的主要内容

（1）基本情况：企业名称、地址、联系电话、电邮、网址，企业性质、工商注册项、财务状况；

（2）组织情况：企业股权结构、法人代表、经营决策层构成，企业决策程序、主要决策者的做事风格和做事偏好，企业机构和职能部门设置，人员规模和专业分布；

（3）关联企业状况：重要合作伙伴、上下游企业、顾问机构；

（4）产品信息：产品名称、型号、功能描述、性能指标，产品执行标准和认证，各档次产品不同年份的价格；

（5）营销信息：渠道价格体系，营销体制构成和渠道的构成，市场份额和区域、行业分布，用户构成，商业模式和盈利点描述；

（6）技术信息：科研创新体制，拥有的核心技术，产品中应的技术所处的技术阶段，可能的新技术储备，拥有的特殊资源（专利技术、技术和管理精英、特许和认证等）；

（7）运营特色概括；

（8）人力资源特点：员工忠诚、流动性评价；

（9）商誉评价；

（10）其他需要说明的情况。

HR 了解竞争对手的常用手段

（1）竞争对手的内部搜集。对于竞争对手内部环境的认知，想必这是最好的方法。作为企业的 hr 可以有三种途径从内部来获取相关信息。

同行——虽然身为 HR，大家都会有较高的警觉性，但是有一个良好的 HR 圈子会提高你的信息获取的时效性。

内线——顾名思义，发展你的内线能够帮助你更及时准确的了解竞争对手内部环境的变动，兴许内线所提到的一个需求能迅速引起你的警觉，因为适合这个职位的人恰恰就在你们公司。

应聘者——如果前两个方法对于你而言比较难做，这个方法一定要尝试，你们双方的角色意味着你有权去过多的侧面甚至直接通过提问方式和沟通技巧了解对方公司的内部环境变动，如果应聘者级别够高，甚至可以了解到一些行业状况，兴许你会从中发现在行业动态影响下的竞争对手的用人需求，这是猎头经常用的一招，大家不妨也尝试下。另外，这样的人如果发展成你的内线，将是一大幸事。

（2）通过第三方的调研公司获取情报。

每个行业都有相应的调研公司，如电视媒体研究的索福瑞、AC 尼尔森、梅花网，互联网领域的艾瑞网等，这些调研公司的产品和服务就是行业内所有相关领域动态及公司动态的调研报告。

（3）通过行业聚会和论坛接触牛人。

行业性质的聚会和论坛，会有不少牛人隐藏其中需要你去沟通和判别，通常情况下，外向的人更容易和这些人接触进而增进了解，同时，对于那些作为嘉宾的人，刨去一部分水分，还是有很多值得你去倾听和交流的地方，不过需要甄别，因为我们要的不是新闻和公关稿，而是真正的真知灼见，如果是炒作，那大可以将精力转移到别的值得你去了解的其他与会者身上。

（4）同相关政府、投资公司及相关业务领域所涉及的合作伙伴建立良好关系。

很多企业内部都有政府事物部门，不仅可以从政府手里拿一些好的项目，得到一些有利于发展的政策性基金支持，增加一些公司品牌的影响力，更重要的是对于一些政府影响重要的行业，行业的政策将对企业的发展起着至关重要的作用，如政府出了一个什么政策，增加对行业某细分业务领域的产业投入，那你的竞争对手很有可能会受到恩惠，政府扶持、投资公司青睐。

企业的发展离不开市场环境，市场环境又是机遇多个行业互相渗透而形成的，对于我们的合作伙伴一样要给予足够的重视，竞争对手并购重组，供货商被竞争对手拉拢，竞争对手的老板和行业协会某位决策人共进晚餐，这些似乎都在预示竞争对手的发展动态，可能，你的员工已经在对方的猎挖名单上出现了。

（5）通过互联网定时不间断浏览并搜集信息。

通过在互联网上对行业论坛新闻、专业调研机构、相关政策网站以及竞争对手主页的浏览和研究，判断行业动态走向及竞争对手发展动态，同时也应该注意具备关联利益的其他公司或合作伙伴的动态。

（6）同猎头朋友建立并保持关系。

竞争对手的挖角可能更多地采用猎头合作的方式去做，因为猎头是对行业信息最敏感和捕捉能力最强的职业，所以你也可以尝试和猎头公司的朋友建立关系，当然如果有可能，和专注于企业所在领域的猎头保持关系最为有效，一些新的信息和动态，对方可以分享给你，比如哪家公司现在动作较大，哪家公司自己的人选不太愿意去，哪家公司企业文化不好，哪家公司工资水平不高等。

◆ 大数据、AI 智能，HR 走近云时代

大数据最早由世界知名咨询公司麦肯锡提出来，数据已经成为一种重要生产要素，可以和物质资产、人力资本一样拥有重要地位的生产要素，大数据的科学应用是各个组织机构和个体提高竞争力的关键性要素。

人力资源管理由人力资源规划、招聘与甄选、培训与开发、薪酬管理、绩效管理、员工关系六大基本模块构成，每个模块都对企业发展有着深刻影响。大数据技术的实现对人力资源管理的意义重大，有着极其深远的影响。

有助于准确地进行人力资源诊断及决策。传统的企业人力资源管理采用的是经验预测法、德尔菲法和描述法等定性分析法，定性分析法没有数据作定量分析支撑，管理人员在做决策时很容易受到自身知识水平、文化背景以及个人偏好等主观因素的影响，降低了决策的准确性。在大数据环境下的人力资源规划，可以通过数据动态地跟踪、分析员工的工作情况和状态，离职率、员工需求量等信息，准确地进行人力资源诊断及决策。比如，在谷歌，人力资源部门被称为"PeopleOperations"，简称"POPS"。部门的核心是一项复杂的员工数据追踪计划，旨在通过数据分析更好地改善企业的人力资源管理，人所有的人员决策变得都有数据支持，提高人力资源管理工作的准确性。

定量化的人才选聘模式。人力资源招聘工作常面对的难题是如何从众多的简历中挑选出优秀且符合企业需求的人才。传统的人员招聘工作面试官的主观因素

占有很重要的部分，就会造成暗箱操作、以权谋私等现象的出现。大数据背景下，企业可以首先从现有的优秀员工中分析出岗位胜任力素质模型，量化岗位选拔标准。其次，把应聘者的基本信息、个人能力、社会关系、就业倾向等信息汇集起来，与企业的本岗位的胜任力素质模型相匹配，提高招聘员工与企业需求的匹配度，提高人员招聘的工作效率。

为员工量身定制培训与发展规划。人力资源管理培训和开发中，培训需求的精准把握和培训效果的保障是 HR 人员培训工作的难题。借助大数据的"学习分析技术"，通过对员工的相关数据分析，识别出员工的学习需求、行为、模式及效果，HR 可以随时得到员工自我学习进程和效果等数据信息，使培训的过程更加关注员工个人发展。同时，通过专项培训、日常评估以及业绩考核等对员工的岗位胜任力进行记录、分析，为每个员工制定个人的职业发展规划。比如通过大规模网络公开课 (MOOC) 对员工进行培训，通过记录鼠标的点击，可以研究员工的活动轨迹，发现不同员工对不同的知识有何不同的反应，用了多少时间，记录单个个体行为的数据似乎是杂乱无章的，但当数据累积到一定程度时，群体的行为就会在数据上呈现一种秩序和规律，同时也可以分析员工个体的学习分析，为员工量身定制培训与个人发展规划。

薪酬管理。薪酬管理对企业经营管理来说变得越来越重要。良好的薪酬管理制度可以提高企业引进和保留人才的能力，提高企业的整体竞争优势。薪酬制度与企业和员工的直接利益相关联，双方都很关注。因此，合理的薪酬制度可以引进人才的同时，也会把员工的利益与企业的利益联系在一起，避免委托代理困境的出现，实现员工与企业的双赢。在大数据环境下，大数据信息可以反映出行业的整体薪酬水平和员工在进入本企业之前的薪酬水平，更为准确地掌握国内劳动力薪酬变动和员工薪酬预期，提高人力资源管理工作中薪酬管理的有效性。

人工智能异军突起。

2017 年 10 月 9 日，京东物流首个全流程无人仓正式亮相中国上海，这是全球首个正式落成并规模化投入使用的全流程无人的物流中心。这也是全球首个大型绿色无人仓库！房顶全部是太阳能电池板，白天充电，晚上供库房工作。科技的迅猛发展，颠覆了我们传统的生活、工作方式，面对这一切，我们不禁要问，人工智能（AI）会取代 HR 吗？

2017 年 3 月，谷歌公司研发的人工智能围棋软件 AlphaGo 战胜了韩国围棋世界冠军李世石。5 月，排名世界第一的天才棋手柯洁与 AlphaGo 之间的围棋对弈，三场比赛皆输于机器人 AlphaGo。两场"人机大战"瞬间成为全社会关注的焦点，而关于人工智能的讨论也愈演愈烈。

事实上，全球顶尖的公司都在积极布局人工智能。谷歌及其母公司 Alphabet、特斯拉、亚马逊等都投入了大量资金研发人工智能。而中国的互联网巨头之一百度，则称自己是一家人工智能公司，并在美国设立了人工智能研发中心。

在人力资源领域，人工智能的表现也令人刮目相看。

对于传统的人力资源管理中耗时耗力的工作，例如考勤、搜索简历等，可以通过人工智能技术，将人力资源管理者从琐碎的事务中解放出来。中国企业联合会、中国企业家协会常务副会长兼理事长朱宏任认为，人工智能的价值在于帮助甚至替代人类完成任务，提高效率，降低成本。随着互联网、科学技术对人力资源服务行业的渗透，新的人力资源模式不断涌现，"人工智能 +HR"的模式正在逐步重塑中国人力资源服务领域生态。如果将人工智能运用到人力资源管理中，它将极大地提升人力资源管理效率，发掘管理的内在潜能。

创新工场创始人李开复则认为，人工智能来袭，首当其冲的就是金融行业。未来五秒以下的工作将全面被人工智能替代！同时，未来十年，翻译、简单的新闻报道、保安、销售、客服等领域的人，将约有90%的工作会被人工智能全部或部分取代。

金融服务咨询公司 Opimas 在一份报告中披露，到2025年，单因人工智能的普及，华尔街就将减少10%的员工，约为23万人将被人工智能替代。在那些可能消失的工作中，预计40%来自货币管理领域，因为客户不愿承担管理人员收取的高额费用。普华永道也表示，到2030年，自动化将取代38%的全美工作岗位。事实上，更加重要的是，人们需要改变对人工智能的理解。人类倾向于接受无理的恐惧，这肯定会妨碍进步。相反，人类需要合理地开发超级智能，应该专注于为良好的人工智能打下基础。

几个月前，3个牛津大学毕业生在英国创立的身份认证公司 Onfido，刚刚完成了3000万美元 C 轮融资。这家创立了5年的公司，如今已经被各种人工智能研究报告认定为英国在身份认证、员工背景调查方面使用 AI 技术的典型案例。员工背景调查，是欧美企业公司招聘员工时必经的一道程序。目的包括了解应聘者的信用卡状态、犯罪记录、教育履历、工作经历、社会保险状态、是否涉嫌恐怖主义活动、是否位于全球监控名单等方方面面的内容。而公司自己去验证雇员提供的文件与证件真伪，调查雇员背景显然是非常艰难的一件事，所以很多公司聘请第三方机构来完成员工背景调查。目前员工背景调查领域的最大市场和最大服务商都集中在美国。传统的员工背景调查服务，是通过第三方人员去逐层核查员工提供的资料真伪，以及对比各种数据库资料。一般来说，每次员工背景调查要消耗企业150美元以上的成本，并且耗时达到10到15天。不仅成本高效率低，传统背景调查公司提供服务的界限还有区域限制，不能满足跨国公司的需求。

> 大数据、人工智能让 HR 们改变的不仅是思维，不仅仅只是一个喜爱热闹的旁观者；而更多的应当是投身其中，成为顺势而为的勇敢者、挑战者。

为了解决传统背景调查与身份认证服务中的痛点，Onfido 尝试将人工智能引入服务体系中。但说实话，他们的人工智能解决方案在逻辑上并不复杂。只是在关键位置用人工智能简化了流程，从而获得了成本压缩与效率提高。

第二步：了解业务、紧贴一线，成为业务部门的小伙伴

"是时候跟人力资源部说再见了。我指的不是撤销人力资源部门执行的任务，而是人力资源部本身。"

"我与全球那些对 HR 人员感到失望的 CEO 们交谈过。他们希望手下的 CHO 能像 CFO 那样，成为很好的董事会成员和值得信赖的合伙人，并凭借他们的技能，将员工和业务数据联系起来，从而找出企业的优势和劣势、令员工与其职位相匹配，并为企业战略提供人才方面的建议。"

"然而，很少有 CHO 能担此重任。他们多数是以流程为导向的通才，熟知人员福利、薪酬和劳工关系，专注于参与、授权和管理文化等内部事务。但他们没能将人力资源与真正的商业需求结合起来，不了解关键决策是如何制定的，分析不出员工或整个组织为何没能达成企业的业绩目标。"

"那些表现出色的 CHO 具有一些共通的杰出品质：他们曾在销售、服务、制造或财务等部门工作过。"

管理咨询大师拉姆·查兰在一次演讲中，表现他对当前的人力资源管理的现状的极端不满与担忧。大师的这段话，经媒体发出，在人力资源领域内引起了一场不大不小的讨论：要不要拆掉人力资源部。

人力资源部终究没有被拆掉，但人力资源从业者需要贴近业务，从业务中来，到业务中去，却是不争的事实。

HR，得懂业务。

人力资源现状面临的一个基本事实：人力资源部的活动似乎同企业的实际业务工作沾不上边，许多企业也的确如此。

◆ HRBP：有人欢喜，有人忧

HR 三支柱最近随着尤里奇的演讲和文章慢慢走进人们的视野，由 HRBP(业务伙伴)、COE(专家中心) 和 SSC(共享中心) 构成的人力资源三支柱模型被越来越多的 HR 同业者所熟悉。

如果将企业比作一支军团，那么 HRBP 就像特种兵，在前线解决各类难题，帮助部队推进作战计划；SSC 就像后勤兵，提供高质量的物资保障，让战士们安心投入战斗；而 COE 则是炮兵，部署战略性、规模性的火力支撑，稳固大局。

三支柱运行在国内成功的，媒体较少报导，成功与否，语焉不详。

国内某家知名央企，在推行了 HRBP 近一年之后，让第三方公司做了一个关于 HRBP 的调查。

数据显示，大家对 HRBP 各项工作不满度比例超过 30%，意味着至少 3 成人员认为 HRBP 不仅没有帮到他们，

> HRBP 基于人力资源的业务属性，相对来讲，更具实操。HRBP 对于 HR 们来说，一半是火，一半是水。

甚至对他们产生一定的困扰；近 5 成人员勉强接受 HRBP 的工作表现。另外、问卷调查中，对于开放性问题的回答。问卷中对于 HRBP 的不满排在前三位的是：不了解业务，瞎指挥；办事效率低；沟通障碍。

为了搞清楚问题的根源，HR 们后续对接受问卷的调查者进行了个别访谈，又邀约各个部门的管理层和 HRBP 团队进行深度沟通。总结目前 HRBP 在该公司存在以下几个典型问题。

（1）HRBP 角色不清晰、HR 迷失方向。

公司当初推行 HRBP 主要出于以下目的：一是需要 HRBP 协助业务部门管理者做好员工发展、人才培养等基础性人力资源管理工作；二是需要 HRBP 在业务部门执行人力资源管理各项政策和制度，或者去监督业务部门的管理者。

这样不清晰的角色定位，导致 HRBP 具体落地只是换了个头衔，跟传统的 HR 没有什么区别，没法扮演好业务合作伙伴这一角色。

（2）HRBP 工作内容偏离，未能真正渗透业务。

业务部门通常是以业绩为导向，管理层对业务经营工作也是高度重视，但对人力资源管理工作的要求做好服务工作即可。

（3）总部对 HRBP 支持力度不足、两个支柱缺失。

HRBP 的有效运转，需要其他两个支柱进行支持。HRBP 倡导者戴维尤里奇认为，良好运作的 HR 系统应该具备三个支撑体系：COE(人力资源领域专家)，SSC 人力资源共享服务中心)，HRBP(人力资源业务合作伙伴) 。

（4）缺乏优秀的从业人员、HR 不了解业务，工作没有章法。

HRBP 从业人员中 95% 以上的来自人力资源部门，传统 HR 在进行转型时面临着很多来自外界的挑战和自身的不足等问题。

公司尝试从业务部门选派从事行政方面的管理人员等非人力资源专业人员，或者直接邀请业务人员担任 HRBP。不过新的问题接踵而来，出身业务部门的 HRBP 由于长期以来在业务部门共同工作，当人力资源政策制度在业务部门推行的时候，照样难以保证有效落地；后者会因为对人力资源领域不熟悉、个人收入受影响等问题，缺乏成为 HRBP 的内在动力。

对人力资源而言，就是人力资源所有政策和执行要以业务发展的结果来评价。要求人力资源工作要以终为始，准确识别政策制度要达到的管理目的，政策制定时结合实际，政策实施时跟踪落实，政策执行后要闭环审视并不断改进，要避免"只对政策出台负责、不对政策执行负责、不关心政策执行效果"的工作误区。

BP(Business Partener，人力资源业务合作伙伴) 作为业务伙伴，一方面确保业务的方向，另一方面推行 HR 流程循环。

确保业务导向

● 提供业务导向的 HR 解决方案。

● 理解业务需求，并转换为 HR 需求。

- 整合各领域专家的经验，形成解决方案。
- 通过提供咨询和具体领域的支持，帮助业务执行战略。
- 交付解决方案，确保业务结果的达成。

推行 HR 流程循环

- 推行 HR 流程，以支持管理决策。
- 运用业务知识，在业务线推行 HR 政策和制度。
- 在业务规划中代表 HR，向 HR 传递业务。

COE(Center of Expertise 专家中心）作为领域专家，通过专业能力使能 BP，确保全球设计一致性，设计 HR 政策、流程和制度。

- 制度策略和设计；提供全球一致的政策框架，在必要时，进行全球制度管理
- 定义和监控全球 / 区域的职能流程
- 运用最佳实践

对 BP 进行技术支持，并与 BP/HR 运营一起推广新的制度方案。

- 在本专业领域，对业务单元或区域的需求提供支持。
- 开发新制度方案的推广计划、培训材料并和 HR BP/HR 运营一起合作。

SSC（Shared Service Center，共享服务中心）作为标准服务提供者，帮助 BP 和 CoE 从行政事务性工作中解脱出来，确保服务交付全球一致性，交付行政事务性的 HR 服务。

- 交付 HR 操作和事务性的客户服务。
- 维护基础架构和流程的接口。
- 与 HRBP、COE 相互协调，推广新的制度方案。

优化运营

从全球和跨区域运作的角度优化和监控现有的流程。

一般认为，从事 HRBP 的人，应该眼高手低，我认为这句话比较准确。眼高手低在现代字典中是个贬义词，但在老版字典中眼高手低是褒义的，指目标远大，视野开阔，做事的时候，做得非常扎实。

HRBP 就是这样的一个角色，所谓的"眼高"，指你要能够站在领导的位置，或者他旁边，能够看到业务昨天发生的、今天发生的和未来将要发生的事情，从你的业务战略环境中，解读出作为 HR 所关注的组织能力方面要解决的问题是什么。我们甚至要比业务领袖更早地发现因为业务的变化，组织能力将要面临的挑战。手低就是要扎扎实实地拿出解决问题的方法，这个靠的是专业能力。

HR 要有两个工具才能真正做到眼高手低：一个是"望远镜"，一个是"显微镜"。战略工具就是望远镜，是业务上的望远镜，从 HRBP 的角度看，就是把业务的变化解读到 HR 变化中；第二个就是"显微镜"，所谓显微镜就是你年度的商业计划。

对于小公司而言，整个 HR 部门就是 BP。可以重点关注以下几点。

（1）从业务角度思考公司的相关内部制度设计和管理流程是否可以改变。

（2）HR 部门是否在考核中和企业的业绩有一定程度的匹配。

（3）HR 部门的人员配置中，要注重不同方向的人才培训，事务性工作和技术服务性工作可以多向发展，可以吸收业务部门的优秀人员加入 HR 部门。

对于中型企业而言，人力资源的负责人 HRM 自己得成为 BP。重点关注以下几点。

> 一名合格的 HRBP，最为关键的就是要理解业务，同时聚焦客户。专业的 HR 具备创新意识，与业务伙伴建立关系，彼此协同、合作。

（1）HRM 们可以各部门兼副职或助理，参与日常活动，授权要谨慎，前期最好只参与不说话，以需求调研和问题搜集为主，回收诊断。

（2）各部门的轮值 HRM 可以一定周期进行变换，多角度观察，以免偏颇。

（3）HR 部门的人员配置中，以综合性的人才为主，业务技术能力均要培养。

1. 理解业务

根据我的亲身体会，HR 对业务的理解是最重要的，HRBP 首先是一个业务伙伴。如果 HRBP 不懂业务，不知道业务部门在想什么、想做什么、痛苦是什么，那怎么能成为业务伙伴呢？

其实我们都知道正确理解业务很重要，问题的关键是如何做到真正理解业务，了解业务部门的需求。

一般来说，老板没有义务（你也不要期待）告诉你业务的战略是什么，他们需要你提供何种帮助。这就需要 HRBP 有一种永远要和业务紧密结合的意识，并且运用良好的沟通能力和影响能力，主动去和业务部门沟通，主动了解业务模式、盈利、产品、市场定位等业务知识。

事实上，所有的业务知识都应该来源于 HRBP 和业务部门的主动接触，而不是被动地接受这些信息。

2. 聚焦客户

无论做什么工作，客户永远是最重要的。公司规模、发展阶段不同，HRBP 做的事情可能会完全不一样，但有一点是共通的——客户的满意度非常重要，因为客户的满意度就是我们的业绩。

那么，怎么才能聚焦客户，让客户满意？我认为在客户管理时，应该原则性和非原则性并重。

对于原则性问题，我们是要坚持的。如果出现违反劳动法、和公司政策不一致等情况，HRBP 就应该强势地坚持原则，不能客户说什么我就做什么。

3. 专业

HR 的专业大部分指的是 HR 的专业知识和技能。这些知识和技能是以技术为基础的，只要想学并且肯花时间去学，都可以掌握。

但在这里，我们所说的 HR 专业不仅仅限于知识和技能层面，更多的是 HR BP 对业务的理解。如果没有办法和业务联系起来，HR 有再多绝技，最终也将一无是处。

4. 创新

很多 HR 都知道创新很重要，但总觉得创新离我们太远。其实大家不要把创新想得太宏大，觉得创新一定是革命性、颠覆性的突破。我们还没到那个阶段，我们现在能做的是在日常的工作中寻找创新点。

特别是作为 HRBP，其实没有人告诉我们该做什么或不该做什么，所以很多人都比较迷茫。我最大的体会是，在没有人指导的时候，我们其实有很多东西可以去创新、去探索、去突破。

5. 建立关系

HR 要建立和业务伙伴的关系，不是指的请客吃饭或者笑脸相迎。我觉得最好的方法是展示自己 HR 的技能和知识，让对方信服你的专业能力。

> 作为 HRBP，HR 要坚持用自己的专业能力去影响别人，要先建立业务部门对自己的信任力。当 HR 对业务部门实质性帮助的时候，才能够最终得到业务部门的认可，才能建立良好的伙伴关系。

◆ HRBP：华为 Vcross 模型详解

华为人力资源管理要来源于业务、服务于业务，构建"以业务为中心、以结果为导向，贴近作战一线、使能业务发展"的人力资源自身体系。

华为人力资源体系的使命宗旨是要打造公司领先的人才要素，激发组织活力，增强组织能力。人才要素是公司所有生产要素中最具能动性、最具创造力的要素，公司的全球竞争力归根到底是人才要素管理的领先性。人力资源体系必须开放学习、结合实际，从持续激发组织的生命活力、增强组织应对变化的组织能力出发，构建领先的管理思想，优化和创造适应业务发展的人力资源政策，推动人力资源政策执行，让人力资源管理始终发挥公司发展和进化的核心驱动力。

华为公司的人力资源组织首先要形成"以客户为中心，以责任结果为导向"的组织文化，使能业务发展。人力资源人员要工作重心下移，了解业务实质、沉入业务场景，只有真正了解需求才能满足需求。

华为的三支柱体系运行已达七八年之久，体系历经更新，日渐成熟，HRBP 在华为的 HR 中深入人心，而且华为的资深 HR 大多来自于一线的业务部门，纯粹的或者科班的 HR 们的工作大都以基础性、服务性的工作为主导。

紧随财务体系的转型，华为人力资源体系也全面转型为"业务伙伴"。人力资源的角色职责变革由传统的人力资源功能变革为服务业务和服务业务部门，从单点的人力资源服务演进为面向业务的完整的人力资源解决方案服务。

在转型过程中，华为提炼了 HRBP 的角色模型：V-CROSS。在这个模型中，华为 HRBP 将在公司扮演六大角色，称之为 V-CROSS 模型，具有较强的参考意义。

战略伙伴：**S**trategic Partner
HR解决方案集成者：HR **S**olution Integrator
HR流程运作者：HR Process **O**perator
关系管理者：**R**elationship Manager
变革推动者：**C**hange Agent
核心价值观传承的驱动者：Core **V**alue

图 7-2　V-CROSS 模型

V-CROSS：华为的 HRBP 模型

VCROSS 分别指 HRBP 的六种不同的角色定位，如图 7-2 所示。

一、战略伙伴（Strategic Partner）

角色描述：参与战略规划，理解业务战略，将业务战略与 HR 战略连接，并组织落地。

关键业务活动如下。

（1）战略理解。作为战略规划的核心成员，参与战略规划；将战略规划作为"望远镜"，理解中长期业务战略。

（2）提供有价值的输入。关注客户需求（如客户满意度调查报告），分析竞争对手和业界标杆，洞察外部人才市场，发现组织、人才和氛围方面的机会和差异，提供有价值的人力资源分析作为战略规划的输入。

（3）战略连接。组织制定人力资源战略（组织、人才、氛围），确保从业务战略到人力资源战略的紧密连接。

（4）执行落地。根据业务规划和人力资源战略，制定人力资源年度工作规划，并纳入 AT（Administration Team，管理团队，主要负责组织内部的任用推荐和员工评议、激励的相关工作）议题，通过 AT 跟踪落地。

二、HR 解决方案集成者（HR Solution Integrator）

角色描述：理解业务诉求和痛点，集成 COE 专长，组织制定 HR 解决方案，将业务需求与 HR 解决方案连接，并实施落地。

关键业务活动如下。

（1）理解业务需求。准确理解业务诉求和痛点，主动利用组织诊断等工具识别需求和问题，将业务需求转化为 HR 需求。

（2）制定解决方案。集成 COE 的专业化方法和工具，组织制定既符合公司核心价值观，又匹配业务需求的简捷适用的 HR 解决方案，并与管理团队达成一致。

（3）组织执行落地。组织业务主管、COE、SSC 等相关角色，制定实施计划，执行落地；及时衡量解决方案的实施效果，根据需要进行优化调整。

（4）总结和回顾。总结固化经验；为 COE 在制定政策、流程和方案时提供业务输入，将经验固化到流程中。

三、HR 流程运作者（HR Process Operator）

角色描述：合理规划 HR 重点工作，有效运作 AT，提升人力资源工作质量与效率。

关键业务活动如下。

（1）制定 HR 工作日历。根据公司和上级部门的 HR 工作日历，结合业务需求，制定部门 HR 工作日历，保证 HR 工作规范化和可视化。制定方案与实施。

（2）结合公司的政策导向和业务需求，制定各项人力资源工作的实施方案；并根据执行情况持续优化，确保对业务的适用性。

（3）运作 AT。建立有效的运作机制，规划议题沙盘，提高决策质量，保证人员管理工作的客观和公正。

（4）赋能主管。借助教练式辅导、90 天转身等工具帮助主管（尤其是新任主管）理解和掌握 HR 政策、流程，提升其人员管理意识和能力。

四、关系管理者（Relationship Manager）

角色描述：有效管理员工关系，提升员工敬业程度；合法用工，营造和谐的商业环境。

关键业务活动如下。

（1）敬业度管理。借助组织气氛评估工具，定期评估员工敬业度水平，识别改进机会，采取改进行动。

（2）矛盾调停。建立主管与员工的例行沟通渠道，让员工理解公司、让主管了解员工；认真处理好员工的建议和投诉，持续改进管理工作。

（3）员工健康与安全。将员工的健康与安全纳入 HR 的工作流程中，以预防为主，通过压力测试等活动，引导员工积极正向思维，通过业务主管、HRBP、秘书等途径，提前识别风险人群，持续跟踪。

（4）突发和危机事件。快速响应，组织制定应急方案，妥善处理。

（5）合规运营。确保人力资源政策符合当地法律法规，防范用工风险。

（6）雇主品牌建设。当地雇主品牌建设。

五、变革推动者（Change Agent）

角色描述：理解变革需求，做好风险识别和利益相关人沟通，促使变革的成功实施。

关键业务活动如下。

（1）变革方案制定。理解变革需求，提前预见和识别变革过程中在组织、人才、氛围方面存在的阻力和风险，提供响应变革方案供团队决策。

（2）利益相关人沟通＋帮助业务主管做好变革准备，确定变革方案，制定利益相关人沟通计划，积极主动影响变革相关利益者，做好变革沟通。

（3）变革实施。负责组织、人才、氛围方面的变革实施，及时发现并解决问题，促进变革成功。

（4）评估与固化。评估变革效果，将好的实践融入业务流程和人力资源流程，固化变革效果。

六、核心价值观传承的驱动者（Core Value）

角色描述：通过干部管理、绩效管理、激励管理和持续沟通等措施，强化和传承公司价值观。

（1）干部身体力行。通过对干部选拔、辅导和管理，让干部践行核心价值观，并通过干部大会等方式定期回顾和研讨；各级主管在业务管理和人员管理工作中，持续向员工传递核心价值观。

（2）员工理解实践。组织部门员工学习、理解核心价值观，讨论输出结合本职岗位的具体行为表现，并通过绩效管理、激励分配、树立标杆等强化。

（3）建立沟通渠道。定期安排各级主管和员工学习公司政策和讲话，利用全员大会、案例宣传等形式持续传承核心价值观；对于核心价值观传承中的问题，及时反馈到管理团队，制定措施改进。

（4）跨文化传承。尊重和理解文化差异，针对不同的文化背景，不同层级员工（如新员工、本地高管），制定针对性的传递方案，以其能够接受和理解的方式进行一致性传承。

图 7-3 是华为的 HRBP 角色定位。

华为公司 HRBP 角色	
角色	角色描述
战略伙伴（Strategic Partner）	理解业务战略，参与战略规划，连接业务与人力资源战略，组织落地实施
HR 解决方案集成者（HR Solution Integrator）	理解业务需求和问题痛点，整合人力资源专家智慧，制定人力资源解决方案，连接业务诉求与人力资源解决方案，组织落地实施
HR 流程运作者（HR Process Operator）	合理规划并有效运作人力资源工作，提升人力资源工作质量与效率
关系管理者（Relationship Manager）	有效管理员工关系，提升员工敬业度，合法合规用工，营造和谐积极的组织氛围与工作环境
变革推动者（Change Agent）	理解变革需求，有效识别风险和沟通利益相关人，推动变革成功实施
核心价值观传承者（Care Value）	通过绩效管理、干部管理、激励管理和持续沟通等措施，强化和传承企业核心价值观

图 7-3　华为 HRBP 角色定位

华为也对 HRBP 的岗位能力进行了专门的描述，如图 7-4 所示。

相应地，对 HRBP 的能力也有了新的要求。由传统的人力资源技能：绩效管理、招聘、薪酬、学习与发展等，进一步发展为更为深入和全面的人力资源解决方案技能：战略管理、诊断辅导、人才管理等。

华为公司项目 HRBP 岗位能力汇总		
维度	子项	行为描述
业务能力	业务战略解读能力	理解公司所处的商业环境及对公司业务的影响，并能正确解读业务战略
	HR 战略思维能力与连接能力	根据业务战略制定出有针对性的 HR 战略，并将业务问题与 HR 实践紧密结合，推动实现业务战略和年度业务计划
HR 专业能力	人力资源政策理解能力	理解公司的人力资源政策、理念
	人力资源管理技能	具备人才管理（人才的选、用、育、留）和组织管理（组织设计、组织有效性提升）等方面的 HR 专业技能
管理能力	项目管理能力	定义项目目标，协调项目团队资源，有效性分配任务，协助监控项目进度、质量和预算，确保项目目标的达成
	团队管理能力	激励与发展团队，激发团队斗志，发挥团队的优势力量
文化能力	核心价值观传递能力	保证公司核心价值观向项目团队成员的有效宣传与传递

图 7-4　华为 HRBP 岗位能力汇总

🔍 7.3　去梯言：详解华为 HR 人人熟知的 BLM 工具

华为人力资源委员会委员李山林介绍，以前各部门的业务战略规划讨论后，往往束之高阁了，怎么落实是缺失的，而且让人注意的是，以前制定战略的时候，人力资源是不被邀请、不参与的，唯一参与的是，有时候在业务战略里需要补充 1～2 页人力资源规划，也就是说，HR 来填个空就行了。

在销服体系和 IBM 合作领导力项目的时候，IBM 给华为介绍过 BLM 模型（业务领先模型 Business Leadership Model），它左半部分是我们都熟悉的 VDBD 模型（基于价值驱动的业务设计）；右半部分则是把战略制定和战略执行一起系统考虑的工具。这套方法论是 IBM 在 2003 年的时候和美国某商学院一起研发的。后来，这个方法论成为 IBM 公司全球从公司

> 说白了就是，BLM 业务领导模型中把人才作为八个重点之一，放在一个重要的、不可或缺的位置。

层面到各个业务部门共同使用的统一的战略规划方法。

重点要说的就是这个右半部分的战略执行工具。这个工具系统考虑战略制定后要通过组织、人才、氛围来支撑战略的成功。要保证战略执行，组织是否有效匹配战略？人才的数量和质量是否匹配战略需求？文化和氛围方面是否支撑战略？也包括激励是否能有效促进战略的实施？当我们看到这个工具的时候，发现它正好可以弥补业务部门战略落地的缺失，促进业务和人力资源战略的有效连接，于是将 BLM 模型引入到研发并推广。

BLM 业务领先模型是一个完整的战略规划方法论，是中高层用于战略制定与执行联接的工具与框架。从市场洞察、战略意图、业务设计、关键任务、正式组织、人才、氛围与文化以及领导力与价值观等各个方面帮助管理层在企业战略制定与执行的过程中进行系统的思考、务实的分析、有效的资源调配及执行，如图 7-5 所示。

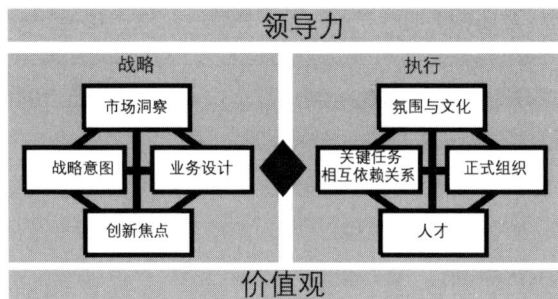

图 7-5　IBM 业务领先模型

BLM 业务领导模型分为三部分，最上面是领导力，公司的转型和发展归根结底在内部是由企业的领导力来驱动。下面的两部分被称为战略和执行，一个好的战略设计自然会包含两部分，要有好的战略设计，同时要有非常强的执行，没有好的执行，再好的战略也会落空，但执行不是空谈，执行是需要具体内容来进行制成的。

作为业内标杆企业的华为公司，正是把 IBM 的 BLM 业务领先模型引入到企业战略中，不断深化、不断内化，为我所用。华为是一家倡导以客户为中心，以业务优先的高成长性企业，全司上下贯穿业务领先，BLM 业务领先模型公司的各个应用层面均有涉及，在人力资源领域 BLM 业务领先模型被广为人知，尤其是管理十八九级以上者。

BLM 业务领导模型的核心是领导力，分别是战略与执行两个部分，分市场洞察、战略意图、业务设计、关键任务、正式组织、人才、氛围与文化以及领导力与价值观等八个方面。

业务领先模型中，领导力是根本。

BLM 业务领先模型是创造快速和持续适应不断改变的业务的核心，它的运用靠高层管理者，这些高层管理者需要具备的基本能力和必备能力，通过积极的实践得以发展。

企业的领导力培养是通过领导他们的高层团队进行战略问题和机会的勘查与设计以及项目的执行来推动变革。

战略设计与执行计划是高管层每年都要亲自领导的。在获得对外部市场的持续洞察、识别新的机会、开发业务设计，确保这些设计是切实可行的。

业务领先模型中，价值观是基础。

不同的企业有不同的价值观，作为业务的主要战略家的总经理，要确保公司的价值观反映在公司的战略上，各级领导者要确保价值观是日常执行中的一部分，企业的价值观是管理者决策与行动的基本准则。

业务领先模型第一部分：战略。

战略意图：组织机构的方向和最终目标，与公司的战略重点相一致。

> 战略包括了战略意图、市场洞察力、创新焦点、业务设计四个维度。

市场洞察力：了解客户需求、竞争者的动向、技术的发展和市场经济状况，以找到机遇和风险，目标是：解释市场上正在发生什么以及这些改变对公司来说意味着什么。

创新焦点：进行与市场同步的探索与试验。从广泛的资源中过滤想法，通过试点和深入市场的实验探索新想法，谨慎地进行投资和处理资源，以应对行业的变化。

业务设计：对外部的深入理解，为利用内部能力和持续增加价值探索的业务设计提供了基础。业务设计涉及六要素：客户选择、价值主张、价值获取、活动范围，持续价值和风险管理。

市场洞察。需要从宏观分析、竞争动向、客户分析三个方面来了解客户需求、竞争者的动向、技术的发展和市场经济状况，以找到机遇和风险市场洞察的目标是解释市场上正在发生什么以及这些改变对公司来说意味着什么。市场洞察力的缺失会对业务设计产生负面影响，因为我们所采用的支撑信息和假设可能是有瑕疵的或错误的。

战略意图。由愿景、战略目标、近期目标三个部分构成，其目标是让组织机构的方向和最终目标与公司的战略重点相一致，体现企业的竞争优势。

愿景：可持续的，占优势的业务领先地位，展示了长期的、可持续的获利能力。

战略目标：有效的、合理的、灵活的运营模式赢得现有市场的增长机会，但同时保持快速适应市场变化的能力。

近期目标：业绩可衡量的指标。

创新焦点。从未来业务组合、创新模式、资源利用等三个方面，进行与市场同步的探索与试验，从广泛的资源中过滤想法，通过试点和深入市场的实验探索新想法，谨慎地进行投资和处理资源，以应对行业的变化。

战略制定的落脚点是业务设计。

业务设计。由客户选择、价值主张、价值获得、活动范围、持续价值、风险管理六个维度构成。其目的是应以对外部的深入理解为基础，着眼于更好地利用内部能力和持续改进与变革，探索可替代的业务设计。

客户选择：选择客户的标准，如何确定优先级：谁是你的客户，谁不是？在该细分市场下，客户有哪些特定的需求？如何快速增长市场等。

价值主张主要包括以下方面。

● 客户需求——我们提供的产品和服务是否以客户的最终需求为导向。

● 独特性——客户是否真正认可我们的产品和服务。

● 有影响力——是否能帮助客户实现增值和收益。

价值获得指如何赚钱？我们依靠什么吸引客户并获取利润？其他的盈利模式吗？

活动范围指经营活动中的角色和范围；决定哪些外包、外购；如何与合作伙伴协作等。

业务风险管理指业务的不确定性；潜在风险，市场，对手，技术；内外的全面视角。

价值持续增值指客户需求的转移趋势；价值链中的地位；如何保护利润（快速响应、有效控制成本、专利等）。

IBM 业务领先模型第二部分——执行

执行由关键任务、依赖关系，正式组织，人才，氛围与文化四部分组成。

关键任务、依赖关系：满足业务设计和它的价值主张的要求所必须的行动。哪些任务是由我们来完成的，哪些任务可以由价值网中我们的合作伙伴完成？组织间的相互依赖关系是有效的业务设计的基础。

正式组织：为确保关键任务和流程能有效地执行，需建立相应的组织结构、管理和考核标准，包括人员单位的大小和角色、管理与考评、奖励与激励系统、职业规划、人员和活动的物理位置，以便于经理指导、控制和激励个人和集体去完成团队的重要任务。

人才：人力资源的特点、能力以及竞争力。要使战略能够被有效执行，员工必须有能力、动力和行动来实施关键任务。

氛围与文化：创造好的工作环境以激励员工完成关键任务，积极的氛围能激发人们创造出色的成绩，使得他们更加努力，并在危急时刻鼓舞他们。

执行之 —— 关键任务

（1）支持业务设计，尤其是价值主张的实现。

（2）主要是指持续性的战略举措（ongoing activity)，包括业务增长举措和能力建设举措。

（3）可以从以下几个方面思考：客户管理、产品营销、产品开发、交付、平台、服务、风险管理和能力建设，并将重要运营流程的设计与落实包括在内。

（4）是执行的其他部分的基础。

（5）年度性的、可按季度跟踪衡量并识别出这些关键任务之间的相互依赖关系，譬如资源、设施等。

执行之 —— 正式组织

支持关键业务的执行，包括以下几点。

（1）组织架构，管理体系和流程。

（2）资源和权力如何在组织中分配与授权，行权与问责，决策流程，协作机制，信息和知识管理。

（3）关键岗位的设置和能力要求。

（4）管理和考核标准，包括以下方面。

● 管理幅度和管理跨度。

● 管理与考评。

● 奖励与激励系统。

● 职业规划。

● 人员和活动的物理位置。

执行之 —— 人才

人才包括人才的思想、能力、人才的业绩承诺。

（1）关键岗位和人才布局有什么要求——需求详细定义。

（2）人才和能力的差距及挑战——欠缺哪些能力。

（3）获得——内部获取，及时培养，外部获取。

（4）激励与保留。

执行之 —— 文化与组织氛围

包括了企业与员工的价值与信念；态度与行为；个人与团队；成功与失败等。

文化指管制约束系统，要求规范、有序。组织氛围则是员工对工作环境的感知。

企业只有根据业务设计的要求重新全面思考、调整影响执行的各个要素，才能使战略不是纸上谈兵，而是切实保证组织的长短期收益与持续稳定的发展。新的业务设计将要求对组织现有能力和价值网络中合作伙伴的依赖程度重新进行评估。评估的主要因素有以下几点。

（1）从客户角度看，增加价值所需的具体任务是哪些？

（2）与价值网络中合作伙伴的相互依赖关系怎样？

（3）风险是否已被恰当地评估和管理？

（4）业务行为标准、非正式的沟通网络和权力分配方式能为关键任务的完成赋予活力吗？

（5）现有文化中是否有阻碍任务完成的因素呢？

（6）当被赋予重要任务时，人们有完成任务所需的技能和动力吗？

（7）当有了执行业务设计所需的重要任务时，现有的结构和正式的考核系统是否支持这些任务的完成以及所要求的综合性？

利用 BLM 作为思维框架，通过行动学习的方式来挑战传统思维，逐步提升业务领导在各方面的战略思维能力。

资料来源：IBM Global Business Services

BLM 的八个黄金准则

BLM 认为企业战略的制订和执行部分包括八个相互影响、相互作用的方面，分别是战略意图、市场洞察、创新焦点、业务设计、关键任务、氛围与文化、人才和正式组织等。

第一，战略意图是战略思考的起点，同时按照业界广泛采用的 SMART 原则，设立一组相应的具体的战略目标。好的战略规划，起始于好的战略意图的陈述和战略目标的表达，这是战略规划的第一步。

第二，市场洞察力决定了战略思考的深度，其目的是为了清晰地知道未来的机遇和企业可能碰到的挑战与风险，理解和解释市场上正在发生着什么，以及对公司未来的影响。

IBM 在 20 世纪 90 年代的战略转型得以开展，正是围绕郭士纳对两个市场机会的深刻洞察：即服务业务在 IT 行业的巨大前景和对整合 IBM 资源的重要意义，以及网络化的电子商务模式，使 IBM 有可能超越微软和英特尔主宰的个人电脑时代，重新回到 IT 行业的中心。

第三，把创新作为战略思考的焦点，其目的是为了捕获更多的思路和经验。好的创新体系是企业与市场进行同步的探索和实验，而不是独立于市场之外的闭门造车。

第四，战略思考要归结到业务设计中。即要判断如何利用企业内部现有的资源，创造可持续的战略控制点。好的业务设计要回答两个基本的问题：新的业务设计能否建立在现有能力基础上；否则，能否获得所需要的新能力。

第五，关键任务的设定统领执行的细节。关键任务是联接战略与执行的轴线点，给出了执行的关键任务事项和时间节点，并对企业的流程改造提出了具体的要求。

第六，正式组织是执行的保障。在展开新业务的时候，一定要舍得投入人力和资源。同时要建立相应的组织结构、管理制度、管理系统以及考核的标准。否则执行的结果往往会大打折扣。

第七，人才要有相应的技能去完成战略的执行，包括技能的描述，以及获得、培养、激励和保留人才的措施。

第八，氛围与文化。常见的管理风格包括强制式、身先士卒式、教练式和授权式，在知识密集型经济时代，大多数成功转型的企业最终都逐渐形成了开放、授权、共享的氛围和文化。

对人力资源来说，其工作要产生实际效果需要相对长的一段时间，需要前瞻性地考虑业务战略对人力资源管理的需求，主动和业务需求对接，主动思考如何保证战略有效实施。

通过 BLM 业务领先模型，人力资源管理和业务管理就不再是割裂的两张皮了，战略的制定中，HR 不再是可有可无，人才成为战略拟定应考虑的重点，成为主力；业务部门做各种业务规划的时候，也有业务战略和人力资源战略两个部分，并形成了例行的机制在各部门推行，这种例行的机制通过 BLM 业务领先模型固化在企业的日常管理流程中。

🔍 7.4　拿实例：集团公司战略规划管理办法（通用版）

****集团公司战略规划管理办法

第一章　总则

第一条　为建立并完善 ** 集团公司（简称"集团公司"）战略规划的管理体系和机制，规范集团公司战略规划编制、实施和动态管理，提高公司系统战略规划的科学性和可操作性，保证战略规划的有效实施，制定本办法。

第二条　本办法适用于集团公司总部及其分支机构、内部核算单位、全资和控股公司（简称"公司系统"）的战略规划编制和管理工作。

第三条　本办法所称战略规划，是指公司系统根据国家及地方发展规划和产业政策，以电力和煤炭开发为主营业务，按照"一体两翼"的发展战略，在分析外部环境和内部条件现状及其变化趋势的基础上，为企业的生存和发展所做出的未来一定时期内的方向性、整体性、全局性的定位和发展目标，以及相应的实施方案。

第四条　公司系统战略规划分为三个层面，即集团公司战略规划，区域战略规划（含省级区域和六大电网区域），以及集团公司下属企业的战略规划，区域战略规划是集团公司战略规划在具体区域市场的细化和拓延，企业发展规划是公司、区域战略规划的具体体现，三者相互衔接、相互协调、相互统一，区域战略规划服从集团公司战略规划，下属企业战略规划与区域战略规划相结合。

第五条　战略规划的管理按三个层面实行分级管理。

第六条　战略规划统领各项工作。指导集团公司投资方向的决策、年度计划的编制以及管理模式的建立。

第二章　战略规划工作内容

第七条　战略规划包括发展战略规划及与之相配套的各专题规划。

第八条　发展战略规划主要内容包括（但不限于）：

（一）发展目标。根据企业的使命、市场地位、业务范围和经营业绩，确定企业的定位、愿景和发展目标。

（二）现状分析。包括外部环境分析、竞争对手分析、企业基本情况、竞争力分析等。

（三）发展环境分析和市场预测分析。

（四）发展战略、发展指导思想以及发展目标。包括总体发展战略、各方面的发展策略以及分阶段分解目标。

（五）战略规划实施的保障措施和实施计划，包括发展资金平衡，规划期经营目标预测和实施等。

（六）其他内容。

第九条　根据发展战略规划，编制各专题规划。专题规划的主要内容包括（但不限于）：（一）基本现状。（二）形势分析和需求预测。（三）指导思想和基本原则。（四）规划目标。（五）规划（布局）内容。（六）实施措施和建议。

第十条　研究编制战略规划的主要工作包括：

（一）确定战略规划主题。

（二）制订工作计划，含工作目标、工作重点和工作思路等。

（三）制订战略规划编制大纲，含战略规划架构、主要内容，编制原则和指导思想，发展方向和基本目标等。

（四）按照战略规划编制大纲，收集相关基础资料。

（五）依据相关资料，进行基础性分析工作。

（六）制订战略规划指导思想、基本原则，确定主要投资区域、重点业务内容和主要竞争手段。制订主要战略举措。

（七）在定量和定性分析的基础上，提出发展目标，包括：规模、经营和财务目标预测，主要增长点预测，总销售额和市场份额预测，投资收益预测目标等。

（八）分解细化战略规划内容，提出分阶段目标及实施计划，确定主要的发展项目。

（九）战略规划实施措施，如人力、资金和组织保证等。

（十）与前一版战略规划的差异及总结。

第十一条　公司下属各企业可根据集团公司战略规划和区域战略规划，结合本单位所处的外部环境和企业实际情况，制订本企业的发展战略规划。

第十二条　各专题规划包括：科技发展规划、环境保护规划、金融财务规划、人力资源规划等。

第三章　管理程序

第十三条　管理程序包括：编制大纲的审核、战略规划的编制、咨询审查、批准颁布实施、实施情况监督反馈、滚动调整。

第十四条　战略规划审查依据的原则是：（一）是否符合国家产业政策。（二）是否提升企业核心业务竞争力。（三）是否坚持效益优先和可持续发展原则。（四）是否符合公司战略规划。

第十五条　集团公司战略规划基本管理程序：

（一）战略规划归口管理部门提出战略规划重点和编制计划。

（二）制订编制大纲并报审。

（三）编制公司战略规划及相关专题规划。

（四）中间成果咨询讨论。

（五）公司审核、批准，印发实施。

（六）定期滚动调整。

第十六条　区域战略规划基本管理程序：

（一）集团公司战略规划归口管理部门商有关单位确定区域战略规划承担单位。

（二）根据集团公司统一部署，制订工作计划、工作重点、工作内容、工作思路。

（三）拟定战略规划编制大纲，报集团公司审核。

（四）编制区域战略规划。

（五）中间成果咨询、讨论。

（六）区域战略规划报集团公司审核，根据集团公司审核意见，对区域战略规划进行修改并报集团公司批准后颁布实施。

第十七条　公司下属企业发展规划的管理程序：

（一）根据集团公司战略规划及所在区域战略规划，编制企业发展规划，经所在区域分支机构审核后报集团公司备案。

（二）区域子公司、集团公司直接控股的流域公司和上市公司的企业战略规划报集团公司审批。

（三）根据公司战略规划、区域战略规划，以及企业外部环境和内部情况的变化和发展，定期滚动调整。

第四章　职责分工

第十八条　集团公司总经理办公会是战略规划的最高决策机构和批准机构。

第十九条　集团公司计划发展部是战略规划的综合管理部门。

第二十条　集团公司总部各专业部门是专题规划的相应归口管理部门。

第二十一条　公司系统各单位应根据需要向归口管理部门及时提供公司战略规划管理所需的基础资料

第二十二条　各归口管理部门应妥善使用保管上述资料，涉及公司经营秘密的资料不得对外泄露。

第二十三条 承担区域战略规划编制和管理工作的单位，要明确负责的工作机构，配备合格的工作人员，建立相应的工作制度，制订详细的工作计划，按要求完成区域战略规划的编制工作，报集团公司审定。

第二十四条 区域战略规划编制的配合单位要按照区域规划编制的工作制度及工作计划要求，提供所需的基础资料，并配合做好区域规划编制工作。

第五章 战略规划的实施和滚动调整

第二十五条 制订战略规划实施计划，分解细化战略规划目标，纳入年度计划。

第二十六条 公司系统各单位应做好战略规划的宣贯工作，将战略规划贯彻落实到具体工作中。

第二十七条 对战略规划实施情况进行跟踪，定期分析实施效果。

第二十八条 根据战略规划实施效果及内外部环境的变化，定期滚动调整公司战略规划。

第六章 附则

第二十九条 本办法由集团公司计划发展部负责解释。

第三十条 本办法自发布之日起实施。

🔍 7.5 给工具：企业战略分析工具、某企业三定一览表

企业战略分析工具

信息类别	信息和数据输入	分析方法	关键因素	备注
宏观环境信息	国家展示展览的政策环境与风险、经济趋势、道德环境、风俗文化	PEST	经济、社会、道德、法律法规及其他方面潜在的风险	
行业竞争对手分析	竞争对手的文化、营销策略、产品服务策略、及市场占有率，行业结构和市场状况	波特五力分析	竞争环境及竞争能力	
战略定位分析	战略定位、区域策略、发展节奏、拓展方式、配套资源	KSF	可持续发展的要求、竞争环境、资源配置、战略盲点	
组织运营管理分析	企业文化、组织设置、价值链分析、运行过程、人才结构、激励制度	KSF	资源重新配置到优先考虑的产品、服务、领域机会	

某企业三定一览表

<h2>***** 股份公司三定总表</h2>

编制单位 :********** 股份有限公司

序号	部门名称	二级部门	岗位名称	姓　名	编制	在册	缺岗	备注
	合　计				40	34	6	
1			行政经理	******	1	1		
2			行政副经理	******	1	1		
3			系统管理员	******	1	1		
4			IT 经理	******	1	1		
5			网络管理员	******	1	1		
6	行政部		档案管理员	******	1	1		
7			前台	******	1	1		
8			司机	******	1	1		
9			司机	******	1	1		
10			保洁	******	1	0	1	
11			保洁	******	1	1		
		小计			11	10		
12			人力资源总监	******	1	1		
13			人事专员	******	1	1		
14	人力资源部		招聘专员	******	1	1		
15			绩效专员	******	1	1		
16			培训专员	******	1	1		
		小计			5	5		
17			总经理	******	1	1		
18		会计部	成本会计	******	1	1		
19			费用会计	******	1	1		
20			代表处会计	******	1	1		
21			销售会计	******	1	1		
22			费用出纳	******	1	1		
23		小计			6	6		
24	财务部	资金部	资金经理	******	1	0	1	
25			资金出纳	******	1	1		
		小计			2	1		
26		武汉公司	财务总监	******	1	1		
27		益阳公司	财务副总监	******	1	1		
			会计	******	1	1		
28		内蒙公司	财务总监	******	1	1		
29		怀化公司	财务总监	******	1	1		
30		湖南代表处	会计	******	1	1		

序号	部门名称	二级部门	岗位名称	姓 名	编制	在册	缺岗	备注
31	财务部	广东代表处	会计	******	1	1		
32		工程部	会计	******	1	1		
33		售后服务部	会计		1	1		
34		海南代表处	会计	******	1	1		
35		代表处	会计		4	0	4	
		小计			14	10		
36	审计与合规部		总监	******	1	1		
37			经理		1	1		
		小计			2	2		

致同行：HRD 的三个角色

"

　　职场每一名奋斗着的 HR，都怀揣着一个梦想：有朝一日，成为企业真正的 HRD。

　　回顾二十多年的人力资源从业经历，其间自己不断地进行着角色的转换与身份的转变，感慨 HR 要想成长为真正受人尊敬的 HRD，其中的艰辛与不易。

　　HRD 含义广泛，企业人力资源部负责人、首席人才官、人事副总、CEO，都算。

　　HRD 中的 D（Director），中文的意思是负责者、决定者、决策者。

　　HR 要想成为企业的决策者不易，不经历专业上的修炼、业务中的锻炼、关键事件里的锤炼，恐怕终会高处不胜寒。

　　优秀的 HRD，要当好三个角色：**与时间为友，工作高效；与老板为友，与老板紧密互动；与业务为友，对业务了然如胸。**

　　HR 倘若真正地当好三个角色，其实就已经站在了 HRD 的边缘。

"

◆ 时间的朋友：与时间为友、成高效之人

史蒂芬·柯维在其与梅里尔夫妇合著的新作《要事第一》里有一个关于时间管理的故事。

故事的大意是这样的。

一天，哈佛大学某著名教授在上课之前让同学们搬了一些看起来莫名其妙的东西，其中，有一盘大石块，一盘小石块，一盘大沙子，一盘细沙子，一大盆水，一个大大的透明玻璃杯。教授说道："同学们，今天我们一起来做一个有趣的实验。实验的要求是把我眼前的所有的石头、沙子和水都装到这个玻璃杯里。那么，请同学们回答，这个杯子能装得下这些东西吗？应该按照什么顺序来装呢？"顿时，同学们的好奇心被调动起来，纷纷发言，有人认为东西那么多，杯子那么小，把所有的东西都装到玻璃杯里是不可能的，有人认为应该先装水，有人认为应该先装小沙子……

看到同学们这么踊跃，教授笑道："首先必须明确的一点是，这些东西是可以全部装到杯子里的，只是你要找准顺序，下面我们就来看看到底按照什么顺序才能完成这个实验。"于是，教授先把大石头装到杯子里，再把小石头装进去，接着装大沙子，然后装细沙子，最后把水全部倒了进去。刚刚好，一样东西也没剩下，教室里顿时掌声雷动。最后教授总结道：

"表面上看，我们是在执行一项不可能完成的任务，但事实表明，按照刚才的顺序，我眼前这所有的东西都已经被完全装到这个玻璃杯里。这其中只要有一个顺序不对，任务都不能完成。通过这个实验，我们悟出一个什么样的道理呢？那就是在时间管理上，**我们应该把握各项工作重要程度的先后顺序，按照事情的重要程度来安排工作，要事第一，要事先做，只有这样，我们的工作才能不断保持较高的效率**。"

要事第一。

"时间就是效率"、"时间就是金钱"、"时间就是生命"、"一寸光阴一寸金，寸金难买寸光阴"，诸如此类的描述我们每个人都可以脱口而出，但是我们做得究竟怎样呢？我们常常听到下面的话。

"我要是在大学多学点东西就好啦！"

"我应该少看些电视，好好地约束自己，多读点书！"

"时间根本不够用，公司股价节节下降，董事会和股东像一群蜜蜂一样叮得

我满头包；同事间争权夺利，我总是担任和事佬的角色；家人总也见不到我，几乎要把我登报除名"。

世界几乎全面地在进步，但我们一天还是只有 24 小时。最成功和最不成功的人一样，一天都只有 24 小时，但区别就在于他们如何利用自己所拥有的 24 小时。那么时间究竟是什么呢？要想能够真正地了解时间并且管理时间，我们有必要对时间的本质有深刻的认识，时间有以下四个方面的独特性。

（1）供给毫无弹性：时间的供给量是固定不变的，在任何情况下不会增加、也不会减少，每天都是 24 小时，所以我们无法开源。

（2）无法蓄积：时间不像人力、财力、物力和技术那样被积蓄储藏。不论愿不愿意，我们都必须消费时间，所以我们无法节流。

（3）无法取代：任何一项活动都有赖于时间的堆砌，这就是说，时间是任何活动所不可缺少的基本资源。因此，时间是无法取代的。

（4）无法失而复得：时间无法像失物一样失而复得。它一旦丧失，则会永远丧失。花费了金钱，尚可赚回，但倘若挥霍了时间，任何人都无力挽回。

由于时间所具备的四个独特性，所以时间管理的对象不是"时间"，它是指面对时间而进行的"自管理者的管理"。

（1）所谓"时间的浪费"，是指对目标毫无贡献的时间消耗。

（2）所谓"自管理者的管理"——你必须抛弃陋习，引进新的工作方式和生活习惯，包括要订立目标、妥善计划、分配时间、权衡轻重和权力下放，加上自我约束、持之以恒才可提高效率，事半功倍。

做事高效者，高执行力之人，自然是时间的主人。

看看业内标杆企业华为公司的执行力。

提到华为的执行力，总让人联想到任正非的军人背景，因为连李一男当年领导华为中央研究部时的口头禅也是军人常说的"令行禁止"。领导行为决定下属行为。华为人的低调务实，与任正非的行为典范有着直接的关联。华为内部一直流传着这样一个关于"车的故事"。

有一年，任正非去新疆办事处视察工作，当时华为的新疆办主任特意租用了一辆加长的林肯牌轿车去机场迎接任正非。任正非刚下飞机，看到接他的是一辆豪华轿车，当时非常气愤，上车后就把办事处主任臭骂了一顿。他认为派这样的轿车纯属浪费，办事处的一般车辆就足够了，即使办事处车辆不够，他也完全可以坐出租车。接着任正非越说越生气，干脆指着那位主任的鼻子说："再说你只要派司机来就可以了，为什么还要亲自来迎接？现在你应该呆的地方是客户的办公室，而不是坐在我的车里！"

任正非的务实作风，也使华为内部会议的效率极高，参会者的发言都是直奔主题，绝对不允许讨论与议题无关的"废话"。

然而，对于普通的 HR 而言，执行力却往往是普遍的硬伤。

人资经理苏小梅的典型一天。

某天早晨，人资经理苏小梅在上班途中信誓旦旦地下定决心，一到办公室即着手草拟下年度的部门预算。她很准时地于九点整走进办公室，但她并没立刻从事预算的草拟工作，因为她突然想到不如先将办公桌和办公室整理一下，以便在进行重要工作之前为自己提供一个干净与舒适的环境。她总共花了 30 分钟的时间，才使办公环境变得井然有序。虽然未能按原定计划于九点钟开始工作，但她丝毫不感到后悔，因为 30 分钟的清理工作不但已获得显然可见的成就，而且它还有利于以后工作效率的提高。她面露得意神色随手泡了一杯好茶，打算稍作休息。此时，她无意中发现桌上的一份商业报告内容十分吸引人，于是情不自禁地拿起来阅读。等她放下这份报告时，已经十点钟了。这时她略感不自在，因为她已自食诺言。不过，商业报告毕竟是精神食粮，也是沟通媒体，身为企业的部门主管怎不可以关心商业信息，即使上午不看，下午或晚上则非补看不可。这样一想，她才稍觉心安。于是她正襟危坐地准备埋头工作。就在这个时候，电话铃响了，是一位候选人的投诉电话。她连解释带赔罪地花了近四十分钟的时间才说服了对方、平息了冤气。挂上了电话，她去了洗手间。在回办公室的途中，她闻到咖啡的香味。原来另一部门的同事正在享受"上午茶"，他们邀她加入。她心里想，预算的草拟是一件颇费心思的工作，若无清醒的脑筋难以胜任，于是她毫不犹豫地应邀加入，就在那儿言不及义地聊了一阵。回到办公室后，她果然感到精神奕奕，满以为可以开始致力于工作了，可是，一看表已经十一点二十分了，离十一点半的部门联席会议只剩下十分钟。她想反正这么短的时间内也办不了什么事，不如干脆把草拟预算的工作留待明天算了。

苏小梅式的人资经理、财务经理、市场经理企业会有很多很多，怎么办？

如何与时间为友。

与时间为友的首要任务便是学会如何减少时间的浪费。

办公室的打扰无可避免，电话、来访、邮件等，甚至有不少人对打扰提出了抱怨，同时也有无奈。对待打扰的方法有很多，有全面出击来对付，也有消极地来应付，更有甚者是视而不见。全面出击的人终会变得疲劳不堪，消极应付和视而不见的人终究会错失良机或是贻误大事。

那么究竟怎样做才是我们的可取之道呢？最好的建议是将被打扰的时间缩短，将其负面影响减至最少。

1．高效地打电话

高效地打电话是一门艺术，需要做到以下两点。

（1）事先的约定与准备。打电话约定时间和约定要求并不是什么新奇的概念，通过约定可以避免你在需要安静工作的时候被不断打扰、或是占线、或是接不到电话，更主要是避免电话中需要某些资料却无法提供，从而造成时间的浪费。

（2）保持简短而明确的开场白。平时我们打电话为了联络感情的需要，在开场白中经常会有一些寒暄，除了拜访客户、问候长辈等情况，比如"你最近很忙啊，在哪里高就啊"、"您身体还好吧、吃饭还行吧？"等，然而在办公室场合就应该少有寒暄，尽量从工作角度出发，使用简短而明确的开场白。

假如你正在将电话打给某人，不妨开门见山："你好，我是×××，我给你打电话是因为……"或"你好，我是×××，有这样一件事需要……"等等；如果是某人打电话给你，你可以说"接到你的电话真高兴，有什么事需要帮忙吗？"或"你打电话来我真高兴，能为你做点什么吗？"或"好久没有收到你的消息了，请问有什么事需要帮忙吗？"等等。

（3）控制通话时间、保持通话主题

在我们打电话的时候，要注意做好适当的记录，以免挂下电话后忘记某些信息，又不得不重新联系一次。另一个需要注意的就是控制好打电话的时间并保持通话的主题。有许多人喜欢拿起电话就开始喋喋不休，而且经常是缺乏主题。在这种情况下，你不妨直言："你现在需要我们解决的问题是什么呢？"、"你的重点是什么？"、"你看我们今天的沟通／讨论是不是就到这里呢？"

虽然一次电话省下的时间可能只有 2～3 分钟，但按照你每天接 10 个电话来算，每个月你就可以省下 7～10 个小时，一年就是 84～120 个小时，这可是一段不少的时间呀！

（4）过滤电话

你一定经常遇到一些不想接的电话，这个时候就需要"过滤电话"了。首先解释你现在不能接电话的原因，如马上要出门了、要去开会了、正在与主管或其他同事商议工作等，但是在拒绝的时候一定要注意有礼貌，并约定回电或是对方再次来电的时间，在保证自己时间的前提下，同时不要给对象留下不良印象。

2. 学会应对来自上司的打断

来自上司的打扰最难控制，尤其是当你正在全心尽力地处理一项紧急而重要的事情时。此时，如果你就是一名上司，你还是应该首先想想，你是不是也会对下属这样呢？

以下是如何处理类似问题的一个实际例子和妙招。

有一位职员，每当他应召需要见上司时，他手上总是带着一件仍待完成的工作：编写一份报告、检查报告草案、阅读必要的资料等，一来可以利用在一旁等待上司打电话或是其他事务处理的时间，二来可以提醒上司自己的工作也是很忙的，希望可以尽快结束对话或事情的安排，三来还可以让主管对他的工作态度留下深刻的印象。

3. 学会应对来自下属的打断

你不妨想想以下有关解决下属打扰上司的各项问题。

（1）你是否曾经训练你的助理，将他人可能的打扰全部集中起来，然后每天或每星期一次地向你汇报？

（2）你是不是尽可能地把集体例会列为每日 / 周工作的一部分？

（3）你是不是每天都会保留一段固定的时间，供下属向你提出问题，同时在一旦发觉某些工作日程发生改变时，会告诉对方何时见面较合适？

（4）你是不是曾经鼓励下属以便条 / 邮件方式提出问题，而不必亲自上门打扰你的工作？

（5）你是不是立即向下属回话，使他们不至于认为他们必须经常打扰你，才能立刻获得回应？

4. 学会应对来自同事的打扰

在上司打扰的时候，你只能无奈地加以接受；而在下属打扰你的时候，你可以将他的打扰方式加以定型化。可是，要处理同事或同级人员的打扰，恐怕必须多花一点心思才行。以下是应该牢记的一些要点。

（1）双方应事先达成共识。你应该力求对他们的要求保持热心、同情以及随时愿意加以协助的态度，可是，你更应该让他们知道这么做往往会影响到你的工作效率。

（2）不要随意打扰对方。你可以从容地、预先地与同事沟通你的要求、时间等，只有如此，你才有可能不被打扰。

（3）想想为什么你的中断情形无法受控：你不喜欢得罪他人？你喜欢参与每一件事？别人经常来询问你的意见，使你觉得自己很重要？你不善于结束他人的来访？你让别人习惯于经常咨询你的意见？你就是喜欢不断地和他人交谈？等等。

5. 掌握必要的省时之道

有时我们经常会听到这样的说词："等我有空再做"。这句话通常表示"等手上没什么重要的事情时再做"。但事实上，没有所谓"空"的时间。你可能有休闲时间，却没有"空"的时间。在休闲的时候，你也许会躺在游泳池边尽情玩乐，但这绝不是"空"的时间。你的每一分钟都很值钱。

凡在事业上有所成就的人，都有一个成功的诀窍：变"闲暇"为"不闲"，也就是不偷清闲，不贪逸趣。爱因斯坦曾组织过享有盛名的"奥林比亚克科学院"，利用晚上休息的时间聚会，与会者总是手捧茶杯，边饮茶边议论，后来相继问世的许多科学创见有不少产生于饮茶之余。实际上，我们的生活和工作中有不少时间是零碎的，还有一些时间是用来等待的，浪费的时间用数以万计来说明是并不过分的。

6. 充分利用零碎化时间，一心二用，充分利用等待的时间

在一天的活动时间里，你可能常常不管如何精密规划，还是会有等待。乍看之下，这些时间可能永远无法追回；当你忙得不可开交而又必须等待的时候，你的失望只会增加而不会减少。以下是如何利用无奈或无聊时间的一些建议。

去看医生时带一本书，这样你就不必看他们的杂志或其他无益的东西。一位参加某个研讨会的公共关系主管告诉与会学员，他在电话旁边放了一叠阅读资料，每次在等对方接电话时便可以翻阅。一位必须在机场花很多时间的业务员说："每次在下飞机去领行李的路上，我就停下来打电话，等我打完电话时，行李也已经出来了。只要能够利用，任何时间都不要浪费。"

不管你多么有效率，总是有人让你等待：你可能错过公车、地铁、飞机，碰上出其不意的中途休息；你也许已经尽可能地小心计划每一件事，但是你可能意外地被困在机场。

许多高成就者在这种情况下所做的事情是：带本书看、写点东西、修改报告、

检查语音邮件、打电话、用录音机口述信件等。

以上时间管理的各种技能，作为 HR，要能 Get，效率便会倍增不少。

♦ 老板的朋友：目标至上、告别瞎忙

作为企业的 HR，我们号称是离老板最近的人。

但，真相往往是，我们离老板还挺远的，有的 HR 甚至害怕给老板汇报，而人事的许多重大决策，往往没有 HRD 的参与，就由老板直接给出了。作为企业的 HRD，要了解老板的想法，能够第一时间调整自己的工作方向，或者第一时间解决企业在人力资源管理上的痛点、难点并直击要害。一家企业，老板对于企业中人力资源的看法至关重要。如何了解老板的想法，最为简单、直接的办法便是与老板呆在一块儿，甚至为友，邀他喝茶、打牌、爬山、踢球……，各位 HRD，可根据各自的实际爱好自行脑补。总之，只要大家想做，就一定会有办法，也会有途径。

这是发生在美国的一个故事。

一个替人割草的男孩出价 5 美元，请他的朋友为他给一位老太太打电话。电话拨通后，男孩的朋友问道："您需不需要割草？"

老太太回答说："不需要了，我已经有了割草工。"

男孩的朋友又说："我会帮您拔掉花丛中的杂草。"

老太太回答："我的割草工已经做了。"

男孩的朋友再说："我会帮您把走道四周的草割齐。"

老太太回答："我请的那个割草工也已经做了，他做得很好。谢谢你，我不需要新的割草工。"

男孩的朋友便挂了电话，接着不解地问割草的男孩："你不是就在老太太那儿割草打工吗？为什么还要打这个电话？"

割草男孩说："我只是想知道老太太对我工作的评价。"

这个故事提醒我们，只有勤与老板或上级领导沟通，你才有可能知道自己的长处与短处，才能够了解自己的处境。但现实是，很多人因为怕领导打官腔，不愿意去跟领导沟通。

每个人都有一个上级，都有一个领导，都有一个管着你的人，你总要跟他沟

通的，畏缩或逃避总不能解决问题。

对于 HR 来说，这里的老板其实是一个广义的概念，可能是你的直接主管，可能是你的顶头上司，也有可能是业务部门难缠的骨干或心腹。

HR，尤其是 HRD，与老板要保持实时的互动，这种互动，可以及时地掌握企业整体的想法以及经营过程中遇到的与人相关的困难、改变、挑战及企业发展所需要的创新，以便及时地做动态的匹配和调整。如果能做到这一点，相信 HR 或者 HRD，就能真正地转型成为经营型的 HR。

如果 HR 或者 HRD，只是从事单纯的、传统的、例行的人力资源管理的话，老板们就会批评他们，说 HR 们站在自己职业的角度跟下属们说这个不行，那个不行，HR 们很少说怎么可以，很少跟业务部门的同事说怎么可以。还有，当老板给 HR 交代一个事情，HR 要是不理解透，那么传达的时候就会遇到各种阻力与困难。

◆ 业务的朋友：管理能手、业务帮手

任何企业的管理问题都会是一个系统性管理工程，决不是一两个方法就能解决的，对于系统性的问题的解决，往往需要从根上着手，追根溯源，标本兼治。

企业的管理问题，往往容易聚焦到人的问题。人，是企业所有问题的根源，企业出现问题，自然而然就将问题指向了企业的人力资源管理者。

企业的人力资源管理者要想问题得到彻底解决，亦可以学学中医，对企业的管理问题来一个望、闻、问、切。

人力资源的望，即是抬头望，抬头了解企业之外的事情，了解行业，了解竞争，了解国家的经济形势。没有对竞争对手的了解，企业的 HR 不会知道差距有多远；不了解行业的发展，HR 不知道企业发展的位置与状态；不了解国家经济形势，HR 不知道大趋势，无法提前预先作出必要的判断与应对。

人力资源的闻，即是在企业的用人过程中，尤其是企业的招聘过程中，闻闻候选人的味道。这种闻，不是真正的闻，而是指候选人的岗位要求与候选人的面试表现是否吻合，在重要干部的选择过程中，是否与领头的性格、脾气相符，都至关重要。比如，在华为，任正非强调艰苦奋斗，干部的奖励与考核会向最艰苦的地区与岗位倾斜，这是"苦"；在京东，刘强东要求问题不隔夜，24 小时邮件回复，三一重工嫉慢如仇，这是"辣"。"苦与辣"就是企业的味道，如果中高层管理者与企业是同一路人，就能入味，就能烹出自己职场的味道。

人力资源的问，更多的是要问问业务部门的真实需求，人力资源是为业务部

门服务的，业务部门的需求是人力资源的上一道工序，HR 不了解这些，就会徒伤悲！

人力资源的切，则更多是指要立即行动。针对业务部门的问题马上解决，快速切入，立即给出解决方案或者行动方案。

人力资源管理者有了对企业的望、闻、问、切，作为 HRD 还要能及时地了解公司经营的细节，要对公司的报表，以及业务的分析等非常熟悉，至少要达到可以看懂的程度。从这个意义上说，HRD 对公司来说，就不只是单纯的人力资源管理，而是知道并思考公司的业务发展。在了解企业经营过程中，HR 自身会发展、拓展很多东西，就会思考怎么运用人力资源的管理工具，帮助企业的老板，帮助企业CEO，帮助业务团队提升短期业绩。

HRD 在帮助业务部门提升短期业绩并不断改善的基础上，进一步提前配置人力资源，这种提前与准备会更有利于公司的长久发展，更重要的是为企业建立长期竞争优势方面提前做好、做足了准备。

HRD 成为了业务部门的好帮手，对企业来说，就不可或缺了，任何人的价值都是由不可替代性决定的。

你，只要不可代替，就会价值无比。

致自己：我的 HRD 之路，与同行共勉

8 月 18 日前夕，湖南省人社厅组织的一档大型创业就业节目活动现场，正在镁光灯前接受漂亮女主播专访的我，无意中看到了台下端端正正坐着的升。

升看上去挺萎靡的，不得劲儿，他挥手向我示意，他看到我了。

采访结束，升走过来与我打招呼，一阵寒暄之后，非得请吃饭。推脱未果，恭敬不如从命。升比我小，是多年的好友，之前也算是人资的同行。酒桌上，面对升的各种恭维与美慕，觥筹交错中，交流的话题越来越多，回忆的思绪慢慢变得清晰、可溯。三年前的一段对话似乎仍历历在目。

"杨总，曾总对我挺不满意的，我想还是算了，不如走吧。"

"升，到底是你小子想离开了，看曾总不顺眼，还是曾总真的对你有不满？"

"二者都有吧。"刘升随手拿起我桌上的《人力资本》，不经意地翻着。

"升，不能这么任性的。人生不如意十之八九，你躲开了这个困，却总也逃不了那么难。再熬熬吧。事情终究会过去的，不就是因为没有及时招到人，营销的曾总在老大面前说了你几句吗。走？还不至于。"

升最终还是选择了离开，临走前顺便与曾总吵了一架。与公司的结果自然是不欢而散。

"有时候，真不知道我选择人资这个行业是对还是错，呆了这么些年，你看咱俩差距多大呀，杨总给小弟说说真心话呗，你在我这个年龄的时候就没有后悔过？"

"我不但不后悔，而且我告诉你，二十年的职场生涯中，我给不少人做过职业指导与职业规划。这些人当中，有当公务员的，有当村官的，有进国企的，也有转行当营销的，有离职后当老板的。于我来说，这些都算不了什么。真正让我骄傲的，恰恰就是我自己给自己选择了 HR。"

是 HR 成就了我。HR 业内，我是广受同行尊敬的 HR 大哥；校友导师；智库专家；多本人力资源畅销书作者；上市公司发起人；人力资源高管。生活对我已经是抬爱有加，你都不知道我有多感激自己当初的选择与决定，何谈后悔。

回顾我的历程，总有那么几件关键事件，困扰了我、挑战了我，也成就了我。HR 之路上，同仁们也许会遇到，不同的可能是时间、可能是形式、可能是情景。

> 招聘是人力资源部门的业务，也是我职业生涯的主打产品。

刘升因招聘不好负气而走，我却因招聘结缘人资，也因招聘而成就自我。

在人力资源常说的六大模块中，招聘模块给企业经营或业务拓展带来的实际推动作用与影响力，相对其他模块而言会更加明显、直观。这一点以人力资本为主导的高科技企业、或者知识密集型企业会更加突出。在某种程度上说，招聘高素质的人员，并快速到岗是保障这类企业快速发展，保持持续竞争力的根本。于绝大部分非人力资源部的主管来说，之所以根本就不会给予招聘与录用工作应有的重视，是因为这些部门认为这并不属于自己的基本职责范围，这是人力资源部门的事儿，他们会将其看作一种额外的负担，令人讨厌但却有不得不去完成。

然而，对于主管人才引进的人力资源部门来说，上述的招聘可不能只是走走过场，作作秀，而应当是实实在在的工作。对于人力资源部门而言，除招聘以外没有其他模块能让业务部门对人力资源部的价值与影响力刮目相看了；业务部门在质疑绩效考核、培训时，一般会较少质疑人力资源部门招聘的专业性、有效性，因为道理很简单，没有人干活，就没有办法推动他们现有的业务。基于自身受尊重的需要，基于企业业务拓展的需要，作为企业的 HR，我一直秉承"成就自我，成就组织"的理念，把招聘当作工作核心与重点，全力以赴。所以就有了穿上工服只身进入工厂与候选人面对面，千里走单骑面见一名年纪轻轻的国企技术负责人，老公没招成反令老婆从设计院下海等众多有趣的经历。也经历了在一个偌大的股份公司，先后组建了除董事长之外所有的高管团队。

不一样的经历，也让我的 HR 生涯有了不一样的转变与升华。

> 成不了业务部门的小伙伴，你就翻滚吧，牛宝宝。

"杨总，为什么同样是做 HR，差别就这么大呢。你在镁光灯下被采访，而我却在一个小公司，薪水少，地位低，你是被人采访，而我却是被人踩。"刘升端起桌上的啤酒一饮而尽，留下满嘴的泡沫与不服气。

"平时，你真不要认为做人力资源的，有多牛 X。时间一长，如果在公司内成不了业务部门真正的小伙伴，那些业务大牛们会分分钟钟灭掉你。你就牛不了了，光剩下别人牛你了。"

我给刘升讲了一个我到现任公司一年左右时间就经历的实例。

九月的呼伦贝尔，景色美轮美奂，让人心醉，我与董事长、工程老总一行在某个周末抵达了呼伦贝尔项目现场，满以为 3 天的现场见习行程完成之后，便回长沙，没想到在一次会议之后，让我这里足足呆了三个多月。

呼伦贝尔的业主单位领导在考察了北京等其他城市的项目之后，对我公司的项目的实施相当不满意，责令业务老总紧急赶到呼伦贝尔，并希望公司董事长最好亦到现场磋商方案。我们一行三人到达现场，在环视整个项目，全面了解施工情况之后，在项目现场召开了项目紧急协调会。会上，业主单位领导丝毫没有给公司领导面子，问题直击要点，并要求现场给出解决方案。

双方讨论方案，增加的项目，删减的项目，预算的问题，成本的问题，总之，工程之事哪能一下子就地解决。末了，业主单位领导撂下了一句重话：这个项目要么你公司派遣一名公司领导到现场亲自督战，确保工程顺利完工；这个项目要么暂停施工，按实结算。

怎么办？项目停工直接影响当年度营业收入，这个项目近六千万，可不是个小数目；派公司领导，之前都是派项目经理，由项目经理全权代表公司处理一些琐事。公司的工程领导只有一位，派了他，其他项目怎么办？

会上，工程老总犯难了，看看董事长，董事长面露愠色，迟疑了一二秒，他看看我，我看着业主的领导。

"李局，我留下来吧，直到这个项目完工。"

这简单的一句话说过之后，我所面对的是多媒体项目的反复整改，从来没看图纸的我，认真地开始了解工程图纸，至少做到了略知一二；因不懂工程的原因，导致有时空忙乎，工作效率低；进度款的迟迟不付，与业主不断的斡旋，与业主亦文亦武，亦吵亦喝酒，以及每天要面对的户外零下二十多度的严寒，彻骨的寒冷让薄弱身体一时难以吃得消，几次感冒中招。其间的经历与感觉，简而言之就是一言难尽。

这简单的一句话，也是一句再简单不过的承诺。对公司：要顺利完工，收回工程款；对业主：要达到预期，为业主创造价值，不辜负业主对公司的期望。

这简单的一句话，也让我三个月间硬是克服了想家的种种念头，创下了公司高管三个月连续在外不回家探亲的记录。

三个月的经历，不仅收获了公司的认可，也收获了对公司工程管理的深度理解，尤其是让我对现场工程人员与管理人员的配比关系理解更深，工程老总也一改往日不理不睬，我俩的关系变得杠杠的。

当然，收获的还有老板的表扬与公司的奖励。

"升，没有人能随随便便成功。有机会的，不一定有能力；有能力的，不一定遇上好的机会；当你能力具备，机会也不缺的时候，有的人却独独坚持不下去了。也许，你缺的，更有可能是坚持这二个字。"

> 成就你的，有时候不一定是能力，也有可能是耐力。

在一次面试中，遇到过一个沟通、表达都很不错的候选人。形象，OK；气质，OK，经验，OK，但是当我问对于加班之事她怎么看时，她的回答有些勉强，并稍有迟疑。当我认真看她的履历后，本来有点纠结的，发现她四年之中换了五家单位时，拒绝她的理由便马上就有了。

"在第一家单位工作了差不多两年，第二家单位是因为看我在原来的单位不错，就叫我过去。第二家单位在业内有一定的影响力，所以就去了。"

"去第三家单位是因为第二家单位加班太多了。"

"去第四家单位是因为那段时间修地铁，路上总是堵，光是在路上就得一小时。"

"最后一家单位，效益不好，呆在那也没意思，就走了。"

候选人的解释滔滔不绝……

理由绝对充足，原因绝对简单。但就是过不了心里的那个关，所以，我婉拒了她，她走的时候，眼睛湿润了，可能她觉得有些可惜吧，毕竟对她而言，在 PK 掉七八个对手之后，能进一家上市公司做主管，待遇、晋升等各方面应当会挺不错的。

> 为什么我们认识苹果的乔布斯与沃兹尼亚克，而不认识苹果的第三位创始人罗纳德·韦恩？

苹果公司挺火的，那就说说苹果的事儿。作为一名 iPhone 迷，我想您应当不会不认识乔布斯与沃兹尼亚克吧。可是，罗纳德·韦恩是谁，您肯定不认识。

实质上，罗纳德·韦恩是乔布斯与沃兹尼亚克之外，第三位苹果公司的创始人。1971 年，16 岁的斯蒂夫·乔布斯和 21 岁的斯蒂夫·沃兹尼亚克经朋友介绍而结识。1976 年，他们另一位朋友，罗纳德·韦恩 (Wayne) 也加入，三个人 1976 年 4 月 1 日在车库里创立了 Apple。他们自己动手组装电脑到"街道科普展览"上去兜售，Apple 那时的穷酸相没多久就让罗纳德·韦恩实在看不下去了，他第一个决定撒手不干了，把自己所有的苹果股份以 800 块钱卖给了乔布斯与沃兹尼亚克，扬长而去。韦恩说："我当时愈来愈老，那两个人又是初生之犊不畏虎。当时的我赶不上那两个人的脚步。"乔布斯对着远走的罗纳德·韦恩渺小的背影，彻彻底底地放声大笑 10 分钟：你这没出息的小子，滚吧！

我常常会对自己说：机会不是留给有准备的人的，机会是留给做好了准备，并且能熬住、挺住、坚持住的人的；有付出就一定会有回报；钻石还需精细地打磨才能散发出绚丽的光彩，何况你我还是共同奋斗在 HR 职场第一线的凡人俗子呢。

时间不知不觉过去了，我看时间已不早，端起杯子起身。

"说了这么多，希望能对你有用。来，干了这杯中的酒，明天的奋斗还得继续。"

刘升似乎若有所悟，将杯中的酒一饮而尽，这下他的嘴边倒是没有了泡沫。

后 记

　　一个人成就的取得，谈何容易。HR也是如此，要成为一个真正的HR人，在企业中，员工爱戴，企业尊重、同事敬仰，简直就是一种梦想。HR需要知道、了解、掌握的内容也远非本书所及。就专业知识而言，本书难免挂一漏万，作为一名专业的、称职的HR，需要掌握的不仅包括了教育学、心理学、法学、社会学等。我仍一直坚称，人是世界上最精密的物种，管人的人无论怎么修炼都不过分，为了人才的成长，无论受怎样的委屈也不算多。

　　管人的人，修炼始终在路上。